本书由福建江夏学院资助出版

社会治理视域下
消协组织提起消费民事公益诉讼的理论与实践

涂富秀——著

法律出版社 LAW PRESS · CHINA | 北京

图书在版编目(CIP)数据

社会治理视域下消协组织提起消费民事公益诉讼的理论与实践 / 涂富秀著. -- 北京 : 法律出版社, 2023
ISBN 978 - 7 - 5197 - 7456 - 1

Ⅰ. ①社… Ⅱ. ①涂… Ⅲ. ①诉讼法－研究－中国 Ⅳ. ①D925.04

中国版本图书馆 CIP 数据核字(2022)第 251413 号

社会治理视域下消协组织提起消费民事公益诉讼的理论与实践
SHEHUI ZHILI SHIYUXIA XIAOXIE ZUZHI TIQI XIAOFEI MINSHI GONGYI SUSONG DE LILUN YU SHIJIAN

涂富秀 著

责任编辑 许　睿
装帧设计 汪奇峰

出版发行 法律出版社
编辑统筹 司法实务出版分社
责任校对 裴　黎
责任印制 胡晓雅
经　　销 新华书店

开本 710 毫米 × 1000 毫米　1/16
印张 20　　**字数** 339 千
版本 2023 年 5 月第 1 版
印次 2023 年 5 月第 1 次印刷
印刷 唐山玺诚印务有限公司

地址:北京市丰台区莲花池西里 7 号(100073)
网址:www.lawpress.com.cn
投稿邮箱:info@lawpress.com.cn
举报盗版邮箱:jbwq@lawpress.com.cn

销售电话:010 - 83938349
客服电话:010 - 83938350
咨询电话:010 - 63939796

书号:ISBN 978 - 7 - 5197 - 7456 - 1
定价:88.00 元

目　录

引　　言

一、研究背景和研究意义

(一)研究背景

没有消费就没有生产,消费与投资、出口是拉动经济增长的“三驾马车”。现阶段,我国消费规模持续扩大,消费水平不断提高,消费结构不断优化,消费拉动经济的作用明显增强。消费不仅关系到消费者个人利益,更攸关社会生产目的最终实现与市场经济良性运行。为此,党的十九大报告提出,要“完善促进消费的体制机制,增强消费对经济发展的基础性作用”。

随着市场经济的深入发展,社会分工和生产越来越精细,生产过程和生产技术越来越复杂,经营者在商品交换中处于显著优势地位,市场的逐利本性日渐显露。市场失灵和政府失灵背景下,经营者的市场行为没有得到有力规制,消费问题层出不穷,消费侵权事件频发,导致一定程度的社会失序和社会冲突。一个不可回避的现实问题是:在传统民事诉讼的司法场域中,消费者势单力薄,有时所受损害微小,利益权衡后的维权意愿并不强烈,甚至放弃维权。传统民事诉讼的局限性使得经营者不必为所有侵权行为负责,基于成本收益的考量,其仍然有继续实施消费侵权的动力,从而使更大范围的消费者受到损害——传统的消费维权制度呈现“预防不足”的明显弊端,司法服务供给不足。而“对一个社会来说,足够的司法服务是维护整个社会稳定的重要保证”①。一旦司法无法满足社会对诉讼这种“公共产品”的需求,社会治理就产生失序、脱轨甚至混乱的情况。另外,消费侵

---

① 夏勇主编:《走向权利的时代:中国公民权利发展研究》,中国政法大学出版社1995年版,第311页。

权具有小额多数、争议同质、损害扩散等特点,侵害不特定消费者利益的同时也会损害社会公共利益。在消费问题日益严峻和强化消费者保护的呼声日益高涨的背景下,引入公益诉讼便具有了一定的现实基础。

公益诉讼是"工具性"很强的法律制度,对于保障消费维权、改善市场环境、提升消费信心、拉动经济增长具有重要价值。在世界各国进行的接近司法正义的运动中,放宽起诉条件、建立公益诉讼制度是其中重要的一环。① 公益诉讼作为消除消费者理性懈怠的工具,能够弥补市场和政府的双重失灵,矫正消费者和经营者力量的不均衡,使司法成为捍卫公共利益的一把"利剑",让法院承担起"实现社会公正和解决群体间利益冲突"的功能。换言之,民事司法应当承担起过滤功能,以确保被通常诉讼范式排除在外的公共利益进入到法院。为此,各国普遍对市场运行进行干预并运用多样化的手段加强消费者权益保护,其中就包括以公益诉讼健全消费维权机制。如德国、日本、法国等国设立了消费者团体诉讼制度,并通过立法对消费者团体的资格和诉讼请求进行规范;集团诉讼模式是美国最具代表性的消费公益诉讼模式,允许公民个人、消费者团体等多元主体提起消费公益诉讼;欧盟要求成员方允许消费者团体通过禁止令或宣告性救济等方式保护消费者利益;印度设立了"书信管辖权"制度,将公益诉讼原告资格赋予每一个公民。相比较而言,大陆法系国家对消费公益诉讼持相对谨慎的态度,普遍禁止公民个人提起公益诉讼,同时对消费者团体的资格和诉讼请求进行严格限制。近年来,赔偿损失型消费公益诉讼受到各国的普遍关注。

社会发展和人民对美好生活的期待呼唤制度创新,在此背景下,将公益诉讼引入消费者权益保护领域成为普遍的社会诉求和大势所趋。2012 年修正的《民事诉讼法》首次回应了建构公益诉讼的现实需求,第 55 条创设了消费民事公益诉讼制度。②

---

① 参见左卫民、朱桐辉:《公民诉讼权:宪法与司法保障研究》,载《法学》2001 年第 4 期。

② 即现行《民事诉讼法》第 58 条。

随后,2013 年修正的《消费者权益保护法》赋予省级以上消协组织[①]消费民事公益诉权。自此,消协组织作为消费公益诉讼的起诉主体登上了公益诉讼的“舞台”。自 2014 年以来,我国省级以上消协组织开展了消费民事公益诉讼实践,初步探索了消协组织提起消费民事公益诉讼的基本进路,形成了一批具有典型意义和示范价值的实践案例,展现了消协组织在调查取证、法律适用等方面的专业优势和行业优势,产生了良好的法律效益和社会效益。

由于制度和实践尚处于探索性、试验性阶段,消协组织提起消费民事公益诉讼存在应然与实然的偏离,面临制度供给不足、司法理念滞后、程序规则缺失、经验和资源不足等多重困境,维护公共利益的制度功效未得到彰显。以案件数量这一重要的制度实然价值衡量指标作为考察角度,消协组织提起的消费民事公益诉讼案件数量非常少。笔者通过公开渠道检索到 2014 年 3 月 15 日至 2021 年 12 月 31 日省级以上消协组织提起的消费民事公益诉讼案件仅有 42 件。在寥寥可数的案件中也反映出不少问题,比如检察机关提起的消费民事公益诉讼案件远远多于消协组织。根据诉权配置,消协组织是消费民事公益诉讼第一顺位的起诉主体,检察机关是第二顺位的起诉主体。有学者通过中国裁判文书网检索到 2012 年至 2020 年的 1912 件消费民事公益诉讼一审案件,统计发现仅 12 件案件的原告是消协组织,其余 1900 件案件均由检察机关充当原告。[②] 显然,检察机关已经成为消费民事公益诉讼最主要的起诉主体,我国消费民事公益诉讼走上了检察主导的“国家化”路径,消协组织实际上已经被边沿化。诚然,检察机关提起消费民事公益诉讼具有多重优势,但在社会治理语境下,社会治理应当尊重社会自治和保持

---

① 原各级工商部门牵头成立的消费者组织成立之初均称为“消费者协会”。近年来,一些地方的消费者协会通过地方立法或者政府批准更名为“消费者委员会”,如湖南、湖北、广东、海南等地;有的更名为“消费者权益保护委员会”,如福建、上海、重庆、浙江、安徽等地;有的则更名为“保护消费者权益委员会”,如四川。消费者协会、消费者委员会、消费者权益保护委员会、保护消费者权益委员会属不同名称的同一类组织,名称不一致并不影响其法律规定的性质,也不影响其法定公益职责的履行。在判断主体资格上,主要看该机构是否属于《消费者权益保护法》第 36 条规定的消费者保护组织。2013 年修订的《消费者权益保护法》、2016 年出台的最高人民法院《关于审理消费民事公益诉讼案件适用法律若干问题的解释》仍将各级政府牵头设立的消费者保护组织统称为“消费者协会”。为行文方便,本书将名称各异的各级政府牵头设立的消费者保护组织统称为消协组织。

② 参见黄忠顺、刘宏林:《论检察机关提起惩罚性赔偿消费公益诉讼的谦抑性——基于 990 份惩罚性赔偿检察消费公益诉讼一审判决的分析》,载《河北法学》2021 年第 9 期。

公权力的谦抑克制。因此,当前检察机关在公益诉讼中的主力军角色并不符合立法目的。

综上,无论是制度层面还是实践层面,我国消协组织提起消费民事公益诉讼都还处于探索阶段。《消费者权益保护法》旨在保护消费者合法权益、维护公平竞争的社会经济秩序、促进社会主义市场经济健康发展,其中保护消费者权益是核心和基础。公益诉讼具有社会性,是推进社会治理的法治方式,也是消协组织和消费者参与社会治理的新路径。因此,从社会治理的视角推进消费民事公益诉讼的制度完善,就成了社会治理和法治建设的题中之意。当前,我国消费民事公益诉讼的制度构建总体上仍采用小修小补的模式,但这种打补丁式的碎片化修补显然难以从根本上破解消费民事公益诉讼的困境。在推进国家治理体系和治理能力现代化的时代背景下,有必要对消协组织的角色进行重新定位,并从原则到制度对消费民事公益诉讼进行系统重构。

(二)研究意义

我国现行立法将民事公益诉讼制度规定在《民事诉讼法》中,但是公益诉讼的固有属性特征决定了其与传统民事诉讼并不兼容。公益诉讼生于传统民事诉讼,又颠覆了传统民事诉讼基本原理,"公私混搭"的立法模式带来理论与规范的冲突和不适。消费问题的出现和社会发展的现实情况催生了消费公益诉讼的实践,而消费公益诉讼实践却不得不面对相对滞后的立法与理论研究。由于立法粗糙,一些关键问题在制度层面存在空白、理论层面存在争议,导致消费公益诉讼在实践层面遭遇困境。消协组织提起消费民事公益诉讼的推进困难即是突出体现。

从经验来看,制度功能的实现往往需要一定的过程,效果的反馈也需要案例的积累和佐证。因此,在消费民事公益诉讼制度确立 11 年之际,有必要立足司法实践,评估制度功效并反思困境的理论与制度根源,为制度运行与立法完善提供依据。本书在廓清消费民事公益诉讼价值功能的基础上,借鉴已有研究成果,作了一定的创新性探索,从理论、制度、实践三个维度反思消协组织提起消费民事公益诉讼的理念和进路,并提出相应的立法思路和制度构想。研究意义主要有以下三个方面。

第一,深入分析消协组织提起消费民事公益诉讼的实践进路。已有研究对消协组织提起消费民事公益诉讼存在的问题有所论述,但不系统不深入。本书对司法实践案例进行类型化梳理和深描,并对部分典型案例进行个案分析。在此基础上,归纳当前消协组织提起消费民事公益诉讼的实践样态,总结限制制度有效适用的影响因素,理性阐发突破"瓶颈"的系统性解决方案、理想模型和规范路径。本书以2014年3月15日至2021年12月31日我国省级以上消协组织提起的消费民事公益诉讼案件为研究对象,剖析和总结我国消协组织提起消费民事公益诉讼的共同特征和现实困境,针对性地提出合理适当的对策建议,希冀对我国消费民事公益诉讼制度的发展有所助益。

第二,系统分析消协组织提起消费民事公益诉讼的理论与制度困境。从理论层面观察,虽然有关消费民事公益诉讼的研究成果较丰硕,但鲜见对消协组织提起消费民事公益诉讼进行专门研究。已有成果主要对其作零星介绍,对消协组织提起消费民事公益诉讼的基本原则、关键问题、规律性问题还没有深入、系统的讨论。理论研究未能为制度发展提供有益的指引,制度构建和运行缺少坚实的理论支撑。从制度层面观察,我国消协组织提起消费民事公益诉讼的制度是通过修订《民事诉讼法》,再辅之"实体法+司法解释"的模式建立起来的。换言之,现行消费民事公益诉讼借用了私益诉讼既有的制度框架,通过将民事公益诉讼嵌入《民事诉讼法》进行框架式的简略规定,再由《消费者权益保护法》、有关司法解释细化规定实施制度。这样的立法模式导致消费民事公益诉讼尚未完成体系化制度建构,存在逻辑和制度的不自洽,很难满足公益诉讼司法实践对制度供给的客观需求。消费民事公益诉讼与消费民事私益诉讼在司法理念、诉讼目的、基本原则、程序规则等方面存在较大差异,亟须在厘清基本理论问题的基础上,矫正现行公私混搭的立法模式,从原则到制度对消费民事公益诉讼进行系统重构,为消协组织提起消费民事公益诉讼提供坚实的法律保障。

第三,深入研究法律赋权之后消协组织接权的成长路径。我国省级以上消协组织不敢诉、不愿诉,参与消费公益诉讼的积极性不高。究其原因,固然有诉讼成本高、制度不完善等方面的障碍,但更深层次的根源却是消协组织自身发育不良。理论、制度、实务三个层面都缺乏对消协组织这一特定主体如何承接消费民事公益诉讼这一新职能的深入思考。已有研究多侧重于对完善诉讼制度的探讨,缺乏对消协组织自身存在问题的反思和追问,也缺乏对消协组织成长路径的关注。在推进国家治理体系和治理能力现代化的进程中，忽略了从社会治理的视角审视消协组织在消费民事公益诉讼中的应然角色。本书系统分析了消协组织在现阶段存在的体制、资源等方面的现实困境，在此基础上提出了培育发展消协组织以全面激活消费民事公益诉讼的设想，试图探索将消协组织提起消费公益诉讼的制度优势转化为社会治理效能的有效进路。

二、研究内容和研究方法

（一）研究内容

本书以“消协组织提起消费民事公益诉讼”为研究对象，从理论、制度和实践三个层面提取消协组织提起消费民事公益诉讼的关键问题进行研究，明晰消费民事公益诉讼解决消费纠纷的价值和优势，探寻消协组织提起消费民事公益诉讼与补强社会治理的内在关联，探索消协组织提起消费民事公益诉讼的理念和制度革新，尝试从法制度安排和法实践角度促进消费领域治理路径的实现与提升，为消费民事公益诉讼的理论发展和实务部门的实践提供可靠的参考。本书正文分为八章。

第一章，消协组织提起消费民事公益诉讼的理论基础。本章从公益诉讼的概念入手，从理论层面厘清消费民事公益诉讼的内涵和类型，重点分析了消费领域公共利益的构成、消费民事公益诉讼和消费民事私益诉讼的关系，为本书研究消协组织提起消费民事公益诉讼的理论与实践确立理论基础。在此基础上，对消协组织在消费民事公益诉讼中的应然角色以及其与行政机关、检察机关等主体之间的角色分配、权限配置展开分析。最后，对消协组织提起消费民事公益诉讼的制度价值进行了论述，并特别关注了消协组织在消费维权与促进经营者规范发展之间的价值平衡问题。

第二章，消协组织提起消费民事公益诉讼的制度演进。本章梳理和总结了我国消协组织提起消费民事公益诉讼从无到有的发展历程，将制度构建划分为萌芽阶段、探索阶段、发展阶段和完善深化阶段四个阶段，对各个阶段的制度模式、制度建设重点展开梳理总结，并对制度成效进行观察思考。

第三章，消协组织提起消费民事公益诉讼的实践探索。本章对省级以上消协组织于2014年3月15日至2021年12月31日提起的42件消费民事公益诉讼案件进行了比对和分析。通过对实践案例的全面观察和典型个案的深入剖析，对案件进行类型化梳理，并对实践成效和困境进行深入研究，试图发现实践的发展趋向和可复制、可借鉴的经验做法，为今后的制度完善和实践运作提供实证样本。

第四章，消协组织原告资格制度。原告资格问题是消费民事公益诉讼的热点难点问题之一。以什么标准来确定原告资格，是消费民事公益诉讼的基本理论问题，也是关乎司法理念和接近司法的问题。本章结合理论和实践两个面向，阐述了消协组织原告资格的理论基础，总结了其他国家消费者团体原告资格的立法例，分析了我国消协组织原告资格立法的现状，提出了完善我国消协组织原告制度要实现三个立法转向，并建议从扩张原告资格、建立原告资格动态管理制度、完善原告之间的序位制度三个方面展开具体改革。消协组织自身的发展壮大是激活消费民事公益诉讼的组织保障，本章特别关注了消协组织的能力建设路径。

第五章，消协组织在消费民事公益诉讼中的诉讼请求。本章总结了消协组织在消费民事公益诉讼中的诉讼请求类型；结合司法实践案例分析了诉讼请求的实践应用情况以及存在的问题；探讨了与损害赔偿请求权相关的争议问题，重点对惩罚性赔偿进行了探讨；在比较和借鉴其他国家立法经验的基础上，提出了完善消协组织诉讼请求的建议。

第六章，消协组织提起消费民事公益诉讼的程序制度。诉讼程序是诉讼活动顺利开展的重要保障，完善程序规则是推进消费民事公益诉讼必然要解决的关键问题之一。切实有效发挥消费民事公益诉讼的功效，需要更新司法理念，再造与消费民事公益诉讼匹配的特殊程序与规则。本章对消协组织提起消费民事公益诉讼的起诉条件、诉讼时效、诉前程序、审判组织、对当事人诉权的干预、执行程序、公开制度等展开了分析，总结了现行制度存在的不足，提出了具体的完善建议。

第七章，消协组织提起消费民事公益诉讼的保障与激励制度。与检察机关消费民事公益诉讼、环保组织环境民事公益诉讼相比，消协组织提起消费民事公益诉讼的制度运行效果相去甚远。本章分析了消协组织提起消费民事公益诉讼未能充分激活的制度根源，建议重构公益诉讼成本负担制度、设立消费者权益保护公益基金和诉讼保险制度、完善支持起诉和法律援助制度、设立原告奖励制度等保障和激励机制,激发消协组织提起公益诉讼的积极性。

第八章,消协组织提起消费民事公益诉讼的未来与趋势。协同共治是社会治理语境下消协组织提起消费民事公益诉讼的发展方向。本章从四个视角论述了未来制度和实践发展方向:一是从消协组织与消费者的关系视角看,要促进消费民事公益诉讼与消费民事私益诉讼的衔接与融合发展;二是从消协组织与检察机关的关系视角看,要打造“消协起诉+检察支持起诉”的诉讼模式;三是从消协组织之间的关系视角看,要强化消协组织系统内部的深协同;四是从消协组织与其他消费者组织的关系视角看,要在错位发展的同时协同推进消费维权。

(二)研究方法

本书采用定性研究和定量研究相结合、规范研究和实证研究相结合的研究方法。重点运用的研究方法有实证研究法、比较研究法、多学科交叉法。

1. 实证研究法

实证研究法是在价值中立的前提下,以对经验事实的观察为基础来建立和检验命题的一种研究方法。消费民事公益诉讼是实践性和工具性很强的法律制度,对其理解和解释都离不开实践样本。本书对作者通过实地调研、公开渠道收集到的消协组织提起的司法案例样本和相关数据进行总结分析,并运用典型个案和权威数据分析我国消协组织提起消费民事公益诉讼的现实路线,提取其共同点和发展趋势,并反思相关理论与制度存在的不足。本书的一些资料和数据系作者收集整理的第一手资料,为分析问题和解决问题提供了坚实的实证依据。

2. 比较研究法

本书从中国问题出发,保持中国问题和中国方案的研究方向,落脚于中国问题的解决。本书主要从三个方面运用比较研究法:一是纵向比较。广泛收集理论、制度、实践三个方面的资料,根据本书预设的研究思路和研究框架,全面研读和梳理相关法律法规、司法文件、研究成果等,对背景文献、相关文献和直接文献作归纳总结,找到问题的难点和堵点,结合立法、执法、司法现状与趋势形成本书观点,为提炼命题和研判走势提供佐证材料。二是横向比较。通过对比不同省份的消协组织提起消费民事公益诉讼的成效差异,分析我国现行制度的局限性。三是跨域比较。本书对世界其他典型国家的理论成果和立法例进行了比较,提取对我国具有重要启发和借鉴意义的做法,有选择地借鉴与吸收,从而提出符合我国国情的改革方案。

3. 多学科交叉法

援引社会学、经济学等学科中的理论成果和研究方法,增强研究的跨学科性,旨在通过法学与不同社会科学之间的对话与沟通,探索具有本土适应性的消费治理策略。

三、学术创新与学术价值

(一)学术创新

1. 研究内容新。本书在研究内容上具有一定程度的补白意义。一是对消协组织提起消费民事公益诉讼进行系统研究。赋予消协组织消费民事公益诉权是我国2013年修订的《消费者权益保护法》的亮点之一,但随后的司法实践却不容乐观。在消费民事公益诉讼领域,学界重点关注检察民事公益诉讼,对消协组织提起消费民事公益诉讼关注不足,至今未见系统研究成果。本书从理论、制度和实践三个层面对热点难点问题展开深入系统的研究,对消协组织提起消费民事公益诉讼的制度构建、实践成效、改革路径进行全面分析,摹绘出以公益诉讼实现消费治理的理想模型。二是将消协组织提起消费民事公益诉讼放到社会治理的视阈下予以考察,强调在多元共治的社会治理新格局中找准消协组织的角色定位和公益诉讼的制度功能。

2. 研究方法新。本书以大量的司法案例为基础,以实证研究和个案分析为支撑,对我国消协组织提起消费民事公益诉讼的理论和实践展开分析。既有理论研究又有实证案例分析,既有实体法的体系性思维又有程序法的实践性思考。此外,本书在研究方法上不但注重经济法、诉讼法等多部门法之间的法学学科内部考察,而且注重跨越社会学、法学等多学科之间的外向关注。

(二)学术价值

1. 补充新资料。以往研究重点关注检察民事公益诉讼,对消协组织提起的消费民事公益诉讼的制度构建和典型个案仅作简单提及或者零星介绍。本书较为系统完整地论述了我国消协组织提起消费民事公益诉讼从无到有的制度演进过程，将公开渠道能够检索到的全部司法实践案件进行全面总结和类型化梳理，对其诉讼进路与成效进行深入研究，为后续相关学术研究提供新资料。

2. 展现新视角。已有研究主要从诉讼法视角研究具体法律制度的完善，本书以社会治理的理论框架分析消协组织在共建共治共享的社会治理格局和消费公益诉讼中的应然角色和应有功能，从而实现消费纠纷从分散治理向整体性治理转型，为相关研究提供了社会学和法学的交叉视角。同时，本书还特别关注了以促进消协组织自身的发展来激活消费公益诉讼的研究视角。

3. 提出新构想。本书在原告资格制度、诉讼请求类型、程序规则、保障和激励机制、消协组织自身的改革与发展、消协组织与其他社会治理主体的协作机制等方面提出了一些创新性的观点或者建议，能够为制度的完善和实践的发展提供参考，也可以为立法机关、司法机关、市场监管部门等实务部门的立法、司法、执法工作提供参考。

第一章 消协组织提起消费民事公益诉讼的理论基础

现代社会是消费社会，人人都是消费者，消费已成为社会生活的重要内容和稳增长、促发展的第一驱动力。随着经济社会的快速发展和互联网的普及，网络消费、有偿教育消费、直播带货、长租公寓等新型消费兴起，网络游戏、在线视频等娱乐消费日渐增多。[①] 数字经济的发展，拓宽了消费渠道，形成了新的消费动能。现阶段，我国消费者的消费理念、消费结构、消费方式发生了很大变化，我国消费已经进入了需求多元发展、规模持续扩大、结构优化升级的新阶段。

科技的发展进步使市场中的商品日益丰富。但随着商品的社会化、专业化程度不断加强，商品的复杂性和危险性也在增加，消费者和经营者之间的信息更加不对称，经营者侵害消费者权益的违法行为大量出现并呈现日益复杂的趋势。"三鹿奶粉"事件、"瘦肉精"事件等大规模食品安全事件频发，在相当程度上凸显了传统民事救济途径无力遏制公益损害行为的困境。信息社会的到来，加剧了消费侵权的隐蔽性，消费领域的社会矛盾日益凸显。比如，一些经营者通过应用软件过度索权，过度收集用户信息。2021 年 7 月，"滴滴出行"App 因严重违法违规收集使用个人信息被有关部门责令下架整改。经营者的行为侵犯了消费者的个人信息保护权、知情权等法定权利，也损害了不特定消费者的利益。单从损害后果看，这类消费侵权事件具有"小额多数被害"的特点，单个消费者受到的损害有限，但受到同类行为侵害的消费者往往人数众多，损害呈现扩散的趋向。如果按照传统的救济机制加以解决，消费者的维权成本往往超过其有可能获得的赔偿。

① 中国消费者协会：《2020 年全国消协组织受理投诉情况分析》，载 http://www.cca.org.cn/tsdh/detail/29923.html，最后访问日期：2022 年 6 月 30 日。

面对日益复杂的消费问题，消费者在强大的经营者面前显得无能为力，因成本、证据等方面的考量而陷入维权困境，私人实施的"履行差错"现象普遍存在，大量的权利被侵犯却得不到司法救济，经营者因此能够获得巨额的非法利润。[①] "如果不加以解决，不但消费者的权利被搁置一旁，更严重的是社会因此充满非正义现象。"[②]"现代社会中经营者和消费者的矛盾已经超越了个体矛盾的范畴，具有社会公共性质。"[③]因此，消费问题不仅是经营者与消费者之间的私人问题，实际上已经呈现私害的公害化倾向，具备公共危机的属性，成为亟须解决的公共问题。

近年来，为加强消费者权益保护，我国不断完善与消费维权相关的法律法规体系，加强行政执法监管。聚焦我国消费维权的立法、执法实践，不难发现，我国消费者权益保护体系立法供给不足、行政监管乏力等问题依然存在，权利保护预设路径与结果存在较大偏差。法益的保护有多种方式，在法治社会，诉讼被公认为是保护法益的一种普遍有效的方式。[④]《消费者权益保护法》第 5 条规定，"国家保护消费者的合法权益不受侵害。国家采取措施，保障消费者依法行使权利，维护消费者的合法权益。""随着现代社会的复杂化，单单一个行动就致使许多人或许得到利益或许蒙受不利的事件频繁发生，其结果使得传统的把一个诉讼案放在两个当事人之间进行考虑的框架越发显得不甚完备。"[⑤]公益诉讼是"国家积极作为论"的产物，与国家民主建设的进程密切相关，是落实《消费者权益保护法》所规定的"国家保护消费者的合法权益不受侵害"的司法路径。作为新型诉讼，公益诉讼超越了以解决私益纠纷、保护私益为核心的价值取向和功能定位。"现代意义上的公益诉讼是在'自由市场'无法自治，'公地悲剧'日益凸显的社会背景下，因公法扩张再次走向公众视野的。"[⑥]从社会治理的视角观察，我国消协组织提起消费民事公益诉讼的产生与社会治理的变革密切相关。《中共中央关于全面推进依法治国若干重大问题的决定》提出，要"发挥人民团体和社会组织在法治社会建

---

① 钱玉文：《消费者权利变迁的实证研究》，法律出版社 2011 年版，第 118 页。

② 陶建国等：《消费者公益诉讼研究》，人民出版社 2013 年版，第 19 页。

③ 薛克鹏：《经济法基本范畴研究》，北京大学出版社 2013 年版，第 40 页。

④ 颜运秋：《公益诉讼理念与实践研究》，法律出版社 2019 年版，第 4 页。

⑤ 转引自［德］H. 盖茨：《扩散利益的保护——接近正义运动的第二波》，载［意］莫诺·卡佩莱蒂编：《福利国家与接近正义》，刘俊翔译，法律出版社 2000 年版，第 68 ~ 69 页。

⑥ 倪洪涛：《行政公益诉讼、社会主义及其他》，载《法学评论》2014 年第 4 期。

设中的积极作用。建立健全社会组织参与社会事务、维护公共利益……的机制和制度化渠道”。党的十九届五中全会指出，我国已转向高质量发展阶段，但是“民生保障存在短板，社会治理还有弱项”。社会治理涉及国家和社会生活的方方面面，站在社会治理的角度而言，消费纠纷的化解过程也是社会治理过程。

可见，公益诉讼既是我国消费维权的新机制，更是社会组织参与社会治理的法治新标杆，通过公益诉讼加强消费者权益保护理应成为社会治理的必选项和维护社会公共利益的新探索。公益诉讼在微观层面能够促进个体消费者合法权益的保护，中观层面能够提升消费者群体的幸福感和获得感，宏观层面能够促进市场经济的健康发展。综上所述，研究消协组织履行消费者权益保护职责的公益诉讼进路，具有重要的理论价值和现实意义。

一、公益诉讼

公益诉讼最早可追溯到古罗马时期的法律制度。“罗马当时的政权机构远没有近代这样健全和周密，仅依靠官吏的力量来维护公共利益显然是不够的，故授权市民代表社会集体直接提起诉讼，以弥补其不足。”①古罗马的诉讼制度大致经历了法定诉讼程序、程式诉讼程序、非常诉讼程序三个时期。公益诉讼起源于古罗马程式诉讼时期，该时期古罗马将诉讼分为公益诉讼（Actiones Publicae Populares）和私益诉讼（Actiones Privatae）。② 私益诉讼以保护私人利益为目的，为保护个人权利而设立；公益诉讼以维护公共利益为目的，除法律有特别规定外，任何市民都可以提起维护社会公共利益的诉讼。③

现代型公益诉讼始于美国的布朗诉教育委员会反种族歧视案（Brown v. Board of Education），④最初主要是为了保护有色人种、未成年人等弱势群体。随着工业社会的深入发展，假冒伪劣产品等消费问题日益突出，亟须通过司法手段对侵权人予以惩戒。于是，20 世纪以后公益诉讼作为一种新型诉讼引起了各国的

---

① 周枏：《罗马法原理》，商务印书馆 1996 年版，第 886 ~ 887 页。

② 李卓：《公益诉讼与社会正义》，法律出版社 2010 年版，第 24 页；张艳蕊：《民事公益诉讼制度研究——兼论民事诉讼机能的扩大》，北京大学出版社 2007 年版，第 31 页。

③ 周枏、吴文翰、谢邦宇：《罗马法》，群众出版社 1983 年版，第 350 页。

④ See Michael J. Klarman, *Brown*, *Racial Change*, *and the Civil Rights Movement*, 80 Va. L. Rev. 7(1994).

广泛关注。20 世纪中后期,公益诉讼在西方国家得到广泛应用并取得较好的社会效益。由于政治经济文化背景不同,公益诉讼在各国的表现形式和策略也存在差别,具体制度呈现不同的特点,称谓也不尽一致。如英国称公益诉讼,日本称民众诉讼,美国称公共诉讼,印度称公众利益诉讼,法国、德国则称团体诉讼。总体而言,大陆法系国家奉行严格的当事人主义,公益诉讼的条件限定比较严格。英美法系国家奉行实用主义,对公益诉讼的态度开放,有着积极能动色彩。公益诉讼的具体内涵和外延等都存在国别差异,“界定公益诉讼是一项极端困难的任务。”[①]很难对公益诉讼下一个具体明确的定义。因此,在制度层面各国也很少对公益诉讼的内涵进行界定。

迄今为止,我国学界也未对公益诉讼的内涵达成共识。从字面上解读,公益诉讼是指为了维护公共利益而进行的诉讼。从宽泛角度理解,学界一致认同公益诉讼的目的是维护社会公共利益,但在起诉主体、公共利益的内涵等方面仍然存在较大分歧。有观点认为,可以从广义和狭义两个方面定义公益诉讼。广义的公益诉讼是指任何组织和个人根据法律的授权,对违反法律,侵害社会公共利益的行为向法院提起诉讼追究违法者法律责任的活动。如学者韩波认为,公益诉讼制度即为维护公共利益而提起诉讼及诉讼运行的系列制度的总称。[②] 狭义的公益诉讼则仅指特定的国家机关、组织和个人根据法律的授权,对违反法律,侵害社会公共利益的行为向法院提起诉讼追究违法者法律责任的活动。[③] 梁慧星教授认为,“何谓公益诉讼,按照我的理解,是指与自己没有直接的利害关系,就是诉讼针对的行为损害的是社会公共利益,而没有直接损害原告的利益。我们这里用了‘没有直接损害’一语,当然损害社会公共利益最终要损害个人利益,但这里要作狭义的理解,只是指没有‘没有直接损害’。”[④]学者张艳蕊认为,公益诉讼是指特定的国家机关、社会团体和相关公民根据法律规定,针对侵犯社会公共利益的行为提出请求,由法院通过司法程序追究违法行为并借此保护和捍卫公共利益的一种法

---

① Shaimi Chakrabarti, Julia Stephens and Caoilfhionn Gallagher, *Whose Cost the Public Interest*?, Public Law, 2003, p. 697.

② 韩波:《公益诉讼制度的力量组合》,载《当代法学》2013 年第 1 期。

③ 李卓:《公益诉讼与社会公正》,法律出版社 2010 年版,第 38 页。

④ 梁慧星:《关于公益诉讼制度的对话》,载吴汉东主编:《私法研究》(第 1 卷),中国政法大学出版社 2002 年版,第 68 页。

律制度。[①] 学者颜运秋认为,公益诉讼是有关组织和个人根据法律授权,就侵犯国家利益、社会利益的行为提起诉讼,由法院依法处理违法的司法活动。[②] 学者刘学在认为,公益诉讼是指特定的主体根据法律的授权就损害社会公共利益的行为向法院提起的行政诉讼或民事诉讼。[③] 上述观点都认同公益诉讼的公益性,主要分歧在于公益诉讼适格起诉主体的范围不同。

笔者认为,公益诉讼是指基于法律的授权,法律上没有直接利害关系的主体为维护社会公共利益而提起的诉讼。根据不同的标准,公益诉讼可以分为不同的类型。根据被诉对象的不同,可分为行政公益诉讼和民事公益诉讼;根据起诉主体的不同,可分为检察公益诉讼、社会组织公益诉讼和公民公益诉讼;根据诉讼目的不同,可分为自益型公益诉讼、他益型公益诉讼、法律援助型公益诉讼;[④]根据保护的权益类型不同,可分为消费公益诉讼、环境公益诉讼、国有资产公益诉讼等。

二、消费公益诉讼

(一)消费公益诉讼的内涵和类型

消费公益诉讼是公益诉讼在消费领域的具体适用,是指不特定消费者的权益受到损害或损害威胁时,法律规定的起诉主体根据法律授权向法院提起的诉讼。根据起诉对象的不同,消费公益诉讼可以分为消费民事公益诉讼和消费行政公益诉讼,消费民事公益诉讼又可分为独立提起的消费民事公益诉讼和刑事附带消费民事公益诉讼。消费民事公益诉讼的起诉对象是经营者,消费行政公益诉讼的起诉对象是未履行法定职责或者作出损害消费者权益行为的行政机关。

现阶段,我国消协组织仅被赋予消费民事公益诉权。因此,本书以消协组织提起的消费民事公益诉讼为研究对象。

---

① 张艳蕊:《民事公益诉讼制度研究——兼论民事诉讼机能的扩大》,北京大学出版社 2007 年版,第 26 页。

② 颜运秋:《公益诉讼的理念与实践研究》,法律出版社 2019 年版,第 47 页。

③ 刘学在:《民事公益诉讼制度研究——以团体诉讼制度的构建为中心》,中国政法大学出版社 2015 年版,第 65 页。

④ 林莉红:《法社会学视野下的中国公益诉讼》,载《学习与探索》2008 年第 1 期。

（二）公益诉讼中的公共利益

公益诉讼强调对社会公共利益的维护，并以追求公共利益的最大化为宗旨。公共利益①是一个使用频繁而意义重大的法律概念，对公共利益的界定是公益诉讼理论和制度的逻辑起点。“公共利益是一个很复杂的问题，可以说是一个真正的社会性法律问题。”②学界对“公共利益”的内涵一直存有分歧，“使得这一概念在某种程序上成为最具多义性、最不具有确定性的概念之一。”③“人们不断地进行摸索和探秘，希望揭开公共利益的神秘面纱，给公共利益做出一个精准的界定，但往往无功而返。”④因而，学界对公共利益的内涵并未达成共识，甚至有的学者认为根本不可能对公共利益作出明确而清晰的界定。公共利益是一个典型的不确定法律概念，其最特别之处在于利益内容的不确定性及受益对象的不确定性。⑤公共利益的抽象性、动态性和不确定性的特点决定了很难对其作出具体详细的描述。“在何谓公共利益这个问题上，永远无法达成广泛的共识，公共利益如同一个空壳，每个人可以将自己的理解装入其中。”⑥美国著名行政伦理学家特里·L. 库珀也认为，要想给出一个能得到理论界或实际工作者公认的公共利益定义，是不可能的。⑦

不过，仍有一些学者对公共利益的内涵进行阐释，试图寻求公共利益不确定性中的确定性。英国学者边沁认为，公共利益是组成共同体的若干成员的利益的总和。⑧ 德国学者纽曼认为，公共利益是不确定多数人的利益，只要大多数不确定

---

① 在理论和实践中，一般不严格区分“公共利益”与“社会公共利益”。因此，本书对“公共利益”与“社会公共利益”不加以区分。

② 肖顺武：《公共利益研究——一种分析范式及其在土地征收中的运用》，法律出版社 2010 年版，第 96 页。

③ 张卫平：《民事公益诉讼原则的制度化及实施研究》，载《清华法学》2013 年第 4 期。

④ 胡鸿高：《论公共利益的法律界定——从要素解释的路径》，载《中国法学》2008 年第 4 期。

⑤ 陈新民：《德国公法学基础理论》（上），山东人民出版社 2001 年版，第 182 页。

⑥ Deborah Stone, *Policy Paraox: The Art of Political Decision Making*, W. W. Norton & Company Inc., 2001, p. 23.

⑦ 转引自李春成：《公共利益的概念建构评析——行政伦理学的视角》，载《复旦学报（社会科学版）》2003 年第 1 期。

⑧ ［英］边沁：《道德与立法原理导论》，时殷弘译，商务印书馆 2000 年版，第 58 页。

数目的利益人存在，即属公益。[①] 德国法学家鲁道夫·冯·耶林认为，公共利益是人们都能感觉到的一种非常实际的利益，是一种可以保证和维持社会秩序的利益。[②] 美国社会法学派代表庞德认为，“公共利益是社会公众在文明社会生活中并基于这种生活的地位而提出的各种要求、需要或愿望。”[③]他将公共利益概括为四种形式，包括：一般保障的社会利益（具体包括和平与秩序的要求、一般安全、一般的健康状态、占有物的保障和买卖的保障）；关于保障家庭、宗教、政治和经济各种社会制度的社会利益；其他在一般道德、使用和保存社会资源以及在社会、政治、经济和文化等方面的一般进步的利益；个人获得在政治、社会和经济各方面的机会以及合理的最高限度的生活。[④] 根据《布莱克法律辞典》，公共利益主要包括两层含义：一是经认可的普遍的公共利益；二是与全体社会公众有利害关系的事情。[⑤] 我国不少学者也对公共利益的内涵进行了研究。孙笑侠认为，“社会公共利益具有整体性和普遍性两大特点。换言之，社会公共利益在主体上是整体的而不是局部的利益，在内容上是普遍而不是特殊的利益。”[⑥]公共利益即社会公共利益，“是一种具备由社会成员共同消费之可能性的利益诉求。”[⑦]也有学者认为，应当将公共利益的内容概括为三个层次：“一为国家利益，此乃公共利益的核心，如国有资产；二为不特定多数人的利益，此乃公共利益常态化的存在形式，如不特定多数消费者、环境污染受害人的利益、因垄断经营受损者的利益；三为需特殊保护的利益，此乃公共利益的特殊存在形式，是社会均衡、可持续发展必须加以特殊保护的利益，如老年人、儿童、妇女、残疾人的利益。”[⑧]

综合上述观点，结合对法律条文的文本解读，笔者主张从两方面理解和把握

---

① 陈新民：《德国公法学基础理论》（上），山东人民出版社 2001 年版，第 185～186 页。

② 转引自［意］莫诺·卡佩莱蒂编：《福利国家与接近正义》，刘俊祥等译，法律出版社 2000 年版，第 67 页。

③ 转引自李广辉、孙勇军：《公益诉讼法理与传统民事诉讼法理的冲突与平衡》，载《南阳师范学院学报》2003 年第 5 期。

④ ［美］罗斯科·庞德：《通过法律的社会控制》，沈宗灵译，商务印书馆 1984 年版，第 37～38 页。

⑤ 杨雅妮：《检察民事公益诉讼制度研究》，社会科学文献出版社 2020 年版，第 39 页。

⑥ 孙笑侠：《法的现象与观念》，山东人民出版社 2001 年版，第 68～69 页。

⑦ 梁君瑜：《公物利用性质的反思与重塑——基于利益属性对应权利（力）性质的分析》，载《东方法学》2016 年第 3 期。

⑧ 韩波：《公益诉讼制度的力量组合》，载《当代法学》2013 年第 1 期。

公共利益的内涵:一是从主体看,公共利益是不特定多数人的利益。公共利益涵盖着个人利益,但又不是特定人的利益,也不是特定人利益的总和。即公共利益不是个体利益的简单叠加,而是一种“超个体利益”,其保护对象指向非特定的人。① 这表明享有公共利益的主体具有开放性。公益诉讼是在不特定多数人的利益受到侵害时所提起的诉讼,它的产生和作用不是基于保护哪几个人的利益,也不是哪一部分人的利益。如果侵权行为所造成的后果侵害了多数人的利益,即便这个多数人的数量相当大,但只要这些多数人可以一一确定,仍然属于特定的多数人,那么对该侵害所提起的诉讼就不能划归公益诉讼范畴。正因为主体具有不特定性,才使得社会公共利益的维护无法通过直接利害关系主体启动诉讼程序加以实现。因此,需要在法律上赋予超越直接利害关系的主体以诉权,使其能够根据法定授权来实现对社会公共利益的维护。二是从内容看,公共利益是一种整体利益。公共利益具有不可分性、公共性、抽象性的特点,属于公共物品的范畴,能够同时被多数不特定人共同享有,可以共享但不可分割,不能被分配给特定的个体。哈耶克指出,“自由社会的共同福利,或公共利益的概念,绝不可定义为所要达至的已知特定结果的总和,而只能定义为一种抽象的秩序。作为一个整体,它不指向任何特定的具体目标,而是仅仅提供最佳渠道,使无论哪个成员都可以将自己的知识用于自己的目的。”②

(三)消费领域公共利益的内涵和类型

1. 消费领域公共利益的内涵

(1)消费领域公共利益内涵的界定

消费公益诉讼是公益诉讼在消费者权益保护领域的具体表现,承继了公益诉讼保护社会公共利益的价值取向。因此,“公共利益”是消费公益诉讼的核心问题之一。人人都是消费者,消费关系民生福祉。商品经济发展到消费经济社会阶段便出现了经营者与消费者的分离、利益对立以及消费者的弱势现象,经营者对消费者权益的损害成为普遍性的社会问题。现代社会中消费者和经营者的矛盾已

---

① 张卫平:《民事公益诉讼原则的制度化及实施研究》,载《清华法学》2013 年第 4 期。

② [英]哈耶克:《经济、科学与政治——哈耶克思想精髓》,冯克利译,江苏人民出版社 2002 年版,第 393 页。

经超越了个体之间的关系，涉及资源利用、环境保护、人类健康和安全守护、价格政策、产业政策等具有公共性质的问题。从这个意义而言，消费者权益保护是重要的公共利益问题。许多国家的立法都对消费领域公共利益作出了规定。如英国的《公共利益开示法》，美国的《联邦贸易委员会法》《多德－弗兰克华尔街改革与消费者保护法案》，日本的《禁止私人垄断和确保公正交易法》，巴西的《公共民事诉讼法》，越南的《消费者权利法》等法案都将消费领域的公共利益限定为不特定消费者的权益。①

现阶段，我国学界比较一致的看法是，消费领域公共利益是公共利益的一种类型，是不特定消费者的利益，具有公共属性。有学者认为，消费领域的社会公共利益一般为人数众多且不特定的消费者共同利益，该利益具有社会公共利益属性。② 有学者从侵权行为的具体类型阐述消费领域的公共利益。例如，有学者认为在反垄断法领域，"公共利益"包括受垄断行为影响的不特定消费者的合法权益。③ 有学者认为，制造和出售假冒伪劣产品，提供伪劣服务，严重损害了消费者利益，此类案件具有公共性的特点，"受影响人数众多，而且关键在于潜在的受影响的人数可能难以估算。"④已有研究对消费领域公共利益缺乏深入系统的证成，一般是在研究其他问题时简单提及。

笔者认为，公共利益在消费领域体现为不特定多数消费者的利益，这种利益既与个体消费者密切相关，又不是个体消费者利益的简单叠加。同一消费侵权行为既可能侵害特定消费者的利益，也可能侵害不特定消费者的利益，后者即是公益诉讼救济的社会公共利益。概言之，消费领域的公共利益是指不特定消费者的整体利益。不特定消费者利益受损是消费公益诉讼的形式要件，公共利益受到损害或者可能受到损害是消费公益诉讼的实质要件。

---

① 陶建国：《消费者公益诉讼研究》，人民出版社2013年版，第7～12页。

② 杜万华：《最高人民法院消费民事公益诉讼司法解释理解与适用》，人民法院出版社2016年版，第45页。

③ 陈云良：《反垄断民事公益诉讼：消费者遭受垄断损害的救济之路》，载《现代法学》2018年第5期。

④ 江伟、徐继军：《将"公益诉讼制度"写入〈民事诉讼法〉的若干基本问题的探讨》，载《中国司法》2006年第6期。

(2)消费领域公共利益的文本表述

我国现行消费者权益保护法律体系中,相关法律和司法解释的公共利益条款的用词和表意并不一致。有的立法文本直接用“社会公共利益”“公共利益”来抽象概括消费领域的公共利益,[①]更多的立法文本则用列举、示例方式来表述公共利益在特定消费领域的具体表现,如“众多消费者合法权益”“不特定消费者合法权益”“众多不特定消费者合法权益”“公众身体健康和生命安全”“公众健康”“经济运行效率”“市场经济健康发展”等。[②] 有关法律和司法解释的文本表达表明,尽管消费领域公共利益的法律文本表述有差异,但内涵并无本质区别。根据《民事诉讼法》第58条的规定,消费侵权必须达到损害社会公共利益的程度才符合公益诉讼的构成要件。从公益诉讼的立法目的理解,“众多消费者合法权益”“不特定消费者合法权益”“公众健康与安全”是消费领域公共利益的形式构成要件,与社会公共利益具有一致性。只要众多消费者权益与公共利益等同,就纳入公益诉讼的范围。如果众多消费者利益被损害,但损害体现为个体损害,对公共利益并未造成损害,则该权益不具有公共利益的属性。[③] 只有消费者的权益指向不特定消费者时,才具有公共属性。消费领域的社会公共利益一般为人数众多且不特定的消费者共同利益,且该利益具有社会公共利益属性。[④]

(3)消费领域公共利益的判断标准

尽管理论上对消费领域公共利益的内涵达成基本共识,但由于制度层面未提供可操作性强的指标体系,实践中判断经营者的行为是否侵害公共利益仍然是一个难题。如浙江省消费者权益保护委员会诉某铁路局强制实名制购票乘车后遗失车票的消费者购票案未获法院受理,法院不予受理的理由是原告仅提供了三名

---

① 如《民事诉讼法》第58条第1款、《药品管理法》第20条。

② 如《消费者权益保护法》第47条,《食品安全法》第1条、第24条,《药品管理法》第1条,《反垄断法》第1条,《反不正当竞争法》第1条,《最高人民法院关于适用〈中华人民共和国民事诉讼法〉的解释》第284条,《最高人民法院关于审理消费民事公益诉讼案件适用法律若干问题的解释》第1条、第2条、第4条。

③ 杜万华:《最高人民法院消费民事公益诉讼司法解释理解与适用》,人民法院出版社2016年版,第13~14页。

④ 罗书臻:《积极稳妥推进消费民事公益诉讼　构建和谐公平诚信消费市场秩序——最高人民法院民一庭负责人就消费民事公益诉讼司法解释答记者问》,载《人民法院报》2016年4月26日,第3版。

消费者的投诉记录,不能证明受侵害的消费者人数"众多"。从表面上看,法院的裁定合乎逻辑。公益诉讼必须是维护公共利益的诉讼,特定的三名消费者利益受损不符合公益诉讼的起诉条件。不过,如果分析公益诉讼的本质属性,就会发现法院的裁判逻辑存在认识误区。该案法院对公共利益受损情况的认定局限在过去和现在已经造成的损害,而公益诉讼不仅救济已经发生的损害,更重要的是预防未来之损害威胁。且权益受损的消费者并不会都选择向消协组织投诉,即使投诉,分散在全国各地的铁路旅客也不可能向同一个消协组织投诉。向浙江省消费者权益保护委员会投诉的消费者仅有三名,不能由此推断实际受损的消费者仅有三名。从生活经验判断,铁路部门不合理的补票规定也不可能仅造成三名消费者利益受损。从损害的类型来看,投诉的消费者受到的损害是已经实际造成的损害,但只要不合理的补票规定没有修正,未来乘车的不特定消费者同样有被损害的危险。该案法官的裁判逻辑是:以投诉数据来认定实际已经发生的损害,并以实际损害情况来否定经营者的行为损害了社会公共利益。这样的逻辑显然是错误的。又如,上海市消费者权益保护委员会诉天津某通信技术有限公司、广东某移动通信有限公司案中,被告的行为不但对已经购买手机的消费者造成损害,而且对将来可能购买同款手机的消费者也将造成损害。上海市消费者权益保护委员会诉天津某通信技术有限公司、广东某移动通信有限公司案(实则为两件案件)获法院当场立案,并取得了非常好的法律效果和社会效果。上述案件表明法院对消费领域公共利益的认定差异巨大,根本原因在于公共利益的判断标准缺失。

(4)结论

综上所述,消费领域的公共利益是公共利益的一种类型,应重点从两方面把握其构成要件:一是主体要件。受到损害的消费者数量必须是众多且不特定的,具体数量无法确切统计。这是公益诉讼区别于共同诉讼、代表人诉讼的重要特征。共同诉讼、代表人诉讼中受到损害的消费者虽然人数众多但却是可以确定的,而公益诉讼中受到损害的消费者的数量无法确切统计,意味着此时受到损害的消费者作为整体已经具备了不特定的特征。二是损害后果要件。消费侵权行为已经造成了损害或者有造成损害的危险。《最高人民法院关于审理消费民事公益诉讼案件适用法律若干问题的解释》(以下简称《消费民事公益诉讼司法解释》)第1条规定了消费领域公共利益受损的情形,包括"经营者侵害众多不特定消费者合法权益或者具有危及消费者人身、财产安全危险”。2021年6月最高人民检察院、最高人民法院、中国消费者协会等单位召开的探索建立食品安全民事公益诉讼惩罚性赔偿制度座谈会指出,“认定是否侵害众多不特定消费者合法权益,损害社会公共利益,应当以是否存在对众多不特定消费者造成食品安全潜在风险为前提,不仅包括已经发生的损害,也包括有重大损害风险的情形。”“向众多不特定消费者销售明知是不符合食品安全标准的食品,应当认定为侵害众多不特定消费者合法权益,对众多不特定消费者生命健康安全产生公益损害风险,构成损害社会公共利益。”①

2. 消费领域公共利益的类型

从法律方法论的角度来看,类型化有助于克服对社会公共利益予以价值判断的主观性,弥补解释上主观的缺陷。②《消费民事公益诉讼司法解释》第2条试图对消费领域公共利益进行类型化,规定经营者从事的五种行为属于损害消费领域公共利益的行为,可以概括为:提供有缺陷的商品或者服务侵害不特定消费者权益;未对提供的商品或者服务作出真实的说明侵害不特定消费者权益;经营场所的经营者或管理者未履行安全保障义务侵害不特定消费者权益;利用格式条款侵害不特定消费者权益;其他侵害不特定消费者权益的行为。

(四)消费民事公益诉讼与消费民事私益诉讼

消费民事公益诉讼与消费民事私益诉讼是相对的概念,两者之间既有区别也有联系。

1. 消费民事公益诉讼与消费民事私益诉讼的区别

与消费民事私益诉讼相比较,消费民事公益诉讼在起诉主体、诉讼目的、利益归属和既判力等方面都有所不同。

第一,起诉主体。根据私法自治,消费民事私益诉讼中的起诉主体只能是与案件有直接利害关系的消费者。私益诉讼中,只有实体法上的权利人才能成为程

---

① 《如何认定是否损害社会公共利益?——最高检第八检察厅负责人就印发〈探索建立食品安全民事公益诉讼惩罚性赔偿制度座谈会会议纪要〉答记者问》,载 http://www.faxin.cn/lib/lfsf/SfContent.aspx,最后访问日期:2022年6月30日。

② 柯阳友:《民事公益诉讼重要疑难问题研究》,法律出版社2017年版,第29页。

序法中的原告,起诉主体具有分散性、单一化的特征。消费民事公益诉讼的本质特征是原告与诉的利益没有直接利害关系,是为了维护不特定消费者合法权益提起的诉讼。公益诉讼的本质特征不仅体现在诉讼中的公共利益元素,更体现在原告与诉争案件之间没有直接的利害关联。[①] 消费民事公益诉讼的起诉主体具有多元性,消费者团体、检察机关等主体是理论上一致认可的适格主体。至于是否赋予行政机关以及公民起诉资格,尤其是在公民的私人利益没有受到直接侵害的情形下是否适合作为起诉主体,理论上存有较大争议,各国立法也存在差别。我国立法排除了行政机关、公民个人的公益诉讼起诉资格。

第二,诉讼目的。消费民事私益诉讼具有事后性、自利性,保障的权益本质上是私权,诉讼目的是对已经造成的私人损害进行救济,以解决特定消费者和经营者之间已经发生的权利争议为目的,范围较为清楚明确,具有具体性、微观性的特点。[②] 诉讼目的的公益性、预防性是消费民事公益诉讼与消费民事私益诉讼的本质区别。消费民事公益诉讼以维护消费者福祉和社会经济秩序等方面的公共利益为目的,救济起诉时已经发生的损害,也预防将来可能发生的损害危险,而后者是消费民事公益诉讼更为重要的制度功能。公益诉讼最重要的目的不是损害赔偿的救济,而是矫正经营者的违法行为,着重于为经营者未来的行为提供指引。公共利益具有公共性、整体性,一旦受到损害可能造成难以估量的损失。因此,消费民事公益诉讼的着力点要重点突出预防功能,通过司法程序对抗经营者的侵权行为,要求其调整原有的行为模式,甚至可能促成国家完善规制这类侵权行为的方法和标准。如上海市消费者权益保护委员会在诉天津某通信技术有限公司、广东某移动通信有限公司案中提出的诉讼请求是判令被告对预装软件作出说明并提供可直接卸载的途径。[③] 这类请求是预防型请求,重点救济的是不特定消费者未来的权益保障,并且该案推动了当时的国家工信部出台了对智能手机预装软件

---

① 陈亮:《环境公益诉讼研究》,法律出版社2015年版,第6页。

② 江必新:《民事诉讼新制度讲义》,法律出版社2013年版,第63页。

③ 上海市消费者权益保护委员会在起诉书中提出了三个诉讼请求:(1)请求判令被告在其所销售智能手机外包装或说明书中明示手机内预装软件的名称、类型、功能、所占内存。(2)请求判令被告为其所销售智能手机内预装应用软件提供可直接卸载的途径。(3)本案诉讼费用由被告承担。详见上海市消费者权益保护委员会编:《中国消费公益诉讼第一案纪实与解读》,上海人民出版社2016年版,第23~25页。

进行监管的相关规定。“目前司法领域一个主要问题不是为了个人提供对付集团侵害的事后援助，而在于事前便阻止侵害的发生并实现公共利益，形成具有实效性的集团性援助方案。”[①]公益诉讼的成立并不以实际发生损害为前提，这改变了私益诉讼的事后性，从而能够有效保护公共利益。

第三，诉讼利益归属。消费民事私益诉讼的目的是维护私人利益，诉讼利益当然归原告所有。消费民事公益诉讼的目的是维护社会公共利益，理论上很容易得出诉讼利益归属于社会的结论。但问题是，公益诉讼的诉讼利益如何归属和管理，存在法律和制度空白，导致通过公益诉讼获得的赔偿金“无处安放”。广东省消费者委员会在诉彭某胜等人生产销售假盐案中，提出了惩罚性赔偿请求，同时主张赔偿金的权益不属于广东省消费者委员会，应归不特定的消费者。广东省消费者委员会提出的处理方案是赔偿金由法院托管，待个体消费者私益诉讼的诉讼时效到期后，如无人主张权益，再由法院上缴国库。[②] 法院虽然支持了广东省消费者委员会的赔偿请求，但却判决被告直接将赔偿金支付法院，再由法院缴付国库。[③] 广东省消费者委员会诉张某辉等人非法泄露消费者个人信息案的一审判决书虽然判决被告向原告赔偿，但判决书同时也明确赔偿金“由广东省消费者委员会上缴国库”。[④]

第四，裁判的既判力范围。既判力是指民事判决实质上的确定力，即形成确定的终局判决内容的判断所具有的基准性和不可争性效果。[⑤]《民事诉讼法》对裁判的既判力缺乏系统规定，不过理论界和实务界都认同传统民事诉讼既判力的相对性原则。民事私益诉讼的利益关系以私人利益为中心，是私权间的争议，法院裁判的效力仅能够及于诉讼当事人，对诉讼外第三人没有约束力。如果强制诉讼外第三人接受裁判的结果，显然是不公正的，也剥夺了第三人的“接受裁判权”。[⑥] 消费者通过私益诉讼分别维权，难免会出现裁判结果冲突的现象，造成社会公众对司法公信力的质疑，损害司法权威。因此，基于对同类侵权事件的整体解决以及提高纠纷解决效率的考量，公益诉讼既判力的扩张就成为必然。消费民

---

① 李卓：《公益诉讼与社会公正》，法律出版社 2010 年版，第 26 ~ 27 页。

② 参见广州市中级人民法院(2017)粤 01 民初 384 号民事判决书。

③ 参见广州市中级人民法院(2017)粤 01 民初 384 号民事判决书。

④ 参见广东省中级人民法院(2021)粤 07 民初 40 号民事判决书。

⑤ 宋朝武：《论公益诉讼的十大基本问题》，载《中国政法大学学报》2010 年第 10 期。

⑥ [日]新堂幸司：《民事诉讼法》，林剑锋译，法律出版社 2008 年版，第 486 页。

事公益诉讼中，原告的诉讼请求不仅包括针对实际损害的请求，更重要的是通过禁止类请求来阻止和矫正经营者的违法行为，从而救济不特定消费者，优化消费环境。从这个意义上讲，消费民事公益诉讼保护的公共利益具有公共性和集合性，裁判结果所及的范围呈现广域化和规模化特点，除了对诉讼当事人有直接拘束力外，更重要的是对没有参加诉讼的一般社会公众也产生影响力、拘束力和引导力。可见，公益诉讼的性质决定了需要实现既判力的适度扩张，使判决效力扩张到没有参加诉讼程序的人，以实现对众多不特定受害人的救济。判决效力在主观范围上的扩张性正是公益诉讼制度之魅力所在和功能实现的基础保障。"公益诉讼裁判的效力不仅仅体现为直接当事人的权利义务关系，更为重要的是与诉争公益相关联的不特定群体利益能否因此得到体现和维护。"①公益诉讼对社会公共利益的维护，实际上是旨在寻求改变现行的公共政策或者确立一项新的公共政策。这样，公益诉讼不仅可以妥善解决已经发生的纠纷，还通过效力的扩张使得经营者对行为结果产生可信赖的预测，从而对将来潜在侵害的发生起到预防作用。公益诉讼已经不仅仅针对过去，而且有指向未来的意义。② 公益诉讼超越了个案价值，能够维持和实现法的秩序价值，甚至可能生成新的规则。消费公益诉讼的裁决有意无意地起着创设权利义务的作用。"审理这种案件不能仅考虑过去已经发生的事实并简单地适用既有的法律法规来达到解决，法院必须考虑判决的政策性目的和效果，必要时还应大胆地通过判例形成新的规范或改变原有的规范。"③"民事公益诉讼对传统民事诉讼既判力理论的突破表现在两方面：一是民事公益诉讼所确定当事人之间的权利义务直接适用诉讼当事人以外的第三人；二是不得重复起诉。"④可见，消费民事公益诉讼裁判效力的扩张，着力于权利义务模型的再调整，有助于节约司法资源，降低消费者维权成本，避免裁判结果的冲突，维护司法权威。

第五，国家干预程度。消费民事私益诉讼遵循当事人主义和辩论原则，尊重当事人意思自治。诉讼的各个环节以当事人的处分行为为转移，排除法院的职权

---

① 李康民、罗健豪、陈丽：《公益诉讼裁判的法律效力及其延伸》，载《天津市政法管理干部学院学报》2008 年第 3 期。

② 刘荣军：《程序保障的理论视角》，法律出版社 1999 年版，第 47 页。

③ 王亚新：《社会变革中的民事诉讼》，中国法制出版社 2001 年版，第 265 页。

④ 潘申明：《民事比较法视野下的民事公益诉讼》，法律出版社 2009 年版，第 18 页。

干预。公益诉讼以抽象的利益关联为依据,公益诉权的行使超越了纠纷具体直接的利害关联。由于涉及公共利益保护,公益诉讼具有较强的职权主义色彩,当事人意思自治受到一定程度限制。比如,现行制度对当事人之间和解、调解和原告的自认、撤诉等权利处分都作了一定的限制,以防止公共利益受到侵害。“公益诉讼作为一种特殊的民事诉讼,不仅当事人处分原则受到限制,辩论原则也将受到限制。这种限制体现在,一般民事诉讼中的自认制度不适用于公益诉讼。”①

2. 消费民事公益诉讼与消费民事私益诉讼的联系

自从消费民事公益诉讼制度得以确立,理论和实践重点聚焦消费民事公益诉讼和消费民事私益诉讼的区分。但是,过于关注二者的区分导致公益诉讼的实践运作遭遇诸多困境,突出表现在赔偿型消费民事公益诉讼因权利归属、胜诉利益归属和分配等与私益诉讼关联的难题未解而推进困难。尽管消费民事公益诉讼和消费民事私益诉讼存在诸多不同,但以公益诉讼指向公共利益、私益诉讼指向私人利益为区分标准的对立二分法未必妥当。

一方面,公共利益和私人利益之间的界分并未达成共识,②二者之间很难划出清晰的界线。公共利益和私人利益是一般和特殊的关系,相互区分又相互关联,甚至有时也可以相互转化。公共利益往往由私人利益组成,或者说公共利益是为了维护私人利益才产生的。③ 公共利益与私人利益之间往往有着较为复杂的辩证统一关系,而非绝对的对立。消费民事私益诉讼的原告是众多消费者中的一员,在某种程度上也是消费领域公共利益的代表。经营者的侵权行为损害了众多不特定消费者的权益即构成对公共利益的侵害。经营者的侵害行为如果不加以制止,最终受害的也将是每一个消费者。公益诉讼以保护公共利益、提升消费者整体福利为目的,惠及每一个消费者。可见,公共利益的最终享有者仍是个体消费者,从而使公共利益最终成为私人利益的组成部分,以满足个人所需,在此意义上又形成了新的私人利益。④ 实际上,消费民事公益诉讼和消费民事私益诉讼在侵

① 张卫平:《民事公益诉讼原则的制度化及实施研究》,载《清华法学》2013 年第 7 期。

② 胡建淼、邢益精:《公共利益概念透析》,载《法学》2004 年第 10 期。

③ 王景斌:《论公共利益之界定》,载《法制与社会发展》2005 年第 1 期。

④ 赵勇:《公共利益分层——公私益关系的新视角》,载《黑龙江省政法管理干部学院学报》2008 年第 5 期。

权事实、证明责任等方面存在共通性,“公共利益和个人利益同时存在并且在许多方面是交织在一起的,它们的边界通常是一致的(重合的)。实现了其中的一个目的往往也对另一个目的有利。”①

另一方面,消费民事公益诉讼和消费民事私益诉讼对维护消费者权益、提升消费市场秩序和改进消费环境都具有积极的促进价值,两者存在互相补充的关系。私益诉讼在维护私人利益的同时有助于维护公共秩序,而公益诉讼在保护公共利益的同时也为私益诉讼的目标实现创造条件,公共利益与私人利益在一定条件下可以互相转化。因此,不能将私益诉讼简单定位为解决私人间权利纷争的手段,它也会逐步作为一种客观公共规范制度的手段得以利用,会在民事裁判的性质和机能转变上产生重要的影响。② 恩格斯说,只有维护公共秩序、公共安全、公共利益,才能有自己的利益。③ 因此,消费民事公益诉讼与消费民事私益诉讼的目的是一致的,都是维护消费者权益、消费市场秩序和消费环境。消费民事私益诉讼的乏力为消费民事公益诉讼的兴起提供了契机,反过来,消费民事公益诉讼也应把激活消费民事私益诉讼作为制度建设的目标之一。德国法学家椰林指出,法律的目的就是平衡个人利益与社会公共利益,实现利己主义与利他主义的结合。④ 德国、美国、日本等没有对消费公益诉讼与消费私益诉讼的关系作出明确的界分,且注重公益诉讼与私益诉讼之间的协作。⑤ 根据《消费民事公益诉讼司法解释》第 16 条的规定,消费民事公益诉讼生效裁判已经认定的事实,因同一侵权行为引发的私益诉讼的原告和被告无须举证。中国消费者协会诉某重工股份有限公司等四被告产品责任纠纷案中,中国消费者协会提出的确认被告存在欺诈行为的诉请,为后续消费民事私益诉讼提供了便利。⑥ 司法解释的规定和实务案例的实践

---

① [瑞典]佩·亨利克·林得贝鲁:《个体诉讼和群体争议:以瑞典为视角对民事诉讼程序之群体诉讼的建议》,奉晓政译,载《民事程序法研究》2008 年第 4 期。

② Chayes, *The Role of the Judge in Public Law Litigation*, 89 Harvard Law Review 1281 (1976); Smit, La Procedure Civile Comme Instrument de Reforme Sociale, *1976 Revue International de Droit Compare* 449.

③ 《马克思恩格斯全集》(第二卷),人民出版社 1960 年版,第 609 页。

④ 转引自张文显:《二十世纪西方法哲学思潮研究》,法律出版社 1996 年版,第 129 页。

⑤ 黄忠顺:《公益性诉讼实施权配置论》,社会科学文献出版社 2018 年版,第 162 页。

⑥ 参见北京市第四中级人民法院(2016)京 04 民初 94 号民事判决书。

模式充分说明消费民事公益诉讼与消费民事私益诉讼并非完全对立的关系。

三、消协组织在消费民事公益诉讼中的法律定位

随着经济社会的发展,市民社会在国家社会生活中的角色越来越重要。消协组织作为社会组织,是市民社会的基础,可以起到国家和社会之间的桥梁作用,承担起重要的社会职能。为适应消费维权新形势,我国在 2013 年修订《消费者权益保护法》时对消协组织的法定职责作了重要补充,其中就包括增加其公益诉讼的职责。我国经济社会发展的基本国情和法律制度决定了消协组织在公益保护体系中具有特殊的地位和独特的优势。在国家—社会二元框架下,消协组织可以通过公益诉讼推动社会自治,凸显公益诉讼的社会自治功能,促进司法正义和社会公正的实现。党的十九届四中全会指出,要“发挥社会组织作用”,实现政府治理和社会调节、居民自治良性互动。随着理论研究和实务探索的推进,消协组织在消费公益诉讼中的作用受到关注。在我国消费公益诉讼制度框架已经基本搭建和推进国家治理体系、治理能力现代化的背景下,未来的制度完善应对多元的公益保护主体之间的关系进行梳理,厘清消协组织的应然角色及其与行政机关、检察机关等主体之间的权限配置,促进消协组织、检察机关、行政机关等多元主体之间的协同共进,打造协同共治的消费治理体系。

(一)消协组织应当成为消费民事公益诉讼最主要的原告

根据当前的诉权配置,法律赋予省级以上消协组织消费民事公益诉权,赋予检察机关消费民事公益诉权和消费行政公益诉权。由此,我国现行法律建构了消费民事公益诉讼二元起诉主体模式。根据《民事诉讼法》第 58 条的规定,省级以上消协组织的公益诉讼实施权前置于检察机关,是消费民事公益诉讼第一顺位的起诉主体。因此,消协组织应当成为消费民事公益诉讼的主体性力量。

首先,公益诉讼是消协组织的法定职责。消协组织是由法律授权承担社会公共管理职能和服务的法定组织,具有公益性、专业性等优势,是与消费者联系最紧密的社会组织,也是消费者利益的保护者和代言人。《消费者权益保护法》第 36 条规定,消费者协会和其他消费者组织是依法成立的对商品和服务进行社会监督的保护消费者合法权益的社会组织。第 37 条赋予消协组织八项公共管理和服务

职能,其中包括对损害消费者合法权益的行为提起公益诉讼。第 47 条赋予省级以上消协组织公益诉讼资格。可见,提起消费公益诉讼是消协组织的一项重要职责。当前,大部分省级消协组织未能依法履行公益诉讼职责,应当通过健全法治推动其尽快实现角色归位。

其次,消协组织是消费民事公益诉讼的最优起诉主体。消协组织作为公益性社会组织,在市场经济中发挥弥补"市场失灵"和"政府失灵"的重要作用,纠正政府与私人部门在促进社会经济发展方面的制度弱点,填补两者功能上的空白①,有助于用"政府—经营者—消费者"的三元主体模式替代"规制主体—受规制主体"的二元主体模式。② "社团组织具有专业性强的优势,可以把个人行动转化为组织行动,能够在扩散性利益保护诉讼中发挥很好的作用。"③与个体消费者相比,消协组织能够以团体力量缩小与经营者之间的信息不对称、实力不对等等方面的差距,并通过公益诉讼将个体价值观上升为集体价值观。与检察机关、行政机关相比,消协组织在接近消费者、反映消费者利益诉求方面具有行业优势。"通过行政执法维护社会公共利益已经动用过国家资源,如果再将检察机关的公益诉讼实施权前置于社会组织,社会公共利益的维护将过分依赖国家资源的投入。"④为此,在社会治理视域下,消费民事公益诉讼起诉主体序位安排应以消协组织为第一序位,从而建立起以社会为本位的科学合理的消费者集体利益表达机制和公共利益保护机制。

(二)消协组织与其他主体的角色分工

1. 消协组织与行政机关的角色分工

首先,行政机关是最重要、最直接、最高效的公益保护主体。全面评估消协组织的功能定位,先要明确其与行政机关之间的职责分工。面对"谁是公共利益代表"的追问,基于长期以来遵循国家权力至上的理念形成的国家—社会一体化格局,人们普遍认为,政府是公共利益最主要的代表。基于这样的理念,一旦公共利益遭受侵犯,就首先由政府运用行政权力去维护。就消费领域的治理而言,行政

① 何增科:《公民社会与第三部门》,社会科学文献出版社 2000 年版,第 278 页。

② 钱玉文:《消费者权利变迁的实证研究》,法律出版社 2011 年版,第 29 页。

③ 郭雪慧:《扩散性利益保护诉讼制度研究:比较与借鉴》,人民出版社 2017 年版,第 6 页。

④ 黄忠顺:《中国民事公益诉讼年度观察报告》,载《当代法学》2017 年第 6 期。

机关的作用居于首位。国家基于公共利益保护之需,对社会经济生活进行适度干预,通过赋予行政机关一定的权力来规制市场秩序,保护消费者合法权益。市场经济运行过程中,行政监管是控制市场风险、克服市场失灵的有效手段,对发挥国家干预职能、规范市场秩序具有重要作用。《消费者权益保护法》第32条规定:"各级人民政府工商行政管理部门和其他有关行政部门应当依照法律、法规的规定,在各自的职责范围内,采取措施,保护消费者的合法权益。"当前,我国已经形成了以市场监管部门为主,物价、卫生等职能部门分工协作的消费者权益行政保护体系。实践中,消费侵权往往涉及面广、受害消费者人数众多,甚至可能影响社会稳定。我国当前比较普遍的做法是由行政机关主导这类纠纷的处理。行政机关可以依据法定职权对经营者的行为进行常态化监管,也可以根据消费者的投诉、举报及时查处经营者的违法行为,还可以通过行政许可、行政处罚、行政检查、行政指导、行政调解、行政裁决等方式实现对消费者利益事前、事中、事后的全面保护。行政机关亦可以通过抽象行政行为,如制定行政规章和相关政策,对经营者的市场行为进行规制,维护市场秩序和消费者整体利益。因此,市场监管部门等行政机关是公共利益的天然代表和法定维护机关,依托强大的权力资源和组织资源,积极、有效地通过行政执法保护消费领域的公共利益。

其次,消协组织提起消费公益诉讼是行政执法的辅助机制。行政机关对公共利益的保护重在事后救济,有限的行政资源要解决好所有的消费侵权事件是非常困难的。如多头执法、选择性执法以及部门利益、地方利益的叠加影响,使行政规制也存在各种情况与问题,单纯依靠行政执法难以全面救济消费领域公共利益。习近平同志在《关于〈中共中央关于全面推进依法治国若干重大问题的决定〉的说明》中指出:"在现实生活中,对一些行政机关违法行使职权或者不作为造成对国家和社会公共利益侵害或者有侵害危险的案件……由于与公民、法人和其他社会组织没有直接利害关系,使其没有也无法提起公益诉讼……"①"大量的公益诉讼案例显示,侵犯公共利益的原因和行为虽然多种多样,但行政机关的违法行为,特别是行政机关的不作为违法是导致公共利益不能得到有效维护的重要因素。"②因

---

① 习近平:《关于〈中共中央关于全面推进依法治国若干重大问题的决定〉的说明》,载《人民日报》2014年10月29日,第2版。

② 贺海仁:《公益诉讼的时代困境及其内在价值》,载《法律适用》2012年第4期。

此,仅仅依靠行政监管不能全面实现保护公共利益之目标,有必要借助消协组织的力量,以公益诉讼增强社会自我调节功能。随着社会的发展,政府与非政府组织构成一种多样化的合作关系。在这样的背景下,司法作为辅助规制工具的理念逐渐得到立法层面的认可。2012 年修订的《民事诉讼法》确立了消费民事公益诉讼制度,旨在建立行政执法的辅助和补充体系。行政监管和公益诉讼都可以达成维护不特定消费者权益之目标。“正确对二者之间的关系进行定位,关系到公益诉讼的制度构建和实际效果的发挥。”①与烦琐的诉讼程序相比,行政监管具有专业性强、效率高、成本低等优势,并且可以通过抽象行政行为进行概括性救济,有利于维护社会稳定。这也正是《消费民事公益诉讼司法解释》第 4 条规定消协组织起诉前应“就有关消费者合法权益的问题,向有关部门反映、查询,提出建议”的原因。上述规定从制度层面佐证了消协组织提起消费民事公益诉讼是行政执法的补充。《中共中央关于全面推进依法治国若干重大问题的决定》指出,要“发挥人民团体和社会组织在法治社会建设中的积极作用”。消协组织提起消费民事公益诉讼符合党的十八届四中全会的精神,也符合《消费者权益保护法》确立的国家保护和社会监督相结合的基本原则。

综上所述,社会公共利益的保护首先要依赖行政机关的公共执法机制,消协组织提起消费公益诉讼作为非常态的救济措施和最后解决机制,应当遵循辅助原则。

2. 消协组织与检察机关的角色分工

首先,强化消费领域公共利益保护是消协组织和检察机关的共同职责。根据《民事诉讼法》《消费者权益保护法》的规定,省级以上消协组织、检察机关都享有消费民事公益诉权。因此,厘清消协组织与检察机关之间的角色分工,可以更准确定位消协组织在消费民事公益诉讼中的角色。2015 年 7 月 1 日,第十二届全国人民代表大会常务委员会第十五次会议通过《关于授权最高人民检察院在部分地区开展公益诉讼试点工作的决定》,授权北京等 13 个省、自治区、直辖市的检察机关开展包含消费公益诉讼在内的公益诉讼试点工作。试点阶段检察机关在消费领域的公益诉讼仅限于“食品药品安全领域”,诉讼类型为民事公益诉讼。为期两年的试点工作结束后,2017 年 6 月 27 日修订的《民事诉讼法》第 55 条和《行政诉

① 宋传柯:《从功能定位探析我国民事公益诉讼制度的构建》,载《法律适用》2014 年第 11 期。

讼法》第25条将检察机关提起消费民事公益诉讼和消费行政公益诉讼写入法律，标志着我国法律层面正式建立了检察公益诉讼制度，开启了检察机关以司法诉讼保护不特定消费者权益的全新探索。2018年修订的《人民检察院组织法》、2019年修订的《检察官法》增加了公益诉讼检察职权。传统上立足于公私法二元分立视域而认为公益维护仅靠国家的观念，因公私法的现代融合而转向国家和社会齐心协力维护公益。消协组织和检察机关各具优势，应在找准各自角色的基础上，协同推进消费者权益保护。现阶段，我国消协组织开展公益诉讼面临诸多问题，检察机关应当通过督促起诉、支持起诉等多种方式，培育消协组织参与社会治理的能力，在与消协组织融合互动的进程中凝聚公益保护合力。现阶段，尤其要重视检察机关支持起诉对消协组织的培育功能。检察机关支持公益诉讼的产生与兴起，"是以公共权力维护公共利益的必然选择"，[①]也是公私部门在消费领域合作治理的司法路径。司法实践中，一些检察机关已经开展了支持起诉的探索，在调查取证、法律适用等方面给予消协组织指导和支持。这种情形在检察机关督促消协组织提起的消费民事公益诉讼案件中尤为突出。

其次，检察机关在消费民事公益诉讼中发挥补充作用。根据消费民事公益诉权配置，消协组织和检察机关在功能同质中存在较大差异（见表1－1）。

表1－1　消协组织与检察机关提起消费民事公益诉讼对比

对比内容	省级以上消协组织	检察机关
受案范围	侵害众多消费者合法权益的行为	食品药品安全领域侵害众多消费者合法权益的行为
案件启动程序	无诉前程序	起诉前应履行诉前程序，向适格消协组织发送检察建议。消协组织不起诉的，检察机关方才启动诉讼
诉权顺位	第一顺位	第二顺位

资料来源：笔者搜集整理。依据如下：《民事诉讼法》第58条、《消费者权益保护法》第47条、《最高人民法院、最高人民检察院关于检察公益诉讼案件适用法律若干问题的解释》第13条、《消费民事公益诉讼司法解释》第1条。

① 郝建臻：《我国建立行政公益代表人诉讼的法理分析》，载《政法论坛》2007年第6期。

从长远看，消协组织应当成为消费民事公益诉讼的主体性力量。检察机关履行公益保护职责不限于提起诉讼，还包括督促消协组织起诉、支持消协组织起诉等方式。消协组织是第一顺位的起诉主体，检察机关是第二顺位的起诉主体。检察机关的公益诉讼实施权后置于消协组织，这表明公益诉讼不是检察机关的首要职责。检察机关通过督促起诉、支持起诉等方式来推动消协组织启动公益诉讼程序，在推动无效的情形下才直接起诉。消协组织行使公益诉权的情况下，检察机关还可以通过支持起诉参与到消协组织提起的公益诉讼中。基于社会公共利益的社会性和检察权的谦抑性，消协组织的公益诉权具有优先性，检察机关主要发挥助力作用，这样能够使我国检察机关集中精力实施法律监督的主要职责。能够交由市场和社会完成的事项，应当交由市场和社会完成。但当前我国消协组织总体发育不良，无论是数量、规模还是诉讼经验都难以在短期内独自胜任消费公益诉讼的重任。因而，检察机关应当通过各种路径助力消协组织尽快成长，推动消协组织在未来成为消费民事公益诉讼的中坚力量。“当有符合条件的消协组织愿意提起诉讼时，检察机关应当成为支持者，在证据等方面给予支持，发挥消协组织服务公益、参与社会治理的功能。当消协组织不起诉时，检察机关应当成为补充者，直接提起诉讼。”①

四、消协组织提起消费民事公益诉讼的制度价值

在现代市场经济中，消费不仅是拉动经济国内国际双循环的重要手段，也是实现产业持续发展的关键环节。面对错综复杂的经济发展局面，培育国内消费市场成为当务之急。增强消费对经济发展的基础性作用，首要任务就是要完善对消费者权益的保护，完善消费环境。消费维权影响消费总量、消费质量和消费效益，只有消费者的合法权益得到及时到位的保护，才能刺激消费者产生新的消费需求，带动消费规模的持续增长，从而促进市场经济的可持续发展。因此，从促进市场经济发展的宏观层面而言，只有维护好消费者权益，才能释放消费潜力，促进国内消费需求稳定增长。

当前，我国消费者权益保护体系还存在不少薄弱环节，亟须提高治理力度和

---

① 涂富秀：《检察机关提起消费公益诉讼的困境与制度重构》，载《福建江夏学院学报》2019 年第 5 期。

水平。面对纷繁的消费侵权事件,消费者过于弱势,即使政府监管失灵也难以激发消费者的维权动力,而传统的纠纷解决机制又无法满足消费维权的新需求,使得消费者的权利保障与司法制度之间存在巨大的鸿沟。消费者权益长期、持续处于受损害的状态或者威胁之中,容易诱发群体性事件,激化社会矛盾。为此,党的十九届四中全会指出,要"强化消费者权益保护"。这样的背景下,消费公益诉讼试图改变原有的利益格局,以新的救济机制实现对消费关系的国家干预,对消费者实行特殊保护。消协组织提起消费民事公益诉讼制度的确立与运行,正是基于这样的价值和功能定向出发的。该制度具有多维价值追求和现实意义。

(一)有利于健全公共利益代表主体制度

公共利益具有公共性,又有受益对象不特定和公益代表不确定的特点,使公共利益受到侵害时面临没有明确主体主张权益并进行救济的困境。"与少数人相关的'私益'受到最大限度的保护……但是公共利益往往被人们所忽视,为了纠正这一不平衡现象,很有必要站在公共立场,大力倡导公共利益。"①消费侵权行为侵害社会公共利益时,因受损害的消费者人数多、范围广,很难确定公益代表。公共利益不同于个人利益和国家利益,很重要的区别在于,公共利益的权利主体是"公众",即不特定的多数人。"公众"这一概念本身的模糊性和不确定性使公共利益的权利主体具有模糊性和不确定性。这就造成了在实际上诉诸司法途径保护社会公共利益的难度。虽然我国《民法典》《食品安全法》《药品管理法》《反垄断法》《反不正当竞争法》等法律对消费领域的公共利益保护提供了实体法支持,但是这些法律尚缺少对公益主体的直接规定。传统的"诉的利益"理论对当事人主体资格进行了严格限制,将起诉主体限定为与案件有直接利害关系的人。以私益救济为主旨的诉讼将启动审判的权利赋予民事冲突的主体,不仅诉权的行使以实体权利的享有为前提,而且诉权的请求范围也以实体权利为限。传统的诉讼制度对社会公共利益的保护存在先天不足,使消费领域公共利益受到侵害时无适格主体主张权利,公共利益代表主体缺位的问题凸显。由于制度的缺陷、司法的被动性及消费者与经营者之间实力的结构性差异,对于经营者危害公共利益的行为,往往

---

① [日]小岛武司:《诉讼制度改革的法理与实证》,陈刚、郭美松译,法律出版社2001年版,第40~41页。

陷入无人起诉、无权起诉、无法起诉的困境。传统诉讼理论与制度对起诉主体的限定无法满足保护社会公共利益的现实需要，也在一定程度上助长了经营者的违法行为。因此，维护消费领域公共利益，首先要解决公益代表资格问题，即公共利益受到侵害时由谁来启动救济程序。

消费者的整体利益是社会公共利益的重要组成部分。行政机关作为社会公共利益的代表，通过行政执法保护消费者利益具有合法性和正当性。"由于国家作为社会整体利益代表所存在的缺陷与弊端，必须建立特殊情形下的补充代表机制，赋予社会成员及其组织的代表权。这种代表权应贯穿于立法、行政决策及诉讼救济（公益诉讼）的各个环节。"[①]因此，赋予消协组织公益诉权具有重要意义，能够有效弥补行政机关垄断法律实施机制的缺陷，拓宽法的实施渠道，具有经济性和有效性。2013 年修订的《消费者权益保护法》赋予省级以上消协组织消费民事公益诉讼原告资格，回应了强化消费领域公共利益保护的现实诉求。实践证明，赋予消协组织消费民事公益诉权具有现实必要性，有利于构建多元的公共利益代表主体制度。

（二）有助于完善大规模消费侵权损害救济机制

大规模侵权是指基于一个不法行为或者多个具有同质性的事由，如瑕疵产品，给大量的受害人造成人身损害、财产损失或者同时造成两种结果。[②] 从理论上讲，自从生产和消费分离开始，经营者和消费者分化为两大阵营，就产生了消费问题。但是，消费问题大规模爆发却是现代社会的风险性引发的。随着现代社会生产方式的变革和专业分工的精细化，商品结构和商品功能更加复杂，消费者和经营者获取的信息更加不对称，"使本应平等的消费关系变成事实上的从属关系。"[③]在市场经济的消费关系中，经营者的自发行为产生负外部性，在消费领域的表现即是经营者对消费者权益的侵害更加突出，从而导致现代社会消费问题的集中爆发。在现代社会，人们在享用科技发展带来的便利和福利的同时，也不可避

---

① 李友根：《社会整体利益代表机制研究——兼论公益诉讼的理论基础》，载《南京大学学报（哲学·人文科学·社会科学）》2002 年第 2 期。

② 朱岩：《大规模侵权的实体法问题初探》，载《法律适用》2006 年第 10 期。

③ 金海福：《消费者法论》，北京大学出版社 2005 年版，第 10 页。

免地要面对由科技创新带来的社会风险。“科技因素在生产过程中的不断渗透，致使工业生产活动输出的不仅是高度文明成果，风险作为附属品易被无限复刻……”[①]德国著名社会学家乌尔里希·贝克指出，科技和经济的发展带来的“潜在的副作用”使人类逐渐进入了一个风险社会。“我们所面对的最令人不安的威胁是那种人为风险，他们来源于科学与技术的不受限制的推进。”[②]在现代化进程中，由于经营者大规模生产、大规模销售和消费者大规模消费的普遍化，专业化分工越来越精细化和信息不对称的普遍性，大规模侵权事件频发，对不特定消费者造成损害，成为国家治理和社会治理的重要内容。大规模侵权具有以下四个特征：一是受害者众多。大规模侵权损害广泛波及一般人，受害者人数众多。二是侵权责任人多为企业，且多为大规模企业。三是损害后果具有滞后性与持续性，赔偿金额巨大且较难确定。[③] 四是因果关系证明困难。一些大规模侵权事件的发生机制甚至无法依据现有科学技术予以说明，加剧了因果关系证明的困难程度。[④]

没有救济就没有权利。大规模消费侵权时有发生，代表人诉讼、共同诉讼不能发挥应有的作用，专门的救济制度尚未建立，导致个体消费者维权举步艰难，集体行动陷入困境。三鹿奶粉等事件凸显现行司法制度救济大规模消费侵权损害的困境。公益诉权是一种救济权，消协组织通过公益诉讼对不公平的资源分配予以调整，从而实现一定程度的实质正义。诉讼“是对社会冲突进行司法控制的基本手段，在任何社会中诉讼都以解决某种社会冲突为自身使命。换言之，当某类社会冲突大量出现需要相应的解决手段时，一定的诉讼形式便获得了产生的根据。”[⑤]公益诉讼是法律对加强大规模消费侵权损害救济的必然回应。消协组织具有专业优势和组织优势，能够通过公益诉讼有效集中社会资源，把个人行动转化为集体行动，矫正经营者的负外部性行为，以司法手段调和消费领域的社会矛盾，实现社会整合目标和秩序、公平等法律价值。这也是加强社会治理的题中之意。

---

① 董文：《民法典编纂视域下的大规模侵权定位》，载《法学论坛》2020 年第 3 期。

② 转引自鲍磊：《现代性反思中的风险——评吉登斯的社会风险理论》，载《社会科学评论》2007 年第 2 期。

③ 曹京微：《论大规模侵权案件中潜在受害人的救济》，载《江西社会科学》2020 年第 1 期。

④ 董文：《民法典编纂视域下的大规模侵权定位》，载《法学论坛》2020 年第 3 期。

⑤ 顾培东：《社会冲突与诉讼机制》，四川人民出版社 1991 年版，第 54 页。

（三）有助于消费治理从分散性治理向整体性治理转向

在解决社会冲突的手段中，诉讼是最为规范、最具有形式效力的手段。随着法治进程不断提速，社会治理模式不断变革，公益诉讼在社会治理中的地位与作用越发重要。从世界范围观察，越来越多的国家和地区已将消费者权益保护列为国家必须提供的公共产品，并从法律制度上引入公共利益保护模式，包括建立保护消费者权益高层决策机构、确立消费者团体诉讼制度等。①

随着我国社会的发展，需要更加充分发挥消协组织的作用来实现消费治理转型。消费公益诉讼除了有解决当事人之间纷争的功能外，还有形成公共政策的效果，克服传统司法裁判只针对个案的缺陷，发挥司法的导引功能和辐射效应，有效实现对市场行为的引导和规范。如上海市消费者权益保护委员会对天津某通信技术有限公司、广东某移动通信有限公司提起消费公益诉讼后，不但两被告积极整改，而且受该案影响，苹果、华为、华硕、索尼等智能手机生产企业也主动与上海市消费者保护委员会沟通，积极整改同类问题。② 案件审理结束后，法院向当时的国家工信部发出司法建议，推动了《移动智能终端应用软件预装和分发管理暂行规定》的出台。可见，消费公益诉讼能够通过个案的示范，解决一类甚至一个行业的共性问题，给当事人以外的市场主体提供裁决先例和达到类似确立法律规范的效果，帮助经营者实现自我教化。这种公共政策形成功能的发挥，表明消费公益诉讼的作用已经不是简单对具体纠纷做事后的、个别的解决，而是可以提炼社会矛盾的解决思路和价值取向，从而建立起能适应社会新发展的政策形成体系。因此，从一定程度来说，一个成功的消费公益诉讼案件能够对违法的经营者进行教化，发挥行为矫正和导向功能，实现法的秩序价值。而且，在消费公益诉讼模式下，经营者也避免了重复面对同类私益诉讼的循环，减少诉累。党的十九大报告提出，要“打造共建共治共享的社会治理格局”。整体性治理与社会治理新格局相契合，不仅重视政府组织内部关系的协调与整合，克服科层制管理片段化的弊端，

---

① 常宇：《推进消费公益诉讼理论研究和实践探索更好维护消费者整体利益》，载上海市消费者权益保护委员会编：《中国消费公益诉讼第一案纪实与解读》，上海人民出版社 2016 年版，第 102 页。

② 上海市消费者权益保护委员会编：《中国消费公益诉讼第一案纪实与解读》，上海人民出版社 2016 年版，第 16 ~ 19 页。

还强调与私营部门之间的关系构建。消协组织通过公益诉讼不但实现了系统内不同层级消协组织之间的联动,而且凝聚了行政机关、司法机关等外部主体的公益保护合力,初步构建了消费治理模式从分散性治理向整体性治理转向的基本进路。

(四)有助于实现人民群众对美好生活的向往

党的十九大报告指出,“我国社会主要矛盾已经转化为人民日益增长的美好生活需要和不平衡不充分的发展之间的矛盾”。党的十九大报告还指出,“保障和改善民生要抓住人民最关心最直接最现实的利益问题”。消费关乎民生。2018 年 1 月国家工商总局等 27 个部门联合下发的《关于开展放心消费创建活动　营造安全放心消费环境的指导意见》指出,人民对美好生活的需要日益多样化、多层次、多方面,不仅对物质文化生活提出更高要求,也必然包含着人民对消费环境的更高要求和期待。但是,我国消费领域的社会治理与人民群众对美好生活的追求还有距离。虚假宣传、消费欺诈等侵害消费者权益的情形还时有发生,消费者的权益还未得到充分的保障。随着数字经济的发展,科技和产业深度融合,“大数据杀熟”、滥用算法等新型消费侵权日渐增多,成为人民群众关切的新热点和新难题,对现行消费者权益保护体系构成新挑战。“救济是权利实现的程序化机制。”[①]消费者作为分散的、不特定的多数,在权利救济程序中处于明显弱势地位。由于诉求的差异性,消费者很难真正联合起来维权。在权利救济的过程中,消费者没有经营者雄厚的经济实力和对交易信息的充分占有,导致二者之间的结构性不平等。再加上自身知识结构的局限,消费者需要花费巨大的交易成本来获取和运用信息,导致大多数消费者倾向于选择“搭便车”的“有限理性”行为方式。[②]“有限理性”是行为人“主观上追求完全理性,但客观上只能有限地做到这一点”的行为特征。[③]奥尔森认为,集体行动的逻辑是每一个团体成员都有理由期待其他人会

---

① 程燎原、王人博:《权利及其救济》,山东人民出版社 1993 年版,第 349 页。

② 钱玉文:《消费者权利变迁的实证研究》,法律出版社 2011 年版,第 125 页。

③ [美]赫伯特·西蒙:《现代决策理论的基石》,杨硕、徐立译,北京经济出版社 1989 年版,第 20～21 页。

作出组织的努力,或承担维持组织的成本。① 消费者的应然权利要转化为实然权利需要较为完备的救济机制,加强对消费者保护的重要环节就需要完善权利救济机制。所以,借助公益诉讼推进消费维权,契合中国社会主要矛盾从物质文化需要向美好生活需要转化的内在逻辑,既是切实解决好消费问题的有效途径,也是保障公民基本权利的重要手段。

消协组织提起消费民事公益诉讼是消费者接近正义的有效路径。社会分层理论为消协组织提起消费公益诉讼提供了社会学支持。随着经济的发展,社会结构和利益日益分化,各多元化阶层和主体正不断整合为经济规模、认知能力差异巨大的弱势与强势群体。② 在消费领域,形成了消费者与经营者两大弱势和强势群体。在有限理性的前提下,产生消费者个体参与不足和"羊群效应"两个问题。而消协组织作为消费者的代表,其扮演的角色能够保障有效解决上述两个问题,帮助消费者"接近正义"。③ 司法是社会正义的最后一道防线,是国家保护消费者的最终手段。加强对弱势群体的法律保护,本质要求是加强权利救济,建立有助于弱势群体权利救济的司法程序,使他们有机会平等地接近司法。根据"木桶定律",社会公共利益的最终发展水平取决于弱势群体这一短板的利益保护情况。因而,加强对弱势群体利益的法律保护,可以更好提升社会公共利益的整体发展水平。"如果只有富人才能付得起钱利用这种制度,那么即使用公式精心保障的司法也基本没有价值可言。"④正如诺内·塞尔兹尼所言,"好的法律应该提供的不只是程序正义。"它应该既强有力又公平,有助于界定公众利益并致力于达成实体正义。消协组织以组织的形式克服了个人表达的无力和无序趋向,在复杂的现代社会,"不凭借组织的形式表达我们的观点和价值,我们就不可能有其他的能力

① [美]曼库尔·奥尔森:《集体行动的逻辑》,陈郁等译,上海三联书店、上海人民出版社 1995 年版,第 2 页。

② 董保华:《社会法原论》,中国政法大学出版社 2001 年版,第 263 ~ 273 页。

③ 接近正义运动是西方国家在 20 世纪以福利国家的理念为指引,针对保障公民利用司法和法院的权利而提起的口号和司法改革目标,接近正义运动的第二波运动即是为消费者或环保主义者有机会要求获得扩散利益的机会,即倡导公益诉讼。详见[德]H. 盖茨:《扩散利益的保护——接近正义运动的第二波》,载[意]莫诺·卡佩莱蒂编:《福利国家与接近正义》,刘俊翔译,法律出版社 2000 年版,第 68 ~ 69 页。

④ [意]莫诺·卡佩莱蒂:《当事人基本程序保障权与未来的民事诉讼》,徐昕译,法律出版社 2000 年版,第 40 页。

使我们的声音被大众听到或影响政治过程,除非我们恰好富有或出名。"[①]因此,公益诉讼是具有普惠性质的消费维权制度,消协组织提起公益诉讼有利于实现消费者和经营者之间的平等对抗,完善消费维权的共治格局,提高社会的内聚性,让弱势的消费者能够找寻到接近司法、接近正义的有效进路,使他们的获得感、幸福感、安全感更充实、更有保障、更可持续,最大限度满足人民群众对正义和秩序的需求,让人民群众在每一个公益诉讼案件中感受到公平正义。

(五)有助于提高诉讼效益

法律程序的运作伴随着资源的消耗,因而诉讼效益是诉讼活动要实现的重要价值目标。"随着法律对社会经济生活影响的日益深重,法律的效益问题受到广泛关注,并逐步成为当代法律的基本价值目标之一。"[②]以效益作为法律分配权利和义务的标准,已经融入现代立法之中。从成本效益的角度考虑,投入成本与产出效益之间的考量制约着主体实施或者放弃诉讼手段。尽量以最小的成本获得最大的效益,是诉讼主体共同的行为目标。为追求诉讼效益的最大化,应尽可能避免采取那些不经济的诉讼行为,以减少诉讼投入。消费纠纷存在争议同质的特点,若由个体消费者逐一起诉,司法机关必然面对大量的重复工作,从而造成司法资源和当事人诉讼投入的巨大浪费,不符合诉讼效益原则。任何社会的司法资源都是有限的。而当事人基于诉讼利益的对立,在诉讼中的活动往往具有利己倾向,滥用程序权利就成为诉讼中比较常见的现象,由此导致了诉讼的迟延和成本的增加。"通过一个审判程序便可救济大量的被害者,这既节省了审判费用,又使被害者救济制度有可能实现。仅依照社会组织诉讼便能使诉讼由经济的自灭行为变成经济的合理行为,由殉教者的英雄行为变成经济人的计划行为。"[③]消协组织提起公益诉讼,通过典型个案的审理推动同类问题的系统性解决,避免重复诉讼,实现司法资源的科学合理配置,符合经济效益最大化的价值目标。

---

① 转引自蔡磊:《非营利性组织基本法律制度研究》,厦门大学出版社 2005 年版,第 50 页。

② 顾培东:《效益:当代法律的一个基本价值目标——兼评西方法律经济学》,载《中国法学》1992 年第 3 期。

③ [日]小岛武司:《诉讼制度改革的法理与实证研究》,陈刚、郭美松译,法律出版社 2001 年版,第 45 页。

五、消协组织在消费民事公益诉讼中的价值选择

消协组织实施消费公益诉讼忌“一拥而上”，更忌运动式的做法。要充分考量权利保障和合理控制诉讼的平衡，避免权利的过度扩张。要尽可能保持利益体系的稳定和利益格局的均衡，使相关各方的利益在共存共荣的基础上达到优化状态。具体来说，消协组织要重点把握好消费维权与促进经营者规范发展的平衡。

《优化营商环境条例》第 3 条第 1 款规定：“国家持续深化简政放权、放管结合、优化服务改革，最大限度减少政府对市场资源的直接配置，最大限度减少政府对市场活动的直接干预，加强和规范事中事后监管，着力提升政务服务能力和水平，切实降低制度性交易成本，更大激发市场活力和社会创造力，增强发展动力。”这对尊重经营者的自主权提出了更高要求。消费民事公益诉讼的重要价值在于，它不仅能够保护消费者现实和潜在的利益，而且能够对社会产生广泛的教育意义，促进经营者规范经营，从而维护市场秩序。因而，消协组织开展公益诉讼应当树立保护消费者权益与促进经营者规范有序发展并重的价值理念，兼顾优化消费环境和优化营商环境的双重目标。

实践中，有的消协组织已经践行了这样的理念。如江苏省消费者权益保护委员会在发现公益诉讼线索后，首先通过集中约谈的方式督促品牌智能电视经营者矫正侵权行为，对积极整改的经营者不予起诉，仅对未整改的某电子科技（天津）有限公司提起公益诉讼。① 江苏省高级人民法院在该案二审判决书中写道：“本院充分尊重企业的经营模式和商业选择，深知消费市场的繁荣稳定离不开消费者、经营者、投资者等各类市场主体的积极参与和共同努力，必须依法维护各方权益，不可偏废导致利益失衡……”②上海市消费者权益保护委员会起诉天津某通信技术有限公司、广东某移动通信有限公司后，被告纠正了侵权行为，于是上海市消费者权益保护委员会以诉讼目的已经实现为由申请撤诉。重庆市消费者权益保护委员会诉重庆某营销策划有限公司非法泄露消费者个人信息案中，考虑到被告实施侵权行为的主观恶性不大，提出被告以消费领域公益宣传行为替代修复公益损失的诉求。这样，既对受损的公益进行了修补，又不会给被告造成太大的负担。

---

① 参见南京市中级人民法院（2020）苏 01 民初 62 号民事判决书。

② 参见江苏省高级人民法院（2021）苏民终 21 号民事判决书。

消协组织在这些案件中的处理方案充分体现了对市场主体的尊重和宽容,实现了消费维权和经营者合规经营的双赢。不过,河南省消费者协会起诉辛某等四被告消费公益诉讼案引发争议,争议的实质即是河南省消费者协会是否处理好了消费维权和经营者合规经营之间的平衡。在该案中,河南省消费者协会提出了三大诉请,其中关于判令快手永久封停辛某以及广州某公司开设的直播间账号的诉请受到质疑。有观点认为,在责任认定清晰、经营者已经主动退赔的情况下没有必要再提起公益诉讼,[①]而且永久封停直播间账号可能影响经营者生存和经营者后续的退赔能力。[②] 由此可见,消协组织开展公益诉讼工作应注意消费者和经营者之间利益的均衡保护。

六、结语

《消费者权益保护法》《反不正当竞争法》《食品安全法》《药品管理法》等法律赋予市场监管部门等行政机关保护消费者权益的法定职责,同时也赋予消费者请求侵权人承担民事责任的权利,即我国法律建构了消费维权的公力救济和私力救济两种途径。但由于救济公共利益的途径和方法不足,众多不特定消费者的利益还持续处于损害的状态或者损害威胁之中。党的十八届四中全会指出,"建立健全社会组织参与社会事务、维护公共利益……的机制和制度化渠道"。"健全依法维权和化解纠纷机制。""畅通群众利益协调、权益保障法律渠道。"党的十九届四中全会要求"发挥群团组织、社会组织作用",夯实基层社会治理基础。《中华人民共和国国民经济和社会发展第十四个五年规划和 2035 年远景目标纲要》提出,"破除制约高质量发展、高品质生活的体制机制障碍","强化消费者权益保护,完善质量标准和后评价体系,健全缺陷产品召回、产品伤害监测、产品质量担保等制度,完善多元化消费维权机制和纠纷解决机制。"我国已经进入大众消费持续增长,消费结构持续升级和消费推动经济发展的重要阶段,消费者对消费品质、权益保障提出了新要求和新期盼。在新形势下,公益诉讼是以法治思维和法治方式助

---

① 《河南消协诉辛巴燕窝案开庭在即:索赔八千万,三大争议引关注》,载 https://baijiahao.baidu.com/s? id = 1732147847110158406&wfr = spider&for = pc,最后访问日期:2022 年 5 月 18 日。

② 《河南消协公益诉讼陷入争议,拥有 4000 员工的辛巴账号该不该封?》,载 https://baijiahao.baidu.com/s? id = 1731946604836823889&wfr = spider&for = pc,最后访问日期:2022 年 5 月 18 日。

推社会治理现代化的重大改革举措，作为一种新的纠纷解决机制，能够保障在行政监管失灵和个体消费者怠于行使权利时，及时救济公共利益。消协组织提起公益诉讼能够有效拓宽消费者获得司法救济的渠道，将消费者的应然权利变为实际有效的社会现实，实现公平正义。消协组织也因此成为消费治理的重要力量。

第二章　消协组织提起消费民事公益诉讼的制度演进

为加强消费者权益保护，我国从20世纪90年代开始陆续制定了不少实体法律法规，形成了较为完备的制度体系。与体系相对完善的实体法相比，消费维权的程序立法显得相对滞后，导致实体法无法得到有效落实，这会造成我国消费者权益保护工作的乏力。随着公民公共意识的增强和法治建设的推进，维护公共利益成为消费者权益保护的重要内容。

2012年修订的《民事诉讼法》正式确立了消费民事公益诉讼制度，以现代司法方案回应了消费维权的现实需求。需要指出的是，消费民事公益诉讼的制度构建不是一蹴而就的，而是经历了一个发展过程，这个过程交织着消费问题的加剧、消费纠纷的增多和法治建设的不断完善。2012年修订的《民事诉讼法》对公益诉讼的制度建设产生了重要影响。在此之前，由于法律上尚未建立公益诉讼制度，消协组织依托私益诉讼开展消费领域公共利益维权的灵活探索；2012年修订的《民事诉讼法》实施之后，消费民事公益诉讼进入"依法实施"的规范阶段，《民事诉讼法》《消费者权益保护法》《消费民事公益诉讼司法解释》成为消协组织实施公益诉讼的最主要法律依据。为此，本章对消协组织提起消费民事公益诉讼的制度发展进行梳理总结。与立法进程相联系，消协组织提起消费民事公益诉讼从无到有，制度建设大致可划分为萌芽阶段、探索阶段、发展阶段、完善深化阶段四个阶段，各个阶段的制度建设情况不同，特点也不同。

一、消协组织提起消费民事公益诉讼的萌芽阶段（1994～2012年）

1993年颁布的《消费者权益保护法》第32条规定了消协组织的七项法定职责，但这些职责不包括消费公益诉讼。《民事诉讼法》2012年修正之前我国立法层面公益诉讼制度缺失,消协组织在这个阶段没有也不可能提起严格意义上的消费公益诉讼。这个时期以公民个体、消协组织为主要实践主体,依托私益诉讼,试探性、自发性开展了公益性质的消费维权诉讼。这类诉讼活动虽然在性质上不属于法律意义上的消费公益诉讼,但也为消协组织提起消费民事公益诉讼的制度构建提供了启迪。

(一)公民型“消费公益诉讼”

1. 公民型“消费公益诉讼”的出现

相对于公益诉讼实践,我国消费公益诉讼的理论准备和制度建设显得明显滞后。在法律层面公益诉讼制度缺失的情况,一系列具有公益性质的公民诉讼对推动司法改革、实现公平正义起到了积极作用。这个时期,随着公民参与社会治理意愿的提升,全国法院受理了一批公民个人提起的涉及消费领域公共利益保护的案件,暂且把这类案件称为公民型“消费公益诉讼”。公民型“消费公益诉讼”的特点是民间实践先于官方立法,以公民个人作为实践主体实现“个案正义”。随着丘某东、乔某祥、葛某、李某等人的诉讼行为的出现,公益诉讼逐渐被人们所了解和熟知。这类案件虽然发端于私益诉讼,但在当事人制度、诉权理论与诉的利益等方面向传统诉讼提出了挑战,[①]案件的意义已经超越了私益诉讼本身,具有唤醒民众公益保护意识、保护不特定消费者权益等多维价值,反映了公益诉讼实践的新动向,成为消费民事公益诉讼产生的原动力,对推进我国消费民事公益诉讼立法与实践起到了积极作用。

根据作者通过公开渠道检索到的资料,丘某东诉龙岩市邮电局案是公民型“消费公益诉讼”第一案,该案揭开了我国消费公益诉讼的序幕。1996 年 1 月,福建省龙岩市的消费者丘某东因为公话亭在半价的时间段按全价收费,多收了他 0.6 元。于是,他将龙岩市邮电局及其附设代办公话亭起诉到法院,请求判令被告依据 1993 年的《消费者权益保护法》第 49 条加倍赔偿 1.2 元和更换未载入半价规定的标价牌。在该案立案后一个月左右,龙岩市邮电局更换了全市 1000 多家公话亭资费表,并在媒体上反复公告半价收费规定。这起“一块二”消费维权案件

---

① 参见颜运秋:《社会经济法与公益经济诉讼》,湖南人民出版社 2005 年版,第 158 ~ 171 页。

成为我国消费公益诉讼的一个开幕式案件，丘某东也因此被称为“中国公益诉讼第一人”①。此后，包括公益律师在内的一些消费者开始关注消费领域的公共利益保护问题，提起了一批旨在维护公共利益的公民型“消费公益诉讼”案件。

2. 公民型“消费公益诉讼”的典型案件

为更直观了解公民型“消费公益诉讼”的特点和进路，笔者选取8件案件作简要介绍，将其中的关键内容予以呈现。

【案件1】葛某诉郑州铁路分局案。② 1998年10月6日，河南市民葛某在郑州火车站购买了一张郑州至新郑的火车票（票号为33052441）。候车期间他到候车室内的公共卫生间方便，被要求支付0.3元的“入厕费”。葛某认为“入厕费”收费于法无据。1998年10月28日，葛某向郑州市二七区人民法院起诉，请求判令被告公开赔礼道歉并退还0.3元。郑州市二七区人民法院一审认为，被告收取的0.3元“入厕费”是河南省物价局根据国务院的有关规定批准的，属合法收费，判决驳回其诉讼请求。葛某不服一审判决，上诉至郑州市中级人民法院。郑州市中级人民法院二审认为，火车站“站内厕所收费”已被财政部、国家计委下文取消，被告收费违法，判决被告返还葛某0.3元“入厕费”。本案三毛钱“入厕费”的诉讼经三年二审最终胜诉，折射出公众权利意识的增强，对后续全国各地火车站取消“站内厕所收费”起到一定的推动作用。

【案件2】乔某祥诉铁道部案。③ 2000年12月21日，铁道部发布《关于2001年春运期间部分旅客列车票价实行上浮的通知》（以下简称《2001年春运期间票价上浮通知》）。《2001年春运期间票价上浮通知》规定，2001年春节前10天及春节后23天，北京铁路局、上海铁路局、广州铁路（集团）公司等始发的部分直通列车实行票价上浮20%至30%。乔某祥于2001年1月17日、1月22日分别购买了

① 颜运秋：《经济法实施机制研究——通过公益诉讼推动经济法实施》，法律出版社2014年版，第164~165页。

② 参见张艳蕊：《民事公益诉讼制度研究——兼论民事诉讼机能的扩大》，北京大学出版社2007年版，第2页；贺海仁主编：《公益诉讼的新发展》，中国社会科学出版社2008年版，第73~74页；李晓理、陈鹏飞、郭洪涛：《铁路局强收三角钱“入厕费”引发争议》，载二七区人民法院网，http://eqqfy.hncourt.gov.cn/public/detail.php?id=109，最后访问日期：2022年5月19日。

③ 参见北京市第一中级人民法院（2001）一中行初字第149号行政判决书、北京市高级人民法院（2001）年高行终字第39号行政判决书。

从石家庄到磁县、石家庄到邯郸的火车票两张，支付票款37元，比票价上浮前多支付了9元。为此，乔某祥以《2001年春运期间票价上浮通知》程序违法为由向铁道部提起行政复议，2001年3月19日铁道部作出复议决定维持了《2001年春运期间票价上浮通知》。于是，2001年4月乔某祥以票价上浮未经价格听证为由，向北京市第一中级人民法院提起行政诉讼，并将北京铁路局、上海铁路局、广州铁路（集团）公司列为第三人，请求判决撤销《2001年春运期间票价上浮通知》。北京市中级人民法院一审判决驳回原告的诉讼请求。北京市高级人民法院二审认为，铁路列车旅客票价直接关系群众的切身利益，依照《价格法》第18条规定，政府在必要时可以实行政府指导价或者政府定价。《价格法》第23条规定，制定关系群众切身利益的公用事业价格、公益性服务价格、自然垄断经营的商品价格等政府指导价、政府定价，应当建立听证会制度。但由于制定《2001年春运期间票价上浮通知》时，国家尚未建立和制定规范的价格听证制度，上诉人要求铁道部价格听证缺乏具体的法规和规章依据。据此，北京市高级人民法院判决驳回上诉，维持原判。虽然乔某祥一审、二审都败诉了，但2002年之后铁路票价的变动都举行了听证会，该案起到了推动作用。一定程度而言，乔某祥通过私人维权推动了价格听证制度的实施与完善，督促垄断企业重视消费者利益的保护。

【案件3】杨某辉诉中国南方航空股份有限公司案。[①] 杨某辉诉称，2003年春节前自己通过上海民惠航空服务有限公司（以下简称民惠公司）购买了被告中国南方航空股份有限公司（以下简称南方航空公司）的上海至厦门九折机票一张。机票是通过电话向民惠公司购买的，并言明要在上海虹桥机场登机。民惠公司工作人员第二天送票上门时，没有提醒登机的地点不是虹桥，机票上载明的出发地是"上海PVG"，不得签转。按照票面记载的时间，杨某辉赶到上海虹桥机场却被告知应到上海浦东机场登机。因两个机场相距较远，来不及赶往浦东机场。杨某辉要求签转却又被告知打折机票不得签转。杨某辉只能申请退票后购买了当日另一航班的全价机票。事后，杨某辉办理退票手续，被告知只能退还票面金额的80%。于是，杨某辉以侵犯知情权为由，向法院起诉南方航空公司及民惠公司，诉讼请求是：判令被告退还全额机票款770元，赔偿经济损失700元，在出售的机票

① 参见《杨艳辉诉南方航空公司、民惠公司客运合同纠纷案》，载《中华人民共和国最高人民法院公报》2003年第5期。

上使用中文标明机场名称。法院支持了原告退款和赔偿的诉请,但认为是否在出售的机票上使用中文标明机场名称,应由被告的上级主管部门加以规范,该诉请不属本案处理范围,不予以支持。第一审宣判后,双方当事人均未上诉。2003年4月28日,案件审理法院上海市徐汇区人民法院向中国民航总局发出司法建议书,建议"对同一城市存在两个或两个以上民用机场,航空公司及航空客运销售代理商填开机票标明出发地点、使用机场专用代号时,应使用我国通用文字附注或以其他适当方式说明,以保证客运合同的正确履行,提升我国民用航空行业良好的服务形象"。中国民航总局采纳了司法建议,修改了机票售票网络系统和打印系统的内容,规定机票的始发、到达地点栏内使用我国通用文字。

【案件4】黄某荣诉北京铁路局案。① 2005年8月8日,黄某荣在北京铁路局营业网点购买了一张北京至义乌的火车票。后来,黄某荣从网上得知,其购买的火车票中包含了基本票价2%的"铁路旅客意外伤害强制保险费",共计3.98元。黄某荣认为,自己在购票时被告未履行告知义务,票面上没有加注保险费,亦未签发任何书面保险凭证,侵犯了消费者的知情权。2005年9月27日,黄某荣向北京铁路运输法院起诉北京铁路局,诉讼请求包括:确认被告在收取意外伤害强制保险费时未履行告知义务;返还强制收取的意外伤害保险费3.98元。2005年12月12日,北京铁路运输法院一审判决驳回原告的诉讼请求。② 2006年1月,黄某荣向北京铁路运输中级人民法院上诉。2006年3月23日,北京铁路运输中级人民法院判决"驳回上诉,维持原判"③。本案对我国1951年以来实施的铁路旅客意外伤害强制保险的合法性进行质疑,引起社会强烈反响。据媒体报道,北京铁路运输法院在案结后向铁道部发出司法建议书,建议"废止《铁路旅客意外伤害强制保险条例》"④。本案原告虽然败诉,但也推动了铁路旅客意外伤害强制保险制度的变革。

---

① 参见北京市东方公益法律援助律师事务所编:《公益诉讼》(第二辑),中国检察出版社2006年版,第75~76页。

② 参见北京铁路运输法院(2005)京铁民初字第91号民事判决书。

③ 参见北京铁路运输中级法院(2006)京铁中民终字第11号民事判决书。

④ 北京市东方公益法律援助律师事务所编:《公益诉讼》(第二辑),中国检察出版社2006年版,第11页。

【案件5】李某诉全国牙防组案。[①] 2005年9月28日，李某向北京市西城区人民法院起诉全国牙防组、乐天（中国）食品有限公司（以下简称被告二）、北京家和物美商业有限公司（以下简称被告三）。李某诉称，自己于2005年9月16日在被告三处购买了被告二生产的口香糖，口香糖包装上标有全国牙防组推荐的标志。全国牙防组不具有认证资质，其对被告二产品的认证属非法行为，被告三作为销售者，未履行产品验收义务，对该产品的流通负有一定责任，三被告共同侵犯了原告作为消费者的合法权益。李某的诉讼请求包括：确认被告二生产的口香糖包装上使用的“全国牙防组认证”标志构成对消费者的欺诈；全国牙防组撤下认证标志。2005年11月8日，西城区人民法院驳回李某对全国牙防组的起诉，理由是全国牙防组不具有独立法人资格，同时将该案移送北京市朝阳区人民法院审理。朝阳区人民法院接到移转案卷后，李某追加全国牙防组的发起设立单位——卫生部为被告。朝阳区人民法院经审理驳回了李某对卫生部的起诉，理由是李某“所主张的全国牙防组违法认证、卫生部对此未尽管理义务等，均属行政管理范畴，本案作为民事纠纷在此不予审处”。2006年12月29日，朝阳区人民法院作出一审判决，确认被告二生产的口香糖包装上的“认证”标志是虚假宣传，判决被告二和被告三连带赔偿李某8.9元，驳回其他诉讼请求。李某对全国牙防组的起诉虽然被驳回，但诉讼仍然解决了全国牙防组非法认证的责任追究问题，实现了诉讼目的。朝阳区人民法院向卫生部和国家认证认可监督管理委员会发出司法建议，指出全国牙防组“违反了《中华人民共和国认证认可条例》[②]的规定，损害了国家卫生行政管理部门的权威和形象，在社会上造成不良影响。建议对全国牙防组对外开展的认证活动进行审查，加强对全国牙防组业务活动的监督，对其违法认证行为依法作出处理”。2006年11月14日，全国牙防组的认证活动被叫停。2007年4月30日，卫生部撤销全国牙防组。

【案件6】丘某东诉上杭县邮政局案。[③] 2006年4月13日，丘某东起诉福建省

---

① 参见《全国牙防组走向末路警示：一起诉讼撬动“权威”》，载央视网财经频道，http://finance.cctv.com/20070518/101030.shtml，最后访问日期：2022年7月1日；《法学博士细述状告牙防组案原委决定继续上诉》，载 http://www.dzwww.com/dzwfz/fzyw/200608/t20060804_1687682.htm，最后访问日期：2022年5月20日。

② 系2003年发布的《中华人民共和国认证认可条例》。

③ 参见陶建国等：《消费者公益诉讼研究》，人民出版社2013年版，第296~297页。

上杭县邮政局。丘某东诉称,根据福建省邮政局规定,省内同城快递收费为10元。被告对同城快递按20元收费是错误的,要求退还多收的10元快递费,并公开10元的快递费制度。由于上杭县邮政局随即向上一级邮政局报批10元收费请求获得批复同意,丘某东遂撤诉。受该案影响,当地的同城快递费在此后从20元减低至10元,维护公益的诉讼目的仍然达成。

【案件7】陈某娟诉云南白药集团股份有限公司(以下简称云南白药公司)案。[①] 2010年2月,西安的消费者陈某娟在经期使用"云南白药气雾剂"和"云南白药膏"后引发不良反应。2010年5月24日,陈某娟将生产者云南白药公司和销售者起诉到西安市雁塔区人民法院,诉讼请求包括:两被告赔礼道歉并赔偿医疗费、营养费、交通费、精神损失费共计13,269元,云南白药公司修改使用说明书,增加"经期妇女慎用"字样。2010年6月1日,法院一审判决原告败诉。2011年7月19日,二审维持原判。虽然本案原告败诉,但该案仍然对公益诉讼具有重要的启示意义。

【案件8】李某平诉中国网通(集团)有限公司北京分公司(以下简称网通北京公司)案。[②] 1998年6月开始李某平即在北京工作和生活,网通北京公司就其固定电话安装服务业务制订了两种收费方案:"预付费"和"后付费"。网通北京公司的网络服务合同(标准版)第2条规定:"客户户籍所在地或注册登记地不在北京市的,客户应按照网通北京分公司要求办理相应的担保手续,或者办理预付费的业务。"李某平系非京籍客户,因不愿意办理担保手续,故其选择办理预付费业务。2007年5月,网通北京公司推广"亲情1+"业务,但只限于后付费客户办理。李某平认为,网通北京公司凭借其在北京地区绝对的垄断地位,对预付费用户实行差别待遇,其行为符合《反垄断法》[③]第17条第6项之规定的垄断行为。2008

---

① 参见陶建国等:《消费者公益诉讼研究》,人民出版社2013年版,第289~290页。

② 参见《在与滥用市场支配地位有关的垄断民事诉讼中,原告负有证明相关市场、被告在该相关市场上占有支配地位、被告实施了滥用其市场支配地位的行为以及被告滥用市场支配地位的行为给原告造成了实际损失的责任——李方平与中国网通(集团)有限公司北京市分公司垄断纠纷案》,载法信网,http://www.faxin.cn/lib/cpal/AlyzContent.aspx? isAlyz = 1&gid = C1274656&userinput = % E6% 9D% 8E% E6% 96% B9% E5% B9% B3,最后访问日期:2022年6月30日。

③ 系2007年发布的《反垄断法》,已被修改,现为2022年修正版。2022年《反垄断法》第22条第6项与2007年《反垄断法》第17条第6项规定相同。

年9月，李某平将网通北京公司起诉到法院，诉讼请求包括：确认被告利用其垄断地位在“亲情1+”服务条件上对原告实行差别待遇的格式合同条款及业务公告违法；被告接受原告的“亲情1+”业务中“亲情无限”（固定电话捆绑ADSL+小灵通，158元）的申请；被告向原告支付赔偿金1元。北京市第二中级人民法院一审判决驳回李某平的诉讼请求。李某平不服，提起上诉。北京市高级人民法院维持了一审判决。本案中，李某平虽然是“直接利害关系人”，但其提出的第一个诉讼请求就是有关消费公益保护的请求。

这个时期，以王海为代表的职业打假人利用原《消费者权益保护法》第49条之规定，“知假买假”以求得双倍赔偿的案件也涌入全国各地法院，形成了“职业打假人”这一特殊的群体，引发社会各界的广泛关注。职业打假人到底是“打假英雄”还是“刁民”，引起了司法实践和法学理论界的长期、广泛的争议，至今未有定论。各地执法机关、司法机关对职业打假行为的认定差异很大，存在截然不同的两种观点。一种观点认为，职业打假符合立法本意，有利于制裁违法经营者和促进消费维权，应当得到鼓励和支持；另一种观点认为，职业打假不符合立法目的，支持职业打假将造成公共资源浪费。[①] 笔者认为，虽然职业打假人的初衷是索赔获利，但不管人们如何争论，从客观效果看，职业打假在一定程度上也具有维护消费者整体利益的积极效果，促使了经营者规范经营，增强了消费者的权利意识。这个时期的职业打假主要针对经营者的制假售假行为，在执法力量不足的情况下，客观上对净化消费市场起到一定的积极作用。因此，这个时期职业打假人提起的双倍索赔案件可以视为具有公益性质的特殊的消费维权案件。当然，现阶段的职业打假人群体及其引发的诉讼出现了许多新的变化，其负面影响也日益凸显，需要重新审视职业打假行为。囿于篇幅限制，本书对这个问题不再深入讨论。

3. 公民型“消费公益诉讼”的特点

面对纷繁的消费侵权，行政监管失灵，而传统的诉讼制度又无法满足消费领域公共利益保护的需求。这种情况下，公民型“消费公益诉讼”试图利用既有制度，以公民诉讼的方式推动消费公益维权，消费领域公共利益保护问题由此引发社会广泛关注。这个时期的公民型“消费公益诉讼”的社会价值是显而易见的，具

---

① 参见李振宇、李学迎：《知假买假行为适用惩罚性赔偿评析》，载《政法论丛》2006年第1期。

有四个突出的特点。

一是原告与案件有直接利害关系,但诉请的部分内容具有公益性。尽管争议涉及社会公共利益,但是在公益诉讼制度建立前,为了符合当时的诉讼规则,需要在个人权益保护的基础上提出公益性质的诉讼请求,通过技术性搭私益诉讼“便车”的方式达成消费领域公共利益保护之目的。“主观为自己、客观为他人”是这类案件的典型外观,这类案件已经跨越了私益诉讼和个案的边界,开始与公共利益保护建立内在联系,意在“以小博大”“大处着眼、小处着手”。如陈某娟诉云南白药公司一案中,陈某娟提出的云南白药公司在说明书中增加“经期慎用”的诉讼请求,显然超越了私益诉讼的范围,具有公益性。这类案件在实现个体利益的同时,也促进了规范市场秩序的公益目的,验证了耶利内克在 20 世纪初的敏锐观察:“私法规范也服务于公共利益,而公法规范亦不再单纯服务于抽象的公共利益,而是也服务于值得保护的个体利益。”①

二是这类案件主要是民事诉讼案件。这个时期的案件类型主要是个体消费者针对经营者提起的民事诉讼案件,甚至有的案件是精心策划的。如案例 4 所示,名义上是个人提起的诉讼,实则是北京市东方公益法律援助律师事务所的律师集体策划的案件。② 这个时期,公民型“消费公益诉讼”虽然轰轰烈烈但始终理性平和,通过个案向不合理的制度和规则发起挑战,推动社会变革和法治进步,但始终在既存法律框架内展开行动。

三是这类案件对消费公益维权起到了启蒙作用。公民型“消费公益诉讼”既是法律行动,也是权利运动,提高了消费者的权利意识和公益保护意识,对司法机关积累公益案件审判经验和立法机关构建公益诉讼规则雏形具有重要的意义。前文列举的 8 件案例虽然不能完全代表当时所有的具有公益性质的消费民事诉讼活动,但它们无疑具有一定的典型性。这些案件揭示了传统司法制度无力应对日益严重的消费侵权的窘境,也揭示了在公益诉讼制度缺失的情况下以个体消费者的力量去达成公益保护之目的,结果并不理想。有的案件以败诉而告终,败诉的主要原因是受制于程序问题,法院以公益诉求不属于民事诉讼的受案范围或者

---

① Jellinek, System Der Subjetiven Ffentlichen Rechte. 1919, 52.

② 参见黄金荣:《一场方兴未艾的法律运动——对当代中国公益法实践的观察与评论》,载贺海仁主编:《公益诉讼的新发展》,中国社会科学出版社 2008 年版,第 79 页。

原告不具备起诉资格为由而不予立案或者驳回起诉;有的案件虽然得以立案,但诉讼请求被法院以各种理由驳回;有的案件的原告受到了来自各方的压力,不得不撤诉。这些案件不仅体现出我国公民对公共利益的责任感,也体现出我国公民娴熟的诉讼程序技术。尽管案情和结果不尽相同,但通过司法公开和社会各界对案件的广泛关注,这类案件对制度变革或多或少起到一定的推动作用,尤其对唤起消费者的权利意识具有启迪意义,甚至影响社会治理方式的转型。这类案件体现了诉讼的公益性,在反复多次诉讼活动的持续推进下,不断增强经营者的规范意识和责任意识,也培育了消费者的公共精神,展现了温和的公民社会力量。可以说,维护公益的实践走在了制度和理论的前面。不管司法界是否准备就绪,"公益诉讼"已经堂而皇之地走上法庭,走进公众的视线里。[①] 这表明,随着中国社会的发展和利益的多元化发展,新的利益纠纷也在不断生成,对传统的诉讼模式形成挑战。[②]

四是这类案件对推进消协组织提起消费民事公益诉讼的实践和制度构建具有启示意义。这个时期,一些消协组织根据 1993 年颁布的《消费者权益保护法》第 32 条第 1 款第 6 项之规定[③]给予了公民原告不同程度的支持。比如,1996 年邱某东诉龙岩市邮电局案就得到了当时的福建省消协组织的大力支持。[④] 公民型"消费公益诉讼"在维护公共利益的同时,对消协组织积累消费公益维权的经验具有重要价值。从历史的观点看,这类案件不仅开启了"准公益诉讼"模式的司法探索,也为日后消协组织作为公益诉讼主体力量的崛起埋下了伏笔。

---

① 参见颜运秋:《公益诉讼理念与实践研究》,法律出版社 2019 年版,第 385 页。

② 不过,案件也引发了消费者个人能否提起公益诉讼的争议。有观点认为,公民个人提起公益诉讼,其诉讼能力、证据收集能力、对抗大局的能力都极其有限,而且还可能引发滥诉。也有相反的观点认为,赋予公民公益诉权能够弥补公共执法的不足,促进社会自治。

③ 1993 年颁布的《消费者权益保护法》第 32 条规定:"消费者协会履行下列职能:(一)向消费者提供消费信息和咨询服务;(二)参与有关行政部门对商品和服务的监督、检查;(三)就有关消费者合法权益的问题,向有关行政部门反映、查询,提出建议;(四)受理消费者的投诉,并对投诉事项进行调查、调解;(五)投诉事项涉及商品和服务质量问题的,可以提请鉴定部门鉴定,鉴定部门应当告知鉴定结论;(六)就损害消费者合法权益的行为,支持受损害的消费者提起诉讼;(七)对损害消费者合法权益的行为,通过大众传播媒介予以揭露、批评。各级人民政府对消费者协会履行职能应当予以支持。"

④ 参见许浩:《与"公益律师"面对面》,载 http://futures. money. hexun. com/2343565. shtml,最后访问日期:2022 年 7 月 1 日。

(二)消协组织支持起诉型"消费公益诉讼"

我国 1993 年颁布的《消费者权益保护法》赋予消协组织受理消费者投诉、支持消费者起诉等公益性职责,但没有赋予其公益诉讼原告资格。面对消费侵权的严峻形势和公民诉讼的兴起,囿于传统诉讼的原告必须"与本案有直接利害关系"的限制,消协组织无法以自己名义提起消费公益诉讼。这个时期,各地消协组织主要通过履行原《消费者权益保护法》第 32 条赋予的法定职责实施消费维权。例如,以法律咨询、法律指导等多种方式支持消费者维权,有的消协组织还作为支持起诉人参与到消费民事私益诉讼中。

2002 年广东省消协组织支持消费者韦某起诉的案件即典型。2002 年 6 月 6 日,广东省消费者委员会接到消费者韦某投诉,称其儿子在 2002 年 1 月 20 日上午骑儿童车玩耍过程中,由于厂家未在童车上安装全罩车链罩,造成右拇指末节基底部横断骨折,构成九级伤残。该款儿童车是南海市永华玩具厂(以下简称永华玩具厂)生产的"小明星"牌 16 英寸儿童自行车。韦某要求永华玩具厂赔偿损失,而永华玩具厂表示产品符合国家安全标准,拒绝赔偿,也拒绝广东省消费者委员会的调解。广东省消费者委员会多次致函永华玩具厂,要求该厂就消费者投诉赔偿一事做出明确书面答复,但该厂不作任何回应。为维护消费者的合法权益,广东省消费者委员会多次派人到事发现场进行调查取证。2002 年 9 月 26 日,消费者向法院提起诉讼,要求永华玩具厂赔偿医疗费、后续医疗费、住院伙食补助费、残疾者生活补助费、残疾赔偿金等费用合计约 124,125 元。广东省消协组织派出法律顾问无偿帮助消费者诉讼,并替消费者垫付诉讼费用 3993 元。最终法院判决永华玩具厂赔偿原告 9.3 万元。这起案件以消费者为原告提出私益诉讼,消协组织以派出法律顾问、垫付诉讼费用等方式支持消费者起诉来践行"公益诉讼"。本案被媒体称为广东省消费者委员会的首宗"公益诉讼"案件,推动了原国家质监总局对童车安全标准进行修改。① 原《消费者权益保护法》第 32 条规定,就损害消费者合法权益的行为,消费者协会可以支持受损害的消费者提起诉讼。在公益诉讼制度缺失的情况下,支持起诉为消协组织开展消费公益维权提供了制度渠道,

---

① 参见《广东首宗公益诉讼原告胜诉》,载 http://www.cca.org.cn/zxsd/detail/4303.html,最后访问日期:2022 年 7 月 1 日。

也为消协组织提起公益诉讼的探索和实践发挥了重要作用。

(三)消协组织代理型“消费公益诉讼”

消费公益保护请求不断涌向法院,对我国消费公益诉讼的实践和理论研究造成了一定的冲击。随着理论研究和实践探索的推进,各方力量开始探索消费公益诉讼的规范进路。这个时期,代理型“消费公益诉讼”进入地方立法者的视野。2007年5月31日,广西壮族自治区第十届人民代表大会常务委员会第二十六次会议通过的《广西壮族自治区消费者权益保护条例》第36条赋予广西消费者权益保护委员会“代理不特定的多数消费者对损害消费者权益的行为提起诉讼”的权利。广西地方立法明确了消协组织维护消费领域公共利益的方式包括“代理诉讼”,为推进消协组织公益诉讼的深入发展提供了新的思路和方案。

(四)消协组织直接起诉型“消费公益诉讼”

由于公益诉讼的立法缺失,为了符合传统的诉讼规则,有的消协组织人为制造“直接利害关系人”的起诉条件,试图以自己的名义提起维护公共利益的诉讼。其中,2012年无锡市消费者委员会提起的诉讼即是这种类型的案件。

无锡市消费者委员会接到不少消费者关于餐饮经营者强制消费一次性消毒餐具的投诉。经过调查走访,无锡市消费者委员会发现强制消费一次性消毒餐具的现象在当地普遍存在。为调查取证,2012年2月29日无锡市消费者委员会的三名工作人员以消费者身份到某火锅店消费,被收取每人一元的消毒餐具费用。2012年3月,无锡市消费者委员会以经营者侵犯了消费者的知情权和选择权为由,起诉到无锡市崇安区人民法院,请求判令经营者退还强制消费的一次性餐具费用3元,并停止强制消费行为。2012年3月15日,该案调解结案,被告承诺今后停止强制消费一次性餐具,提供免费餐具,并退还原告3元。[①] 本案是我国消协组织作为原告起诉违法经营者的第一案,入选了2012年江苏省消费者权益保护

---

① 参见《江苏高院昨发布消费者权益保护十大典型案例》,载 http://www.jssjw.gov.cn/art/2013/3/15/art_9_8641.html,最后访问日期:2022年3月18日;陶建国:《消费者公益诉讼研究》,人民出版社2013年版,第301~304页。

十大典型案例,被中国公益诉讼网评为2012年“中国十大公益诉讼”案件之一。[①] 虽然媒体将本案称为“公益诉讼”案件,并且案件也符合公益诉讼的理论建构,但由于该时期我国法律层面并没有建立公益诉讼制度,本质上该案仍然不是法律意义上的公益诉讼案件。这应该也是案件审理法院无锡市崇安区人民法院努力促成双方调解的重要原因,否则如果用判决的方式结案,可能会引发判决合法性的争议。这起案件是在我国《民事诉讼法修正案(草案)》已经确立消费民事公益诉讼制度但草案尚未获得通过的时间节点提起的,不失为一次消费公益诉讼的有益尝试。[②] “本案的意义不仅在于维护了消费者的知情权与选择权,更在于通过个案的示范作用,消协组织以原告身份参与了司法维权,消费者委员会不仅通过消费获得了消费者身份,还以社会公共权利和不特定消费者权利维护者的身份取得了民事诉讼的原告地位。这一尝试无疑为新民事诉讼法出台后,消费者委员会直接作为公益诉讼主体起诉积累了经验。”[③]

1994年至2012年上半年,公民和消协组织自发践行消费公益诉讼,为消协组织提起消费民事公益诉讼的制度构建提供了较早的实践经验。这个时期,公益诉讼入法的呼声渐高,消费民事公益诉讼逐渐进入立法者的视野。2010年6月,最高人民法院出台《关于为加快经济发展方式转变提供司法保障和服务的若干意见》,要求各级法院妥善审理消费者权益纠纷案件,准确把握审理消费者权益纠纷案件的司法原则,推动建立公正、有序、诚信的消费环境。随着食品消费侵权事件不断发生,在全国人大代表和有关方面多次建议、推动下消费公益诉讼正式进入了最高立法机关的视野。[④] 2011年10月,全国人大常委会法制工作委员会将《民事诉讼法修正案(草案)》及其说明在中国人大网公开,向社会公开征集意见。《民事诉讼法修正案(草案)》第8条规定:“增加一条,作为第五十五条:‘对污染环境、侵害众多消费者合法权益等损害社会公共利益的行为,有关机关、社会团体

① 参见刘学在:《民事公益诉讼制度研究——以团体诉讼制度的构建为中心》,中国政法大学出版社2015年版,第333页。

② 参见陶建国等:《消费者公益诉讼研究》,人民出版社2013年版,第301~304页。

③ 丁国锋、马超:《火锅店强制消费一次性碗筷 无锡消委会提起诉讼获支持》,载中国法院网,https://www.chinacourt.org/article/detail/2013/03/id/922522.shtml,最后访问日期:2022年5月21日。

④ 参见《民事诉讼法修正案(草案)条文及草案说明》,载http://www.npc.gov.cn/zgrdw/npc/xinwen/syxw/2011-10/29/content_1678367.htm,最后访问日期:2022年7月1日。

可以向人民法院提起诉讼'。"2011 年 12 月 11 日,北京、上海、天津、厦门、深圳、武汉、广州等 21 个城市的消协组织与中国消费者报社联合向全国人大发出《关于在〈消法〉中增加消费者组织代表不特定多数消费者进行公益诉讼的建议》,建议通过修订《消费者权益保护法》赋予消协组织公益诉权。①

二、消协组织提起消费民事公益诉讼的探索阶段(2012～2015 年)

2012 年是我国消费民事公益诉讼制度发展的分水岭。2012 年 8 月修正的《民事诉讼法》第 55 条②确立了消费民事公益诉讼制度。随后,2013 年修正的《消费者权益保护法》第 47 条赋予省级以上消协组织消费民事公益诉权。由此开启了以消协组织为主体的制度化公益诉讼探索阶段。

(一)以"基本法 + 单行法 + 司法解释"的立法模式确立了制度框架

1."基本法 + 单行法"阶段

2012 年修正的《民事诉讼法》第 55 条规定:"对污染环境、侵害众多消费者合法权益等损害社会公共利益的行为,法律规定的机关和有关组织可以向人民法院提起诉讼。"上述规定实现了我国公益诉讼制度从无到有的突破,使得公益诉讼从民间期盼变成国家意志。第 55 条规定"法律规定的机关和有关组织"可以提起消费民事公益诉讼,从程序法角度构建了消费民事公益诉讼的法律框架。学界呼吁多年的消费公益诉讼终于从理念演变成立法,结束了长期以来我国消费民事公益诉讼于法无据的尴尬局面。"这是迄今为止的立法例中最具前瞻性、开放性和中国特色的制度安排;对于公共利益的保护而言,包括大陆法系的团体诉讼、英美法系的公民诉讼在内的诉讼制度,没有任何一个国家能够达到我国目前立法的高度、广度和深度,其原因当然与国家利益、社会公共利益在我国法律中居于特殊地位因而需要特殊保护有关。"③随着 2012 年修正的《民事诉讼法》的正式实施,消费治理纳入法治轨道,《民事诉讼法》第 55 条成为在消费司法领域实施民事公益

---

① 参见刘炜:《消协呼吁公益诉讼权》,载《民主与法制时报》2011 年 12 月 19 日,第 3 版。

② 即现行《民事诉讼法》第 58 条第 1 款。

③ 肖建国:《从立法论走向解释论:〈民事诉讼法〉修改的实务应对》,载《法律适用》2012 年第 11 期。

诉讼的最重要法律依据，消费民事公益诉讼制度从此进入了一个新的发展阶段。不过，《民事诉讼法》第 55 条是授权性、指引性条款，虽然为消协组织提起消费民事公益诉讼提供了法律依据，但内容过于抽象，不是消费民事公益诉讼的制度性规定，仅仅是一个关于民事公益诉讼的原则性规定。尤其是《民事诉讼法》第 55 条将消费民事公益诉讼适格起诉主体表述为“法律规定的机关和有关组织”，没有明确规定消协组织具有起诉主体资格，使适格起诉主体难以准确认定，理论界和实务界对消协组织能否提起公益诉讼也产生了分歧。2013 年《消费者权益保护法》修正后，相应的分歧才得以解决。2013 年修正的《消费者权益保护法》第 47 条规定：“对侵害众多消费者合法权益的行为，中国消费者协会以及在省、自治区、直辖市设立的消费者协会，可以向人民法院提起诉讼。”第 47 条明确规定了有资格提起消费民事公益诉讼的“有关组织”是“中国消费者协会以及在省、自治区、直辖市设立的消费者协会”，完成了消协组织消费民事公益诉权的赋予，以法律形式明确了《民事诉讼法》第 55 条规定的“有关组织”是省级以上消协组织。

由此，立法为我国消协组织提起消费民事公益诉讼确立了“基本法 + 单行法”的制度模式。《民事诉讼法》《消费者权益保护法》为我国消协组织提起消费民事公益诉讼从理论走向实践提供了合法性支撑和方向指引，充实了消协组织的公益维权职责和途径。

2.“基本法 + 单行法 + 司法解释”阶段

《民事诉讼法》《消费者权益保护法》的有关规定尚处于探索阶段，过于粗陋，对消协组织的起诉条件、起诉程序、法律责任以及与消费者的私益诉讼之间如何协调等都未作出规定。2015 年 1 月 30 日，最高人民法院发布《关于适用〈中华人民共和国民事诉讼法〉的解释》（以下简称《民诉法司法解释》）。《民诉法司法解释》将公益诉讼单独列为第 13 章，用 8 个条文对包括消费民事公益诉讼在内的民事公益诉讼案件的立案条件、法院管辖、和解调解、撤诉、判决效力等作出细化规定，为消费民事公益诉讼的实践运行提供操作指引。根据《民诉法司法解释》之规定，消费民事公益诉讼的立案条件包括：有明确的被告；有具体的诉讼请求；有社会公共利益受到损害的初步证据；属于人民法院受理民事诉讼的范围和受诉人民法院管辖。《民诉法司法解释》还规定，消费民事公益诉讼案件由侵权行为地或者被告住所地中级人民法院管辖，对同一侵权行为分别向两个以上人民法院提起公益诉讼的，由最先立案的人民法院管辖，必要时由它们的共同上级人民法院指定管辖。《民诉法司法解释》的出台填补了消协组织提起消费民事公益诉讼的制度缺漏，为消协组织提起消费民事公益诉讼的实践提供了具体规则。

3. 探索阶段的制度特点

这个时期是消费民事公益诉讼制度形成的重要阶段，立法的重点是解决无法可依的问题。2012 年修正的《民事诉讼法》首次从法律层面确立了公益诉讼制度，使公益诉讼摆脱了无法可依的局面。这个阶段的制度规范呈现出以下几个特点。

一是以“基本法 + 单行法 + 司法解释”的立法进路初步形成了制度框架。2012 年修正的《民事诉讼法》作为消费民事公益诉讼的基本法作出授权性规定；《消费者权益保护法》作为消费者权益保护的特别法对消协组织的原告资格作出细化规定，将《民事诉讼法》规定的“法律规定的有关组织”限定为省级以上消协组织；《民诉法司法解释》对立案条件和案件管辖等作出规定。从总体看上，消协组织提起消费民事公益诉讼的制度框架从实体和程序两个方面分开建构，即在实体上依托于民事侵权制度，在程序上则依托民事诉讼制度，在此基础上在实体和程序两个方面作出特别规定。也就是说，消协组织提起消费民事公益诉讼并不是另起炉灶构建出来的与传统民事诉讼相互独立的制度，而是以传统民事诉讼制度为基础进行局部改革而创设的。这样公私混搭的制度建构是导致后续制度运行出现一系列问题的重要根源。

二是立法内容过于粗糙。2012 年修正的《民事诉讼法》是消费民事公益诉讼的最顶层设计，但《民事诉讼法》仅用一个法律条文对受案范围和原告资格两个问题作出原则性规定，《消费者权益保护法》第 47 条仅对原告资格和受案范围作出进一步规定，诉讼请求类型、举证责任、审理规则、诉讼费用负担、判决效力和执行等重要问题都未规定。《民诉法司法解释》虽然对民事公益诉讼制度作了修补，一定程序弥补了立法不足，对制度建设和实践运行具有积极作用，但《民诉法司法解释》内容不全面，且作为司法解释其法律位阶较低，缺乏权威性。面对消费维权的现实需求，从国家层面对消协组织提起消费民事公益诉讼的制度准备情况来看，我国法律层面的制度供给不充分，顶层设计粗糙，缺乏系统的制度体系。

三是受案范围比较笼统。《民事诉讼法》第 55 条规定的受案范围是“侵害众多消费者合法权益、损害社会公共利益的行为”,《消费者权益保护法》第 47 条规定的受案范围是“侵害众多消费者合法权益的行为”。由于《民事诉讼法》《消费者权益保护法》对消协组织提起消费民事公益诉讼受案范围的文本表述略有不同,导致理论和实务对消费领域公共利益的界定产生争议。笔者认为,《民事诉讼法》是上位法,应将《消费者权益保护法》第 47 条规定置于《民事诉讼法》的框架下进行解读。因此,“侵害众多消费者合法权益”是消协组织提起消费民事公益诉讼的形式要件,“损害社会公共利益”是消协组织提起消费民事公益诉讼的实质要件。可见,《民事诉讼法》《消费者权益保护法》对受案范围的规定并无本质区别。

(二)制度不健全影响消费民事公益诉讼的实践进程

1. 消协组织推进消费民事公益诉讼的实践进程缓慢

这个时期,尽管消协组织提起消费民事公益诉讼的制度框架基本形成,但由于缺乏可操作性,消协组织推进消费民事公益诉讼的实践进程非常缓慢。《民事诉讼法》虽然创设了消费民事公益诉讼制度,但由于第 55 条属授权性立法,对消协组织起诉资格的赋权还需要其他实体法律加以具体规定。因此,《消费者权益保护法》修订之前,消协组织提起消费民事公益诉讼并不具备实体条件。2013 年修正的《消费者权益保护法》为省级以上消协组织获得消费民事公益诉讼起诉资格提供了实体法依据。但《民事诉讼法》《消费者权益保护法》的规定过于简单,一些程序性问题及操作性难题仍未解决,而消协组织又缺乏足够的实践经验积累,导致出现理论界的分歧和实践中消费公益诉讼的难以实施。对于消协组织而言,虽然有了法律依据,但提起消费公益诉讼仍然举步维艰。

从 2014 年 3 月 15 日至 2015 年 12 月 31 日,一年多的时间里,消协组织仅提起了 3 件消费民事公益诉讼案件。2014 年被称为消费公益诉讼元年,这一年仅浙江省消保委提起过 1 件消费民事公益诉讼案件,但历经波折未获法院立案。2014 年 12 月,浙江省消保委以上海铁路局“强制实名制购票乘车后遗失车票的消费者另行购票,侵害了众多不特定消费者的合法权益”为由提起消费民事公益诉讼。上海铁路法院以“原告未能提供证据证明社会公共利益受到侵害”为由裁定“不予受理”。该案被媒体称为“消费公益诉讼第一案”。2015 年 7 月,上海市消保委起诉欧珀公司、三星公司侵害消费者知情权、自主选择权,成为进入司法程序的消协组织破冰的案件,引起社会广泛关注。

2. 消费民事公益诉讼推进缓慢的原因

2015 年全国人大常务委员会执法检查组就《消费者权益保护法》的贯彻实施情况进行专项检查,检查组将消费公益诉讼的落实情况作为重点检查内容。执法检查组认为,消费公益诉讼推进缓慢的主要原因有三个。①

一是消费公益诉讼是新生事物,消协组织对此缺乏经验,也缺少相应的专业能力和技术支撑。

二是有关的诉讼规则、配套制度尚待明确。特别是受案范围、程序规则、举证责任、费用承担、赔偿标准等问题,影响了公益诉讼的开展。

三是消协组织在提起公益诉讼时受到的压力比较大。执法检查组建议最高人民法院尽快出台关于消费公益诉讼的司法解释,明确诉讼范围、举证责任、损害赔偿等内容,以支持省级以上消协组织开展消费公益诉讼。

3. 发展思路

这个时期,法律规定过于模糊,配套制度不健全,消协组织缺乏诉讼策略,司法机关整体上持谨慎态度,消协组织提起消费民事公益诉讼的理论和制度需要进一步探索,体制机制亟待进一步健全。2014 年 10 月 23 日党的十八届四中全会通过的中共中央《关于全面推进依法治国若干重大问题的决定》提出,建立健全社会组织参与社会事务、维护公共利益的机制和制度化渠道。2015 年 11 月,全国人大常务委员会执法检查组在《关于检查〈中华人民共和国消费者权益保护法〉实施情况的报告》中建议,最高人民法院在 2015 年内出台关于消费公益诉讼的司法解释,明确诉讼范围、举证责任、损害赔偿等内容,支持省级以上消协组织开展消费公益诉讼。② 2015 年 11 月国务院印发的《关于积极发挥新消费引领作用加快培育形成新供给新动力的指导意见》提出"健全消费者权益保护机制""健全公益诉讼制度,适当扩大公益诉讼范围""完善和强化消费领域惩罚性赔偿制度""充分发挥消费者协会等社会组织在维护消费者权益方面的作用"等新要求。党和国家

① 参见杜万华主编:《最高人民法院消费民事公益诉讼司法解释理解与适用》,人民法院出版社 2016 年版,第 440～441 页。

② 参见杜万华主编:《最高人民法院消费民事公益诉讼司法解释理解与适用》,人民法院出版社 2016 年版,第 440～441 页。

的重要决定为消协组织提起消费民事公益诉讼的制度完善提供了方向指引。

三、消协组织提起消费民事公益诉讼的发展阶段(2016～2020年)

2016年《消费民事公益诉讼司法解释》出台,2017年《民事诉讼法》再次修正,以此为分界点,消费民事公益诉讼进入消协组织和检察机关为二元起诉主体的制度化公益诉讼阶段。这个阶段,制度构建开始关注微观的运行规则,重点对消协组织提起消费民事公益诉讼的诉讼请求、案件管辖等具体规则以及消协组织系统内外的协作机制进行了完善。

(一)完善消协组织提起消费民事公益诉讼的司法规则

2016年3月16日第十二届全国人民代表大会第四次会议通过的《中华人民共和国国民经济和社会发展第十三个五年规划纲要》提出,“适应消费加快升级,以消费环境改善释放消费潜力;强化消费者权益保护,充分发挥消费者协会作用,营造放心便利的消费环境”,对发挥消费民事公益诉讼的制度功能提出了新要求。但无论是《民事诉讼法》还是《消费者权益保护法》,对消费民事公益诉讼的规定过于粗糙,消费民事公益诉讼的实际运行缺乏具体制度支撑,框架式的简略规定给理论探讨与司法实践带来诸多难题。有鉴于此,为进一步推进消费民事公益诉讼落地实施,最高人民法院于2016年4月发布《消费民事公益诉讼司法解释》,进一步细化了诉讼规则。《消费民事公益诉讼司法解释》共19条,主要就以下方面为消协组织提起消费民事公益诉讼提供了具体规则。

1. 扩大了适格起诉主体范围

根据《消费民事公益诉讼司法解释》第1条的规定,省级以上消协组织、法律规定或者全国人大及其常委会授权的机关和社会组织都是消费民事公益诉讼的起诉主体。与《消费者权益保护法》相比,《消费民事公益诉讼司法解释》第1条第2款将“法律规定或者全国人大及其常委会授权的社会组织”增加为消费民事公益诉讼的起诉主体,使得原告主体资格保持适度开放性,为未来将起诉主体扩张到省级以下消协组织及其他消费者组织预留了空间。不过,迄今为止尚未有这种类型的社会组织得到法律赋权。

2. 明确了损害消费领域公共利益的行为类型

《消费民事公益诉讼司法解释》第1条明确规定，消费领域侵害社会公共利益的类型包括“经营者侵害众多不特定消费者合法权益或者具有危及消费者人身、财产安全危险”两种情形。第2条以《消费者权益保护法》第3章规定的“经营者义务”为主要依据，通过“列举+兜底”的方式，对实践中多发的侵害消费者权益情形予以归纳，明确了侵犯消费领域公共利益的具体类型，包括：提供有缺陷的商品或者服务侵害不特定消费者权益；未对提供的商品或者服务作出真实的说明侵害不特定消费者权益；公共场所的经营者或管理者未履行安全保障义务侵害不特定消费者权益；利用格式条款侵害不特定消费者权益；其他侵害不特定消费者权益的行为。上述规定突出问题导向，注重可操作性，为消费领域公共利益的界定提供了基本遵循，为消协组织提起消费民事公益诉讼提供了规则指引，也能够对法官的自由裁量权进行一定程度的规范。

3. 明确了案件管辖规则

《民事诉讼法》没有对消费民事公益诉讼案件的管辖作出规定。我国地方司法机关在消费民事公益诉讼的个案实践中对管辖规则作了一些探索，但这些探索难免存在不一致的地方。为了解决管辖的混乱问题，《消费民事公益诉讼司法解释》第3条对消费民事公益诉讼案件的地域管辖、级别管辖、指定管辖作出了专门规定。经营者侵害众多不特定消费者的行为，本质上是侵权行为，这类案件应当根据侵权案件的管辖原则，确定侵权行为地或被告住所地法院为管辖法院。但由于损害客体是公共利益，故在管辖法院的确定上有其特殊性。

《消费民事公益诉讼司法解释》第3条规定，确定消费民事公益诉讼案件管辖权应遵循以下原则：一是地域管辖。消费民事公益诉讼案件作为侵权案件，由侵权行为发生地或者被告住所地法院管辖。二是级别管辖。与《民诉法司法解释》确定的公益诉讼案件级别管辖保持一致，消费民事公益诉讼案件由中级人民法院管辖。提级管辖的规定有深刻的现实基础，契合消费民事公益诉讼案件案情较为复杂、涉及面较广、影响较大的特点。三是指定管辖。就经营者的同一侵权行为分别向两个以上有管辖权的法院提起消费公益诉讼的，由最先立案的法院管辖，也可以由其共同的上级法院指定管辖。四是集中管辖。高级人民法院可以根据辖区内的实际情况，集中确定部分中级人民法院作为一审法院。鉴于消费民事公益诉讼案件专业性强、社会关注度高的特点,集中审理有助于消协组织的实践探索和法院裁审标准的统一。

4. 明确消协组织提起消费民事公益诉讼应提交的材料

消协组织提起的消费民事公益诉讼在类型上是民事诉讼,具有民事诉讼的属性,但又具有特殊性。因此,《消费民事公益诉讼司法解释》第 4 条规定,原告提起消费民事公益诉讼应提交的材料,除了与一般民事诉讼案件相同的材料外,还要求提供被告的行为损害不特定消费者利益的初步证据以及消协组织已经履行了公益性职责的证明材料。

5. 规定了公告和告知程序

为体现消费民事公益诉讼"公益性"的特点,《消费民事公益诉讼司法解释》第 6 条规定,法院受理消费民事公益诉讼案件后,应当公告案件受理情况,并在立案之日起 10 日内书面告知相关行政主管部门。第 14 条还规定,消费民事公益诉讼裁判生效后,法院应当在 10 日内书面告知相关行政主管部门,并可根据需要发出司法建议。上述规定体现了消协组织提起消费民事公益诉讼的辅助原则,建立了司法裁判与行政监管、社会监督的衔接机制。

6. 明确了消费民事公益诉讼与消费民事私益诉讼的关系

消费民事公益诉讼与消费民事私益诉讼存在一定的关联。经营者的侵权行为在侵害不特定消费者利益的同时,也可能侵害特定消费者的利益。由于公益诉讼和私益诉讼在诉讼目的、诉讼程序、举证责任、诉讼请求等方面存在区别,因此在消费民事公益诉讼启动后,因同一侵权行为受到侵害的消费者并不能通过公益诉讼实现其个人诉求。《消费民事公益诉讼司法解释》第 9 条规定了消费民事公益诉讼与消费民事私益诉讼并存的原则,规定人民法院受理消费公益诉讼案件后,因同一侵权行为受到损害的消费者申请参加诉讼的,应当告知其提起消费民事私益诉讼。《消费民事公益诉讼司法解释》同时也考虑到了消费民事公益诉讼与消费民事私益诉讼在事实认定、举证责任等方面存在一定的共通性,因此第 10 条规定消费民事公益诉讼案件受理后,可以先中止消费民事私益诉讼案件的审理。第 16 条还规定了消费民事公益诉讼的生效裁判向关联的私益诉讼扩张的规则,即消费民事公益诉讼生效裁判认定的事实,私益诉讼中的原被告无须举证证明。有关规定为消协组织提起的消费民事公益诉讼与消费者提起的私益诉讼的衔接提供了一些规则，方便消费者搭公益诉讼的"便车"。

7. 明确了消协组织的诉讼请求类型

根据《消费民事公益诉讼司法解释》第13条之规定，消协组织在消费民事公益诉讼中的诉讼请求包括停止侵害、排除妨碍、消除危险、赔礼道歉等，也可以针对格式条款提起确认之诉。《消费民事公益诉讼司法解释》回避了损害赔偿责任，没有将"赔偿损失"明文列入司法解释。尽管"等"字可能包括"赔偿损失"，但鉴于最高人民法院长期以来制定司法解释的技术传统，更鉴于赔偿损失是民事责任中最为重要与关键的类型，一般而言它是不可能被司法解释制定者隐藏在"等"字之中的。① 最高人民法院的法官也认为："至于赔偿损失责任，由于操作难度大，欠缺法律依据和配套制度，本司法解释没有规定，在司法实践中同样暂时不能适用，需待有明确的法律依据以后再行考虑。"②

此外，《消费民事公益诉讼司法解释》还对被告反诉、原告诉权处分等问题作出了专门规定。《消费民事公益诉讼司法解释》坚持问题导向，可操作性强，极大地推动和保障了消协组织提起消费民事公益诉讼制度的落地实施，但在诉讼请求、诉讼时效、反诉、诉权处分、审判规则、诉讼费用承担等方面还有很多关键问题亟待完善。

（二）"消协组织＋检察机关"二元起诉主体模式从局部实施转向全面实施

1. 局部试点"消协组织＋检察机关"二元起诉主体模式

为加强对公共利益的保护，2015年7月全国人大常委会作出《关于授权最高人民检察院在部分地区开展公益诉讼试点工作的决定》，授权北京、山东、江苏、福建、广东等13个省、自治区、直辖市的检察机关在生态环境和资源保护、国有资产保护、国有土地使用权出让、食品药品安全等领域开展为期两年的公益诉讼试点。为实施试点工作，最高人民检察院于2015年12月出台《人民检察院提起公益诉

---

① 参见李友根：《论消费者协会公益诉讼的损害赔偿请求权——对最高人民法院司法解释立场的商榷》，载《政治与法律》2017年第9期。

② 杜万华主编：《最高人民法院消费民事公益诉讼司法解释理解与适用》，人民法院出版社2016年版，第235页。

讼试点工作实施办法》(已失效),最高人民法院于2016年2月发布《人民法院审理人民检察院提起公益诉讼案件试点工作实施办法》。上述司法解释第1条都规定,人民检察院对履行职责中发现食品药品安全领域侵害众多消费者合法权益等损害社会公共利益的行为提起公益诉讼的,须满足"没有适格主体提起诉讼或者适格主体不提起诉讼",即试点地区检察机关是消费民事公益诉讼的第二顺位起诉主体。

从2015年7月检察公益诉讼试点工作开始至2017年6月试点工作结束,在试点地区的食品药品安全领域建构了"消协组织+检察机关"的二元起诉主体模式,在非试点地区则实行消协组织一元起诉主体模式。

2. 全面实施"消协组织+检察机关"二元起诉主体模式

2017年5月23日,中央全面深化改革领导小组第三十五次会议审议通过了《关于检察机关提起公益诉讼试点情况和下一步工作建议的报告》。《关于检察机关提起公益诉讼试点情况和下一步工作建议的报告》指出,公益诉讼的制度设计得到了充分验证,正式建立检察机关提起公益诉讼制度的时机已经成熟。2017年6月《民事诉讼法》第三次修正,第55条增加第2款①对检察民事公益诉讼作出规定。第55条第2款规定:"人民检察院在履行职责中发现破坏生态环境和资源保护、食品药品安全领域侵害众多消费者合法权益等损害社会公共利益的行为,在没有前款规定的机关和组织或者前款规定的机关和组织不提起诉讼的情况下,可以向人民法院提起诉讼。前款规定的机关或者组织提起诉讼的,人民检察院可以支持起诉。"第55条第2款将检察民事公益诉讼正式写入法律,标志着我国以立法形式正式确立了检察消费民事公益诉讼制度,赋予检察机关在食品药品安全领域的民事公益诉讼原告资格。2018年2月最高人民法院、最高人民检察院联合颁布《关于检察公益诉讼案件适用法律若干问题的解释》,第13条第1款对起诉序位进行了细化,第20条首次规定了刑事附带消费民事公益诉讼制度。

至此,检察消费民事公益诉讼完成了从试点向根据2017年修正的《民事诉讼法》在全国全面实施的转向。由此,在消费民事公益诉讼诉权配置方面,我国在法律层面全面建构了"消协组织+检察机关"的二元起诉主体模式,并对两个适格主

---

① 即现行《民事诉讼法》第58条第2款。

体的起诉顺位作了安排,即消协组织是消费民事公益诉讼第一顺位的起诉主体,检察机关是消费民事公益诉讼第二顺位的起诉主体。

(三)完善消协组织提起消费民事公益诉讼的协作机制

各地消协组织在消费民事公益诉讼实践中面临不少困难,这个时期,消协组织通过加强内外联动,寻求路径突破。尽管这个阶段的协作机制只是工作规则,但仍然为未来法律层面协作机制的构建提供了实践样本。

1. 完善消协组织系统内部的协作机制

消费民事公益诉讼事关社会公共利益,需要消协组织相互协作,协同推进。为此,消协组织开展了上下联动的消协系统内部协作的探索。如 2019 年 12 月安徽省消费者权益保护委员会就陈某等人制售假酒提起公益诉讼,并委托淮南市消费者权益保护委员会作为代理人。这起案件首创了由市级消协组织代理省级消协组织的做法,法律意义重大。通过市级消协组织代理原告的方式实现省级消协组织与基层消协组织之间的协作,可以避免省级消协组织公益案件过多、压力过大的情况,有利于公益诉讼的灵活开展。① 2020 年 4 月 30 日,中国消费者协会发布了《消费者协会消费民事公益诉讼工作导则(试行)》,②对消协组织提起消费民事公益诉讼的总体原则、起诉条件、机构设置、案件线索登记、文书范本、内外协作、诉权处分等方面作出工作指引,也对规范消协组织系统内部的工作分工和协作提供了示范。

2. 探索消协组织与司法机关、行政机关的外部协作机制

虽然法律和司法解释为消费民事公益诉讼提供了基本规范,但实践中消协组织仍然有诸多问题亟待解决。为此,一些省级消协组织与检察机关、法院、行政机关等开展协作机制探索,有的还联合下发了工作文件,其中不乏建设性的举措。如 2017 年 2 月,广东省消费者委员会与广东省人民检察院联合印发《关于加强消

① 参见《淮南市消保委代理的首例公益诉讼胜诉》,载安徽省消费者权益保护委员会网,https://www.ah315.cn/city/display.asp? id = 133576,最后访问日期:2022 年 7 月 1 日。

② 参见中国消费者协会《关于印发〈消费者协会消费民事公益诉讼工作导则(试行)〉的通知》,载陕西省消费者权益保护委员会网,http://www.sxwq.org.cn/flfg/2020/0506/5162.html,最后访问日期:2022 年 7 月 1 日。

费民事公益诉讼协作的意见》,建立了全国第一个消费民事公益诉讼协作机制;[①] 2018 年 11 月,安徽省消费者权益保护委员会与安徽省人民检察院联合印发了《关于加强消费民事公益诉讼协作的意见》;[②]2020 年 6 月,浙江省消保委与浙江省人民检察院联合出台《关于加强消费民事公益诉讼协作的意见》,建立支持起诉和起诉制度、工作联动机制和联席会议制度等;[③]2020 年 8 月,青海省消费者协会与青海省人民检察院联合印发《关于加强协作配合切实做好消费民事公益诉讼工作的意见》,青海省检察院于 2020 年 11 月 12 日在青海省消费者协会挂牌成立消费民事公益诉讼检察室;[④]2020 年 7 月 8 日,最高人民检察院、国务院食品安全办、司法部、国家市场监督管理总局等 11 家单位联合发布《关于在检察公益诉讼中加强协作配合依法保障食品药品安全的意见》,要求检察机关依法支持消协组织提起民事公益诉讼,支持方式包括提供法律咨询、协助调查取证、提交支持起诉意见书、出席法庭等;[⑤]2022 年 3 月,湖北省消费者委员会与湖北省人民检察院、湖北省高级人民法联合签订《关于共同推进消费者权益保护民事公益诉讼工作的框架协议》,协同推进消费民事公益诉讼工作机制。

消协组织与司法机关、行政机关协作机制的建立,有利于激活消协组织公益诉讼,为消协组织发现案源、调查取证等方面工作的开展提供长效机制。

(四)地方立法完善了消协组织提起消费民事公益诉讼的落地机制

2016 年至 2020 年,上海、河北、辽宁、吉林、江苏、安徽、山东、湖南、甘肃、陕西、深圳等地通过制定或修订当地的消费者权益保护的地方法规,以地方立法促

---

① 参见《省消委会与省检察院建立全国第一个消费民事公益诉讼协作机制》,载 https://www.sohu.com/a/125723958_543933,最后访问日期:2022 年 7 月 1 日。

② 参见《安徽省消保委积极推进消费民事公益诉讼》,载 https://baijiahao.baidu.com/s?id=1651529697620392305&wfr=spider&for=pc,最后访问日期:2022 年 7 月 1 日。

③ 参见《浙江省消保委积极推进消费民事公益诉讼》,载中国质量网,http://www.chinatt315.org.cn/tfzx/2020-7/13/212727.html,最后访问日期:2022 年 7 月 1 日。

④ 参见李维、王丽坤:《青海:消费民事公益诉讼检察室挂牌 保护消费者权益实现"同心圆"》,载 https://www.spp.gov.cn/dfjcdt/202012/t20201217_489202.shtml,最后访问日期:2022 年 7 月 1 日。

⑤ 参见最高人民检察院、中央网信办、国务院食品安全办等《关于印发〈关于在检察公益诉讼中加强协作配合依法保障食品药品安全的意见〉的通知》,载北大法宝,https://www.pkulaw.com/chl/2a92826bd2ed6366bdfb.html,最后访问日期:2022 年 7 月 1 日。

进消协组织提起消费民事公益诉讼制度在当地的落地实施。地方立法主要包括以下内容。

1. 明文规定具有法定诉权的省级消协组织。如《上海市消费者权益保护条例》第51条规定"市消保委"是起诉主体,《辽宁省消费者权益保护条例》第42条、《吉林省消费者权益保护条例》第60条、《江苏省消费者权益保护条例》第53条、《山东省消费者权益保护条例》第68条、《甘肃省消费者权益保护条例》第56条规定"省消费者协会"是起诉主体,《安徽省消费者权益保护条例》第51条、《湖南省消费者权益保护条例》第54条、《陕西省消费者权益保护条例》第61条、《河北省消费者权益保护条例》第52条规定"省消费者权益保护委员会"是起诉主体。《深圳经济特区食品安全监督条例》第91条规定,食品生产经营者侵害众多消费者合法权益的,"市消费者委员会"可以向人民法院提起公益诉讼。

2. 规定行政机关对消协组织的支持义务。河北、上海、江苏、安徽、山东、湖南的地方立法都规定了消协组织提起消费公益诉讼收集证据有困难,需要有关行政部门协助的,有关行政部门应当支持。①

3. 明确省级以下消协组织在消费民事公益诉讼中的角色。省级以下消协组织未被赋予公益诉权,无权以自己名义提起公益诉讼,但这并不意味着省级以下消协组织在公益维权方面无所作为。河北、辽宁、江苏、安徽、湖南等地的地方立法规定,省级以下消协组织可以通过以下方式发挥作用:将消费者投诉的情况提供给省级消协组织;向省级消协组织提出提起公益诉讼的建议;为省级消协组织的公益诉讼提供协助。②

这个时期,随着制度建设的完善,越来越多的消协组织参与到消费公益维权的队伍中来,消协组织提起的消费民事公益诉讼案件数量有较大提升。但从地域分布看,消协组织提起消费民事公益诉讼尚未在全国范围全面铺开,大部分省级消协组织还在谨慎观望,未实现消费民事公益诉讼零的突破。

---

① 参见《上海市消费者权益保护条例》第51条、《江苏省消费者权益保护条例》第53条、《山东省消费者权益保护条例》第68条、《安徽省消费者权益保护条例》第51条、《湖南省消费者权益保护条例》第54条、《河北省消费者权益保护条例》第52条。

② 参见《江苏省消费者权益保护条例》第53条、《安徽省消费者权益保护条例》第51条、《湖南省消费者权益保护条例》第54条、《河北省消费者权益保护条例》第52条、《辽宁省消费者权益保护条例》第42条。

四、消协组织提起消费民事公益诉讼的完善深化阶段(2021 年～　)

2021 年是我国“十四五规划”的开局之年,2021 年 1 月 1 日《民法典》开始实施,2021 年 12 月《民事诉讼法》第四次修正。这个时期,消协组织提起消费民事公益诉讼的制度建设向纵深发展,消协组织针对惩罚性赔偿、个人信息保护等消费维权热点和难点问题展开了新一轮的公益诉讼新实践。

(一)制度运行规则更加完善

1. 消协组织的案件范围进一步拓宽

截至 2020 年 3 月,我国互联网用户已达 9 亿,互联网网站超过 400 万个、应用程序数量超过 300 万个,个人信息的收集、使用更为广泛。[①] 现实生活中,一些经营者违法获取、过度使用、非法买卖个人信息的情况严重。互联网、大数据在带来便利的同时,也加大了监管和维权的难度。比如,经营者过度收集个人信息、滥用个人信息滋生的“大数据杀熟”、滥用算法等侵害消费者权益的行为事关消费者的切身利益。加强消费者个人信息保护,是人民群众美好生活需要的重要内容。因此,加强消费者个人信息保护是推进社会治理必须破解的重要课题。《民法典》关于隐私权和个人信息保护的规范体系为消协组织拓展公益诉讼案件范围提供了坚实的实体法依据。根据媒体报道,有的消协组织已经开展了这方面的公益诉讼实践。2021 年 3 月 15 日,广东省消协组织就经营者在经营活动中违法收集、买卖消费者个人信息的行为,向江门市中级人民法院提起了三起消费民事公益诉讼。[②] 2021 年 8 月 20 日第十三届全国人大常委会第三十次会议通过了《个人信息保护法》,自 2021 年 11 月 1 日起施行。该法第 11 条规定:“国家建立健全个人信息保护制度,预防和惩治侵害个人信息权益的行为,加强个人信息保护宣传教育,推动形成政府、企业、相关社会组织、公众共同参与个人信息保护的良好环境。”第 70

---

① 参见刘俊臣:《关于〈中华人民共和国个人信息保护法(草案)〉的说明》,载中国人大网,http://www.npc.gov.cn/npc/c30834/202108/fbc9ba044c2449c9bc6b6317b94694be.shtml,最后访问日期:2022 年 7 月 1 日。

② 参见《向侵害消费者个人信息行为亮剑! 省消委会提起三宗消费民事公益诉讼》,载 http://www.xxsb.com/content/2021-03/17/content_141570.html,最后访问日期:2022 年 7 月 1 日。

条规定:“个人信息处理者违反本法规定处理个人信息,侵害众多个人的权益的,人民检察院、法律规定的消费者组织和由国家网信部门确定的组织可以依法向人民法院提起诉讼。”根据上述规定,《个人信息保护法》明确将个人信息保护纳入消协组织公益诉讼的范围,为消协组织开展个人信息保护的公益诉讼提供了实体法依据。此外,《民法典》第1207条关于惩罚性赔偿的规定为食品药品领域惩罚型公益诉讼的探索提供了实体法支持。

2. 审判组织进一步规范

第十三届全国人大常委会第三十二次会议于2021年12月24日通过《关于修改〈中华人民共和国民事诉讼法〉的决定》。修正后的《民事诉讼法》第42条规定,“涉及国家利益、社会公共利益的案件”等六种类型的案件不适用独任审理,进一步规范了消费民事公益诉讼的司法审判。

(二)消协组织与司法机关、行政机关的协作机制进一步完善

为落实党的十九届四中全会提出的“强化消费者权益保护”“拓展公益诉讼案件范围”“实行惩罚性赔偿制度”的要求,2021年3月中国消费者协会与最高人民检察院、最高人民法院、农业农村部、海关总署、国家市场监督管理总局、国家粮食和物资储备局等单位共同召开探索建立食品安全民事公益诉讼惩罚性赔偿制度座谈会,并印发了《探索建立食品安全民事公益诉讼惩罚性赔偿制度座谈会会议纪要》。[①] 可以预见,食品安全领域的惩罚性赔偿民事公益诉讼将会成为消协组织今后一段时间的重点工作方向。2021年7月,重庆市消费者权益保护委员会与重庆市人民检察院联合出台《加强协作配合切实做好消费民事公益诉讼工作的意见》,双方建立对口联系、信息共享、办案协助、诉讼衔接、资源共享、联合宣传等六项协作机制。检察机关将以提供法律咨询、协助调查取证、提交支持起诉意见书、出席法庭等方式支持重庆市消费者权益保护委员会起诉,并建立共享重庆市检察院公益诉讼检察研究基地、重庆市消费者权益保护委员会消费维权律师团等资源

---

① 参见《如何认定是否损害社会公共利益?——最高检第八检察厅负责人就印发〈探索建立食品安全民事公益诉讼惩罚性赔偿制度座谈会会议纪要〉答记者问》,载法信网,http://www.faxin.cn/lib/lfsf/SfContent.aspx,最后访问日期:2022年7月2日。

的机制。①

五、结语

制度建设是消协组织提起消费民事公益诉讼的重要保障。我国消协组织提起消费民事公益诉讼从无到有，制度构建取得了一定的成效。尤其是2014年3月15日省级以上消协组织获得消费民事公益诉权以来，制度建设成效显著，可操作性明显增强。但总体上看，制度建设仍处于形成阶段，有很多问题亟待解决。我国立法把民事公益诉讼嵌入《民事诉讼法》进行框架式的简略规定，再以实体法、司法解释生成配套规范，导致制度呈现“碎片化”，难以满足公益诉讼司法实践对规则供给的客观需求。《法治中国建设规划（2020—2025年）》要求，拓展公益诉讼案件范围，完善公益诉讼法律制度，探索建立民事公益诉讼惩罚性赔偿制度。未来，还需要在立足我国国情的基础上，借鉴国外相关制度破解现实难题，进一步发挥消协组织的作用，不断探寻和完善中国特色的消费公益保护路径，增进消费者福利，实现社会公平正义。

---

① 参见《重庆：出台意见加强消费民事公益诉讼》，载北大法宝，https://www.pkulaw.com/news/08667d467c87fff2bdfb.html，最后访问日期：2022年7月3日。

第三章　消协组织提起消费民事公益诉讼的实践探索

2013年修正的《消费者权益保护法》第47条赋予我国省级以上消协组织民事公益诉权以来，中国消费者协会以及浙江、上海、广东、江苏、安徽、福建等地的省级消协组织先后开展了消费民事公益诉讼的实践探索，提起了一系列公益诉讼，初步形成了消协组织提起消费民事公益诉讼的基本进路。为了解实践运作情况，发现存在的问题与不足，笔者提取和归纳了2014年3月15日至2021年12月31日省级以上消协组织提起的消费民事公益诉讼案件（包括未立案、调解、撤诉的案件）进行比对和分析，以实证的方法检视现行制度，尝试在个案中寻找规范类型，以期探索完善消协组织提起消费民事公益诉讼的最佳路径。囿于资料收集途径的限制，本章仅以公开渠道能够收集到的案例样本进行分析探讨。

一、我国消协组织提起消费民事公益诉讼的案件总体情况

由于我国没有统一的公益诉讼案件登记系统，笔者以起诉主体作为统计标准，以2014年3月15日至2021年12月31日为统计期间，通过中国消费者协会官网、省级消协组织官网、最高人民法院官网、最高人民检察院官网、中国裁判文书网、北大法宝司法案例检索系统、中国公益诉讼网、无讼网、法信等公开渠道检索，共检索到42件省级以上消协组织提起的消费民事公益诉讼案件，[①]并将其中的关键内容在表3-1中予以呈现。

---

① 受检索渠道的限制或者案件未公开等原因，统计数据可能有所疏漏。

表 3-1 省级以上消协组织提起的消费民事公益诉讼案件统计

序号	起诉时间	案件名称	诉讼请求[1]	结案方式
1 号案	2014 年 12 月	浙江省消费者权益保护委员会诉上海铁路局强制实名制购票乘车后遗失车票的消费者另行购票案[2]	被告立即停止“强制实名购票乘车后遗失车票的消费者另行购票”的行为	法院未受理
2~3 号案	2015 年 7 月	上海市消费者权益保护委员会诉天津三星通信技术有限公司、广东欧珀移动通信有限公司侵害消费者知情权、自主选择权案(同类 2 件系列案件)[3]	被告在其所销售智能手机外包装或说明书中明示手机内预装软件的名称、类型、功能、所占内存;被告为其所销售智能手机内预装应用软件提供可直接卸载的途径	撤诉
4 号案	2016 年 7 月	中国消费者协会诉雷沃重工股份有限公司等四被告产品责任纠纷案[4]	被告立即停止生产、销售已被工信部《道路机动车辆生产企业及产品公告》撤销的所有型号产品;被告立即停止生产、销售不符合强制性国家标准的所有型号产品;判令被告消除其违法、违规生产和销售的所有型号产品的安全风险;确认被告违法、违规生产和销售的行为对众多不特定消费者构成了《消费者权益保护法》第 55 条的“欺诈行为”;被告赔偿原告为提起公益诉讼支付的费用	调解
5 号案	2016 年 8 月	吉林省消费者协会诉光复路龙昌调料行、韩某等人销售假盐案[5]	被告在省级以上新闻媒体公开道歉	判决
6 号案	2016 年 9 月	江苏省消费者协会[6]诉南京水务集团有限公司供水格式条款无效案[7]	确认《南京水务集团有限公司供用水合同》(户表用户)第 7 条第 2 款第 1 项条款无效	撤诉

续表

序号	起诉时间	案件名称	诉讼请求	结案方式
7 号案	2017 年 3 月	广东省消费者委员会诉李某文等人生产销售存在严重质量缺陷的猪肉案[8]	被告承担赔偿金 10,062,000 元;被告在《南方日报》上刊登向消费者的赔礼道歉声明;被告承担原告支出的律师费等合理费用共 45,000 元	判决
8~11 号案	2017 年 10 月	广东省消费者委员会诉彭某胜等人生产销售假盐案(同类 4 件系列案件)[9]	被告承担赔偿金人民币 1,267,463.4元;被告在省级以上新闻媒体公开赔礼道歉;七被告就上述请求承担连带责任	判决
12 号案	2017 年 12 月	广东省消费者委员会诉广州悦骑信息科技有限公司拖欠押金案[10]	被告立即停止拖延退还消费者押金的行为;被告对消费者押金实施专款专用、即租即押、即还即退、第三方监管措施,并向消费者完整披露;被告对新注册消费者采用免押金的方式提供服务;被告在全国公开发行的报纸及广东省省级以上媒体公开赔礼道歉;公证费、律师费等合理费用由被告承担	判决
13 号案	2017 年 12 月	江苏省消费者权益保护委员会诉北京百度网讯科技有限公司违法获取消费者个人信息案[11]	被告立即停止违法侵权行为;被告消除违法获取用户信息的相关权限;被告在获取用户个人信息的权限前告知获取权限的目的、方式、范围并取得用户明示同意	撤诉
14 号案	2019 年 2 月	广东省消费者委员会诉广州长隆集团有限公司侵犯未成年消费者公平交易权案[12]	被告停止以身高排除和限制不特定多数未成年人消费者权利的侵害行为;以恰当有效的方式依法给予全部未成年消费者应有的优惠;被告就“以身高排除和限制不特定大多数未成年消费者权利的侵害行为”在《南方日报》《中国消费者报》的非中缝及广告版面上公开赔礼道歉	撤诉

续表

序号	起诉时间	案件名称	诉讼请求	结案方式
15 号案	2019 年 10 月	四川省保护消费者权益委员会诉闫某等人销售假冒注册商标的商品案[13]	被告在《四川日报》《华西都市报》等四川省级新闻媒体上发布书面赔礼道歉声明；四被告连带退还因欺诈销售所获得的货款 978,515 元，并连带承担赔偿金 2,935,545 元，合计人民币 3,914,060 元；承担调查取证及律师代理费合计人民币 20,000 元	判决
16 号案	2019 年 12 月	江苏省消费者权益保护委员会诉乐融致新电子科技（天津）有限公司侵犯消费者选择权和公平交易权案[14]	被告在销售带有开机广告功能的智能电视时以显著的方式提示或告知消费者其产品存在开机广告；被告为其销售的带有开机广告功能的智能电视提供一键关闭开机广告的功能	判决
17～25 号案	2019 年 12 月	安徽省消费者权益保护委员会诉董某明、赵某辉等人销售假酒案（同类 9 件系列案件）[15]	被告在安徽省级新闻媒体公开赔礼道歉；董某明承担惩罚性赔偿金 429,120 元、赵某辉承担惩罚性赔偿金 174,150 元，董某明对赵某辉的惩罚性赔偿金承担连带赔偿责任；被告承担律师代理费 6000 元	判决
26 号案	2020 年 9 月	江苏省消费者权益保护委员会诉双善食品（厦门）有限公司销售假冒注册商标的商品案[16]	确认被告售假行为构成欺诈；承担惩罚性赔偿 2172 万元；在国家级新闻媒体上公开向消费者赔礼道歉	判决
27 号案	2020 年 10 月	内蒙古自治区消费者协会诉内蒙古小哥出行汽车租赁有限公司租赁合同纠纷案[17]	被告立即停止拖延退还消费者押金的行为；暂停向消费者收取押金和充值款，直至恢复正常经营状态之日止	判决

续表

序号	起诉时间	案件名称	诉讼请求	结案方式
28 号案	2020 年 11 月	浙江省消费者权益保护委员会诉杨某某等人销售假冒注册商标的商品案[18]	被告退还销售款 563,906.6 元,并 3 倍赔偿消费者损失 1,691,719.8 元;被告在全国公开发行的报纸及浙江省省级以上媒体公开赔礼道歉	调解
29 号案	2020 年 12 月	浙江省消费者权益保护委员会诉李某佳等人销售假冒注册商标的商品案[19]	被告承担惩罚性赔偿金:李某佳 565,069 元,杨某、俞某霞 176,000 元,李某健 330,000 元,蒋某超 130,000 元;五被告在浙江省省级以上媒体公开赔礼道歉;律师费用 20,000 元由五被告共同承担	调解
30 号案	2021 年 3 月	福建省消费者权益保护委员会诉北京京东叁佰陆拾度电子商务有限公司格式条款无效案[20]	被告“划线价”的格式条款无效	调解
31 号案	2021 年 3 月	内蒙古自治区消费者协会诉王某江、毛某慧销售过期食品案[21]	被告承担销售金额 10 倍的惩罚性赔偿责任,金额共计 127,958 元;在《内蒙古日报》A1 版和《通辽日报》上发表声明,公开赔礼道歉;诉讼费用和律师代理费用 2000 元由被告承担	判决
32 号案	2021 年 3 月	广东省消费者委员会诉江门市蓬江区五邑家园装饰设计中心非法泄露消费者个人信息案[22]	被告赔偿消费者损失 5000 元;采取有效措施删除所有非法持有的消费者个人资料;在省级以上新闻媒体公开向消费者赔礼道歉;承担律师费及诉讼费用	判决

续表

序号	起诉时间	案件名称	诉讼请求	结案方式
33 号案	2021 年 3 月	广东省消费者委员会诉江门市新众拓工程有限公司非法泄露消费者个人信息案[23]	被告采取有效措施删除所有非法持有的消费者个人资料；在省级以上新闻媒体公开向消费者赔礼道歉；承担律师费、诉讼费用等合理费用	判决
34 号案	2021 年 3 月	广东省消费者委员会诉张某辉等人非法泄露消费者个人信息案[24]	被告赔偿消费者损失 23,140 元；采取有效措施删除所有非法持有的消费者个人资料；在省级以上新闻媒体公开向消费者赔礼道歉；承担律师费及诉讼费用	判决
35 号案	2021 年 5 月	重庆市消费者权益保护委员会诉重庆扬啟企业营销策划有限公司非法泄露消费者个人信息案[25]	被告在《中国消费者报》等省级以上媒体就其非法泄露众多消费者个人信息行为刊登书面道歉信进行公开赔礼道歉；在其微信公众号“扬啟策划推广”首页就其非法泄露众多消费者个人信息行为刊登书面道歉信，时间不少于 30 日；被告以行为赔偿损失，在判决生效起一年内策划、制作、发布其原创的消费领域公益宣传活动 4 次以上	调解
36 号案	2021 年 6 月	广东省消委会诉赖某华等人非法泄露消费者个人信息案[26]	被告共同承担赔偿金人民币 43,385 元；在省级以上媒体公开向消费者赔礼道歉；承担律师费	判决

续表

序号	起诉时间	案件名称	诉讼请求	结案方式
37～41号案	2021年12月	重庆市消费者权益保护委员会诉李某富、某商贸经营部销售假冒注册商标的商品案（同类5件系列案件）[27]	被告在省级以上媒体公开赔礼道歉；自调解书生效之日起3年内在重庆市乡村振兴局、重庆市商务委主管的东西部（重庆）消费协作中心购买惠农产品金额达到1,486,125元，其中合川区出产的惠农产品占比不得低于总金额的50%，用于赔偿合川区农村消费者受到的损失	调解
42号案	2021年12月	湖南省消费者权益保护委员会诉贺某林、湖南仁丰堂医药连锁有限公司销售伪劣商品案[28]	两被告连带承担惩罚性赔偿金891,330元，在《中国消费者报》向社会公开道歉	判决

资料来源：笔者收集整理。

[1]为凸显公益诉讼诉讼请求的特殊性，表格未罗列案件的诉讼费用、保全费用等常规性诉讼请求。

[2]参见上海铁路运输法院（2015）沪铁受初字第1号民事裁定书、上海铁路运输中级法院（2015）沪铁中受终字第1号民事裁定书。

[3]参见上海市第一中级人民法院（2015）沪一中民一（民）初字第9号、（2015）沪一中民一（民）初字第10号民事裁定书。

[4]参见北京市第四中级人民法院（2016）京04民初94号民事调解书。

[5]参见长春市中级人民法院（2016）吉01民初819号民事判决书。

[6]江苏省消费者协会于2017年更名为江苏省消费者权益保护委员会。因此本书行文涉及2017年之前的名称表述为江苏省消费者协会，2017年之后的名称表述为江苏省消费者权益保护委员会。

[7]参见南京市中级人民法院（2016）苏01民初2034号民事裁定书。

[8]参见深圳市中级人民法院（2017）粤03民初547号民事判决书。

[9]参见广州市中级人民法院（2017）粤01民初383号、（2017）粤01民初384号、（2017）粤01民初386号、（2017）粤01民初387号民事判决书。

[10]参见广州市中级人民法院（2017）粤01民初445号民事判决书。

[11]参见南京市中级人民法院（2018）苏01民初1号民事裁定书。

[12]参见广州市中级人民法院（2019）粤01民初299号民事裁定书。

[13]参见四川省成都市中级人民法院（2019）川01民初5508号民事判决书。

[14]参见南京市中级人民法院（2020）苏01民初62号民事判决书、江苏省高级人民法院（2021）苏民终21号民事判决书。

[15]参见安徽省天长市人民法院(2020)皖1181民初2666号、(2020)皖1181民初2667号、(2020)皖1181民初2668号、(2020)皖1181民初2669号、(2020)皖1181民初2809号、(2020)皖1181民初2810号民事判决书、(2020)皖1181民初2811号民事判决书,安徽省淮南市中级人民法院(2020)皖04民初179号民事裁定书。

[16]参见江苏省无锡市中级人民法院(2020)苏02民初669号民事判决书。

[17]参见《判了!内蒙古首例消费民事公益诉讼案件公开宣判》,载中国长安网,https://baijiahao.baidu.com/s?id=1686111001700734930&wfr=spider&for=pc,最后访问日期:2022年7月1日。

[18]参见《适格主体可向人民法院提出消费民事公益诉讼——浙江省消费者权益保护委员会诉杨某某等人消费者权益保护民事公益诉讼案》,载法信网,http://www.faxin.cn/lib/cpal/AlyzContent.aspx,最后访问日期:2022年6月30日。

[19]参见浙江省嘉兴市中级人民法院(2021)浙04民初1号民事调解书。

[20]参见福州市中级人民法院(2021)闽01民初682号民事调解书。

[21]参见内蒙古自治区高级人民法院(2021)内民终500号民事判决书。

[22]参见广东省江门市中级人民法院(2021)粤07民初38号民事判决书。

[23]参见广东省江门市中级人民法院(2021)粤07民初39号民事判决书。

[24]参见广东省江门市中级人民法院(2021)粤07民初40号民事判决书。

[25]参见重庆市第一中级人民法院(2021)渝01民初308号民事调解书。

[26]参见《紧咬个人信息保护持续发力!广东省消委会再提消费民事公益诉讼》,载广东省消委会消费维权网,http://www.gdcc315.cn/show-6-53684-1.html,最后访问日期:2022年6月30日。

[27]参见《售假损害公共利益,重庆以这种方式"处罚"》,载https://m.thepaper.cn/baijiahao_17037262,最后访问日期:2022年4月2日。

[28]参见余知都:《湖南省消保委首例消费民事公益诉讼案判决》,载《中国消费者报》2022年7月11日,第1版。

受诉权配置的限制,42件司法实践案例全部为民事诉讼案件。其中,1件案件未获法院受理,40件案件已结案,1件案件正在审理中。42件司法实践案例回应了不同领域的消费维权问题,涉及手机预装软件、铁路运输、农用摩托车、供水服务、食品安全、共享单车、未成年消费者权益保护、个人信息保护等消费领域的热点和难点问题。

二、消协组织提起的消费民事公益诉讼的案件类型分析

(一)案件原告类型

《消费者权益保护法》第47条赋权的消协组织是省级以上消协组织,因此42件案件的原告包括中国消费者协会和省级消协组织(见表3-2)。中国消费者协会作为原告的案件有1件,占2.38%;省级消协组织作为原告的案件有41件,占

97.62%。虽然省级消协组织作为原告的案件有41件，但实际参与公益诉讼的省级消协组织仅有12家。广东省消费者委员会积极探索实践，一共办理了11件案件，成为消费民事公益诉讼的积极践行者。与广东省消费者委员会形成鲜明对比的是，大部分省级消协组织尚未实现公益诉讼零的突破，法律赋予的公益诉权仍在沉睡中。

表3-2　消协组织提起公益诉讼案件分布情况统计

单位：件

消协组织名称	案件数
中国消费者协会	1
广东省消费者委员会	11
江苏省消费者权益保护委员会	4
上海市消费者权益保护委员会	2
吉林省消费者协会	1
四川省保护消费者权益委员会	1
浙江省消费者权益保护委员会	3
安徽省消费者保护委员会	9
福建省消费者权益保护委员会	1
内蒙古自治区消费者协会	2
重庆市消费者权益保护委员会	6
湖南省消费者权益保护委员会	1

资料来源：笔者收集整理。

从原告所处地区观察，原告的分布情况与地区经济发达程度呈现正相关。经济比较发达的上海、广东、福建、江苏、浙江五地的省级消协组织起诉的案件合计21件，占50%。安徽省消费者保护委员会后来居上，2019年12月同时启动了9件系列诉讼。从案件总数看，立法机关原本担忧的公益诉讼案件井喷的现象并未出现，同时期数量巨大的消费投诉与少量的公益诉讼案件形成鲜明对比（见表3-3）。巨大的消费投诉数据反映出我国消费纠纷还普遍存在，也反映出消费问题的日益严峻和消费公益诉讼制度不够健全之间的矛盾凸显，消协组织通过公益诉讼维护公共利益的作用还未充分发挥。根据司法大数据专题报告《网络购物合同纠纷案件特点和趋势(2017.1—2020.6)》①,2017 年 1 月 1 日至 2020 年 6 月 30 日,全国各级人民法院一审新收网络购物合同纠纷案件共计 4.9 万件,30.78% 的争议涉及食品安全问题,22.56% 的纠纷涉及虚假宣传或其他欺诈行为,21.65% 的纠纷涉及商品缺少必要的标签标注。相对应地,2017 年 1 月 1 日至 2020 年 6 月 30 日,省级以上消协组织提起的消费民事公益诉讼案件共 19 件,其中仅 1 件与网络购物相关。这样的状况说明我国省级以上消协组织开展公益诉讼的意愿和动力明显不足,与消协组织的法律定位、消费维权的现实需求还存在较大差距。

表 3－3　消协组织受理投诉数与消费公益诉讼案件数对比

单位:件

年度	全国消协组织受理的消费投诉数	全国消协组织提起的消费民事公益诉讼案件数
2014	619, 415[1]	1
2015	639, 324[2]	2
2016	653, 505[3]	3
2017	726, 840[4]	7
2018	762, 247[5]	0
2019	821, 377[6]	12
2020	982, 249[7]	4
2021	1, 044, 861[8]	13

资料来源:[1]参见中国消费者协会:《2014 年全国消协组织受理投诉情况分析》,载 http://www.cca.org.cn/tsdh/detail/24839.html,最后访问日期:2022 年 7 月 1 日。

[2]参见中国消费者协会:《2015 年全国消协组织受理投诉情况分析》,载 http://www.cca.org.cn/tsdh/detail/26516.html,最后访问日期:2022 年 7 月 1 日。

[3]参见中国消费者协会:《2016 年全国消协组织受理投诉情况分析》,载 http://www.cca.org.cn/tsdh/detail/27192.html,最后访问日期:2022 年 7 月 1 日。

[4]参见中国消费者协会:《2017 年全国消协组织受理投诉情况分析》,载 http://www.cca.org.cn/tsdh/detail/27876.html,最后访问日期:2022 年 7 月 1 日。

[5]参见中国消费者协会:《2018 年全国消协组织受理投诉情况分析》,载 http://www.cca.org.cn/

① 参见《网络购物合同纠纷案件特点和趋势(2017.1—2020.6)》,载中国司法大数据服务网,http://data.court.gov.cn/pages/reportshow.html,最后访问日期:2022 年 6 月 30 日。

tsdh/detail/28383. html,最后访问日期:2022 年 7 月 1 日。

[6]参见中国消费者协会:《2019 年全国消协组织受理投诉情况分析》,载 http://www. cca. org. cn/tsdh/detail/29434. htmll,最后访问日期:2022 年 7 月 1 日。

[7]参见中国消费者协会:《2020 年全国消协组织受理投诉情况分析》,载 http://www. cca. org. cn/tsdh/detail/29923. html,最后访问日期:2022 年 7 月 1 日。

[8]参见中国消费者协会:《2021 年全国消协组织受理投诉情况分析》,载 https://www. cca. org. cn/tsdh/detail/30346. html,最后访问日期:2022 年 7 月 1 日。

(二)案件被告类型

42 件案件中,自然人被告、企业被告以及自然人、企业为共同被告的情形都存在。自然人为被告的案件有 28 件,这些自然人基本都是刑事案件的被告人。企业为被告的案件有 16 件(见表 3 -4),涉及手机生产、农用车生产、旅游服务等传统行业企业,也包括铁路运输、供水等公用企业和共享单车、电子商务等新业态企业。从企业被告的规模看,虽然有少数规模较大的企业成为被告,如天津三星通信技术有限公司,但从总量看,大型企业等市场强势主体成为被告的比例非常低。大规模损害消费者权益的经营者往往是大型企业,如 4 号案的被告雷沃重工股份有限公司、13 号案的被告北京百度网讯科技公司。不过,大型企业是实现地方经济高质量发展的主力军,因此,消协组织起诉大型企业,不但有双方实力悬殊的考量,而且可能还有地方经济发展的政治考量。这些因素导致消协组织起诉的被告呈现“软柿子”的表征,出现消协组织不敢“啃硬骨头”的质疑。尽管目前无法印证消协组织“选择性起诉”的质疑,但分析 42 件案件的被告的总体实力,确实也无法得出消协组织勇于“啃硬骨头”的结论。比如,12 号案的被告广州悦骑信息科技有限公司、27 号案的被告内蒙古小哥出行汽车租赁有限公司,这两个公司被起诉时尽管具备法律上的主体资格,但实际上都因为经营困难已经停止经营,甚至已经启动了破产程序。42 件案件也未涉及消费者反映强烈的直播带货、海外代购、预付式消费等市场监管难点和痛点行业的企业。以 42 件案件的被告为观测角度,消协组织以公益诉讼促进社会公平正义的功能未得到充分彰显。

表 3-4　企业被告所属行业

序号	企业被告	所属行业
1	天津三星通信技术有限公司	手机
2	广东欧珀移动通信有限公司	手机
3	雷沃重工股份有限公司	农用车
4	广州长隆集团有限公司	旅游服务
5	上海铁路局	铁路运输
6	南京水务集团有限公司	供水
7	广州悦骑信息科技有限公司	共享单车
8	北京百度网讯科技公司	网络科技
9	双善食品(厦门)有限公司	食品生产
10	乐融致新电子科技(天津)有限公司	智能电视
11	北京京东叁佰陆拾度电子商务有限公司	电子商务
12	重庆扬敨企业营销策划有限公司	广告宣传
13	内蒙古小哥出行汽车租赁有限公司	互联网汽车租赁
14	北京京东叁佰陆拾度电子商务有限公司	电子商务
15	江门市新实拓工程有限公司	装修装饰
16	湖南仁丰堂医药连锁有限公司	医药

资料来源:笔者收集整理。

(三)案件启动模式

以启动模式观察,42 件案件可分为被动启动和主动启动两种类型。

第一种启动模式是经检察机关检察建议后消协组织被动启动诉讼。消费侵权行为可能导致责任人同时要承担民事责任、行政责任和刑事责任。为解决取证的难题,消协组织偏好“先刑后民”的捷径。42 件案件中,有 28 件案件是省级消协组织接到检察建议后启动诉讼的,占全部案件的 66.7%。这类案件中的被告是刑事案件的被告人,消协组织起诉时有 26 件的刑事部分已经判决并生效,2 件的刑事部分正在审理中。消协组织借力刑事检察,轻易就获取了公益诉讼所需要的侵权事实证据,起诉时大量使用刑事案件的判决书以及被刑事判决书采信的讯问笔录、鉴别报告、检测报告等[①]作为公益诉讼的证据。这类案件的诉讼进程中,检察机关主导诉讼的痕迹非常明显,不但向消协组织移送了诉讼所需要的相关证据材料,而且还以支持起诉的方式参与到消协组织提起的消费民事公益诉讼中,消协组织搭检察机关"便车"的做法十分明显。这样的做法,有利于形成追责合力,确保民事追责的实现。不过,长此以往,消协组织很难培育起独立诉讼的能力,不利于公益诉讼的发展。实践中,即便检察机关能够提供全方位的支持,仍有相当比例的省级消协组织存在畏难情绪,接到检察建议后不作为,最终由第二顺位的检察机关提起消费民事公益诉讼。如湖北省十堰市人民检察院诉周某召民事公益诉讼案就存在这样的情形。湖北省十堰市人民检察院发现公益诉讼线索后,向湖北省消费者委员会发出提起公益诉讼的检察建议。湖北省消费者委员会收到检察建议书后未在规定的时间内提起诉讼,最终由湖北省十堰市人民检察院提起公益诉讼。[②] 又如广州市白云区人民检察院在对被告刘某亮涉嫌生产销售不符合安全标准食品罪一案审查起诉过程中,发现被告人存在侵害不特定消费者合法权益的情形,于 2017 年 4 月 11 日向广东省消费者委员会发出检察建议书,建议广东省消费者委员会提起公益诉讼。广东省消费者委员会于 2017 年 4 月 12 日复函决定不起诉。[③]

第二种启动模式是消协组织自主启动诉讼。这类案件共 14 件,2 号案、3 号案属这类案件的典型。上海市消保委通过分析消费者投诉数据发现智能手机的投诉量非常大,经慎重研究后将智能手机问题确定为首起公益诉讼案件。这类案件的诉讼工作由消协组织独立承担,更考验消协组织的专业能力,更能反映出其维护公益的责任感和使命感,并且有些案件取得了很好的社会效果。如 2 号案、3 号案、4 号案。但总体而言,大部分案件的司法效果和社会期待还有较大的落差。由于能力、压力等各种因素的影响,部分案例高调开场,草草收场。如有的省级消协组织通过媒体对案件的前期司法进展进行了宣传,但在案件审理过程中却因各种因素选择悄然撤诉或者调解。

---

① 参见广东省广州市中级人民法院(2017)粤 01 民初 386 号民事判决书、安徽省天长市人民法院(2020)皖民初 2669 号民事判决书。

② 参见湖北省十堰市中级人民法院(2016)鄂 03 民初 118 号民事判决书。

③ 参见武汉市中级人民法院(2017)鄂 01 民初 383 号民事判决书。

（四）案件诉讼请求类型

在消费民事公益诉讼的初始阶段，消协组织和法院都对突破明文规定的诉讼请求存在顾虑。不过，随着《消费民事公益诉讼司法解释》的实施和实践的推进，消协组织的诉讼请求呈现多样化趋势。42 件案件中，诉讼请求仅为法律明文规定的停止侵害、排除妨碍、消除危险、赔礼道歉的有 20 件，诉讼请求包含惩罚性赔偿的有 22 件，诉讼请求为确认之诉的有 4 件。如中国消费者协会在 4 号案中提出的“确认经营者的销售行为是《消费者权益保护法》第 55 条的欺诈行为”的诉讼请求，开启了消费民事公益诉讼确认之诉的先河，拓宽了诉讼请求的类型和范围，为消费民事公益诉讼和消费民事私益诉讼的衔接奠定了证据基础，受到各方的赞誉。又如广东省消费者委员会开启了惩罚性赔偿之诉的先例。2017 年 3 月，广东省消费者委员会在 7 号案件中提出了 1006.2 万元的惩罚性赔偿请求，这是全国首例惩罚性赔偿消费民事公益诉讼案件。由于《消费民事公益诉讼司法解释》明文规定的诉讼请求不包括惩罚性赔偿，最终广东省消费者委员会的赔偿诉求未获法院支持，但该案引发了理论界和实务界的思考和热议。2017 年 10 月，广东省消费委员会在 8 号案中再次提出了惩罚性赔偿请求，并获法院支持。由于赔偿之诉在操作层面存在诸多理论和实践难题，而预防型诉讼请求运作相对简单、诉讼风险小，2014 年至 2019 年消协组织普遍选择预防型诉讼请求。随着诉讼实践的推进和制度层面的不断完善，消协组织开始聚焦惩罚性赔偿之诉，提出的诉讼请求出现了由单一的预防型推进到“预防型 + 惩罚型”的新动向，以惩罚性赔偿实现公益诉讼功能转换的趋势在上升。2020 年之后消协组织提起的惩罚型赔偿案件就有 8 件。

（五）案件结案方式

以立案时间分析，2016 年 7 月之前起诉的案件全部以调解、撤诉方式结案，2016 年 8 月起诉的 5 号案是首例以判决方式结案并且消协组织胜诉的案件。此后，判决结案的案件数量逐渐增加。以结案时间观察，2014 年至 2019 年结案的 15 件案件中，以判决方式结案的有 7 件，以撤诉、调解的方式结案的有 8 件（见表 3－5）。2014 年至 2019 年，由于压力大、欠缺经验等原因，无论是消协组织还是法院都对消费民事公益诉讼持相对谨慎和保守的态度。很大程度上,这个阶段的消费民事公益诉讼沦为违法经营者按照消协组织的诉讼请求进行整改的个案手段。2020 年之后判决率高,大部分案件采用判决方式结案。以 42 件案件的结案方式为观测角度,总体而言,我国消协组织以公益诉讼作为参与社会治理和政策形成工具的应有作用没有凸显。

表 3－5　2020 年前后案件结案方式对比

单位:件

结案方式	2014 年至 2019 年	2020 年至今
不予立案	1	0
判决	7	18
调解	3	7
撤诉	5	0
审理中	0	1

资料来源:笔者收集整理。

(六)管辖法院层级

根据 2022 年修改的《民诉法司法解释》第 283 条之规定,公益诉讼案件由侵权行为地或者被告住所地中级人民法院管辖。因此,42 件案件的管辖法院都为中级人民法院。比较特殊的是,安徽省消费者权益保护委员会提起的 18 号案、19 号案由基层人民法院审理。2 件案件的管辖法院安徽省滁州市中级人民法院认为:"被告的行为地发生在天长市、被告的经常居住地亦在天长市,将本案移交安徽省天长市人民法院审理,有利于该类案件处理的社会效果。"因此,安徽省滁州市中级人民法院在报请安徽省高级人民法院批准后,作出由安徽省天长市人民法院审理的裁定。①

① 参见安徽省滁州市中级人民法院(2020)皖 11 民初 22 号、(2020)皖 11 民初 26 号民事裁定书。

三、典型案件评析

(一)1号案:浙江省消费者权益保护委员会诉上海铁路局强制实名制购票乘车后遗失车票的消费者另行购票案

1. 基本案情

浙江省消费者权益保护委员会(以下简称浙江省消保委)自2014年5月开始陆续接到三名消费者的投诉,投诉内容涉及消费者实名购票乘车后在出站检票时发现车票遗失,被上海铁路局所属的车站要求根据《铁路旅客运输规程》第43条的规定补票后才准予出站。浙江省消保委认为,在实名制购票的情形下,消费者的购票信息可以在售票信息系统中通过身份信息查询和核实。铁路部门要求消费者遗失车票后另行购票,侵害了消费者的合法权益。铁路运输是消费者重要的出行方式,上海铁路局的上述侵权行为侵害了不特定消费者的合法权益。2014年12月30日,浙江省消保委向上海铁路运输法院提起消费民事公益诉讼,请求法院判令上海铁路局立即停止“强制实名购票乘车后遗失车票的消费者另行购票”的行为。2015年1月15日,上海铁路运输法院发出补充材料通知书,要求浙江省消保委提供上海铁路局的行为构成侵害社会公共利益的材料。随后,浙江省消保委补充了相关材料。2015年1月26日,上海铁路运输法院作出“不予受理”的裁定,理由是“起诉人对铁路部门根据国家有关规定要求丢失车票的旅客另行购票的行为提起消费民事公益诉讼,但未能提供符合法律规定的相应起诉证明材料,故该起诉不符合公益诉讼的起诉条件”①。浙江省消保委不服上海铁路运输法院(2015)沪铁受初字第1号民事裁定,向上海铁路运输中级法院提起上诉。2015年11月30日,浙江省消保委以“相关讼争事项已与上海铁路局达成调解,已无继续诉讼的必要”为由,向上海铁路运输中级法院申请撤回上诉。2015年12月1日,上海铁路运输中级法院裁定准许浙江省消保委撤回上诉,理由是“当事人有权在法律规定的范围内处分自己的诉讼权利”②。

---

① 参见上海铁路运输法院(2015)沪铁受初字第1号民事裁定书。

② 参见上海铁路运输中级法院(2015)沪铁中受终字第1号民事裁定书。

2. 案件评析

本案是省级以上消协组织获得消费民事公益诉权后，全国首例由消协组织提起的消费民事公益诉讼案件，展现了浙江省消保委维护消费公益的责任和担当，具有重要的开创价值和实践意义，中国消费者协会公开表态支持浙江省消保委的维权行动。本案起诉时，我国尚未实施立案登记制，本案未能得以立案进入司法程序。上海铁路运输法院不受理案件的主要理由是浙江省消保委仅提供了三名消费者的投诉记录作为证据，不足以证明上海铁路局的行为侵害了"众多消费者的利益"，从而无法证明上海铁路局的行为损害社会公共利益。《民事诉讼法》第58条规定，消费民事公益诉讼的受案范围是"侵害众多消费者合法权益"且损害社会公共利益的行为。《消费者权益保护法》第47条规定，消费民事公益诉讼的受案范围是"侵害众多消费者合法权益"的行为。从立法本意考察，消费民事公益诉讼必须以维护公共利益为目的。因此，上海铁路运输法院在本案中坚持公益诉讼的公益性是正确的。但是，"损害社会公共利益"应当是公益诉讼的实质构成要件，而"侵害众多消费者合法权益"仅是判定实质要件是否成立的形式标准之一。经营者对众多不特定消费者利益的侵害，既包括已经发生的实际损害，也包括未来的损害危险。本案中，三名消费者的投诉材料仅仅是上海铁路局已经造成消费者实际损害的部分证据。实践中，由于怕麻烦、损害小、没时间等原因，一些消费者丢失车票被强制补票后选择默默忍受。因此，实际投诉的消费者和实际受到损害的消费者并不能画等号。上海铁路运输法院在审查时，还忽略了未来损害危险这个最重要的公共利益构成要素，"片面强调'侵害众多消费者合法权益'之'量'的因素而忽略'公共利益'的'质'的因素"①。

事实上，火车票遗失纠纷时有发生。在浙江省消保委提起公益诉讼前后，已有消费者就相同的案由提起私益诉讼。如2014年4月2日，消费者何某乘坐高铁时，在车上遗失车票，出站时被工作人员要求全额补票。随后，何某将广州铁路（集团）公司告上法庭，要求退还重新购票款和2元手续费，并索赔1元。长沙铁路运输法院认为："在现行铁路实行实名制购票情况下，车票不是确认铁路旅客运输合同双方权利义务关系唯一的凭证。何某向法庭提供的12306网站短信、银行

---

① 杜乐其：《消费公益诉讼制度的局限及其矫正——〈中华人民共和国消费者权益保护法〉第47条之评析》，载《理论月刊》2014年第10期。

对账单以及到站所补车票,这一系列证据足以证明其购票、乘车、到站补票的事实。”2014 年 10 月 19 日,法院判决被告返还何某补票款 164.50 元。[①] 又如 2015 年 7 月 30 日,浙江大学学生陈某衣搭乘杭州到昆明的 K739 次列车,在杭州东站进站乘车过程中不慎遗失了火车票。陈某衣在向工作人员出示了 12306 网上购票成功短信和身份证等信息证明自己已经购买了车票后,仍被昆明铁路局的工作人员按照《铁路旅客运输规程》收取了全额补票款 487.5 元和手续费 5 元。于是,陈某衣向杭州铁路运输法院起诉昆明铁路局,案件引起了各方关注。案件开庭前,原、被告双方和解,昆明铁路局“基于个案的考虑”,向陈某衣退还补票款 487.5 元。[②] 前述两案说明上海铁路运输法院以消费者实际投诉的数量来认定受损消费者的范围,显然不妥。此外,上海铁路运输法院在考量公共利益是否受损时,也未考虑未来损害的危险。如果丢票后全额补票的规则未能得以修改,今后仍有不特定的消费者被强制补票。因此,上海铁路运输法院不予立案的理由缺乏事实依据和法律依据。

我国《铁路旅客运输规程》是 1997 年制定出台的,当时尚未实行实名购票制,购票款也没有实现电子支付,纸质车票是铁路部门与消费者之间建立客运合同关系的唯一凭证。因此,在当时的社会背景下,乘客丢失纸质车票后很难举证证明自己已经购票,铁路部门规定消费者丢失车票应当另行补票有一定的合理性。2012 年 1 月 1 日我国开始实行火车票实名购票制,纸质车票不再是消费者购票的唯一凭证。消费者遗失车票后,铁路部门可以根据消费者的身份信息来核查其购票情况。因此,在购票方式、支付方式都发生重大变化的情况下,铁路部门固守过时的旧规,既不合法也不合理。《消费者权益保护法》第 26 条规定:“经营者不得以格式条款、通知、声明、店堂告示等方式,作出排除或者限制消费者权利、减轻或者免除经营者责任、加重消费者责任等对消费者不公平、不合理的规定,不得利用格式条款并借助技术手段强制交易。格式条款、通知、声明、店堂告示等含有前款

---

① 参见广州铁路运输中级法院(2014)广铁中法民终字第 47 号民事判决书。二审法院以“何某持车票进站乘车,但在出站时却不能出示车票,证明其没有按照约定妥善保管车票,其不正确履行合同义务的行为,已经构成违约。此时,铁路运输企业在运输义务已经履行完毕,何某又不能提供充分有效证据证明已经购票的情况下,为其办理了补票手续,符合法律规定和合同约定”为由,撤销了一审判决。

② 参见《大学生状告铁路局续:双方和解学生获退补票款》,载 https://www.sohu.com/a/44991533_115402,最后访问日期:2022 年 7 月 1 日。

所列内容的，其内容无效。"本案中，铁路部门出台的补票规定即是格式条款，属于前述法律条文规定的加重消费者责任的不合理规定。

虽然本案因未被法院受理，未能进入实体审理阶段，但也为消协组织提起消费民事公益诉讼作出了有益的探索，且浙江省消保委的维权行动最终也促使铁路部门修改了补票规则。2016 年 12 月，中国铁路总公司公布补票新规定，明确自 2017 年 1 月 1 日起旅客在列车上、出站检票前丢失实名制火车票，可办理挂失补办手续。因此，本案的诉讼目的仍然得以实现。

（二）2～3 号案：上海市消费者权益保护委员会诉天津三星通信技术有限公司、广东欧珀移动通信有限公司侵害消费者知情权、自主选择权案

1. 基本案情

2014 年 12 月，上海市消费者权益保护委员会（以下简称上海市消保委）在年度投诉总量分析中发现手机类投诉连续三年占据商品类投诉首位。于是，上海市消保委委托上海市质量监督检验技术研究所电子电器家用电器质量检验所对上海市场上在售的手机预装应用软件数量及流量消耗情况进行模拟测试。经测试发现，受试的 19 款手机均不同程度预装了各类软件，最多的达到 71 个，最少的也有近 30 个，而且都存在无法卸载的情况。① 其中，天津三星通信技术有限公司（以下简称三星公司）的 SM－N9008S 型号手机预装各类应用软件 44 个，广东欧珀移动通信有限公司（以下简称欧珀公司）的 X9007 型号手机预装各类应用软件 71 个。三星公司和欧珀公司对这些软件的名称、类型、功能、所占内存等均未在说明书中或者以其他方式明确告知消费者，也未告知消费者卸载这些预装软件的途径。实际上，这些预装应用软件均不可卸载。② 上海市消保委认为，三星公司、欧珀公司的外包装以及说明书未对预装应用软件的名称、类型、功能、所占内存、卸载途径以明示的方式告知消费者，其行为侵犯了消费者的知情权和自主选择权。2015 年 7 月 1 日，上海市消保委向上海市第一中级人民法院起诉三星公司、欧珀

① 参见上海市第一中级人民法院(2015)沪一中民一(民)初字第 9 号、(2015)沪一中民一(民)初字第 10 号民事裁定书。

② 参见上海市第一中级人民法院(2015)沪一中民一(民)初字第 9 号、(2015)沪一中民一(民)初字第 10 号民事裁定书。

公司,请求法院判令:被告在其所销售智能手机外包装或说明书中明示手机内预装的软件的名称、类型、功能、所占内存;被告为其所销售智能手机内预装应用软件提供可直接卸载的途径。两件案件的诉讼过程中,三星公司、欧珀公司都向上海市消保委表达了遵守中国法律、保障消费者知情权和选择权的态度,并根据诉讼请求进行了相应整改。三星公司、欧珀公司整改到位后,诉讼目的已经达到,于是上海市消保委分别于2015年8月24日和2015年10月16日申请撤回对三星公司和欧珀公司的起诉。2015年9月17日,上海市第一中级人民法院公开开庭审理上海市消保委诉三星公司案的撤诉申请。2015年11月13日,上海市第一中级人民法院公开开庭审理上海市消保委诉欧珀公司案的撤诉申请。2015年11月13日,上海市第一中级人民法院裁定准予撤诉,理由是上海市消保委的"申请符合法律规定,亦不违背社会公共利益"①。

2. 案件评析

该两件案件是省级以上消协组织获得公益诉权后,首例获法院立案的消费民事公益诉讼案件,是消协组织的"破冰"之作,被称为"消费公益诉讼第一案",引起各方的广泛关注,国内主流媒体纷纷对案件进行了跟踪报道。全国人大常委会执法检查组到上海检查《消费者权益保护法》执行情况时,对该两件案件给予了高度评价。2016年1月,该两件案件入选最高人民法院和中央电视台共同开展评选的"2015年推动法治进程十大案件"。2015年11月19日,第20届国际消费者联会全球会议在巴西召开,该两件案件入选大会最佳实践案例。

《消费者权益保护法》第8条第1款规定:"消费者享有知悉其购买、使用的商品或者接受的服务的真实情况的权利。"第9条第1款规定:"消费者享有自主选择商品或者服务的权利。"三星公司、欧珀公司不告知消费者手机预装软件的基本情况、不提供卸载途径的行为,侵犯了不特定消费者的知情权和自主选择权。上海市消保委聚焦消费热点问题,以公益诉讼破解了私益诉讼维权成本高、举证难等难题,对推进消费维权具有重要意义,也为公益诉讼的探索提供了鲜活的实践样本。从案件的被告看,被告是有一定规模的企业,在手机行业具有一定的代表性;从消费领域看,诉讼涉及手机消费领域,抓住了智能手机消费的共性消费热点

① 参见上海市第一中级人民法院(2015)沪一中民一(民)初字第9号、(2015)沪一中民一(民)初字第10号民事裁定书。

问题;从诉讼请求看,原告提出的诉讼请求是禁止类诉讼请求,避开了赔偿损失及其可能引发的诉讼难题。

该两件案件起到了很好的示范效应,推动了整个智能手机行业的规范有序发展。被告以外的其他智能手机生产企业,如苹果公司、华硕公司、索尼公司、华为公司等,纷纷主动拜访上海市消保委,并对自己生产的智能手机的预装软件进行整改,实现应用软件的可卸载,通过说明书、包装盒等对预装软件及其卸载途径等情况进行了说明,有效促进了智能手机行业的规范和消费者利益的维护。案件审理结束后,上海市第一中级人民法院于2015年11月16日向国家工业和信息化部发出司法建议书。上海市第一中级人民法院认为,其他品牌的智能手机也存在案件中的同类问题,为减少同类纠纷,建议主管部门规范智能手机市场,提出了"加强对手机预装软件事前监管""加强对手机预装软件事后监管""建立智能手机预装软件的管理标准"等建议。2015年11月18日,工业和信息化部发布《移动智能终端应用软件(App)预置和分发管理暂行规定(征求意见稿)》。[①] 2016年12月16日,工业和信息化部正式颁布《移动智能终端应用软件预置和分发管理暂行规定》,该规定第7条明确规定,"生产企业和互联网信息服务提供者应确保除基本功能软件外的移动智能终端应用软件可卸载"。司法机关和行政机关的联动使本次公益诉讼的社会效果达到最大化。

(三)4号案:中国消费者协会诉雷沃重工股份有限公司等四被告产品责任纠纷案

1. 基本案情

2015年12月,中国消费者协会接到部分省市消费者投诉,反映雷沃重工股份有限公司等四家公司(以下简称雷沃重工)生产销售的"福田五星"牌正三轮摩托车外廓尺寸限值不符合国家强制性标准。接到举报后,中国消费者协会成立了专门工作组,组织内蒙古、吉林、黑龙江等地消协组织进行区域调查,取得了初步证据。[②] 经过调查,发现雷沃重工生产销售的正三轮摩托车存在两个问题:一是部分

---

① 参见上海市消费者权益保护委员会编:《中国消费公益诉讼第一案纪实与解读》,上海人民出版社2016年版,第21页。

② 参见柯阳友:《民事公益诉讼重要疑难问题研究》,法律出版社2017年版,第56页。

产品的型号已被工信部公告撤销并禁止生产、销售;二是部分产品的型号不符合《机动车运行安全技术条件》规定的强制性标准。中国消费者协会认为,雷沃重工生产销售不符合强制性标准及已被公告撤销的正三轮摩托车,对社会危害大,且相关产品的数量大、范围广,损害了众多不特定消费者的合法权益,损害了社会公共利益。2016 年 7 月 1 日,中国消费者协会就雷沃重工违法、违规生产销售正三轮摩托车的行为向北京市第四中级人民法院提起消费民事公益诉讼。诉讼请求包括:被告立即停止生产、销售已被工信部《道路机动车辆生产企业及产品公告》撤销的所有型号产品;被告立即停止生产、销售不符合强制性国家标准的所有型号产品;被告消除其违法、违规生产和销售的所有型号产品的安全风险;确认被告违法、违规生产和销售的行为对众多不特定消费者构成了《消费者权益保护法》第 55 条的"欺诈行为";被告赔偿原告为提起公益诉讼支付的费用(包括但不限于:调查取证的费用、鉴定费用、公证费用、采取诉讼保全措施的申请费和实际支出费用、律师代理费用、交通、住宿等其他合理费用等);被告承担本案诉讼费用。

诉讼过程中,雷沃重工停止了超长车型的生产和销售,组织各地经销商排查超长车辆库存并进行封存处置,并多次向法院申请延期举证,与中国消费者协会进行多轮商谈、提交整改方案、申请调解。中国消费者协会提出了三项调解原则:一是双方达成的调解方案不能减少原告诉讼请求对消费者权益的保护;二是调解方案能够得到法院的认可;三是调解方案能够得到社会的认可。经过多轮沟通和谈判,在法院主持下,双方达成了调解协议。调解协议的主要内容包括:(1)雷沃重工保证立即停止生产销售不符合强制性标准的车辆和已被禁止生产销售的车辆,并监督经销商停止销售上述车辆;(2)自调解书生效之日起 6 个月内采取召回、修理、更换、退货等方式消除其违法、违规生产销售的车型车辆、不符合国家强制性标准的车辆的安全风险,确保符合国家规定和强制性国家标准,并承担因此支出的全部费用以及消费者的必要费用;(3)雷沃重工承认故意生产销售了不符合强制性国家标准的超长车辆,故意隐瞒上述事实,承诺依法处理消费者的诉求,依照《消费者权益保护法》等法律规定,承担人身损害赔偿、财产损害赔偿、精神损害赔偿、惩罚性赔偿等各项费用;(4)雷沃重工通过四家全国性媒体、五家省级媒体赔礼道歉;(5)雷沃重工自调解书生效之日起每 6 个月向法院和中国消费者协会报告执行调解情况，报告期为 2 年；(6)雷沃重工向中国消费者协会支付因公益诉讼支出的全部费用 100 万元，诉讼费用由雷沃重工承担。2019 年 4 月 30 日北京市第四中级人民法院将调解协议在人民法院报上进行了为期 30 日的公告。2019 年 5 月 6 日北京市第四中级人民法院将调解协议在法院公告栏进行了为期 30 日的公告。2019 年 6 月 10 日，北京市第四中级人民法院签发调解书。①

2. 案件评析

本案是中国消费者协会提起的首例消费民事公益诉讼案件，也是全国首例以调解方式结案的消费民事公益诉讼案件。安全保障权是消费者最重要最基本的权利。《消费者权益保护法》第 7 条规定："消费者在购买、使用商品和接受服务时享有人身、财产安全不受损害的权利。消费者有权要求经营者提供的商品和服务，符合保障人身、财产安全的要求。"第 19 条规定："经营者发现其提供的商品或者服务存在缺陷，有危及人身、财产安全危险的，应当立即向有关行政部门报告和告知消费者，并采取停止销售、警示、召回、无害化处理、销毁、停止生产或者服务等措施。采取召回措施的，经营者应当承担消费者因商品被召回支出的必要费用。"《产品质量法》第 13 条规定："可能危及人体健康和人身、财产安全的工业产品，必须符合保障人体健康和人身、财产安全的国家标准、行业标准；未制定国家标准、行业标准的，必须符合保障人体健康和人身、财产安全的要求。禁止生产、销售不符合保障人体健康和人身、财产安全的标准和要求的工业产品。具体管理办法由国务院规定。"第 29 条规定："生产者不得生产国家明令淘汰的产品。"第 35 条规定："销售者不得销售国家明令淘汰并停止销售的产品和失效、变质的产品。"雷沃重工生产销售的部分车型已被撤销，部分车型超长改变了车辆的安全结构，容易发生安全事故，危及消费者的人身安全和财产安全。由于涉案产品的消费者是农民，缺乏维权意识和维权能力，本案对于推进农村消费者的权益保护具有重要意义。

本案有多方面的创新价值和意义：第一，以点带面，以个案推动了行业突出问题的治理。正三轮摩托车在农村市场占有率高，违法、违规生产销售不符合强制性标准的正三轮摩托车的情形在行业内大量存在，甚至一些企业在受到有关部门

---

① 参见北京市第四中级人民法院(2016)京 04 民初 94 号民事调解书。

处罚后仍然继续违法违规,[①]严重危害了消费者合法权益和社会公共利益。中国消费者协会通过公益诉讼督促企业依法依规生产经营,对行业内的其他经营者起到警示和教育作用,促进了行业的整体规范。第二,创新了诉讼请求。现行规定明文列举的诉讼请求类型不包括“违法行为确认之诉”。本案“确认被告违法、违规生产和销售的行为对众多不特定消费者构成《消费者权益保护法》第55条规定的‘欺诈行为’”之诉请,开创了违法行为确认之诉的先河,为消费私益诉讼提供了关键证据,探索出了消费民事公益诉讼和消费民事私益诉讼衔接的可行路径。第三,创新了结案方式。本案是首例以调解方式结案的消费民事公益诉讼案件,以调解书形式确认了中国消费者协会的全部诉讼请求。调解书还以附件形式列明了公告撤销的车型及整改方式、个体消费者的维权途径,创设了司法调解书的新型模板,是消费民事公益诉讼裁判方式改革的一次有益尝试。第四,执行监督方式创新。现行制度规范对公益诉讼案件的执行规则没有专门规定。本案调解书确定了雷沃重工对调解书执行情况的报告义务,规定雷沃重工自调解书生效之日起每6个月向北京市第四中级人民法院和中国消费者协会就调解书执行情况进行报告,报告期限为2年。

(四)6号案:江苏省消费者协会诉南京水务集团有限公司供水格式条款无效案

1. 基本案情

2015年,江苏省消费者协会开展了四大公共服务行业消费者满意度调查,并收集了相关企业的格式合同。调查中,有消费者反映,民用供用水合同的格式条款存在侵害消费者权益的情形。2015年12月,江苏省消费者协会对全省范围内多家供水公司的民用供水合同是否存在不公平格式条款问题,组织了专家审查。经审查,发现供水公司的民用供水合同普遍存在违约金过高等问题。随后,江苏省消费者协会委托市级消协组织约谈当地的供水公司,要求对格式条款进行整改。大部分供水公司被约谈后按要求进行了整改,而南京水务集团有限公司因未整改到位而被起诉。《南京水务集团有限公司供用水合同》(户表用户)第7条第

① 参见刘文晖:《消费公益诉讼的一个全新范本》,载《检察日报》2019年7月24日,第5版。

2 款第 1 项规定，用水人逾期不缴纳水费，供水人应该书面催告，用水人收到催告后，除应补足应缴纳的水费外，还应当支付从逾期之日起每日应缴纳水费数额的 0.5% 违约金。自催告之日起用水人无正当理由 60 日仍不缴纳水费的，供水人有权对其实施停水。江苏省消费者协会认为，南京水务集团有限公司要求用水人按每日应缴水费数额的 0.5% 支付违约金，远远超过中国人民银行规定的金融机构计收逾期利息的标准，加重了消费者的负担。经多次沟通后，南京水务集团有限公司仍然未整改到位。

2016 年 9 月 12 日，江苏省消费者协会向南京市中级人民法院提起消费民事公益诉讼，请求法院确认《南京水务集团有限公司供用水合同》（户表用户）第 7 条第 2 款第 1 项条款无效。法院立案后，南京水务集团有限公司主动与江苏省消费者协会沟通，并积极整改。2016 年 10 月 28 日，江苏省消费者协会向法院申请撤诉。2016 年 11 月 7 日，南京市中级人民法院以“不违反法律规定，应予准许”为由，裁定准许撤诉。①

2. 案件评析

本案是经营者利用格式条款侵犯消费者权益的典型案例。格式条款是一方当事人为了重复使用而预先拟定，并在订立合同时未与对方协商的条款。市场交易活动中，一些经营者利用格式条款制定不利于消费者的交易规则，形式上作为合同的约定条款，但隐藏着对消费者不公平的义务。这种现象在垄断行业尤其突出。《消费者权益保护法》第 10 条规定：“消费者享有公平交易的权利。消费者在购买商品或者接受服务时，有权获得质量保障、价格合理、计量正确等公平交易条件，有权拒绝经营者的强制交易行为。”第 26 条规定：“经营者在经营活动中使用格式条款的，应当以显著方式提请消费者注意商品或者服务的数量和质量、价款或者费用、履行期限和方式、安全注意事项和风险警示、售后服务、民事责任等与消费者有重大利害关系的内容，并按照消费者的要求予以说明。经营者不得以格式条款、通知、声明、店堂告示等方式，作出排除或者限制消费者权利、减轻或者免除经营者责任、加重消费者责任等对消费者不公平、不合理的规定，不得利用格式条款并借助技术手段强制交易。格式条款、通知、声明、店堂告示等含有前款所列

① 参见黄忠顺：《公益性诉讼实施权配置论》，社会科学文献出版社 2018 年版，第 137 页；参见南京市中级人民法院（2016）苏 01 民初 2034 号民事裁定书。

内容的,其内容无效。"本案是全国首例针对消费领域公共服务类企业提起的公益诉讼,也是江苏省消费者协会提起的首例消费民事公益诉讼,对于促进公用企业的自我整改和垄断行业的健康发展具有重要价值。

(五)8号案:广东省消费者委员会诉彭某胜等人生产销售假盐案

1. 基本案情

2015年5月至6月,彭某胜等7名被告违反食盐定点生产、专营专卖的规定,在没有取得食盐定点生产许可证的情况下,用不合格的原料生产食用盐且未进行加碘供应,并将非碘盐冒充碘盐对外销售。2015年6月,彭某胜等7名被告被公安机关抓获。截至抓获时,7名被告共生产食盐约120吨。经抽样检测,所检样品的碘含量均不符合GB 26878—2011《食品安全国家标准食用盐碘含量》要求。2017年4月7日,广州市人民检察院向广东省消费者委员会发出检察建议书,建议广东省消费者委员会对彭某胜等7名被告损害消费者权益的行为提起公益诉讼。经过调查取证,广东省消费者委员会认为,彭某胜等7名被告违反食盐定点生产、专营专卖的规定,用不符合食品安全标准的原料生产食盐且未进行加碘供应,对外销售时以非碘盐冒充碘盐,严重损害了不特定消费者合法权益,严重危及消费者人身安全并损害社会公共利益。2017年10月26日,广东省消费者委员会向广州市中级人民法院提起消费民事公益诉讼,提出了被告赔礼道歉、承担十倍惩罚性赔偿金1,267,463.4元等诉讼请求。2018年9月26日,广州市中级人民法院作出一审判决:在判决生效之日起10日内被告向本院支付惩罚性赔偿1,146,463.4元,由本院缴付国库;在本判决生效之日起10日内,在广东省省级以上新闻媒体发表经本院认可的赔礼道歉声明;案件受理费由原告负担1547.17元,被告负担14,660元。①

2. 案件评析

2017年4月,广州市人民检察院向广东省消费者委员会发出四份检察建议书,建议广东省消费者委员会对四件食品安全犯罪案件的被告人提起消费民事公益诉讼。随后,广东省消费者委员会向广州市中级人民法院提起4件系列诉讼,

---

① 参见广州市中级人民法院(2017)粤01民初384号民事判决书。

本案是其中的一件案件。广东省消费者委员会通过系列诉讼，对以工业盐冒充食用盐，危及消费者人身安全的经营者进行了警示和教育。2018 年 10 月，系列案件的最后一案在广州市中级人民法院宣判。至此，广东省消费者委员会在 4 件系列案件中提出的惩罚性赔偿请求全部获得法院支持。赔偿损失是消费民事公益诉讼的实施难点，包括本案在内的 4 件案件创新性地提出了惩罚性赔偿的诉求并获得法院支持，促进了惩罚性赔偿在消费民事公益诉讼中实施，实现了消费民事公益诉讼司法实践的重大突破。

本案具有以下几方面的重要意义。

第一，惩罚性赔偿请求在全国范围内首次获法院支持。《消费民事公益诉讼司法解释》[①]第 13 条明文规定的诉讼请求包括停止侵害、排除妨碍、消除危险、赔礼道歉，这些诉讼请求在功能上都属预防型。本案提出的惩罚性赔偿诉求在司法解释中并未明文规定，本案扩张了消费民事公益诉讼请求权的类型，为后续推进赔偿型消费民事公益诉讼提供了经验和示范。

第二，确定了惩罚性赔偿金的初步处理规则。本案对惩罚性赔偿的几个关键难题和争议问题进行了试探性探索，初步确立了相关的司法规则：(1)关于消协组织是否有权提出惩罚性赔偿请求的问题。在本案之前，广东省消费者委员会就已经对惩罚性赔偿之诉进行了探索。2017 年 3 月，广东省消费者委员会在 7 号案中提出了惩罚性赔偿的诉请。案件一审法院深圳市中级人民法院认为，“民事赔偿以填补损失原则，以法律明确规定适用惩罚性赔偿为例外……请求十倍或三倍赔偿，须由消费者提出……本案原告未购买相关的猪肉用于消费，因此并非本案猪肉的消费者……故原告主张 10,062,000 元的赔偿，缺乏法律依据，本院不予支持”[②]。本案中，广东省消费者委员会依据《食品安全法》第 148 条、《消费民事公益诉讼司法解释》第 13 条再次提出了十倍惩罚性赔偿金的诉讼请求。案件一审法院广州市中级人民法院认为，消费民事公益诉讼具有替代性和补充性，为避免侵权者的侵权责任落空，应当对广东省消费者委员会追究被告的侵权责任给予支

---

① 系 2016 年发布的《消费民事公益诉讼司法解释》，现已被修改，当前为 2020 年修正版。2020 年《消费民事公益诉讼司法解释》第 13 条第 1 款规定的诉讼请求也包括停止侵害，排除妨碍，消除危险，赔礼道歉。

② 参见深圳市中级人民法院(2017)粤 03 民初 547 号民事判决书。

持。本案关于惩罚性赔偿权利主体的确认,为后续类案提供了重要借鉴。(2)关于惩罚性赔偿金的归属问题。本案中,广东省消费者委员认为自己不是实际受害人,赔偿金不应归自己。因此,广东省消费者委员提出按如下方案处理惩罚性赔偿金:先由法院托管,在消费者的诉讼时效届满后,如无人主张权益,则由法院上缴国库。广州市中级人民法院也认为,惩罚性赔偿金不应归属于广东省消费者委员会。不过,广州市中级人民法院认为并无托管的必要。因为根据生活习惯,消费者不会因为购买一包盐而保存购买凭证及其外包装,以备日后诉讼之用。可以想见,至今没有消费者提起民事私益诉讼,今后也不会有。因此,惩罚性赔偿金“直接上缴国库,更符合实际情况”。据此,广州市中级人民法院判决被告直接将赔偿金支付给法院,由法院缴付国库。本案中,虽然广东省消费者委员会与广州市中级人民法院一致认为赔偿金的所有权不应当归属消协组织,但对赔偿金的处理方式略有不同。公益诉讼的目的是维护社会公共利益,赔偿金直接上缴国库的做法,没有法律依据,也不符合消费公益诉讼的立法目的。未来应当设立消费者权益保护基金,由法院判决被告将赔偿金存入基金专户更符合公益诉讼的立法本意。不过,在法律对赔偿金的归属和管理尚无明文规定的情况下,至少本案法院的处理方式提供了处理赔偿金的一种现实方案,避免因赔偿金无法处理导致消协组织不敢诉、法院不敢判的窘境,为后续类案的处理提供了参考和借鉴。(3)关于民事赔偿金与刑事罚金的关系问题。广州市中级人民法院认为,惩罚性赔偿金与行政罚款、刑事罚金同属惩罚性债权,前者是私法债权,后两者是公法债权。为体现惩罚的谦抑性,避免过度惩罚,民事惩罚性赔偿“应参照行政罚款与刑事罚金竞合时相同的处理原则裁断”,因此 7 名被告合计被判处的 121,000 元罚金在 1,267,463.4 元的民事惩罚性赔偿金中予以抵扣。笔者认为,尽管惩罚性赔偿、行政罚款、刑事罚金都属于财产责任,但又分属民事责任、行政责任、刑事责任。惩罚性赔偿的意义在于突破“填平原则”,对违法经营者进行惩戒和威慑,在法无明文规定的情况下,法院采用抵扣的做法,降低了被告的违法成本,不具备正当性。

（六）12号案：广东省消费者委员会诉广州悦骑信息科技有限公司拖欠押金案

1.基本案情

自2017年8月开始，广东省消费者委员会陆续收到消费者关于广州悦骑信息科技有限公司（以下简称广州悦骑公司）逾期未退还押金的投诉。经统计，截至2017年12月8日，广东省消费者委员会共收到消费者对广州悦骑公司的同类投诉2952件。针对消费者投诉增多的情况，广东省消费者委员会加大了对消费者投诉的处理力度，但广州悦骑公司不仅未及时处理投诉，而且对广东省消费者委员会提出的保护消费者合法权益的要求也未落实，导致消费者投诉不断增加和积压。同时，广州悦骑公司在退还押金已经构成严重违约的情况下，仍接受不特定消费者作为新用户注册并继续收取押金。广东省消费者委员会认为，广州悦骑公司在押金收取、存管及退还方面存在缺陷，逾期退押金的情况严重，侵害了不特定消费者的财产安全权、知情权、公平交易权。2017年12月18日，广东省消费者委员会向广州市中级人民法院提起消费民事公益诉讼，诉讼请求包括：被告立即停止拖延退还消费者押金的侵权行为；被告对消费者押金实施专款专用、即租即押、即还即退、第三方监管措施，并向消费者完整披露；被告对新注册消费者采用免押金的方式提供服务；被告在全国公开发行的报纸及广东省省级以上媒体公开赔礼道歉；诉讼费、公证费、律师费等合理费用由被告承担。2018年3月28日，广州市中级人民法院作出一审判决：被告按承诺向消费者退还押金，如不能满足退还押金的承诺，则对新注册消费者暂停收取押金，同时在本判决生效之日起10日内，将收取而未退还的押金向“小鸣单车”运营地的公证机关依法提存，并向未退还押金的消费者公告；被告向消费者披露押金收支、使用、退还等涉及押金安全的相关机制和流程等信息，并将披露内容向注册地公证机关公证，向注册地工商行政管理部门备案；被告在《广州日报》A1版和广东省省级以上电视台发表经本院认可的赔礼道歉声明；被告向原告支付调查取证、律师费用共计23,054元；案件受理费100元，由被告承担。一审判决后，原、被告双方均未上诉。因被告未在规定的时限内履行法律责任，2018年4月24日广东省消费者委员会向广州市中级人民法院申请强制执行。①

2. 案件评析

本案是消协组织提起的全国首例共享经济领域的消费民事公益诉讼案件。随着共享单车的迅速发展，共享单车押金账户安全问题及其衍生的金融风险引起了社会各界的关注。在共享单车这一新兴产业激烈的竞争中，本案被告陷入经营困境，引发了消费者押金退还难、维权难等问题，产生了大量的消费纠纷，侵害了消费者财产安全保障权、知情权和公平交易权。共享经济的受众，是法律上的不特定多数人。本案被告在押金收取、存管及退还等方面的缺陷导致消费者缴纳的押金与被告的资产无法实现法律意义上的隔离，凸显了共享单车行业押金监管的共性问题，如果不加以解决，将不利于经济发展和社会稳定。本案的意义不仅在于保护数十万直接相关的消费者，而且在于通过司法判决，明确共享单车押金的权属关系和监管措施，引导共享单车企业规范押金管理，促进互联网新业态的规范发展。2020 年 10 月起诉的 27 号案是首例涉及互联网汽车租赁的公益诉讼案件，其诉讼请求与本案有共通之处。可以说，本案为 27 号案提供了经验借鉴。一定程度而言，该案确立了互联网新业态企业依法依规经营的规则。

本案在以下四个方面有所创新。

一是创新了公益诉讼案件司法公开的方式。2018 年 3 月 22 日，法院以网络直播形式公开开庭审理本案，创新了司法公开的方式。

二是明确了共享经济领域不特定消费者的认定标准。本案被告辩称，消费者通过 App 注册后缴纳押金，是固定的合同相对人，并非不特定的消费者，不属于民事公益诉讼所保护的对象，原告无权提起公益诉讼。本案讼争的基本事实只涉及被告押金退还的民事合同法律关系，而不是本案原告进行公益诉讼的侵权法律关系，原告提起的诉讼不符合不特定消费者的构成要件。针对被告的答辩，原告认为“共享经济的受众，就是法律上不特定多数人”。广州市中级人民法院认为，“小鸣单车”App 是向符合条件的所有消费者开放的，想用“小鸣单车”的消费者都可以成为其用户，故消费者既有现实的又有潜在的，并非仅指已在 App 注册的消费者。被告的行为既侵害了已知消费者的合法权益，亦对潜在消费者的合法权益构

① 参见广州市中级人民法院(2017)粤 01 民初 445 号民事判决书。

成损害危险，故其损害的是不特定消费者群体的合法权益。

三是创设了消费民事公益诉讼与消费民事私益诉讼的衔接机制。广州市中级人民法院在一审判决书中写道："原告省消委会在本公益诉讼中代表的是不特定的消费者，但并不排斥个人消费者向被告广州悦骑公司另行主张权利。如个人消费者认为民事公益诉讼不足以保护其合法权益，可依照《民事诉讼法》第 119 条的规定主张权利。"上述内容对特定消费者提起消费民事私益诉讼作出明确指引。

四是创新了公益诉讼执行措施。法院判决被告按承诺向消费者退还押金，并分类规定对已受到损害的消费者和有损害危险的消费者的不同执行措施。针对已受到损害的消费者，法院判决被告将未退还的押金向运营地公证机关提存，并通过公众足以知晓的方式向消费者披露涉及押金安全的相关机制和流程等信息，所披露的信息向注册地的公证机关公证及向工商行政管理部门备案，实现了对案涉押金的社会监督和行政监管，是以公益诉讼推进社会治理的有效探索。针对有损害危险的消费者，法院判决被告如不能满足退还押金的承诺，对新注册消费者暂停收取押金，充分彰显了公益诉讼的预防功能。

（七）14 号案：广东省消费者委员会诉广州长隆集团有限公司侵犯未成年消费者公平交易权案

1. 基本案情

广州长隆集团有限公司（以下简称长隆集团）旗下的长隆欢乐世界、长隆野生动物世界、长隆水上乐园等几大园区的公开票价中，"儿童优惠票"以身高 1.5 米为限，甚至在长隆国际大马戏园区中拒绝对未成年消费者提供优惠票价。广东省消费者委员会认为，长隆集团以身高作为"儿童优惠票"的标准，侵犯了身高"超标"的不特定未成年消费者的公平交易权。2018 年 9 月 30 日，广东省消费者委员会约谈了长隆集团，指出其行为不合法，建议以"年龄"作为儿童优惠票的新标准，但长隆集团以法律法规不明确及国内行业惯例为由，坚持以身高作为优惠标准。[①] 2019 年 2 月 18 日，广东省消费者委员会向广州市中级人民法院起诉长隆集团，诉讼请求包括：被告停止以身高排除和限制不特定多数未成年消费者权利的侵害行

---

① 参见《广东消委会状告长隆集团，要为身高超免票标准儿童讨个说法》，载 https://www.jiemian.com/article/2872436_qq.html，最后访问日期：2022 年 7 月 2 日。

为;被告以恰当有效的方式依法给予全部未成年消费者应有的优惠;被告就"以身高排除和限制不特定大多数未成年消费者权利的侵害行为"在《南方日报》《中国消费者报》的非中缝及广告版面上公开赔礼道歉;被告承担本案所有诉讼费用、公证费等相关费用。诉讼过程中,长隆集团调整了"儿童优惠票"标准,明确了全体未成年人凭学生证件或者居民身份证件可享受门票优惠。2019 年 2 月 25 日,广东省消费者委员会以主要诉讼请求得到实现为由,向法院申请撤诉。2019 年 2 月 25 日,广州市中级人民法院作出准予撤诉的裁定。①

2. 案件评析

本案是全国首例未成年消费者权益保护公益诉讼案件,法治意义深远,入选了中国法学会案例法学研究会、中国政法大学诉讼法学研究院、最高人民检察院第八检察厅、最高人民法院司法案例研究院、《法治周末》报社等单位联合评选的"第九届中国十大公益诉讼"②。

我国《未成年人保护法》《旅游法》《价格法》等法律规定未成年人在文化、旅游、交通等消费领域享有免费或者优惠的权利。如《旅游法》第 11 条规定:"残疾人、老年人、未成年人等旅游者在旅游活动中依照法律、法规和有关规定享受便利和优惠。"《未成年人保护法》第 44 条第 1 款规定:"爱国主义教育基地、图书馆、青少年宫、儿童活动中心、儿童之家应当对未成年人免费开放;博物馆、纪念馆、科技馆、展览馆、美术馆、文化馆、社区公益性互联网上网服务场所以及影剧院、体育场馆、动物园、植物园、公园等场所,应当按照有关规定对未成年人免费或者优惠开放。"对未成年人的界定,我国法律明确以年龄为划分标准,只要是未成年人就应当享有法定权利,不存在身高限制。《未成年人保护法》第 2 条规定:"本法所称未成年人是指未满十八周岁的公民。"长期以来,我国旅游、交通、住宿等行业普遍以身高作为未成年人享受优惠的标准,导致一些身高高于同龄人的未成年人无法享受优惠。本案有助于督促相关企业和行业纠正侵权行为,推动长期存在的侵害未成年消费者合法权益的行规惯例得到纠正整改,营造和谐的消费环境。28 号案、29 号案也是未成年消费者权益保护公益诉讼案件,与本案一起共促社会重视对未

---

① 参见广州市中级人民法院(2019)粤 01 民初 299 号民事裁定书。

② 《重磅! 第九届中国十大公益诉讼揭晓!》,载 https://www.thepaper.cn/newsDetail_forward_7297287,最后访问日期:2022 年 5 月 26 日。

成年人的权利保护，落实国家所赋予的未成年人社会福利，形成保护未成年消费者合法权益的良好社会氛围。

（八）16 号案：江苏省消费者权益保护委员会诉乐融致新电子科技（天津）有限公司侵犯消费者选择权、公平交易权案

1. 基本案情

乐融致新电子科技（天津）有限公司（以下简称乐融公司）是“乐视 TV”“Letv”“Letv 超级电视”等品牌智能电视的经营者。2019 年 3 月 16 日，江苏省消费者权益保护委员会（以下简称江苏省消保委）接到消费者的投诉，反映乐融公司销售的智能电视存在开机广告且不能关闭。江苏省消保委收到消费者投诉后展开调查，发现乐融公司在其销售的智能电视产品中加载了开机广告。消费者打开智能电视后，会自动播放 15 秒左右的开机广告，但乐融公司在销售相关产品时并未向消费者说明和提示，相关广告也不能关闭。调查过程中，消费者普遍反映，智能电视开机广告降低了其观看电视的体验。江苏省消保委向乐融公司发送了整改通知，并集中约谈了乐融公司和创维、长虹、海尔、小米、夏普、海信等 7 家市场占有率较高的品牌智能电视经营者。被约谈后，大多数智能电视经营者根据要求进行了相应整改，但乐融公司并未积极整改。江苏省消保委认为，乐融公司的行为侵犯了消费者的知情权、选择权和公平交易权。2019 年 12 月 12 日，江苏省消保委对乐融公司依法提起消费民事公益诉讼，诉讼请求包括：被告在销售带有开机广告功能的智能电视时以显著的方式提示或告知消费者其产品存在开机广告；被告为其销售的带有开机广告功能的智能电视提供一键关闭开机广告的功能。2020 年 11 月 10 日，南京市中级人民法院作出一审判决，认定乐融公司智能电视开机广告侵犯了消费者的选择权和公平交易权，侵害了众多不特定消费者的合法权益，判令乐融公司对判决生效之日起销售的智能电视设置开机广告一键关闭功能并承担诉讼费用。关于原告提出的第一项诉讼要求，由于在诉讼过程中被告已经进行了整改，在产品销售页面、产品说明书、乐视商城网站的购买协议中均有告知，且在外包装上就开机广告进行了提示，增大了提示字体，就其所销售的智能电视存在开机广告事项向消费者履行了告知义务，因此该项诉讼请求未得到法院支持。乐融公司不服一审判决，向江苏省高级人民法院提起上诉。江苏省高级人民

法院认为,一审法院认定被告侵害了众多不特定消费者的合法权益,具有事实和法律依据。2021 年 3 月 23 日,江苏省高级人民法院判决驳回上诉,维持原判。①

2. 案件评析

本案是消协组织提起的全国首例智能电视开机广告公益诉讼案件。本案在依法维护消费者合法权益、促进智能电视行业健康有序发展方面具有重要意义。随着智能电视的普及,开机广告成为一些经营者获利的工具,开机广告也日益成为困扰广大消费者的消费问题。调查显示,有 96.4% 消费者坦言遭遇过开机广告的干扰。②

自主选择权和公平交易权是《消费者权益保护法》赋予消费者的基本权利。《消费者权益保护法》第 9 条第 1 款规定:"消费者享有自主选择商品或者服务的权利。"第 10 条第 1 款规定:"消费者享有公平交易的权利。"第 29 条第 3 款规定:"经营者未经消费者同意或请求,或者消费者明确表示拒绝的,不得向其发送商业性信息。"《广告法》第 43 条第 1 款规定:"任何单位或者个人未经当事人同意或者请求,不得向其住宅、交通工具等发送广告,也不得以电子信息方式向其发送广告。"第 44 条第 2 款规定:"利用互联网发布、发送广告,不得影响用户正常使用网络。在互联网页面以弹出等形式发布的广告,应当显著标明关闭标志,确保一键关闭。"根据以上规定,法律虽然不禁止经营者通过互联网的方式向消费者推送广告或其他商业信息,但应当保障消费者的选择权。本案被告设置开机广告且不设置关闭功能的行为,严重影响消费者的消费体验,违反了《消费者权益保护法》《广告法》的相关规定,侵害了消费者的自主选择权和公平交易权。江苏省高级人民法院在二审判决书中写道:"市场允许的竞争应当是正当和公平的竞争,任何商业营利模式的创新都不能以违反法律规定,扭曲市场竞争,损害消费者和其他经营者的合法权益为代价。"

江苏省消保委在本案诉讼前后持续对智能电视开机广告的行业整改情况进行跟踪,江苏省高级人民法院积极发挥司法职能,向有关部门和行业协会发出司法建议,跟踪受约谈经营者的整改进展,督促相关主管部门和行业自治组织进一

① 参见江苏省南京市中级人民法院(2020)苏 01 民初 62 号民事判决书、江苏省高级人民法院(2021)苏民终 21 号民事判决书。

② 参见胡建兵:《电视开机广告"一键关闭"不应是道难题》,载《中国商报》2020 年 11 月 24 日,第 2 版。

步规范和惩处侵害消费者合法权益和市场公平竞争的违法经营行为，推动尽快制定电视开机广告强制性标准，促进了智能电视开机广告行业监督的同步跟进。[①] 江苏省消保委联合中国电子商会等行业组织推动开机广告团体标准出台。2020 年 9 月 13 日，中国电子视像行业协会发布的《智能电视开机广告服务规范》正式实施。2020 年 9 月 23 日，《智能电视开机广告技术规范》正式生效施行，对智能电视开机广告的播放时长、关闭能力等方面提出了明确要求。[②]

（九）19 号案：安徽省消费者保护委员会诉陈某松等人销售假酒案

1. 基本案情

为制售假酒，陈某松于 2019 年下半年伙同陈某陆向张某学习假酒制作，并购买了设备，租用了仓库作为制作、储存假酒的场地。陈某松通过张某在龚某和徐某处多次购买假冒包材和空瓶，然后将在淘宝和拼多多上购买的低价散装白酒罐装后包装成品牌白酒，销售给邓某。邓某将假冒品牌白酒对外销售。2020 年 7 月 8 日，寿县人民检察院向淮南市消费者权益保护委员会（以下简称淮南市消保委）发出提起民事公益诉讼函。淮南市消保委向安徽省消费者保护委员会（以下简称安徽省消保委）报告后，安徽省消保委经过调研论证，决定对陈某松等 6 人提起消费民事公益诉讼，并委托淮南市消保委办理诉讼事宜。案件开庭时，淮南市消保委秘书长作为安徽省消保委的代理人出庭。[③] 2021 年 3 月 18 日，淮南市中级人民法院判决被告陈某松等 6 人的侵权行为侵犯了众多不特定消费者的合法权益，支持了安徽省消保委主张的三倍惩罚性赔偿共计 335，430 元，并要求被告在市级以上新闻媒体向社会公众公开赔礼道歉的诉讼请求。[④]

2. 案件评析

本案是全国首例由市级消协组织作为省级消协组织代理人的消费民事公益诉讼案件。《消费者权益保护法》第 47 条仅赋予省级以上消协组织公益诉权，本

---

① 参见江苏省高级人民法院（2021）苏民终 21 号民事判决书。

② 参见刘效仁：《从开机广告看电视企业价值回归》，载《中国审计报》2020 年 12 月 28 日，第 6 版。

③ 参见安徽省淮南市中级人民法院（2020）皖 04 民初 179 号民事裁定书。

④ 参见《淮南市消保委代理的首例公益诉讼胜诉》，载安徽省消费者权益保护委员会网，https://www.ah315.cn/city/display.asp? id = 133576，最后访问日期：2022 年 7 月 2 日。

案创新性地采用委托代理的方式,市级消协组织作为省级消协组织的代理人参与到消费公益诉讼中。消协组织之间的委托代理模式是消协组织系统内部协作的新探索,有利于形成消费公益维权的合力,激活消费公益诉讼。2019 年 12 月至 2020 年 8 月,安徽省消保委集中提起了 9 件制售假酒的系列公益诉讼,本案是其中一起案件。安徽省消保委在这些案件中都提出了被告赔礼道歉和承担销售额三倍惩罚性赔偿金的诉请,法院支持了安徽省消保委的全部诉讼请求。安徽省消保委一次提起的公益诉讼案件数量之多位居全国消协组织之首,入选了安徽省 2020 年度“十大法治事件”①。9 件案件直面惩罚性赔偿的难题,对惩罚性赔偿的难点和焦点问题进行了探索,为后续诉讼提供了经验和借鉴。

根据规定,检察机关发现消费民事公益诉讼线索后,应当向有公益诉权的消协组织发出督促起诉的检察建议。本案有一个细节值得注意,寿县人民检察院向淮南市消保委发出检察建议,建议的对象是错误的。根据《消费者权益保护法》第 47 条之规定,淮南市消保委作为地级市消协组织,并没有法定的公益诉权。因此,本案最终由安徽省消保委提起公益诉讼。

(十)30 号案:福建省消费者权益保护委员会诉北京京东叁佰陆拾度电子商务有限公司格式条款无效案

1. 基本案情

2020 年 8 月,福州市消费者权益保护委员会在处理网购商品价格投诉中发现一些网络购物平台在标注价格边上有个“划线价”。个别网购平台“划线价”标注的价格与实际售价相差大,让消费者对商品降价产生误解,误导消费者购物。为避免承担法律责任,网购平台还会在购物页面末端附加价格文字说明,对各自创造的“划线价”作一番自我解释。就划线价的格式条款侵害众多消费者合法权益的行为,福建省消费者权益保护委员会对北京京东叁佰陆拾度电子商务有限公司提起消费民事公益诉讼。福州市中级人民法院于 2021 年 3 月 11 日正式受理本

① 《安徽省首例消费公益诉讼在滁州开花结果》,载安徽省消费者权益保护委员会网,https://www.ah315.cn/city/display.asp? id = 132635,最后访问日期:2022 年 7 月 2 日。

案。[①] 2021 年 10 月 11 日，福州市中级人民法院签发民事调解书，本案调解结案。调解书的主要内容是：被告删除原告诉请确认无效的划线价格式条款；被告支付本案产生的所有律师代理费、公证费。

2. 案件评析

本案直指网络购物平台"划线价"格式条款，是福建省消费者权益保护委员会提起的首例消费民事公益诉讼，也是消协组织对电商平台提起的首例公益诉讼。价格与质量是消费者日常消费考虑的两大重要因素。《消费者权益保护法》第 20 条第 3 款规定："经营者提供商品或者服务应当明码标价。"划线价格式条款侵犯了消费者知情权、选择权和公平交易权。本案有助于规范电商平台价格行为，引导电子商务经营者和电子商务平台依法经营，保障消费者合法权益。

本案也是消协组织系统内部上下协作的典型案件。福州市消费者权益保护委员会提供了本案的案件线索，并且在诉讼过程中为省级消协组织提供协助。这种模式说明，市级消协组织虽然没有公益诉权，但仍然可以通过提供案例线索和投诉材料等方式参与到公益诉讼中，有利于进一步凝聚公益诉讼合力，为消协组织实施公益诉讼提供了新样本。

（十一）35 号案：重庆市消费者权益保护委员会诉重庆扬敌企业营销策划有限公司非法泄露消费者个人信息案

1. 基本案情

2020 年 7 月 14 日，有媒体报道"沙坪坝区西部物流园一冷冻仓库部分厄瓜多尔进口冻南美白虾外包装新冠病毒核酸呈阳性"的消息。2020 年 7 月 16 日，重庆扬敌企业营销策划有限公司（以下简称扬敌公司）通过其微信公众号"扬敌策划推广"发布《重庆已购进口白虾顾客名单》，该名单涉及 10,979 名消费者的住址、电话、姓名、身份证号码等个人信息。几天内，该篇文章阅读数达 5225 次，被转载 198 次。针对扬敌公司非法泄露众多消费者个人信息的行为，重庆市消费者权益保护委员会（以下简称重庆市消保委）向重庆市第一中级人民法院提起消费民事公益诉讼。2021 年 5 月 14 日，重庆市第一中级人民法院受理本案。重庆市人民

① 参见《福建省消委会对京东提起公益诉讼首案!》，载 https://baijiahao.baidu.com/s?id=1694321644628755705&wfr=spider&for=pc，最后访问日期：2022 年 7 月 2 日。

检察院第一分院支持起诉,中国消费者协会也对重庆市消保委的行动表示支持。2021年9月2日上午,重庆市第一中级人民法院开庭审理此案,原被告双方当庭达成调解协议。调解协议的主要内容包括:被告在《中国消费者报》等省级以上媒体刊登书面道歉信进行公开赔礼道歉;在其微信公众号"扬啟策划推广"首页刊登书面道歉信,时间不少于30日。被告以行为赔偿损失,自调解书生效后1年内策划、制作、发布其原创的消费领域公益宣传活动4次以上。如被告不履行,少1次公益活动则赔偿损失2万元。诉讼费用由被告承担。[①]

2. 案件评析

近年来,随着网络和科技的发展,经营者对消费者个人信息的收集和运用更加便捷,在促进消费便利的同时,也产生了个人信息安全的隐患。在大数据时代,众多不特定消费者的个人信息汇集,具有高度的社会公共利益属性。本案是重庆市首例消费者个人信息保护公益诉讼案件,也是《个人信息保护法》颁布后全国法院开庭审理的首例有关个人信息保护的公益诉讼案件。

本案具有两方面的创新:一是首次在消费民事公益诉讼中提出以行为替代赔偿的诉讼请求。本案原告提出被告一年内"策划、制作、发布其原创的消费领域公益宣传活动4次以上"的行为替代性修复受损公益,并且明确若被告不履行公益宣传活动,则执行相应的赔偿金。一审法院认为,《消费民事公益诉讼司法解释》第13条规定的责任承担方式是不完全列举,预留了消费民事公益诉讼责任承担方式的扩张空间,以行为填补公共利益损害的责任承担方式并不违反法律规定。这种"教育先行,惩罚兜底"的做法,受到各方认可肯定。二是以专业人士出具的咨询意见佐证公共利益的受损情况。本案支持起诉人重庆市检察院第一分院请知名媒体人出具了《关于网文涉嫌泄露公民个人信息的意见》,以佐证被告的行为构成对公共利益的损害。

《消费者权益保护法》第14条规定:"消费者在购买、使用商品和接受服务时,享有人格尊严、民族风俗习惯得到尊重的权利,享有个人信息依法得到保护的权利。"第29条第1款规定:"经营者收集、使用消费者个人信息,应当遵循合法、正当、必要的原则,明示收集、使用信息的目的、方式和范围,并经消费者同意。经营

① 参见重庆市第一中级人民法院(2021)渝01民初308号民事调解书。

者收集、使用消费者个人信息，应当公开其收集、使用规则，不得违反法律、法规的规定和双方的约定收集、使用信息。”2021 年 1 月 1 日起开始实施的《民法典》专门对个人信息保护作出明确具体规定。《民法典》第 111 条规定：“自然人的个人信息受法律保护。任何组织或者个人需要获取他人个人信息的，应当依法取得并确保信息安全，不得非法收集、使用、加工、传输他人个人信息，不得非法买卖、提供或者公开他人个人信息。”第 1034 条第 1 款规定：“自然人的个人信息受法律保护。”随着信息技术的广泛应用和数字经济的快速发展，经营者在交易过程中获取了大量消费者的个人信息。在经济利益的驱使下，非法收集甚至泄露消费者个人信息的情形日益严重。被告非法泄露个人信息的消费行为，损害了消费者的合法权益，造成社会公众恐慌，严重影响了市场交易环境和不特定消费者的生活安宁，打破了社会公众对安全消费环境的预期和信赖，影响信息数据的正向价值实现，对市场经济的发展起到负向作用。这样的背景下，重庆市消保委聚焦消费者个人信息保护问题，对于推动《个人信息保护法》的实施具有现实和长远的意义。

2021 年 3 月广东省消费者委员会就经营者和其工作人员在经营活动中违法收集、买卖消费者个人信息的行为向广东省江门市中级人民法院、清远市中级人民法院提起四件个人信息保护公益诉讼（32 ~ 34 号案、36 号案），被告涉及装修公司、物业主管、通讯运营商代理人等，诉讼请求全部得到法院支持。2021 年 8 月 20 日第十三届全国人民代表大会常务委员会第三十次会议通过了《个人信息保护法》，自 2021 年 11 月 1 日起施行。该法第 70 条规定：“个人信息处理者违反本法规定处理个人信息，侵害众多个人的权益的，人民检察院、法律规定的消费者组织和由国家网信部门确定的组织可以依法向人民法院提起诉讼。”重庆、广东两地消协组织以《个人信息保护法》的颁布和实施为契机，打出了“个人信息保护的组合拳”，有利于推动破除个人信息侵权顽疾，从整体上推动形成个人信息保护的长效机制，推进协同监管和共治。保障个人信息安全，是人民群众在新时期的新诉求。可以预见，随着《个人信息保护法》的实施，加强个人信息保护将成为消协组织公益诉讼的新着力点。

四、消协组织提起消费民事公益诉讼的成效与困境

（一）消协组织提起消费民事公益诉讼的成效

消协组织提起消费民事公益诉讼从无到有，经过探索实践，初步构建了消费

民事公益诉讼的基本进路,制度价值和司法导引功能正在逐步凸显,有力维护了消费领域的公共利益。

1. 促进了市场治理从政府单中心治理向多主体协同治理转向

42 件案件初步构建了多主体协同共治的路径。社会治理是一项复杂的系统工程,需要各方协同参与。《消费者权益保护法》第 6 条第 1 款规定:“保护消费者的合法权益是全社会的共同责任。”消费公益诉讼的公益性决定了其具有建立新的规范制度的公共政策形成功能。公益诉讼最大的成果是促使某种不合法、不合理的政府政策或者行业行为重新被审视和修改。① 我国现行法律为保护消费者权益提供了社会救济、行政救济、司法救济等多元化救济手段,42 件案件也体现了社会救济、行政救济、司法救济之间的衔接配合。部分案件通过预防型司法裁决来影响和改变公共政策,矫正经营者的违法行为,通过效力的预设促使经营者对自己行为结果产生充分的预测,从而权衡利弊自觉停止侵权行为,并且通过个案实现对整个行业的引导和规范,促使国家监管部门关注行业共性问题,发挥多主体协同共治的作用,案件的示范作用和辐射效应初步显现。如 2 号案、3 号案立案后,不但作为被告的三星公司、欧珀公司积极整改,而且智能手机生产企业中的龙头企业苹果公司、华为公司等也都积极采取措施革新预装软件政策。案件审理结束后,法院向工信部发出规范智能手机市场、加强智能手机预装软件监管的司法建议。工信部采纳了司法建议,于 2016 年 12 月出台了《移动智能终端应用软件预置和分发管理暂行规定》,明确了智能手机操作系统软件和应用软件的区分标准,加强了行业监管。又如 1 号案虽未获法院受理,但也促使铁路部门进行自我整改,修改了补票规则,公益诉讼的目的仍然实现。

一定程度上而言,42 件案件从不同角度维护了市场秩序,用较小的司法投入维护了社会公共利益,公益诉讼预设的预防功能初显。哈耶克指出:“科以责任的正当理由,因为是以这样的假设为基础的,即这种做法会对人们在将来采取的行动产生影响;它旨在告知人们在未来的类似情形中采取行动时所应当考虑的因素。”②从实践层面而言,具体的个案胜诉与否,并不是社会关注的重点。很多情况下,案件的提起和审判起到的效果往往不是个案效果,而是个案引起的社会效应,

① 参见谢甜甜:《构建我国消费者公益诉讼制度》,载《法学论坛》2015 年第 2 期。

② [英]弗里德利希·冯·哈耶克:《自由秩序原理》,邓正来译,三联书店 1997 年版,第 89 ~ 90 页。

以及个案所反映的对社会公共利益保护的反思和对被诉经营者甚至行业违法行为的矫正。法院通过对这些案件中的事实问题和法律问题作出裁判，促进司法对社会利益保护的介入，发挥法院在发现规则、确立原则和参与利益分配协调中的社会功能，并使法律原则具体化，从而使司法的功能从事后救济向确立规则和实现预防危害发生的调整性功能延伸。[①] 为此，《消费民事公益诉讼司法解释》也建立了司法权与行政权的衔接机制。第 6 条规定："人民法院受理消费民事公益诉讼案件后，应当公告案件受理情况，并在立案之日起十日内书面告知相关行政主管部门。"第 14 条规定："消费民事公益诉讼案件裁判生效后，人民法院应当在十日内书面告知相关行政主管部门，并可发出司法建议。"上述规定有利于加强行政权与司法权的衔接，形成消费治理的合力。

2. 加强了弱势群体的权益维护

对弱势群体的保护程度与一个国家的文明进步程度相关。消费公益诉讼不仅是消费纠纷的新型解决机制，更是弱势群体利益表达和增强公平正义获得感的创新路径。消费者在市场交易中是天然的弱势群体，获取的产品信息有限，群体又处于分散的状态，维权艰难。消协组织通过公益诉讼拓宽了消费维权渠道，降低了维权成本，对增进消费者福利发挥了重要作用。农民和未成年人是消费者中的弱者。由于执法力量不足，我国农村消费市场监管相对薄弱，加上农民维权意识较弱，农村消费者权益保护的形势十分严峻。由于年龄、行为能力、经济能力等方面的限制，未成年消费者往往不会维权也无力维权。因此，和普通消费者相比，农民和未成年消费者更为弱势。4 号案、37 号案凸显了消协组织对农村消费者利益的关注，14 号案是全国第一例维护未成年消费者权益公益诉讼案件，28 号案、29 号案也立足于维护不特定未成年消费者合法权益。通过公益诉讼将弱势群体纳入司法救济体系中，使弱势群体的权利被关注、愿望被表达，对提高消费者的权利保护意识、公益保护意识起到启蒙教育作用，对国家市场监管改革产生一定的推动作用。

3. 促进了公益诉讼司法规则的建立和完善

消费民事公益诉讼从无到有，面对制度缺失、规则模糊甚至空白等困境，消协

---

① 参见肖建国：《现代型民事诉讼的结构和功能》，载《政法论坛》2008 年第 1 期。

组织和司法机关积极联动,以实践案例推动了司法规则的创设,为制度建设和实践运行提供了借鉴。

一是对诉讼请求进行扩张适用。如中国消费者协会在4号案中提出了确认被告存在欺诈行为的请求,广东省消费者委员会在7号案中提出了惩罚性赔偿的请求,重庆市消保委在35号案、37~41号案等6案中提出了以公益行为替代赔偿之诉请。这些诉讼请求都是《消费民事公益诉讼司法解释》第13条明文规定之外的诉讼请求,探索了第13条"等"外诉求的扩张适用。

二是明确了消协组织处分诉权的基本规则。42件案件中,有15件案件以调解或者撤诉方式结案。法院和消协组织都遵循"诉讼请求全部实现""诉讼目的已经达到"作为撤诉、调解的基本规则。如上海市消保委在2号案、3号案的撤诉申请书中阐述的撤诉理由是:"被告的现在行为纠正了对消费者知情权和选择权不当侵害,申请人的诉讼目的已经达到。"该案审理法院在撤诉裁定书中认定,原告的撤诉申请"符合法律规定,亦不违背社会公共利益"①。中国消费者协会在4号案中确定的调解原则是:调解方案没有减少原告诉讼请求对消费者权益的保护;调解方案得到法院和社会的认可。② 该案审理法院在调解书中确认中国消费者协会与被告达成的调解协议"不违反法律规定和社会共利益"③。上述三案为后续消费民事公益诉讼的调解和撤诉提供了实践样本。

三是推动了执行规则的创新。公益诉讼如何执行,法律法规和司法解释没有作出专门规定。如果遵循私益诉讼案件的执行规定,显然无法与公益诉讼的目的和效果相匹配。部分案件进行了创造性的司法活动,探索了适应公益诉讼新特点的新规则。4号案调解结案后,北京市第四中级人民法院和中国消费者协会分别在中国裁判文书网和中国消费者协会官网公布了民事调解书全文和被告整改方案,调解书还规定了被告为期2年的执行情况报告义务。35号案中被告一年内完成4次消费公益宣传活动,37~41号案中被告3年内购买148万余元惠农产品的

① 上海市消费者权益保护委员会编:《中国消费公益第一案纪实与解读》,上海人民出版社2016年,第35~45页。

② 参见中国消费者协会:《中国消费者协会公益诉讼案件情况通报》,载http://www.cca.org.cn/zxsd/detail/29089.html,最后访问日期:2022年7月1日。

③ 参见北京市第四中级人民法院(2016)京04民初94号民事调解书。

以"买"代"偿"的方式都具有创新性。在公益诉讼案件中,法官有时还需要对法律漏洞进行填补、强化,由此形成了以裁判要旨和司法解释为代表的裁判规则,进而对公共政策的完善和执行发挥重要的确认与补充作用,使现代司法具有了政策形成这一衍生功能。[①] 在制度建设不完善的情况下,42 件案件在一定程度上发挥了规则建构功能,通过个案创设了公益诉讼的司法规则,发挥了公益诉讼推动公共政策形成的功能,形成消费民事公益诉讼制度建设的实践路径。

(二)消协组织提起消费民事公益诉讼的困境

消协组织提起消费民事公益诉讼取得了一定的成效,不过,在看到成绩和进步的同时,我们也要清醒地认识到,消协组织提起消费民事公益诉讼起步时间不长,制度、理论、实践三个层面都还存在诸多薄弱环节和不足之处。消协组织公益保护的意识还比较薄弱,公益诉讼的公共政策形成功能孱弱,程序规则不完善且不成体系。自消费民事公益诉讼制度实施以来,消协组织提起的公益诉讼案件数量始终在低位数徘徊。无论是案件数量还是诉讼效果,都与消协组织的法律地位和法定职责不相匹配,通过公益诉讼维护社会公共利益的制度功能未得到有效激活。作为一种法治现象,消协组织提起消费民事公益诉讼经过短暂的喧嚣后,正在走向困顿,立法预设的制度价值还未充分彰显,需要我们认真思考解决办法。

1. 消协组织自身的局限性制约了公益诉讼质和量的突破

首先,我国消协组织总体发育不良影响消费民事公益诉讼质的提升。消协组织在维护市场秩序、保护消费者利益等方面承担着重要职责,但由于消协组织自身建设存在制度和现实困境,影响其作用的发挥。(1)消协组织缺乏独立性,体制内路径依赖特征明显。我国各级消协组织由原工商部门主导设立,没有会员,经费大多来自财政拨款,由法律规定其履行消费教育、咨询、纠纷处理、参与消费领域立法等八个方面的公益职责。消协组织在设立程序、服务对象、职能、经费来源等方面具有明显的体制内生成的特点,与政府关系密切,缺乏独立性,"民意官办、民办官助、官民结合"[②]的特征决定了其半官方的性质。近年来各地消费者协会纷

---

① 参见王旭光:《论环境资源司法的基本功能》,载《人民法院报》2015 年 9 月 9 日,第 8 版。

② 杜万华主编:《最高人民法院消费民事公益诉讼司法解释理解与适用》,人民法院出版社 2016 年版,第 101 页。

纷更名为“消费者委员会”“消费者权益保护委员会”“消费者保护委员会”,名称的变更进一步强化了消协组织的官方色彩。(2)消协组织缺乏与公益诉讼匹配的专业能力。全国人大常委会执法检查组在《〈消费者权益保护法〉实施情况专项执法检查报告》中指出,消协组织缺乏相应的专业能力和技术支撑是消费公益诉讼推进缓慢的重要原因。[①] 公益诉讼涉及面广、专业性强,对消协组织的专业队伍建设提出了更高要求。当前,各级消协组织普遍办案能力薄弱,未设立专门机构,专业人才配备不足,取证能力、庭审应对能力欠缺。32 个省级以上消协组织仅提起 42 件案件,足以佐证消协组织诉讼能力存有弱项。受自身能力限制,大部分消协组织还在苦苦找寻公益诉讼的突破口。实践案例中,有的案件仅以“被告赔礼道歉”为唯一诉求,对市场秩序的修正功能严重不足。形成鲜明对比的是,我国检察消费公益诉讼起步晚于消协组织公益诉讼,但实施情况良好,形成了相对成熟的范本和经验。根据最高人民检察院工作报告,2019~2021 年检察机关办理民事公益诉讼的案件数分别为 7125 件、1.4 万件、2 万件,而同年消协组织提起的公益诉讼案件数分别为 12 件、4 件、13 件。有学者通过中国裁判文书网检索到 2012 年至 2020 年的 1912 件消费民事公益诉讼一审案件,统计发现仅 12 件案件的原告是消协组织,其余 1900 件案件均由检察机关充当原告。[②] 显然,消协组织提起消费民事公益诉讼的空间受到检察机关的严重挤压,实际上检察机关已经成为消费民事公益诉讼最主要的起诉主体。“公益诉讼国家化”已成为我国消费民事公益诉讼的明显倾向,使本应由社会公众主动维护的公共利益脱离了“社会诉讼”的应然轨道。这种状况与我国消协组织能力不足有很大的关联。根据《民事诉讼法》的相关规定,检察机关提起消费民事公益诉讼前,应当履行诉前程序,向适格消协组织发出提起公益诉讼的检察建议。中国裁判文书网判例显示,有的消协组织收到检察建议后并未提起诉讼,究其原因,自身能力和资源不足导致消协组织不敢诉、不愿诉。2019 年 2 月,最高人民检察院在未来五年工作规划中强调“公益诉讼更加注重诉前程序”,这也意味着消协组织作为消费民事公益诉讼第一顺位的起诉主

① 参见全国人大常委会执法检查组:《关于检查〈中华人民共和国消费者权益保护法〉实施情况的报告》。

② 参见黄忠顺、刘宏林:《论检察机关提起惩罚性赔偿消费公益诉讼的谦抑性——基于 990 份惩罚性赔偿检察消费公益诉讼一审判决的分析》,载《河北法学》2021 年第 9 期。

体，将在消费民事公益诉讼中担当更大的责任，也将面临更大的考验和压力。

其次，省级以下消协组织公益诉权缺失影响公益诉讼量的突破。原告资格是公益诉讼的起点和核心问题，起到界定司法审查范围调节器的作用。因此，长期以来原告资格问题成为消费民事公益诉讼的焦点问题之一。“谁享有了公益诉讼的起诉资格，谁的利益诉求就有了合法化的表达、传递与实现机制。”[①]截至目前，我国已建立中国消费者协会1个、省级消协组织31个、地市级消协组织351个，县级消协组织2851个。[②]《消费者权益保护法》第47条规定：“对侵害众多消费者合法权益的行为，中国消费者协会以及在省、自治区、直辖市设立的消费者协会，可以向人民法院提起诉讼。”该规定从法律上赋予省级以上消协组织原告资格的同时，也排除了3000多个省级以下消协组织的起诉资格。从中国消费者协会统计的数据分析（见表3－3），2014年至2021年全国消协组织受理消费投诉的数据呈现逐年增长趋势，但消协组织提起的公益诉讼案件并未呈现正相关。在现行体制下，32个省级以上消协组织垄断消费领域公共利益的民事保护表达管道，缺乏竞争机制，根本无法应对消费市场的复杂化和侵权的高发现状。

2. 制度缺陷加大了消协组织推进公益诉讼的难度

（1）诉讼规则模糊导致公益诉讼进展缓慢

根据《消费者权益保护法》规定，消费者协会履行的是社会监督职责，不属于行政行为，因此不具有强制力。由此，《消费者权益保护法》第47条规定，对侵害众多消费者合法权益的行为，省级以上消协组织“可以”向人民法院提起诉讼。“可以”的文字表述表明第47条是授权性规定，意味着消协组织在发现公益诉讼线索后，是否提起诉讼、何时提起诉讼，可以酌情决定，导致实践中消协组织的消极被动与不作为。此外，消协组织的履职程序和法律责任、中国消费者协会与省级消协组织之间的诉讼分工、省级消协组织之间的诉讼分工没有明确规定，消协组织在支持起诉和提起公益诉讼之间如何选择也未明确。受案范围、程序规则、举证责任、费用承担、赔偿标准等诉讼规则、配套制度尚待明确也是导致消协组织

① 陈承堂：《公益诉讼起诉资格研究》，载《当代法学》2015年第2期。

② 数据来自中国消费者协会网，https://www.cca.org.cn。

公益诉讼进展缓慢的重要原因。①

(2)赔偿之诉增加了公益诉讼的操作难度

《民事诉讼法》《消费者权益保护法》都没有对消费民事公益诉讼的诉讼请求作出规定。《消费民事公益诉讼司法解释》第13条明文列举的诉讼请求不包括赔偿损失,但以"等"字预留扩张空间。赔偿之诉通过索赔,达到"穷尽收益的可能性",能够对违法经营者形成惩戒和威慑。"提高集团救济的实效性,不仅要有停止侵害这样的事前预防的救济,还应当有对受害者的损害加以恢复和对违法经营者的不当利益加以剥夺为目的的集团性受害救济手段。"②大多数国家消费公益诉讼的请求权最初多以不作为之诉为限,伴随着消费者运动的蓬勃发展,带有补偿性甚至惩罚性的给付之诉也出现在消费公益诉讼中。③ 巴西、日本、美国、波兰、西班牙等国的消费者团体都被赋权提起赔偿之诉。我国理论界和实务界对赔偿之诉争议较大,多数学者对赔偿之诉持否定态度,认为省级以上消协组织虽有消费领域公共利益代表的资格,但其自身并未受到损害,提起赔偿之诉存在赔偿金的归属与分配等法理难题和现实困境,非财产性责任更契合消费民事公益诉讼目的。由于理论和实践尚未达成统一认识,实践中的做法混乱。如广东省消费者委员会在11号案中提出了惩罚性赔偿之诉请,主张赔偿金的权益不属于消协组织,应归不特定消费者,赔偿金由法院托管,待个体消费者的诉讼时效到期后,如无人主张权益,再由法院上缴国库,但广州市中级人民法院却判决被告将赔偿金直接上缴国库。④ 法院的做法实际上混淆了民事赔偿与刑事罚金,将民事责任和刑事责任混同。

(3)个案式探索影响公益诉讼的可复制性

省级以上消协组织在选择公益诉讼线索时,除了评估公益诉讼的法律效果外,还非常注重由此带来的社会效果。仔细分析消协组织自行组织起诉的15件案件,发现消协组织对第一案非常谨慎,往往在诉前经过较长时间的研究和论证,

---

① 参见全国人大常委会执法检查组:《关于检查〈中华人民共和国消费者权益保护法〉实施情况的报告》。

② 刘学在:《日本消费者团体诉讼制度介评》,载《法学评论》2013年第6期。

③ 参见柯阳友:《民事公益诉讼重要疑难问题研究》,法律出版社2017年版,第118~119页。

④ 参见广东省广州市中级人民法院(2017)粤01民初38号民事判决书。

力求在案由、被告、诉讼请求等方面与其他消协组织的消费公益诉讼案件有所区别。因此，当一个消协组织提起的消费公益诉讼案件取得了较好的法律效果和社会效果后，其他消协组织并没有打算跟进、复制其经验和做法，而是希望尽量有所创新。截至目前，12 家有公益诉讼实践的消协组织中，5 家消协组织至今还停留在“第一案”，20 家省级消协组织尚未提起过公益诉讼。由于消费民事公益诉讼的证据规则、审判规则、法律适用等方面还处于探索阶段，“各自为阵”的个案式探索虽然能够触及多个消费领域，一定程度上有利于消费维权，但从制度构建的角度而言，为数不多的案件呈现分散态势，很难形成规模效应和成功范本。一方面大部分消协组织因自身原因缺乏独自实现个案突破的能力；另一方面消费民事公益诉讼的复制路径又尚未形成，双重困境导致我国大部分消协组织对消费公益诉讼过于谨慎和克制。

(4)诉讼成本影响着公益诉讼的可持续性

公益诉讼产生的巨大的诉讼成本是非常突出的现实问题。尽管公开的资料未详细披露消协组织提起消费公益诉讼的成本构成，但从 42 件案件公开的信息中可以窥见公益诉讼成本高的端倪。根据《民事诉讼法》《消费民事公益诉讼司法解释》的相关规定，消协组织提起消费民事公益诉讼，要有被告的行为“损害社会公共利益”的初步证据。因此，消协组织在诉前需要开展必要的调查取证，由此产生鉴定费用、比较试验费用、公证费用等调查取证费用。中国消费者协会在 4 号案中支付的调查取证方面的费用就包括：专门工作组对相关线索进行研究论证的费用；委托律师调查取证的费用；地方消协配合开展区域调查的费用；向工信部和市场监管部门查询有关被告违法行为情况的费用；购买实测和测量公证的费用。[①] 此外，根据现行诉讼费缴纳规则，消协组织作为原告还需要预缴诉讼费；有聘请律师的，还需要承担聘请律师的费用。大部分消协组织在起诉前都对案件经过反复的论证和调研，诉讼周期较长，花费大量的人力和物力。受制于现行规则，公益诉讼案件不属于可以减免诉讼费用的案件类型，也无法纳入法律援助而免除律师费用。因此，消协组织需要自行承担提起消费民事公益诉讼的所有成本。尽管《消费民事公益诉讼司法解释》规定，消协组织有权向被告主张合理的调查取证费用、

---

① 费用类型由作者根据中国消费者协会官网公布的信息和北京市第四中级人民法院(2016)京 04 民初 94 号民事调解书整理得出。

鉴定费用、律师费用，且不论这些费用最终能否得到全部支持，即使最终得到法院支持，由于诉讼周期较长，也存在较长时间垫付的问题。消协组织的经费主要来自政府财政拨款，经费用途主要是维持日常运作，并没有单列公益诉讼的专项经费。“团体的财政状况决定了它对诉讼的敏感承担，进而影响着它行使诉讼资格的频率及它对追诉案件的选择。”①经费的掣肘是消协组织公益诉讼案件数量较少的重要原因。高昂的诉讼成本打击消协组织提起公益诉讼的积极性，并将影响公益诉讼的可持续性。我国现行的公益诉讼成本制度与公益诉讼的特殊性存在冲突，因此构建单独的公益诉讼成本制度是推动我国公益诉讼良性发展的必然要求。

(5)诉讼类型单一影响公益诉讼预防功能的发挥

根据《民事诉讼法》《消费民事公益诉讼司法解释》规定，消协组织可以对经营者侵害众多不特定消费者合法权益或者具有危及消费者人身、财产安全危险损害等损害社会公共利益的行为提起公益诉讼。但42件案件主要聚焦经营者已经造成不特定消费者实际损害的情形，重在事后治理，预防损害危险的案件比例不高。消费侵权一旦发生，事后的补救往往耗资巨大甚至无法补救。公益诉讼确立以预防为主的基本原则也正是出于这样的考虑。因此，对消费领域公共利益的保护应从“末端治理”向“源头防范”进行思路转变，未来公益诉讼案件的选择应侧重尚未发生实际损害后果的案件。

五、结语

由于制度付之阙如，案外因素多，尤其还存在地方保护主义，这些都在一定程度上影响了公益诉讼的推进，但消协组织的实践探索仍然一定程度推动了消费者保护事业的新发展，回应了人民群众以法治实现美好生活向往的普遍诉求。总体来看，42件实践案例初步呈现了消协组织提起消费民事公益诉讼的路线图，为制度完善提供了经验佐证和规律启迪。随着法治建设的完善，公益保护意识的增强和司法状况的改善，我国消协组织将在公益诉讼的中发挥更大作用。

---

① 吴泽勇：《论德国法上的团体不作为之诉——以〈不作为之诉法〉和〈反不正当竞争法〉为例》，载《清华法学》2010年第4期。

第四章　消协组织原告资格制度

法谚云“无原告即无法官”，没有原告就没有诉讼。公益诉讼是一种与原告资格认定相关的诉讼方式，其独特性在于，“使得那些负有经济管理职责的机关或者其他对争议标的无直接关系，但出于对公共利益的维护而自愿投诉的个人、社会团体，也能够作为原告向法院提起诉讼”①。因此，公益诉讼原告资格具有法定性和授权性，是进入公益诉讼的闸门，是消费民事公益诉讼的核心问题，也是公益诉讼的逻辑起点和制度构建的基石。“公益诉讼核心问题的起诉资格，涉及谁有资格提起诉讼。”②原告资格制度可以排除不适当的当事人，也可以通过原告资格的收缩或扩张来实现司法解决社会纠纷的功能。

从世界范围观察，原告制度有不同的模式，不同国家选择不同的模式来实现对公益损害的救济。理论界对此也一直争论不休。一方面现代诉权理论的发展要求对原告资格进行扩张，另一方面出于资源配置和防止滥诉的考虑，又要对原告资格作出适当限制。因此，以何种标准确立原告制度，关涉公益诉讼程序的启动。既要保证把不适当的原告排除在外，又要保证不漏掉适当的原告，这涉及基本理论问题，也关系到司法理念和接近司法问题。从已有研究成果来看，学界基本达成这样的共识：我国享有消费公益诉权的消协组织范围过于狭窄，从源头上限制了消费民事公益诉讼的发展。消费民事公益诉讼的热点难点问题之一就是原告资格的确立，原告资格解决后很多问题即可迎刃而解。可以说，原告资格问题本质上就是司法定位问题。实践中，消协组织提起公益诉讼运行不畅，原告资

---

① 吴景明等：《〈中华人民共和国消费者权益保护法〉修改建议——第三法域之理论视角》，中国法制出版社 2014 年版，第 320 页。

② 陈承堂：《宏观调控公益诉讼起诉资格的构建》，载《法律科学（西北政法大学学报）》2013 年第 6 期。

格设置不合理是关键所在。为此,本章结合理论和实践两个面向,对消协组织的原告资格进行专题讨论,并提出解决思路。

一、消协组织原告资格的理论基础

什么是原告资格?根据《布莱克法律大辞典》,原告资格是指某人在司法性争端中所享有的将该争端诉诸司法程序的足够的利益。在民事诉讼中,原告资格就是某人就某事而具有的向法院提起民事诉讼从而成为民事诉讼原告的法律能力。原告资格主要用来解决两大问题:一是什么人可以提起诉讼;二是什么事可以提起诉讼。由一定的主体对损害公共利益的行为提起诉讼以启动民事诉讼程序,是通过民事司法手段维护公共利益的前提条件。我国消协组织充当消费民事公益诉讼的原告,其诉权基础源于当事人适格理论、信托理论等多种学说,但都突破了传统诉讼"直接利害关系"之限定。

(一)当事人适格理论

当事人适格也称正当当事人。学界一般将原告资格归入当事人适格理论中加以探讨。当事人适格理论认为,原告必须与案件有直接利害关系,以自己名义起诉并接受裁判。该理论认为,诉权的产生离不开权益受到侵害的前提条件,立足于对个体权利救济,重在解决直接利害关系人之间的权益之争,实体上权利的存在构成了原告资格有无的关键。"始于这样一种假定:权利与救济密不可分,只有权利能够获得救济,其才有意义。只有那些有充足原告资格的人,才有权获得司法救济。"①这种严格的"直接利害关系"限定构成传统当事人适格的理论基础。

传统当事人适格理论对于私人利益的保护是适当的,而且能够有效防止滥诉,但却难以应对日益猖狂的侵害社会公共利益的违法行为。随着社会的发展和诉讼的复杂化,传统的当事人适格理论对于消费者集体利益受损的救济存在理论和制度上的障碍。如果不加以修正,社会公共利益的保护将被拒于诉讼程序之外。"随着现代社会的复杂化,单单一个行动就致使许多人或许得到利益或许蒙受不利的事件频繁发生,其结果使得传统的把一个诉讼案件仅放在两个当事人之

---

① Syed Iqbal Hadi Rizvi, *Public Interest Litigation Liberty and Justice for All*, Renaissance Publish - ing House, C - 69, Jitar Nagar, Delhi,1991, p.1.

间进行考虑的框架越发显得不甚完备。”[①]在消费者权益保护领域，大量的消费侵权行为具有受害者不确定的特点。由于公共利益保护主体的缺位，遵循传统的诉讼理论难以实现对公共利益的救济，陷入消费侵权频发而传统制度无法应对的困境。这样一来，修正传统利害关系当事人理论以扩大起诉主体的范围成为一种必然。“公益诉讼制度本身就暗含一种假设，即提起诉讼的原告不可能是侵权行为的直接受害者或者诉讼后果的直接受益者，否则直接通过提起‘私益’诉讼的方式便可获得司法救济，而无须舍近求远非要进入公益诉讼。”[②]

20 世纪 40 年代诉权理论得以创新和发展，出现了程序当事人的概念，将程序意义上的当事人和实体意义上的当事人相分离。新的诉权理论认为，诉权乃是基于诉讼程序法而产生的独立权利，并不以实体权利的享有为基础。[③] 程序法在显示出对实体结果的有用性和有效性的同时，其保障实现程序正义的独立价值也得以显现。保护消费者权利，除实体法上的规定外，程序法上设立完备的制度也至关重要。为弥补传统当事人适格理论造成的公共利益不能得到救济的漏洞，出现了程序当事人与实体当事人相区别的区分理论。随着社会的发展，一些新型利益纠纷没有得到实体法的确认，因而也就难以确定实体法上的当事人资格，从而导致新型利益难以得到司法救济。为此，有必要重新定位当事人，将其从实体依附地位中摆脱出来，单独赋予其程序意义上的当事人资格。程序当事人是指在民事诉讼中，一切以自己的名义起诉和应诉，要求人民法院保护其民事权利和法律关系的人及其相对方，不论他是否与所主张的利益有关，也不论他所主张的利益是否得到法律的承认。[④] 程序当事人不以实体法为原告资格的判定标准，不要求当事人与案件有实体法上的直接利害关系，而是从程序法的角度出发，只要该主体能以自己的名义提起诉讼，即为该案件的适格原告。

从直接利害关系人到程序当事人的概念变迁，淡化了原告与诉争利益之间的利害关系，使得个案中的起诉人得以克服实体法的障碍，有助于解决传统原告资

---

① [意]莫诺·卡佩莱蒂编：《福利国家与接近正义》，刘俊祥等译，法律出版社 2000 年版，第 68 ~ 69 页。

② 张祥伟：《环境公益诉讼司法运行理论与实践研究》，中国政法大学出版社 2018 年版，第 156 页。

③ 参见冯敬尧：《环境公益诉讼的理论与实践探析》，载《湖北社会科学》2003 年第 10 期。

④ 参见齐树洁：《我国公益诉讼主体之界定——兼论公益诉讼当事人适格之扩张》，载《河南财经政法大学学报》2013 年第 1 期。

格理论与公益诉讼的冲突。这样，当事人逐渐从实体法的依附地位中摆脱出来，成为独立的程序当事人，是当事人概念发展的必然逻辑结果。从而，消协组织作为非特定实体关系的当事人，得以程序当事人身份提起公益诉讼。

（二）诉的利益理论

为弥补传统当事人适格理论的不足，学界出现了诉的利益理论。诉的利益理论是诉讼法的基本理论，产生于19世纪，是大陆法系民事诉讼理论体系中的一个核心概念。“无利益者无诉权”，诉的利益是指当权益受到侵害或者与他人发生纠纷时，需要运用诉讼予以救济的必要性。诉的利益是连接实体法和程序法的纽带，掌握着启动权利主张进入诉讼审判过程的关键。司法资源具有有限性，哪些纠纷值得运用国家有限的司法资源予以解决，需要确立筛选制度进行筛选。原告资格就是一种筛选制度。作为一种筛选机制，需要确立评价标准。诉的利益就是其中的一种标准。诉的利益要求提交给法院予以裁判的民事纠纷必须具有能够获得法院司法裁判的必要性。“从诉的利益这一概念发挥作用的途径来看，显然它体现了裁判者运用自由裁量权在司法裁判供给对象这一问题上所进行的利益衡量，即司法者在考虑是否对某一特定的争议作出司法判断时，必然涉及对各种利益进行衡平，而后在此基础上来决定当事人的申请事由是否属于可裁判事项。”①

根据传统的诉的利益理论，诉讼当事人必须证明自己具有某种利益，才享有诉权。“直接利害关系说”是判断诉的利益的核心标准。根据“直接利害关系说”，当事人要与案件有直接的关联。在实体法上不存在直接关联的当事人，不能作为享有权益、处理案件的适格当事人，也没有处分和收益的资格。“直接利害关系说”强调实体权利与起诉资格之间的不可分离性，将诉讼资格限定于具有足够利益的本人，把诸多有能力提起诉讼但与案件无直接利害关系的主体排除在适格主体范围之外。传统的诉的利益理论坚持实体审查原则，保护的是现实的个人利益。“法院判决带给原告的法律上的好处，即以法院权威性的认定来巩固原告的

---

① 常怡、黄娟：《司法裁判供给中的利益衡量：一种诉的利益观》，载《中国法学》2003年第4期。

权利。”[①]在诉的利益标准下，判断当事人是否具有诉的利益前置于实体纠纷解决的过程，当事人具有诉的利益，则案件进入实体审理阶段，兼顾了权利保护的需要以及对滥诉的限制。由此可见，诉的利益的确立意义在于通过它建立了一种筛选机制，使社会纠纷有选择地被纳入司法渠道中。

随着社会的发展，大量关系到社会公共利益的侵权纠纷出现，这些案件中受到威胁的公共利益往往是“形成中的权利”，没有相应的实体法规范。[②]“直接利害关系说”用于构建公益诉讼原告资格时，显现出明显的局限性与不足，难以适应社会发展的需要。尤其在环境保护、消费者保护等领域，一旦出现侵权行为，牵涉的受害者众多、利益关系复杂。大量的公共利益受损，迫切需要通过诉讼予以法律救济，公益诉讼的建立便产生了现实基础。于是，扩大诉的利益的范围，为超个人的利益提起的诉讼逐渐得到承认，实现判决形成政策的功能成为必然。从应然角度看，诉的利益中的“利益”包含私益，也包含公益。“当诉的利益仅限于个人权利时，原告只能就个人的权利损害提起诉讼，具有原告资格的人是有限的；当诉之利益拓展至个人利益或社会公共利益时，原告可就个人利益或社会公共利益的损害提起诉讼，具有原告资格的人的范围较广。”[③]民事公益诉讼的对象表现为侵犯公共利益的民事违法行为，这种违法行为侵害了不特定多数人的合法权益，侵权人以牺牲公共利益为代价，攫取了巨额的利益，严重破坏了社会的稳定与和谐。因此，在客观上，公益诉讼的诉的利益是明显存在的，这决定了公益诉讼存在的必要性。[④]公益诉讼不再强调原告对诉具有直接私益，突破了“直接利害关系说”的局限，使起诉资格的私法模式向公益诉讼起诉资格模式演化。“超越起诉资格私法模式的公益诉讼起诉资格模式下，起诉资格问题是案件的程序性问题，否则享有起诉资格的主体范围根本无法扩展，而这也正是公益诉讼起诉资格得以兴起的原因。”[⑤]公益诉讼起诉资格模式下，当事人对请求法院承认和保护的权利即使没

① 王福华：《两大法系中诉之利益理论的程序价值》，载《法律科学（西北政法学院学报）》2000 年第 5 期。

② 参见梁慧星：《民法解释学》，中国政法大学出版社 1995 年版，第 257～258 页。

③ 王彦：《行政诉讼当事人》，人民法院出版社 2005 年版，第 102 页。

④ 参见桂雨等：《论公益诉讼中检察机关的地位及制度构建》，载《天津法学》2015 年第 4 期。

⑤ 陈承堂：《宏观调控公益诉讼起诉资格的构建》，载《法律科学（西北政法大学学报）》2013 年第 6 期。

有管理权或处分权,但只要有诉的利益,也仍然可以被认为是正当当事人,可以就实体权利生成的事实进行举证和抗辩。公益诉讼实际上是通过承认诉的利益而扩大当事人资格的一种特殊诉讼。在对民事公益诉讼的诉的利益进行考察和衡量时,应以维护公共利益为根本标准和目标;对当事人在公益诉讼中是否具有诉的利益的判断,应重点考虑当事人所代表的利益是否涉及公共利益,并尽量为其打开诉讼之门。[①] 诉的利益理论为推进当事人适格之扩张提供了可能,为消协组织的原告资格构建提供了理论依据。

(三)诉讼信托理论

在公益诉讼领域,消协组织作为原告主要有两个理论上的难题:第一,按照传统的当事人适格理论,社会团体没有当事人适格的基础;第二,如果赋予社会团体原告资格,在其成为原告后和成员之间的关系如何处理。对于第一个难题,建立以诉的利益为基础的原告资格制度,扩充原告适格的范围,可以获得诉讼的正当性。对于第二个难题,可以归为诉讼信托关系。[②] 因此,诉讼信托理论也是消协组织原告资格的理论基础。

诉讼信托是指出于诉讼目的,依据法律的授权,不具有实体权利义务的主体取得诉讼实施权后,以自己的名义提起诉讼,诉讼结果涉及的实体权利义务则归属于受托人的制度。诉讼信托是一些国家确立公益诉讼原告资格的理论依据,从英美法系实体法上的"信托"概念演变而来,是大陆法系用来解决群体纠纷中民事主体与民事诉讼主体相分离的一种理论。在民事诉讼领域,信托制度是扩大当事人适格范围的重要制度。在诉讼信托制度下,本来没有诉权的主体根据法律的授权,成为适格的当事人。诉讼信托理论突破了必须由有直接关联的人行使权利的枷锁,有利于解决公益主体缺位的困境,为公益诉讼信托的发展提供了理论基础。公益诉讼信托是随着社会的发展和各国对公共利益的重视而发展起来的,其最大的特点是当事人不仅享有法律规定的实体利益,而且享有为实体利益提起诉讼的权利,并且诉讼信托的实体利益必须是公共利益,诉讼权利由法律规定的团体如

---

① 参见柯阳友:《民事公益诉讼重要疑难问题研究》,法律出版社 2017 年版,第 137～139 页。

② 参见李卓:《公益诉讼与社会公正》,法律出版社 2010 年版,第 138～139 页。

消费者协会等组织来行使。[①] 公益诉讼信托是“诉讼和信托真正产生具有现代精神和适应现实需要的正面交流，也是信托制度尚不完善、信托业并不发达的情况下，出于保护公益目的对诉讼目的信托禁止规定网开一面的结果”[②]。

在公益诉讼信托机制下，法律赋予公益性质的社会团体以当事人资格，当特定领域的公共利益遭受侵害时，该团体根据法律的授权以自己的名义提起诉讼。从各国立法来看，公益诉讼信托的受托人经历了“检察机关”到“检察机关+社会团体”的发展过程。具体到消费者权益保护领域，一般通过法定授权来确定公益诉讼的适格主体，如消费者组织。我国消协组织是法定的消费者权益维护组织，其职责与消费者利益、社会公共利益具有高度一致性。将公益诉权赋予消协组织，能够保障其从消费者的角度介入公益诉讼，有效矫正消费者在诉讼中的弱势地位，增加社会整合的纽带。

（四）社会治理理论

1995 年全球治理委员会在《我们的全球伙伴关系》研究报告中对治理作出这样的界定：治理是各种机构管理其共同事务的诸多方式的总和，它是使相互冲突的或不同的利益得以调和并且采取联合行动的持续的过程。[③] 20 世纪七八十年代以来，政府治理模式的变革成为一种国际性趋势，其核心是在政府和市场之间寻求更为有效提高公民普遍福利及提升国家生产力、竞争力的制度安排和创新性组织，改变政府作为社会唯一权力中心的格局，通过授权和分权，使社会组织等中心的组织与政府组织共同承担起社会公共事务管理的责任。[④] 在我国，社会治理是党的十八届三中全会提出“国家治理体系和治理能力现代化”之后逐渐进入人们视野的。面对社会矛盾和社会问题的增多，政府直接面对分散的“社会人”，社会治理成本大大增加。为此，社会治理理论重构了社会结构，形成“政府—市场—社会”的三元模式。

---

① 参见吴景明等：《〈中华人民共和国消费者权益保护法〉修改建议——第三法域之理论视角》，中国法制出版社 2014 年版，第 319 页。

② 汤维建、刘静：《为谁诉讼，何以信托》，载《现代法学》2007 年第 1 期。

③ 参见蔡磊：《非营利组织基本法律制度研究》，厦门大学出版社 2005 年版，第 36 页。

④ 参见蔡磊：《非营利组织基本法律制度研究》，厦门大学出版社 2005 年版，第 37 页。

根据社会治理理论,在国家之外存在一个社会自治的公共领域,即公民社会。作为公民社会主要组织形式的社会组织是社会自治的标志、个人与国家之间的调节机制。换句话说,社会治理既要不断提高政府的治理能力和水平,又要充分发挥各类社会组织的作用。社会组织是公民参与社会治理的重要渠道,在促进社会公平正义方面发挥着重要作用。社会组织通过公益诉讼参与社会治理,可以弥补政府单中心管理的不足,进行资源配置整合,降低治理成本,维护公众利益,发挥政府和市场都无法发挥的作用。具体到消费领域,我国消协组织通过公益诉讼参与消费领域的治理,是提升社会治理成效的新路径。概言之,社会治理视角下政府、市场主体、社会组织等多元主体之间需要实现协同共治和公私部门之间的整合,包括消协组织在内的社会组织的发展,为我国改革政府单中心的治理范式提供了强大的社会动力。可见,社会治理理论也为消协组织介入公益诉讼提供了理论支持。

(五)辅助原则

辅助原则为消协组织原告资格提供了理论依据。辅助原则作为一项规范原则,提供了一种调整个人、社会、国家、超国家之间关系的规范,其基本含义是特定公众和组织无法自主实现某种目标时,高一层级的组织应该介入,但仅限于处理那些低一层级的社会团体或者政治组织无法独立处理的事项。如此,每一层级与其他层级在适度的范围内存在互动关系,彼此关联,形成一种联系紧密的政治结构。① 经过不断发展,该原则被用于处理个人、社会组织、政府等主体之间的关系,其核心要求是社会治理末端的事务应当由社会最基本的组成单元即个人去处理,如果个人无法完成,则应当由其上一级单元机构来完成,以此类推。根据该原则的理论构想,个人和团体优先,只有在公民个人和团体无法处理相应的事项时,政府才能补充介入。概言之,辅助原则倾向于由低层次的个人和社会团体来解决社会问题和实现社会目标,个人层面能解决的问题,由个人来解决;社会层面能够解决的问题,由社会来解决。

具体到消费者权益保护领域,由低到高的主体层级是:消费者个人—消协组

---

① 参见熊光清:《从辅助原则看个人、社会、国家、超国家之间的关系》,载《中国人民大学学报》2012 年第 5 期。

织—行政机关—检察机关。消费者是消费侵权最直接的受害者，本应由其提起公益诉讼，但由于消费者的诉讼能力、经济实力受限，成为“沉默的大多数”。这样的情况下，就应当由其上一级的消协组织来承担公益诉讼之责。消协组织作为社会组织，与消费者和行政机关关系密切，由其作为消费公益诉讼的原告，有利于高效解决消费纠纷，实现社会自治。因此，立法赋予消协组织公益诉权符合辅助原则。

二、域外国家消费者团体原告资格立法

随着公民权利的法律保障日益健全，公民权利意识的觉醒，行业利益、民间社团利益主张日益突出，有关国家普遍通过立法赋予消费者团体对经营者的侵权行为提起公益诉讼的资格。欧盟在《关于为保护消费者提起不作为诉讼的指令2009/22》的序言中指出，“无论在成员国内部还是在共同体层面，现行制度都无法及时制止侵犯消费者利益的行为，集体利益不是被侵犯的个体消费者利益的简单相加，成员国应赋予其内部一个或多个负责保护消费集体利益的独立公共机构进行禁令诉讼的权利，该诉权并不影响消费者个体就侵权损害提起单独诉讼”。境外立法规定的消费公益诉讼的原告主要包括消费者个人、消费者团体和检察机关。为与我国消协组织的原告资格形成比对，本章重点介绍消费者团体原告资格的立法实践。

（一）韩国

韩国通过2006年修改的《消费者基本法》建立了消费者团体诉讼制度，该制度自2008年1月1日起正式实施。消费者团体诉讼制度实行之后，在韩国产生一系列积极效果：一是由于消费者团体的影响力扩大，消费者对市场的自律监管成为可能，这比单纯依靠政府行政部门和职能机构实施监管更为有效；二是促使企业在诉讼发生之前自觉停止违法行为或主动采取预防措施，把侵害消费者权益的行为消灭在萌芽状态。①

根据韩国《消费者基本法》，能够提起消费者团体诉讼的团体包括以下几类。

---

① 参见李卓：《公益诉讼与社会公正》，法律出版社2010年版，第225～226页。

(1)依据消费者基本法的规定向公正交易委员会进行过成立登记且符合以下条件的消费者团体:团体章程规定该团体目的是增进消费者权益;团体总人数在1000名以上;依法登记经过3年。(2)大韩商工会议所、中小企业协会中央会、全国性的经济团体。(3)依据《非营业民间团体支援法》成立且符合以下条件的非营利性民间团体:遭受同一损害的消费者人数超过50人且请求提起团体诉讼;章程中规定增进消费者权益是该团体的目的;具有3年以上活动经历;团体人数在5000人以上;向中央行政机关进行过登记。[①]

(二)日本

为了应对逐年增加的消费侵权事件,2006年5月日本修订了《消费者合同法》,其中最重要的修订内容是设立了消费者团体诉讼制度。之后2008年出台的《不当赠品类及不当表示防止法》《特定商业交易法》也引入了消费者团体诉讼。日本法律规定,由内阁总理大臣认可的消费者团体可以自己的名义直接向法院提起消费民事公益诉讼。

为避免滥诉,日本法律对有公益诉权的消费者团体进行严格的资格限定,对消费者团体的成立时间、组织体制、人员配置等方面作了规定。[②] 日本《消费者合同法》规定,符合资格的消费者团体应当具备如下条件:具备法人资格;以维护不特定多数消费者利益为主要目的,并在相当长时间内持续开展业务;申请认定资格时已经成立两年以上;业务规程完备、组织体系完善;理事会的构成及决策方式合法;拥有消费领域的专家和法律专家;具有完备的会计制度和财产基础;独立于经营者;没有违法活动记录;经内阁总理大臣认定。[③] 资格认定每隔3年需要重新申请。为防止消费者组织在履行职责过程中出现不合规行为,日本法律还规定了对消费者组织的监督措施,包括改进命令、撤销资格等。比如,日本《消费者合同法》第34条规定了内阁总理大臣可以撤销消费者团体资格,并规定了撤销资格的

① 参见陶建国等:《消费者公益诉讼研究》,人民出版社2013年版,第109页。

② 参见陶建国:《日本消费者团体诉讼制度评析》,载《日本问题研究》2010年第4期。

③ 参见全国人大常委会法制工作委员会民法室编:《消费者权益保护法立法背景与观点全集》,法律出版社2013年版,第346页、第373页。

法定理由。[①] 截至2015年,日本共有29个全国性的消费者团体和近4000个各种民间消费者团体,其中有11家消费者组织获得了消费团体诉讼资格。[②]

（三）德国

在德国,团体诉讼是多数人利益受到侵犯时的一种特殊的救济方式。德国的团体诉讼是指为了保护不特定多数人的权益,在多数人同时受害且损害额相当微薄,以致无能力或无兴趣起诉以获取赔偿或防止违法行为,而由某一有权利能力的法人团体或经认可的机构,为维护公共利益,依法律规定就特定事项以自己名义对他人违反特定禁止性规定的行为,向法院请求命令他人终止或撤回其行为的民事诉讼。[③]

德国通过特别立法赋予具有法人资格的团体消费公益诉讼的原告资格。1896年德国颁布的《反不正当竞争法》首次确立了团体诉讼制度,1965年修改的《反不正当竞争法》确立了消费者团体诉讼制度。1976年德国颁布的《一般交易条款法》以及后来取代该法的《不作为之诉法》规定了消费者保护领域的团体诉讼制度,即针对经营者使用或者推荐使用不公平一般交易条款的行为以及其他违反消费者保护法的行为,有关团体可以对行为人提起不作为之诉。[④] 此后,德国还在《消费者信用法》《商标法》等实体法律中对团体诉讼进行拓展和细化。德国的消费者组织主要是民间自发成立的机构,较为发达。德国法律规定,符合条件的消费者组织可以以自己的名义提起保护消费者权益的团体诉讼,并对适格消费者组织的成立年限、章程宗旨、会员人数、资金等方面作出限制。[⑤] 德国《反不正当竞争法》赋予行业外部的消费者团体提起诉讼提出发布禁止令的权利。《停止侵权行

① 参见刘学在:《民事公益诉讼制度研究——以团体诉讼制度的构建为中心》,中国政法大学出版社2015年版,第163~165页。

② 参见张艳敏:《对我国消费公益诉讼制度的若干思考——以格式合同的程序控制为视角》,载《黄河科技大学学报》2015年第6期。

③ 参见潘申明:《比较法视野下的民事公益诉讼——兼论我国民事公益诉讼制度的建构》,华东政法大学2009年博士学位论文,第7页。

④ 参见刘学在:《民事公益诉讼制度研究——以团体诉讼制度的构建为中心》,中国政法大学出版社2015年版,第16页。

⑤ 参见全国人大常委会法制工作委员会民法室编:《消费者权益保护法立法背景与观点全集》,法律出版社2013年版,第281页。

为诉讼法》《一般契约条款法》《折扣法》《奖品赠与法》《关于侵害消费者权利和其他权利之停止侵害(不作为)诉讼法》等法律也规定,符合条件的消费者团体可以自己的名义提起保护消费者权益的团体诉讼。在德国,能够提起消费者诉讼的团体必须是事前就起诉权资格经过行政许可和登记的团体。团体申请诉权资格登记的条件为:具有法人资格;团体的成员在 75 人以上;该团体已经存续 1 年以上;基于从前的活动状况能够切实保证履行团体的任务。[①] 德国的"团体"与我国的消协组织存在区别。在德国,无论是 VZBV(消费者中心总联盟),还是其他地方性的社会团体,组成其整个团体的个人都是"团体"成员,他们通过对团体章程的认可,使自己依赖于该团体。

(四)法国

法国的公益诉讼也采用团体诉讼模式。1973 年 12 月法国颁布的《关于商业及职业的法律》授予消费者团体公益诉讼起诉资格,规定能够提起公益诉讼的消费者团体必须在章程中表明保护消费者利益是该团体之目的。1988 年 1 月法国制定的《关于认可的消费者团体诉权及消费者信息的法律》规定,消费者团体有权提起请求经营者停止使用不当格式条款的诉讼。1993 年法国将规定于各种法律中的有关消费者保护的条款汇总起来,制定了《消费者法典》,改变了消费者权益保护分散立法的局面。2001 年 8 月法国修改《消费者法典》,完善了消费者团体诉讼资格登记制度。在法国,行使公益诉权的消费者团体必须是经过行政部门认可的消费者团体。消费者团体能够得到行政部门的认可,应当具备如下条件:必须是全国性或地方性消费者团体;与任何经营者没有经济上的利害关系;合法设立;在章程中明确表明保护消费者利益是该社团的目的;全国性的团体拥有 1 万名以上会员、地方性团体根据各地方的实际情况确定会员数;成立时间必须满 1 年以上。[②]

随着有限政府得到充分认可,以"权利制约权力"的观念影响广泛,各国比较重视公益诉讼民间代表人制度,使得社会组织获得发展空间并广泛参与到公益诉

---

① 参见陶建国等:《消费者公益诉讼研究》,人民出版社 2013 年版,第 47 页;全国人大常委会法制工作委员会民法室编:《消费者权益保护法立法背景与观点全集》,法律出版社 2013 年版,第 282 页。

② 参见陶建国等:《消费者公益诉讼研究》,人民出版社 2013 年版,第 68 页。

讼中,消费者保护组织为保护消费者利益提起团体诉讼的资格制度在各国得到广泛认可。不过,以原告资格观察社会组织介入公益诉讼的程度可以看出,虽然原告资格的多元化模式已经确立,但不同国家之间的差异还是明显的。总体而言,英美法系国家对原告资格采取了较为积极和开放的态度,这主要是因为英美法系国家盛行实用主义,十分重视法官的裁量和判断,并且在诉讼制度方面没有太多预设理论框架的束缚。如以美国为代表的国家采用宽松模式,团体资格不需要履行专门的批准手续,仅由法官在个案中审查该团体是否具有诉讼资格。大陆法系国家则有着严格的当事人适格理论,在开放社会组织参加公益诉讼方面较为保守。为防止公益诉权被滥用,大陆法系国家普遍对团体的组织、资金、人员配置等方面设置了明文限制,规定只有具备法定条件的公益性团体才享有公益诉权。如以德国为代表的一些国家不承认所有的团体享有平等的诉权,仅限于实体法授权的团体具有原告资格。需要说明的是,域外团体诉讼制度中的“团体”与我国的社会团体、社会组织并非完全对应,但共同点是都具有公益性、非营利性。

三、我国消协组织原告资格的立法规定和立法评析

(一)我国消协组织原告资格的立法概况

首先,2012 年修正的《民事诉讼法》模糊授权“有关组织”原告资格。原告是诉的构成要素,原告的确定是构建我国消费民事公益诉讼的重要内容。2012 年修正的《民事诉讼法》第 55 条规定:“对污染环境、侵害众多消费者合法权益等损害社会公共利益的行为,法律规定的机关和有关组织可以向人民法院提起诉讼。”上述规定第一次在法律层面创设了消费民事公益诉讼,打开了消费民事公益诉讼的法门,但上述规定对起诉主体界定模糊,没有明确“有关组织”是否包含消协组织。因此,2012 年修正的《民事诉讼法》生效后,消协组织也难以依据第 55 条提起公益诉讼。

其次,《消费者权益保护法》明确授权省级以上消协组织原告资格。为解决“有关组织”不明确的问题,2013 年修正的《消费者权益保护法》增设了消协组织提起消费公益诉讼的职责,并且第 47 条明确规定,“对侵害众多消费者合法权益的行为,中国消费者协会以及在省、自治区、直辖市设立的消费者协会,可以向人民法院提起诉讼”,明确了有资格提起公益诉讼的消费者组织是省级以上消协组

织,民间性质的消费者组织未能获得诉权资格。2016 年 4 月最高人民法院颁布的《消费民事公益诉讼司法解释》第 1 条明确规定了"中国消费者协会以及在省、自治区、直辖市设立的消费者协会"具备消费民事公益诉讼原告资格。

综上所述,我国立法明确了消协组织原告资格的法定性,中国消费者协会和省级消协组织自 2014 年 3 月 15 日开始获得原告资格。

(二)对现行立法的评析

1. 消协组织获得原告资格的正当性

消费者组织是为了保护消费者权益而由消费者自发组织的或者由其他社会团体联合组建的社会团体。[①] 广义的消费者组织包括自发成立的民间团体,也包括体制内生成的消协组织。《消费者权益保护法》第 12 条规定:"消费者享有依法成立维护自身合法权益的社会组织的权利。"第 36 条规定:"消费者协会和其他消费者组织是依法成立的对商品和服务进行社会监督的保护消费者合法权益的社会组织。"第 37 条第 4 款规定:"依法成立的其他消费者组织依照法律、法规及其章程的规定,开展保护消费者合法权益的活动。"

根据以上规定,我国正式注册登记的消费者组织主要有消费者协会和其他消费者组织两种类型。一是由政府主导设立的各级"消费者协会"。"消费者协会"是经国务院或者地方各级政府批准、编制办批编,财政给予必要活动经费后成立的,《消费者权益保护法》第 37 条第 1 款明确了其法定职责,具有"民意官办、民办官助、官民结合"的半官方特点。二是民间自发组织成立的消费者组织。这种类型消费者组织的经费来自会员缴纳的会费,一般由章程规定其业务范围,具有民间性、非营利性等特点。目前,这种类型的消费者组织在我国仅有中国保护消费者基金会[②],但目前已经处于守摊状态,[③]很难承担公益诉讼的职责。民间自发组织成立的消费者组织履行与消协组织相同的功能,与消费者有明显的相关性,不

---

① 参见吴景明:《消费者权益保护法》(第 2 版),中国政法大学出版社 2007 年版,第 93 页。

② 中国保护消费者基金会是 1989 年 11 月经中国人民银行批准、民政部门登记设立的全国性、非营利性的公益性社团法人,业务归口国资委管理。详见全国人大常委会法制工作委员会民法室编:《消费者权益保护法立法背景与观点全集》,法律出版社 2013 年版,第 264 页、第 266 页。

③ 参见全国人大常委会法制工作委员会民法室编:《消费者权益保护法立法背景与观点全集》,法律出版社 2013 年版,第 285 页。

过，短期内组织的数量和质量无力承担公益诉讼之重任。《消费民事公益诉讼司法解释》第1条第2款规定，法律规定或者全国人大及其常委会授权的机关和社会组织可以作为消费民事公益诉讼的原告。该规定对原告资格作出开放式扩张。但截至目前，没有法律对消协组织以外的社会组织的公益诉权作出规定，全国人大及其常委会至今也未授权过其他社会组织作为消费民事公益诉讼的原告。保护消费者权益，除了来自经营者和政府的路径外，还应当有来自社会的路径。“从制度体系的整体绩效考量，这种路径也是必要的，因为它具有政府路径和经营者路径所不具有的功能优势。”①

在我国消费领域，社会路径的主体主要是消费者组织，消费者组织的核心力量是体制内生成的消协组织。因此，我国通过《民事诉讼法》《消费者权益保护法》将维护消费领域公共利益的诉权排他性地赋予省级以上消协组织具有一定的合理性。

2. 省级以上消协组织获得原告资格的正当性

首先，消协组织是我国消费者组织中发展最成熟、影响最大的社会组织。消协组织作为“半官方”社会组织，内部结构相对稳定，组织系统遍布全国各地。我国消协组织包括中国消费者协会和地方各级消费者协会，由官方发起设立，由有关政府机关和社会团体联合组建，运行资金主要源于政府财政拨款。我国消协组织的架构分为四级：全国性消协组织—省级消协组织—市级消协组织—县（区）级消协组织。截至目前，我国已建立全国性消协组织1个、省级消协组织31个、地市级消协组织351个，县级消协组织2851个。② 中国消费者协会和31个省级消协组织自成立以来，消费维权工作卓有成效。因此，《消费者权益保护法》将公益诉权限定在省级以上的消协组织具有一定的正当性。（1）全国性消协组织，即中国消费者协会。中国消费者协会于1984年12月26日经国务院批准成立，是对商品和服务进行社会监督的保护消费者合法权益的全国性社会组织。中国消费者协会的章程规定：中国消费者协会的宗旨是“依据国家有关法律法规，对商品和服务进行社会监督，保护消费者的合法权益，引导消费者合理、科学消费，促进社会

---

① 应飞虎：《信息、权利与交易安全——消费者保护研究》，北京大学出版社2008年版，第215页。

② 数据来自中国消费者协会网，https://www.cca.org.cn。

主义市场经济健康发展”[①]。从专业角度而言,中国消费者协会是全国范围内组织机构最完善、实力最强的消协组织。自中国消费者协会成立至今,其已成为市场经济中维护消费者利益的重要推动力量。因此,赋予其公益诉权是适当的。(2)省、自治区、直辖市设立的省级消协组织。省、自治区、直辖市设立的消协组织共有31个,由地方政府批准成立。

其次,原告资格的适度限定符合我国消协组织能力建设的总体情况。省级以下消协组织的专业能力和资源状况较薄弱,在公益诉讼实施的初始阶段,将诉权赋予“省级以上”消协组织具有一定的合理性。立法机关将起诉资格限定在“省级以上”消协组织这样狭窄的范围,主要考虑到消费民事公益诉讼是一项比较复杂的诉讼制度,对起诉主体的专业能力、财务状况等都有较高的要求。而我国省级以下消协组织在机构设置、专业能力等方面存在明显不足,特别是县一级消协组织,面临工作人员不足和经费紧缺等困难,客观上一时难以担负起消费公益诉讼的职责。[②]

现阶段,我国对消协组织原告资格的立法思路是,既要考量保护社会公共利益的实际需要,又要考虑当前司法资源不足、“案多人少”的现状,适度授权。“公益诉讼在我国是新事务,别的国家的做法也差别很大。刚开始时限制得稍微窄一点、原则一点,这样既有利于公益诉讼开展起来,又能防止滥诉。制度建立起来后,适度开展,才能够往前走。”[③]为保证公益诉讼有序进行,提起公益诉讼的主体范围不宜过宽。[④] 全国人大常委会法工委民法室向全国人大常委会提供的《消费公益诉讼的研究意见》的相关内容或许能直接反映出立法者考量的主要因素。《消费公益诉讼的研究意见》认为,将提起消费公益诉讼的有关组织限于一定范围内,主要理由有四:一是有利于防止滥诉;二是符合中国消费者组织的实际状况;

---

① 参见《中国消费者协会章程》第3条。

② 参见全国人大常委会法制工作委员会民法室编:《消费者权益保护法立法背景与观点全集》,法律出版社2013年版,第285页。

③ 马守敏:《民诉法修正案二审:“修补”走向精细化》,载《人民法院报》2012年5月5日,第5版。

④ 参见全国人大常委会法制工作委员会民法室编:《2012民事诉讼法修改决定条文释解》,中国法制出版社2012年版,第56页。

三是有利于消费民事公益诉讼的可执行性;四是和现行司法和行政救济制度相协调。[①] 刘俊海教授认为,严格限定消费者组织的原告资格,好处有三:确保诉讼的规模效益,有利于统一法院的裁判尺度,一定程度上对抗地方保护主义的干扰。[②]

3. 消协组织原告资格制度存在的问题

原告资格是公益诉讼的起点和核心问题,起到界定司法审查范围调节器的作用。在公益诉讼的起步阶段,这样的原告制度安排既可以防止滥诉,又可以为消协组织提起公益诉讼提供基本的法律制度保障。但随着公益诉讼实践的推进,原告资格存在的问题成为影响我国消费公益诉讼发展的重要制约因素。

第一,有资格提起公益诉讼的消协组织层级过高。《消费者权益保护法》第47条的规定实现了省级以上消协组织的公益诉讼原告资格的赋权,但同时也导致了3000多个省级以下消协组织被排除在适格起诉主体范围之外。这说明我国立法对消费民事公益诉讼的起诉主体控制得非常严格,这与频繁出现的消费公益问题很不相适应。[③] 调研发现,我国不少省级消协组织也面临基层消协组织类似的困境:专业人员少、经费短缺,在人员、财产、组织、能力等方面难以承担公益诉讼重任。省级消协组织自2014年3月15日获得公益诉讼原告资格后,至今有20家省级消协组织未提起一件公益诉讼即是有力佐证。这样的状况显然无法满足日益复杂的消费公益维权需求。针对2013年的《消费者权益保护法(修正草案)》将原告资格限定在省级以上消协组织的做法,刘俊海教授曾指出:“如果按《消法》修正草案规定,有此诉讼资格的消费者协会不到40个,而对于我国现阶段多发的消费者公共权益被侵害的情况来说,中消协和省级消协的压力过大,不利于该政策的执行。如果能把限制卡在地市级,可适度减轻中消协及省级消协的压力。”[④]实际上,侵害消费者合法权益的行为,很少能够波及全国范围,更多的则是区域范围,且区域也有范围大小的区分,完全没有理由限制地市级消协和县级消协提起

---

① 转引自杜乐其:《消费公益诉讼制度的局限及其矫正——〈中华人民共和国消费者权益保护法〉第47条之评析》,载《理论月刊》2014年第10期。

② 参见刘俊海:《完善司法解释制度 激活消费公益诉讼》,载《中国工商管理研究》2015年第8期。

③ 颜运秋:《公益诉讼理念与实践研究》,法律出版社2019年版,第346页。

④ 参见《应给市级消协公益诉讼权》,载《法制晚报》2013年5月14日,第4版。

消费公益诉讼。[①] 我国具备原告资格的消协组织无论在数量上还是地域分布上都十分有限，导致消协组织在消费公益诉讼中边缘化，从案件数量对比看，检察机关已经成为消费公益诉讼的最主要原告。将公益诉权交由一个组织必然形成垄断，这种垄断同样可能导致利益交换和寻租行为。[②]

第二，具有原告资格的消协组织职责不明确。根据《民事诉讼法》《消费者权益保护法》的规定，消协组织“可以”提起公益诉讼。也就是说，从文本表达看，发现公益诉讼线索后，消协组织可以酌定是否起诉。现行立法对消协组织怠于履行公益诉讼职责的情形，缺乏制约机制，导致部分省级消协组织即使接到督促起诉的检察建议后，仍不愿意提起公益诉讼。此外，经营者侵犯消费领域公共利益的行为，在地域范围上可能呈现全国性或区域性分布特征。对跨区域的同一侵权行为由哪个消协组织提起公益诉讼，现行制度没有作出规定。《民事诉讼法》《消费者权益保护法》仅笼统规定了省级以上消协组织的公益诉讼原告资格，对消协组织之间的分工未作出规定。比如中国消费者协会与省级消协组织之间、省级消协组织之间如何分工，没有明确规定。《消费者协会消费民事公益诉讼工作导则（试行）》对省级消协组织之间的分工作出了初步协调，第 29 条第 2 款规定：“两个或两个以上省（区、市）消费者协会拟就同一侵权行为提起消费民事公益诉讼的，由中国消费者协会协调。”不过，上述文件仅是消协组织的内部文件，权威性弱，且没有明确协调的依据是什么。大量的消费侵权具有跨地域性，消协组织之间分工不明确也导致其与检察机关的衔接机制不畅。根据法定诉权配置，检察机关在提起消费民事公益诉讼之前，应当履行诉前程序。在消协组织分工不明确的情况下，检察机关很难有针对性地履行诉前程序。

（三）我国台湾地区消费者团体原告资格立法情况

我国台湾地区 1994 年制定的“消费者保护法”第 50 条和第 53 条对消费公益诉讼作出了制度安排，其后对规则进行了细化。2003 年台湾地区修订“民事诉讼法”，确立了公益法人提起不作为之诉的基本制度。“民事诉讼法”第 44 条规定：

---

① 参见张艳敏：《对我国消费公益诉讼制度的若干思考——以格式合同的程序控制为视角》，载《黄河科技大学学报》2015 年第 6 期。

② 参见张卫平：《民事诉讼的逻辑》，法律出版社 2015 年版，第 105 页。

"以公益为目的之社团法人或者财团法人,经其目的事业主管机关许可,于章程所定目的范围内,得对侵害多数人利益之行为人,提起不作为之诉。"台湾地区"消费者保护法"专门建立了以消费者团体诉讼损害赔偿之诉和不作为之诉为内容的消费公益诉讼制度。① "消费者保护法"第53条规定:"消费者保护官或者消费者保护团体,就企业经营者重大违反消费者保护法有关保护消费者规定之行为,得向法院诉请停止或者禁止之。"为预防滥诉,"消费者保护法"第49条还规定了消费者团体取得第53条规定之原告资格所应具备的基本条件,②包括:具备法人资格;设立时间两年以上;有消费者保护专门人员;经消费者保护委员会评定为优良;社员人数500人以上的社团法人或者登记财产总额新台币1000万元以上的财团法人。③ 台湾地区的消费者团体包括台湾地区消费者文教基金会、台湾地区消费者保护协会、台湾地区主妇消费合作社等。④

四、我国消协组织原告资格制度的改革路径

(一)实现立法的三个转向

1. 立法理念从"管理"向"培育"转向。我国立法对消协组织原告范围有严格、谨慎的规定。曾经我国社会组织立法长期秉持"管理"的指导思想,不仅形成了一大批名为"管理法""管理条例"之类的法律法规,而且在其立法宗旨和具体设计中,也以管理为重,从而形成了"管理型"立法。⑤ 这样的立法导向使得消协组织缺乏一个有利的制度空间。随着社会的不断发展,当前,我国消协组织发展的外部环境和政策条件发生了很大的变化,今后应当转变立法理念,建立政府与消协组织之间的合作伙伴关系,从"管理型"立法向"培育型"立法转向,实现组织管控向行为管理转型。

---

① 参见方榕生、谢青辰:《海峡两岸消费公益诉讼比较与启示》,载《中国市场监管研究》2016年第10期。

② 参见刘学在:《台湾地区消费者团体诉讼制度评析》,载《法学评论》2012年第6期。

③ 参见全国人大常委会法制工作委员会民法室编:《消费者权益保护法立法背景与观点全集》,法律出版社2013年版,第322页。

④ 参见方榕生、谢青辰:《海峡两岸消费公益诉讼比较与启示》,载《中国市场监管研究》2016年第10期。

⑤ 参见张守文:《当代中国经济法理论的新视域》,中国人民大学出版社2018年版,第24页。

2. 立法思路从“抑制消极作用”向“发挥积极作用”转向。我国法律制度秉持法律实现中的国家主义观念，对于私人参与和在其中的作用持一种消极甚至抑制的态度。[①] 我国立法存在对消协组织“积极分子”的预设，即假定被授权的消协组织被赋予公益诉权会积极提起诉讼。因此，现行制度规范的重点是限制消协组织作为“积极分子”的消极作用。实践证明，这种预设是不科学的，与我国现阶段消费维权需求相比，对原告的限定过于谨慎，且制度规范过于粗糙，影响制度功效的发挥。今后应当转向发挥消协组织的积极作用，以健全的法制，改善消协组织发展的制度环境，促进消协组织的健康发展，壮大其保护公共利益的能力。

3. 立法重点从“严格限定”向“适度扩张”转向。原告资格是启动消费公益诉讼的闸门，原告资格不能限定过窄也不能过宽。“既保证不适当的原告被排除在外，又不漏掉那些应当接受司法保护的原告。”[②]如果过窄，将限制公益诉讼的发展。“如果仅仅因为公益诉讼可能诱发群体性事件，就将大量的公益诉讼拒之于法院门外，这样的公益诉讼起诉资格立法已经在事实上阉割了公益诉讼的本来意义。”[③]“诉讼的本质是对社会冲突进行司法控制……当某类社会冲突大量出现，需要相应的解决手段时，一定的诉讼形式便获得了产生的依据。”[④]当然，原告资格也不能过宽，否则有可能导致滥诉。国务院《关于积极发挥新消费引领作用加快培育形成新供给新动力的指导意见》、中共中央国务院《关于完善促进消费体制机制进一步激发居民消费潜力的若干意见》都指出要健全消费者维权机制，健全公益诉讼制度，适当扩大公益诉讼主体范围。《消费民事公益诉讼司法解释》第 1 条第 2 款规定，法律规定或者全国人大及其常委会授权的机关和社会组织也具有原告资格，为将来消费公益诉讼适格主体的增加预留空间。[⑤] 因此，为了保障消费公益诉讼的良性发展，起诉主体范围的进一步扩张势在必行。

---

① 参见金福海：《惩罚性赔偿制度研究》，法律出版社 2008 年版，第 160 页。

② 张艳蕊：《民事公益诉讼制度研究——兼论民事诉讼机能的扩大》，北京大学出版社 2007 年版，第 97 页。

③ 陈承堂：《公益诉讼起诉资格研究》，载《当代法学》2015 年第 2 期。

④ 顾培东等：《经济诉讼的理论与实践》，四川人民出版社 1988 年版，第 15 页。

⑤ 参见杜万华主编：《最高人民法院消费民事公益诉讼司法解释理解与适用》，人民法院出版社 2016 年版，第 53 页。

(二)具体改革建议

消协组织提起消费公益诉讼的现实困境,一定程度上是原告资格制度不科学造成的。因此,需要从司法定位及公益诉讼功能视角讨论原告资格制度的改革措施。但是任何一项制度的发展与变革都会受到原有制度架构的影响,呈现路径依赖的特征。鉴于此,应当在多元协同治理模式下推动多项改革措施。

1. 扩张原告资格

原告资格的扩张可以分为对内扩张和对外扩张,对内扩张是原告自身能力的提升,对外扩张则是扩大主体范围。

(1)原告资格的对内扩张:加强消协组织诉讼能力建设

消协组织是对商品和服务进行社会监督的社会组织,保护消费者合法权益是其重要职责。我国消协组织行政色彩浓厚,不是消费者自发设立的,没有消费者会员,经费主要来自财政拨款,在人事安排、管理体制、资金、办公场所等成立条件以及发展空间等方面依附于政府部门,缺乏独立性。根据各级消协组织章程,消协组织的领导机构是理事会(委员会),理事会(委员会)由同级人民政府有关单位、人民团体、新闻单位、行业协会等单位和下一级消协组织推荐的理事(委员)组成。《消费者权益保护法》第 37 条第 2 款规定各级人民政府对消协组织履行职责应当予以必要的经费等支持。因而,我国消协组织虽然定位为社会性、公益性、服务性社会组织,但带有浓厚的官方色彩,从设立路径到生存资源都不具备“民间性”的典型特征。

消费公益诉讼的良性发展以消协组织的发展为根本前提。实践中,大部分省级消协组织没有提起过公益诉讼,究其原因,自身能力不足是最重要根源。公益诉讼具有较强的专业性,消协组织必须具备一定的诉讼能力。检察公益诉讼实施情况良好,究其原因,检察机关无论在组织机构设置还是人才队伍配置上都远远优于消协组织。因此,完善公益诉讼的实施制度固然重要,但只有消协组织足够强大才能真正激活消费公益诉讼。当前,亟须探索消协组织的成长路径,培育其履职能力,助力其市场监督行动者和消费者福利提供者角色的归位。为此,除了完善诉讼规则和配套衔接机制外,还要加强其自身建设和独立性成长的培育,为其发育及组织化提供空间,使其成长为与公益诉讼要求相匹配的主体性力量。具体来说,主要从以下几个方面推动改革。

一是淡化消协组织的官方色彩。党的十八大报告提出,加快形成政社分开、权责明确、依法自治的现代社会组织体制。消协组织的发展是社会力量增长的结果,也是政府改革的选择性结果。国家层面应当推动管理体制改革,给予消协组织更加宽松的发展环境,增强消协组织的"民间性"。我国公共资源由政府主导配置,鉴于消协组织特殊的法律性质和职能,市场监管部门、财政部门应当在编制、办公场所、财政预算等方面给予消协组织专项支持。

二是健全消协组织的组织机构,设立公益诉讼专门机构。消协组织的发展不但需要一个良好的外部发展环境,而且要积极推进内部改革,努力完善治理机制,规范机构设置。为强化诉讼能力建设,有诉权的消协组织都应当设置公益诉讼专门机构。专门机构的主要职责包括:收集、研究公益诉讼案件线索;组织调查、取证等诉前准备工作;承担公益诉讼的起诉、出庭、参加和解调解等具体工作;协助其他适格主体开展公益诉讼。

三是培育一支公益诉讼专业人才队伍。人才问题一直是影响消协组织发展的瓶颈。现阶段,我国消协组织普遍存在专业人才短缺、人员结构不合理等方面的短板。为此,迫切需要加强人才队伍建设,通过培训、交流、聘用等方式培育一批专职公益诉讼人才队伍,推进公益诉讼人才的相对稳定和专业化的态势,确保人才资源与公益诉讼业务需求相匹配。当前形势下,特别需要建立消费公益诉讼业务培训制度。可由中国消费者协会牵头组织,建立消协组织公益诉讼人才队伍轮训制度。同时,充分整合社会资源,联合高等法学院校、律师协会、鉴定机构等单位组建兼职公益诉讼人才队伍。并且,根据消费公益诉讼的重点、难点问题,设立专家委员会或者专家智库。由市场监管部门牵头,建设省级消费公益诉讼智库。智库专家由法官、检察官、律师、执法人员、学者、行业专家等理论和实务人员组成,主要职责包括:为消协组织提供专业咨询意见;对公益诉讼案件进行诉前评估和论证;对公益诉讼方案提供意见和建议;对调解、和解、撤诉等诉权处分行为进行评估和论证;对案件裁判结果进行评估和论证。

四是建设消费公益诉讼案例库。建立消协组织公益诉讼典型案例制度,通过典型案例明确事实认定、法律适用、调查取证等公益诉讼难点问题的示范方案,为消协组织办案提供可复制的经验。

(2)原告资格的对外扩张:原告范围拓宽至地市级消协组织

省级以上消协组织提起的公益诉讼案件数量一直停留在低位数,造成这一结果的重要原因是立法对原告资格限定过严。发现案件线索是公益诉讼的起点,基层消协组织缺乏诉权,不利于及时发现公益诉讼线索。这是因为,实践中消费投诉主要由基层消协组织承担,而不是“省级以上”消协组织。这就使省级以上消协组织往往需要通过基层消协组织才能发现案件线索。比如,30 号案的案件线索就是福州市消委会提供给福建省消保委的。根据辅助原则,高一层级的社会团体或者政治组织应当尽可能少干预个人、低一层级的社会团体或者社会组织的事务,这样,每一层级与其他层级在适度的范围内存在互动关系,彼此关联,形成一种紧密联系的政治结构。① 从诉讼成本与效益角度考量,地市级消协组织更贴近消费者,能够更加及时掌握消费动态和消费侵权情况,在启动诉讼程序、收集证据等环节具有更大优势。如果立法能够放宽公益诉讼起诉主体至省级以下消协组织,可以在很大程度上降低诉讼成本,快速收集、固定侵权证据,提高诉讼效率。因而,公益诉讼原告资格向下适度扩张是完善消协组织原告资格制度的重要路径。

在当前情况下,立法宜采取逐步推进的策略,先将原告资格拓展到地市级消协组织。可以预见,将原告资格拓展至地市级消协组织,将带来两个方面的积极变化。一是诉讼效率将得到明显提高。小额分散案件多发生在基层,在现行原告资格模式下,基层消协组织发现案件线索后需要把线索提交给地市级消协组织,再由地市级消协组织提交给省级消协组织,省级消协组织经过调查研究后再决定是否提起公益诉讼,中间环节过多,影响效率。如果赋予地市级消协组织原告资格,就可以减少中间环节,提高办案效率。二是有助于减轻省级以上消协组织的压力。目前具有原告资格的消协组织仅有 32 家,与我国的消费规模、消费纠纷的数量不相匹配。长此以往,不但消费者的权利得不到及时有效维护,而且将阻碍公益诉讼的长远发展。地市级消协组织机构相对完备,也有足够的人力和物力,能够承担起公益诉讼的法定职责。将有诉权的消协组织的范围扩大至地市级消协组织,能够有效减轻省级消协组织的诉讼压力,防止被官方“俘获”而放弃通过诉讼维护消费者权益。至于立法者担忧的滥诉的风险,完全可以通过制度予以

① Yishai Blank, *Federalism, Subsidiarity, and the Role of Local Governments in an Age of Global Multilevel Governance*, Fordham Ur - ban Law Journal, Vol. 37, No. 2(April 2010):509 - 557.

预防。

2. 建立原告资格动态管理制度

我国现行制度对消协组织原告资格的规定缺乏竞争机制和退出机制。建议对消协组织原告资格实行动态管理。一是推行原告资格认证制度。主要内容包括:(1)认证主管机构。省级市场监管部门负责省级以下(包括省级)消协组织的原告资格认证,国家市场监管总局负责中国消费者协会原告资格的认证。将来条件成熟时,可推行独立的第三方认证。(2)认证期限。认证有效期限为5年,有效期届前90日内消协组织应当申请重新认证。(3)认证条件。《消费者权益保护法修正案(草案)征求意见稿》第16条曾对消协组织的原告资格提出了财产、专职人员、法律专业人员等五个方面的要求。参考国外的做法,立足我国国情,建议我国适格消协组织应当具备下列条件:设区的市级以上消协组织;设立时间3年以上;设有公益诉讼专门机构和专业人员;建立有完善的公益诉讼业务规程;有一定的资产;无违法记录。二是建立考核评价机制,设立原告资格退出制度。市场监管部门对消协组织进行定期考评,发现适格消协组织有下列行为之一的,可以撤销其资格认证:以欺诈手段获取资格认证的;诉权处分严重侵害消费者利益的;利用公益诉讼原告资格进行营利性活动的;在接到检察机关的起诉建议后无正当理由不起诉的。

3. 完善原告之间的序位制度

(1)建立有原告资格的消协组织之间的序位制度

现行立法未明确规定有原告资格的消协组织之间的起诉序位。《消费民事公益诉讼司法解释》第7条规定:"人民法院受理消费民事公益诉讼案件后,依法可以提起诉讼的其他机关或者社会组织,可以在一审开庭前向人民法院申请参加诉讼。人民法院准许参加诉讼的,列为共同原告;逾期申请的,不予准许。"第15条规定:"消费民事公益诉讼案件的裁判发生法律效力后,其他依法具有原告资格的机关或者社会组织就同一侵权行为另行提起消费民事公益诉讼的,人民法院不予受理。"根据上述规定,不同消协组织就同一侵权行为不能分别起诉。但法律对消协组织公益诉讼资格的授权并非排他性授权,因而可能产生多个消协组织同时享有诉权的情形。伴随着经营行为和消费行为的规模化,经营者的违法行为可能会涉及多个地理区域,这就意味着侵权行为可能给多个地区的消费者造成分散性侵害。尤其经营者通过网络销售商品的情况下,受害的消费者可能来自全国各地。因此,中国消费者协会和省级消协组织等多个消协组织对跨区域案件可能同时享有诉权。这样的情形下,消协组织的诉权应当进行排序,构建序位制度确保最优起诉主体诉权的优先性。《消费者协会消费民事公益诉讼工作导则(试行)》第 29 条规定:"省(区、市)消费者协会决定提起消费民事公益诉讼的,应当在起诉前向中国消费者协会备案。案情重大的,应当保持动态沟通。两个或两个以上省(区、市)消费者协会拟就同一侵权行为提起消费公益诉讼的,由中国消费者协会协调。"[①]上述规定对省级消协组织之间的诉权配置作了初步探索,但由于该规定仅是消协系统内部的工作规则,其权威性不足。

建议立法作如下完善:第一,借鉴检察民事公益诉讼的制度设计,明确"一般情形"和"特殊情形"的起诉主体。根据侵权行为的地域范围、涉案金额、社会影响等因素区分一般案件和特殊案件。一般案件遵循地域管辖原则,由侵权行为发生地、损害结果发生地、被告住所地消协组织负责提起公益诉讼。涉及两个以上区域或者案情重大复杂的特殊案件,任何一个适格消协组织起诉后,其他消协组织可申请作为共同原告参加诉讼。地方消协组织怠于起诉的,中国消费者协会可指定有关适格消协组织起诉或者由中国消费者协会直接起诉。鉴于我国地方消协组织整体诉讼能力弱,立法层面可以探索多地域、多层级消协组织联合起诉制度。第二,以责任清单明确各级消协组织在公益诉讼中的职责。维护消费者权益是各级消协组织的共同职责,不同层级的消协组织发挥不同作用。立法应明确各级消协组织在公益诉讼中的法律责任,促进消协组织之间的协作。有诉权的消协组织是公益诉讼的起诉主体,是公益诉讼的主要责任人。但不享有诉权的消协组织也应在公益诉讼中承担一定责任,比如,为有诉权的消协组织提供必要的协助、担任有诉权消协组织的代理人等,为未来起诉资格的扩张奠定实践基础。因此,立法应当明确主体责任,厘清职责边界,规定各级消协组织的法定义务。中国消费者协会已经在这方面开展了有益的探索,《消费者协会消费民事公益诉讼工作导则(试行)》第 18 条规定:"中国消费者协会需要开展消费民事公益诉讼案件线索收集,有关事项调查、约谈、文件送达等,或者建议提起消费民事公益诉讼的,省(区、

---

① 参见《消费者协会消费民事公益诉讼工作导则(试行)》第 29 条。

市)消费者协会应当组织收集、承办,并报告情况。省(区、市)消费者协会开展上述工作需要其他消费者协会给予协助的,有关消费者协会应当给予协助。"[①]比如,县(区)消协组织应当定期对消费投诉情况进行总结评估,摸排公益诉讼案件线索,并上报至上一级消协组织。上一级消协组织经过评估决定提起公益诉讼的,基层消协组织应当提供调查取证等方面的协助。

(2)完善消协组织与检察机关之间的序位制度

消费民事公益诉讼的有效运行有赖于多项制度发挥合力,其中适格起诉主体制度和起诉主体序位制度共同构成基础驱动机制。检察机关和消协组织各有所长。作为国家法律监督机关,检察机关具有丰富的诉讼经验和消协组织无法企及的公信力,对经营者的震慑效果强于消协组织。但消协组织在产品、服务质量的专业性认定、与消费者的沟通协调方面更胜一筹。消费公益诉讼的被告通常是具有一定规模的产品生产者、销售者和服务提供者。消费者组织与被告在性质上同属私人社会组织体,其同质性有利于最大限度地实现消费民事公益诉讼的两造公平对抗,最容易实现两造结构的均衡。[②] 检察机关作为法律监督机关的角色定位,有可能在消费民事公益诉讼案件中出现集起诉主体身份与法律监督主体身份合二为一的现象,造成两造结构的不均衡,可能因此影响公益诉讼制度形式正义和实质正义的实现。遵循"两造结构均衡标准为主、诉讼经济标准为辅"原则,两类起诉主体的法律序位依次是:消协组织—检察机关。现行立法构建了省级以上消协组织和检察机关二元起诉主体模式,并且明确消协组织的公益诉讼实施权前置于检察机关,对二者之间的职责进行了分工。

但是,由于制度比较粗糙,一旦涉及具体诉讼,实施诉讼的序位就显得模糊。《消费者权益保护法》第 47 条规定消协组织"可以"提起公益诉讼,《民事诉讼法》第 58 条第 2 款规定检察机关"可以"以支持起诉、直接起诉的方式介入消费民事公益诉讼。"可以"的立法表达使得消协组织与检察机关在消费公益诉讼中的职责边界不清晰,主观性强,难以准确判断,突出体现在检察公益诉讼的诉前程序未实质性实现法律的序位安排。如有的检察机关以公告的形式履行诉前程序,未直

---

① 参见《消费者协会民事公益诉讼工作导则(试行)》第 18 条。

② 参见余彦:《驱动视角下消费民事公益诉讼的主体安排及其激励机制》,载《江西师范大学学报(哲学社会科学版)》2018 年第 5 期。

接与消协组织进行实质性互动，督促起诉的形式意义大于实质。如 2016 年深圳市人民检察院以熊某、蓝某等人为被告提起消费民事公益诉讼，在起诉之前深圳市人民检察院在深圳特区报 B3 版以公告的方式督促有权提起公益诉讼的有关组织提起诉讼。公告期满，没有相关组织提起公益诉讼，于是深圳市人民检察院向深圳市中级人民法院提起公益诉讼。[①] 立法应当对检察机关的诉前程序作出更加具体的规定，使得消协组织第一序位的优先起诉权得到切实保障。鉴于我国消协组织实力较弱，立法可重点探索"消协起诉 + 检察支持起诉"的协同制度。

五、结语

任何诉讼的开始都源于原告的起诉，消协组织原告资格制度虽然摆脱了"直接利害关系"的限定，但是立法仍然对其原告资格进行了严格限制，突出表现在现行立法将原告资格限定在省级以上消协组织。我国消费公益诉讼刚刚起步，原告资格限定相对严格具有一定的现实基础。但随着社会的发展进步，扩张原告资格是一个大趋势。因为法治社会应当满足这样一个条件：任何人都有权利通过法律程序解决不公平不合法的问题，实现社会正义。[②] 面对日益严重的消费侵权，我国 32 个省级以上消协组织显然难以满足日益复杂的消费公益保护需求。从境外立法实践观察，原告资格正呈现宽泛的态势。为扩大司法解决纠纷的功能，立法应当合理扩张适格起诉主体范围，并完善消协组织的接权机制和成长路径。

同时，立法应从制度层面保障最优起诉主体在先起诉。从制度设计思路方面来看，合理的适格起诉主体制度是科学起诉主体序位制度的前提，而最优起诉主体受到激励优先起诉，最容易实现胜诉结果，因而也最符合效率原则的要求。[③] 从制度作用来看，消费民事公益诉讼具有起诉主体多元化的显著特点。在各类起诉主体自身属性和诉讼能力均有差异的情况下，起诉主体序位制度对于最优起诉主体的寻找、提高诉讼效率等方面均有重要作用。从公益诉讼历史起源观之，国家

---

① 参见《广东首例消费公益诉讼：私自转卖走私冻肉品侵害消费者权益被起诉》，载 http//www.jiangsu.china.com.cn/html/jsnews/society/8947495_1.html，最后访问日期：2020 年 3 月 18 日。

② 参见吴景明：《〈中华人民共和国消费者权益保护法〉修改建议——第三法域之理论视角》，中国法制出版社 2014 年版，第 334 页。

③ 参见余彦：《驱动视角下消费民事公益诉讼的主体安排及其激励机制》，载《江西师范大学学报（哲学社会科学版）》2018 年第 5 期。

机关并非公益诉讼的当然主体之一，个人（主要为律师）与组织（主要包括法律服务组织、公益活动组织、私人公共利益律所以及法学院校）才是发动公益诉讼的主要力量。[①] 因此，我国也应当重视消协组织在公益诉讼中的积极作用，通过各种制度安排提升其维护公益的能力。

① 参见任重远：《消费公益诉讼主体确定为省级以上消协》，载财新网，https://china.caixin.com/2013-10-21/100594089.html，最后访问日期：2021年11月26日。

第五章　消协组织在消费民事公益诉讼中的诉讼请求

诉讼请求是原告向法院提出的保护自己民事权益的具体内容，是审判的对象，也是法院受理案件的构成要件之一。《民事诉讼法》第 122 条规定："起诉必须符合下列条件……（三）有具体的诉讼请求和事实、理由……"《民诉法司法解释》第 282 条规定，法律规定的机关和有关组织提起公益诉讼，应当"有具体的诉讼请求"。因此，在公益诉讼制度要素中，在解决了"谁有资格起诉"的问题之后，立法还应当明确原告在公益诉讼中可以提出哪些诉讼请求。

消协组织提起公益诉讼必须表明其诉请法院解决的事项。《民事诉讼法》《消费者权益保护法》没有对消费民事公益诉讼的诉讼请求作出规定。《消费民事公益诉讼司法解释》第 13 条作了补充和细化，一定程度上弥补立法缺失，但理论界和实务界对《消费民事公益诉讼司法解释》第 13 条的规定一直存有争议。消协组织不是经营者直接侵害的对象，提起公益诉讼是为了维护社会公共利益。公益诉讼在诉讼属性和目的等方面的特殊性，使得其诉讼请求也应与普通民事诉讼有所区别。因此，与消费公益诉讼的功能定位相联系，消协组织的诉讼请求成为消费民事公益诉讼理论和实践的重要课题。本章结合司法实践案例，从理论和实践两个视角分析了消协组织诉讼请求的制度和实践现状，并提出了完善建议。

一、消费民事公益诉讼的诉讼请求

（一）消费民事私益诉讼的诉讼请求

诉讼请求是民事公益诉讼的出发点，无诉则无判。诉讼请求既是诉讼的起点也是法院裁判的落脚点，是法院审判活动所指向的具体对象，法院的诉讼活动都是围绕原告诉讼请求的合法性、正当性展开的。诉讼请求是诉讼目的的承载体，是连接原告、被告和法院三者间的桥梁，在案件审理中处于核心地位。① 诉讼请求受制于诉讼的类型，不同诉的类型派生不同的诉讼请求。诉讼请求与判决类型相对应，诉讼请求的范围直接决定判决类型的选择，而判决类型的选择又会对诉讼请求的范围形成限制。根据《民法典》《民事诉讼法》《消费者权益保护法》的相关规定，消费私益诉讼的原告可以提出停止侵害、排除妨害、消除危险、返还财产、恢复原状、赔偿损失、赔礼道歉、消除影响、恢复名誉等诉讼请求。这些诉讼请求可以单独提出，也可以一并提出。无论是哪一种或哪几种诉讼请求，原告的目的在于使自己的受损利益恢复到圆满的状态。

（二）消费民事公益诉讼的诉讼请求

1. 消费民事公益诉讼的诉讼请求

诉讼请求是消费民事公益诉讼案件受理的必备要件。消费民事公益诉讼的诉讼请求范围的确定和判决类型的选择都必须依据公益诉讼的本质属性而确定，因此，与消费民事私益诉讼的诉讼请求应存在差异。法院对诉讼请求的支持程度决定原告的诉讼目的能否实现。也就是说，公益诉讼的目的能否实现以及实现的程度很大程度上取决于诉讼请求。公益诉讼的目的是通过诉讼确定侵权人的民事责任，并落实这些民事责任。因此，诉讼请求是实现公益诉权的核心内容和根本目标。公益诉讼的诉讼请求类型与两个因素直接关联：一是公益诉讼的特殊方式；二是相关实体法所规定的法律责任。②

消协组织并非直接受害人，其能够提出哪些诉讼请求成为消费公益诉讼的热点和难点问题。《民事诉讼法》《消费者权益保护法》仅规定了消费民事公益诉讼的主体和受案范围，并没有规定消协组织享有哪些诉讼请求。消费侵权是侵权行为的一种，消协组织请求被告承担的民事责任主要是侵权责任。《民法典》第 179 条第 1 款规定："承担民事责任的方式主要有：（一）停止侵害；（二）排除妨碍；（三）消除危险；（四）返还财产；（五）恢复原状；（六）修理、重作、更换；（七）继续履行；（八）赔偿损失；（九）支付违约金；（十）消除影响、恢复名誉；（十一）赔礼道

---

① 参见李辰章：《"诉讼请求"在案件审理中的核心地位》，载《法学》1995 年第 5 期。

② 参见张卫平：《民事诉讼的逻辑》，法律出版社 2015 年版，第 105 页。

歉。"《消费民事公益诉讼司法解释》第 13 条规定:"原告在消费民事公益诉讼案件中,请求被告承担停止侵害、排除妨碍、消除危险、赔礼道歉等民事责任的,人民法院应依法予以支持。经营者利用格式条款或者通知、声明、店堂告示等,排除或者限制消费者权利、减轻或者免除经营者责任、加重消费者责任,原告认为对消费者不公平、不合理主张无效的,人民法院应依法予以支持。"《消费民事公益诉讼司法解释》第 13 条明文列举了停止侵害、排除妨碍、消除危险、赔礼道歉四种责任方式。

2. 消协组织在消费民事公益诉讼中的诉讼请求的类型

根据《消费民事公益诉讼司法解释》第 13 条之规定,我国消协组织在消费民事公益诉讼中的诉讼请求包括预防型诉讼请求、赔礼道歉请求权、确认之诉请求权以及其他类型的请求权等四种类型。

第一,预防型请求权。这类诉讼请求包括《消费民事公益诉讼司法解释》第 13 条规定的停止侵害、排除妨碍、消除危险。停止侵害、排除妨碍、消除危险是为制止经营者的违法行为而主张的责任方式,这些责任方式源于《民法典》第 179 条规定的侵权责任。其中,停止侵害属于消极不作为的责任方式,排除妨碍、消除危险属于积极作为的责任方式,即预防型请求权是消协组织请求法院判令被告为一定行为或者不为一定行为的诉请。这类请求权以制止经营者的违法行为为救济目的,使处于相同地位的不特定消费者群体获得保护,实现公共利益救济的预防功能,面向将来的损害危险,因此这类诉讼请求也被称为"预防型诉讼请求"。消费侵权一旦发生,往往造成严重损害,而弥补损害的成本也非常大,因此预防功能对实现消费公益诉讼的制度价值尤为重要。公益诉讼的最重要功能之一即是预防,预防型诉讼请求与消费公益诉讼的预防功能高度契合。在消费民事公益诉讼中确立预防型诉讼请求,通过诉讼获得禁止性或宣示性裁判,可以预防经营者未来的不当行为。

第二,赔礼道歉请求权。赔礼道歉是"人格权"受到非法侵害后的补偿责任,是侵权人向被侵权人承认错误,表达歉意,以求得被侵权人谅解的责任方式。赔礼道歉的目的是平衡受害人因"人格权"受到非法侵害而造成的心理创伤。赔礼道歉是人格恢复性责任,面向过去已经造成的侵权损害,主要适用于生命权、健康权等人身权益受到损害的情形,要求加害者通过一定的方式向"人格权"遭受非法侵害的受害者予以赔礼道歉,获得受害者的谅解。[①] 赔礼道歉与精神损害相关联,能够实现对受侵害的消费者的心理补偿功能和对社会的道德教化功能。在消费侵权事件中,经营者的违法行为破坏了不特定消费者正常、有序、安全的消费环境,造成其精神上的困扰和负担。赔礼道歉这种责任方式具有很好的教育和指引功能,在教育违法经营者的同时,也对其他经营者起到警示指引作用。从这个意义而言,将赔礼道歉作为填补公共利益损害的责任方式具有合理性和必要性。

第三,确认之诉请求权。确认之诉是当事人要求法院确认某种法律关系存在或者不存在的诉讼,其特点在于原告仅要求法院通过审判确认特定的法律关系存在或者不存在。确认之诉可以分为积极确认之诉和消极确认之诉。积极确认之诉是指原告要求法院确认其主张的法律关系存在的诉讼。消极确认之诉是指原告要求法院确认其主张的法律关系不存在的诉讼。确认之诉的目的是通过法院判决确认当事人之间的法律关系,法院对确认之诉进行审理后作出的判决没有给付内容。在消费领域,为适应频繁交易的需要,格式合同大量出现。一方面,格式合同可以简化交易程序,提高交易效率;但另一方面,一些经营者通过格式合同订入不公平条款,侵犯消费者的利益。不公平格式条款侵犯了不特定消费者的自主选择权、公平交易权、知情权等权利,是侵犯消费领域公共利益的典型表现。实践中,消费纠纷往往涉及大量的格式条款,解决消费纠纷往往需要先对格式条款本身的法律效力进行确认。格式合同的制定方是经营者,而相对方是弱势的消费者,鉴于双方实力相差悬殊的实际情况,《消费民事公益诉讼司法解释》第 13 条第 2 款规定了确认之诉请求权,将确认消费合同不公平格式条款无效的诉讼请求单列出来。[②] 根据确认之诉的原理,《消费民事公益诉讼司法解释》规定的确认之诉属于消极的确认之诉。"对格式条款进行规制的指导思想是既要发挥格式合同的效率优势,又要让其在符合民法基本原则的轨道上运行,从而保障交易公平,保证平等、自愿、诚实信用等市场经济关系的基本要求得以贯彻。"[③]

---

① 参见张新宝:《侵权责任法》,中国人民大学出版社 2006 年版,第 373 页。

② 《消费民事公益诉讼司法解释》第 13 条第 2 款规定:"经营者利用格式条款或者通知、声明、店堂告示等,排除或者限制消费者权利、减轻或者免除经营者责任、加重消费者责任,原告认为对消费者不公平、不合理主张无效的,人民法院应依法予以支持。"

③ 转引自杜万华主编:《最高人民法院消费民事公益诉讼司法解释理解与适用》,人民法院出版社 2016 年版,第 255 页。

第四,其他类型的请求权。除了上述三类明文列举的请求权外,《消费民事公益诉讼司法解释》第 13 条用“等”字为其他类型的请求权预留扩张空间。至于“等”字包含哪些诉讼请求,争议较大。其中,争议最大的就是“等”字是否包含“赔偿损失”。最高人民法院的法官对此作出了解释——“至于争议较大的不法收益收缴之诉和损害赔偿之诉,本条在明确列举请求权类型后面以一个‘等’字作为保留,为将来消费民事公益诉讼的请求权类型扩展预留空间”[①]。不过,李友根教授认为,“赔偿损失”这样重要的民事责任不可能被隐藏在“等”字之中,“鉴于最高人民法院长期以来制定司法解释的技术传统,更鉴于赔偿损失是民事责任中最为重要与关键的类型,一般而言它是不可能被司法解释制定者隐藏于‘等’之中的”[②]。事实上,最高人民法院的法官也明确表态:“至于赔偿损失责任……由于操作难度大,欠缺法律依据和配套制度,本司法解释也没有规定,在审判实践中同样暂时不能适用,需待有明确的法律依据以后再行考虑。”[③]立法者未明文规定也未明文排除赔偿损失等其他类型的请求权,导致司法实践中消协组织提出其他类型的诉讼请求缺乏明确的法律依据,也导致法院裁判标准的不统一。

二、消协组织在司法实践案例中的诉讼请求

分析 42 件案件的诉讼请求,包含立法明文规定的停止侵害、排除妨碍、消除危险、赔礼道歉的案件有 33 件,包含确认之诉的案件有 4 件,包含惩罚性赔偿的案件有 23 件。

(一)预防型诉讼请求的司法应用及存在问题

消协组织在 1 ~ 4 号案、12 ~ 13 号案、14 号案、16 号案、27 号案、35 号案、37 ~ 41 号案等 15 件案件中单独或者一并提出了停止侵害、排除妨碍、消除危险等预防型诉讼请求,请求法院判令被告为或不为一定的行为。从起诉时间看,消协组织

---

① 杜万华主编:《最高人民法院消费民事公益诉讼司法解释理解与适用》,人民法院出版社 2016 年版,第 235 ~ 236 页。

② 李友根:《论消费者协会公益诉讼的损害赔偿请求权——对最高人民法院司法解释立场的商榷》,载《政治与法律》2017 年第 9 期。

③ 杜万华主编:《最高人民法院消费民事公益诉讼司法解释理解与适用》,人民法院出版社 2016 年版,第 259 页。

在消费公益诉讼实施的初期比较谨慎,1～3 号案的诉讼请求仅为停止侵害、排除妨碍,4 号案的主要诉讼请求也是停止侵害。

立法对预防型诉讼请求的规定抽象概括,缺乏具体标准和对应的指向性。经营者的侵权行为呈现多样化、复杂化的特征,现行粗略的规定造成适用标准的不一致。以停止侵害为例,1 号案的诉讼请求表述为"被告立即停止'强制实名购票乘车后遗失车票的消费者另行购票'的行为",4 号案的诉讼请求表述为"被告立即停止生产、销售已被工信部《道路机动车辆生产企业及产品公告》撤销的所有型号产品,被告立即停止生产、销售不符合强制性国家标准的所有型号产品",13 号案的诉讼请求表述为"被告立即停止违法侵权行为",27 号案的诉讼请求表述为"被告立即停止拖延退还消费者押金的行为"。从司法实践案例中不难看出,消协组织在司法实践案例中的诉讼请求对停止侵害、排除妨碍、消除危险进行了具体化,但由于没有明确的标准,相似案件的具体要求差别较大。

(二)赔礼道歉请求权的司法应用及存在问题

1. 赔礼道歉的司法应用

赔礼道歉是消协组织比较常用的诉讼请求,42 件案件中,消协组织单独或者一并提出赔礼道歉请求的案件有 33 件(见表 5－1)。其中,5 号案将赔礼道歉作为唯一的诉讼请求。① 司法实践案例中,消协组织的赔礼道歉请求全部得到法院的支持。

表 5－1　含赔礼道歉的案件统计

序号	请求内容	诉讼结果
5 号案	被告在省级以上新闻媒体公开道歉	判决生效后 10 日内,被告在吉林省省级以上(含省级)新闻媒体赔礼道歉
7 号案	被告在《南方日报》上刊登向消费者的赔礼道歉声明	判决生效之日起 20 日内,被告在《南方日报》上刊登向消费者赔礼道歉的声明
8～11 号案	被告在省级以上新闻媒体公开赔礼道歉	判决生效之日起 10 日内,被告在广东省省级以上新闻媒体发表经法院认可的赔礼道歉声明

① 参见长春市中级人民法院(2016)吉 01 民初 819 号民事判决书。

续表

序号	请求内容	诉讼结果
12 号案	被告在全国公开发行的报纸及广东省省级以上媒体公开赔礼道歉	判决生效之日起 10 日内,被告在《广州日报》A1 版和广东省省级以上电视台发表经法院认可的赔礼道歉声明
14 号案	被告就其侵害行为在《南方日报》《中国消费者报》的非中缝及广告版面上公开赔礼道歉	撤诉结案。根据撤诉裁定书,原告的诉讼请求已实现
15 号案	被告在《四川日报》《华西都市报》等四川省级新闻媒体上发布书面赔礼道歉声明	判决生效之日起 30 日内,被告在四川省省级纸质媒体上刊登向社会公众公开赔礼道歉的声明。声明内容需经法院审核,于判决生效之日起 10 日内提交法院,并于审核通过之日起 20 日内刊登
17 ~25 号案	被告在安徽省级新闻媒体公开赔礼道歉	判决生效之日起 20 日内,被告在安徽省级新闻媒体公开赔礼道歉
26 号案	被告在国家级新闻媒体上公开向消费者赔礼道歉	判决结案,未检索到判决书。根据媒体报道,判决支持了赔礼道歉的诉讼请求
28 号案	被告在全国公开发行的报纸及浙江省省级以上媒体公开赔礼道歉	调解结案。调解书确认被告于 2021 年 2 月 10 日前在全国公开发行的报纸及浙江省省级以上媒体公开赔礼道歉
29 号案	被告在浙江省省级以上媒体公开赔礼道歉	调解结案,调解书确认了赔礼道歉的诉讼请求
31 号案	被告在《内蒙古日报》A1 版和《通辽日报》上发表声明,公开赔礼道歉	被告在判决生效之日起 15 日内,在《内蒙古日报》《通辽日报》上发表经法院认可的赔礼道歉声明
32 ~34 号案	被告在省级以上新闻媒体公开发表赔礼道歉声明	被告在省级以上新闻媒体公开发表赔礼道歉声明
35 号案	被告在《中国消费者报》等省级以上媒体就其非法泄露众多消费者个人信息行为刊登书面道歉信进行公开赔礼道歉;在其微信公众号“扬啟策划推广”首页就其非法泄露众多消费者个人信息行为刊登书面道歉信,时间不少于 30 日	调解结案,调解书确认了赔礼道歉的诉讼请求

续表

序号	请求内容	诉讼结果
36 号案	被告在省级以上媒体公开向消费者赔礼道歉	判决结案,未检索到判决书。根据媒体报道,判决支持了赔礼道歉的诉讼请求
37～41 号案	被告在《中国消费者报》等省级以上媒体刊登书面道歉信,进行公开赔礼道歉	调解结案,未检索到调解书。根据媒体报道,调解书确认了赔礼道歉的诉讼请求
42 号案	被告在《中国消费者报》向社会公开道歉	判决结束,未检索到判决书。根据媒体报道,判决支持了赔礼道歉的诉讼请求

资料来源:笔者收集整理。

2. 赔礼道歉在司法应用中存在的问题

由于《消费民事公益诉讼司法解释》对赔礼道歉的内容要求、媒体级别、执行时间等缺乏具体规定,上述司法实践案例中消协组织提出的要求不统一,法院裁判标准也有差异。存在的问题突出体现在以下几个方面。

第一,赔礼道歉的适用条件不明确。从性质上分析,42 件司法实践案例都属于侵权责任纠纷。由于现行规定没有明确规定公益诉讼中赔礼道歉的适用条件,能不能适用该诉讼请求由消协组织自主把握。这样就导致案情相似的案件,有的提出了赔礼道歉的请求,有的则没有。如同样是侵犯消费者个人信息权的案件,13 号案的诉讼请求不包含赔礼道歉,32～36 号案等 5 件案件的诉讼请求则都包含赔礼道歉。

第二,赔礼道歉的方式缺乏明确规定。经营者对消费领域公共利益的侵害突出体现在对社会公众的精神和情感层面的侵害,因此赔礼道歉的对象应是社会公众而非特定的消费者。为使被侵害对象与赔礼道歉的对象保持一致性,赔礼道歉的履行方式应以公开方式在主流媒体上书面道歉。33 件案件的诉讼请求都表达了“公开”的要求,但由于缺乏明文规定,“公开”的具体标准不明确。比如,即使理论和实践一致认可需要在“媒体”上公开赔礼道歉,但实践中也存在对媒体级别和类型的争议。(1)关于媒体级别。10 件案件的消协组织要求为“省级以上”媒体,12 件案件的消协组织要求为“四川”“安徽”“浙江”等区域性媒体,3 件案件的消协组织要求为“全国性”媒体,10 件案件提出了《南方日报》《四川日报》《华西都市报》《中国消费者报》《内蒙古日报》等具体媒体的明确要求,1 件案件的消协组织未对媒体级别提出要求。由于现行规定对媒体级别没有规定,有的司法实践案例对此产生了争议。如吉林省消费者协会在 5 号案中的诉讼请求是“判令被告在省级以上新闻媒体公开道歉”，被告辩称“原告诉请不明确……未说明在我国哪一省份哪一类新闻媒体上公开赔礼道歉”。长春市中级人民法院一审判决被告“在吉林省省级以上（含省级）新闻媒体赔礼道歉”[①]。又如广东省消费者委员会在8号案中主张被告在“省级以上”新闻媒体赔礼道歉，一审法院判决的媒体级别为“广东省”省级以上。[②] 广东省消费者委员会在12号案中主张“被告在全国公开发行的报纸及广东省省级以上媒体公开赔礼道歉”，广州市中级人民法院一审认为，“从必要性和合理性角度出发，考虑到判决的确定性和可执行性等因素，本院判令被告广州悦骑公司在《广州日报》A1版和广东省省级以上电视台上发表声明”[③]。四川省保护消费者权益委员会在15号案中认为，被告利用证明商标信誉欺诈损害消费者的行为，受众多为成都市内不特定的消费主体，道歉范围应扩大到四川省，提出被告在四川省级新闻媒体道歉的诉求。被告对媒体级别提出异议，认为其行为造成损害的范围仅限于成都市，未在四川省其他范围或地区造成不良社会影响，应在成都市级新闻媒体道歉。成都市中级人民法院一审认为，“四被告销售假冒注册商标商品的行为虽然发生在成都市，但成都市作为四川的省会城市，是中国西部消费的核心集散地，消费市场辐射全省，基于其特殊的区域位置及影响力，四被告销售假冒注册商标商品的行为造成的影响应为省级范围，故应当在四川省级媒体上赔礼道歉”[④]。有关媒体级别的争议，虽有执行方面的考量，但实质问题则是原告、被告和法院对侵权损害范围的认识不一致。（2）关于媒体类型。14件案件表述为“新闻”媒体，10件案件表述为“媒体”，12件案件明确为报纸媒体，1件案件提出被告在“媒体”和“微信公众号”同时道歉的要求。15号案中，一审判决特别强调了“纸质媒体”的要求。[⑤] 4号案的诉讼请求不包括赔礼道歉，不过调解书确认了被告在4家全国性媒体、5家省级媒体道歉，且要求其中一家全国性媒体为“网络媒体”[⑥]。总体上看，司法实践案例有关赔礼道歉的执行标

---

① 参见长春市中级人民法院（2016）吉01民初819号民事判决书。

② 参见广州市中级人民法院（2017）粤01民初384号民事判决书。

③ 参见广州市中级人民法院（2017）粤01民初445号民事判决书。

④ 参见成都市中级人民法院（2019）川01民初5508号民事判决书。

⑤ 参见成都市中级人民法院（2019）川01民初5508号民事判决书。

⑥ 调解书确认，被告在全国性媒体中有一家网络媒体及公司设立的网络平台发布6个月，其他每家媒体发布3次公告。参见北京市第四中级人民法院（2016）京04民初94号民事调解书。

准不统一。

第三,赔礼道歉的内容缺乏明确规定。赔礼道歉的声明包含哪些内容,缺乏明确规定,司法实践案例对此也没有形成一致的做法。不过,8 ~ 12 号案、15 号案、42 号案等 7 件案件的一审判决书明确要求被告发表的声明内容需经法院审核,而其他案件则未提到内容方面的要求。

第四,执行时限缺乏统一规定。被告需要在多长时间内完成赔礼道歉,没有明文规定。司法实践中,有 19 件案件的裁判文书要求被告在裁判生效后的一定期限内履行义务,其他案件则没有对履行期限提出明确要求。

(三)确认之诉的司法应用及存在问题

42 件案件中,单独或者一并提出确认之诉的案件有 4 件(见表 5 - 2)。根据《消费民事公益诉讼司法解释》第 13 条第 2 款之规定,消协组织有权主张不公平、不合理格式条款无效的确认之诉,6 号案、30 号案提出的诉讼请求即是确认格式条款无效。消协组织提起确认之诉,拓展了消费者权益保护的救济途径,在加强不特定多数消费者的普遍保护方面发挥更加重要的作用,也为私益诉讼的开展提供事实依据和侵权证据。不过,目前立法明文规定的确认之诉的适用范围比较狭窄,仅限于确认格式条款无效。4 号案、26 号案虽然也属确认之诉,但消协组织提出的诉讼请求并非确认无效,而是确认被告的行为违法。

表 5 - 2　含确认之诉请的案件统计

序号	请求内容	类型
4 号案	确认被告违法、违规生产和销售的行为对众多不特定消费者构成了《消费者权益保护法》第 55 条的“欺诈行为”	确认行为违法
6 号案	确认《南京水务集团有限公司供用水合同》(户表用户)第 7 条第 2 款第 1 项条款无效	确认格式条款无效
26 号案	确认被告售假行为构成欺诈	确认行为违法
30 号案	确认被告“划线价”的格式条款无效	确认格式条款无效

资料来源:笔者收集整理。

（四）其他诉讼请求的司法应用及存在问题

《消费民事公益诉讼司法解释》第13条用一个“等”字为诉讼请求的拓展了预留空间，也引发了争议。争议主要集中在消协组织是否有权提起损害赔偿之诉，尤其是其惩罚性赔偿请求权成为争议焦点。根据《消费者权益保护法》《食品安全法》《民法典》等实体法律规定，有些侵权行为可以适用惩罚性赔偿，但《消费民事公益诉讼司法解释》第13条未明文规定惩罚性赔偿为填补公共利益损害的责任方式。预防型诉讼请求已经无法满足维权需求，于是消协组织在一些司法实践案例中对损害赔偿进行了探索性适用，且大部分案件得到法院支持。42件案件中，单独或者一并提出赔偿请求的案件有29件。其中，7号案是全国第一例提出赔偿请求的案件，35号案、42号案创造性提出以公益性行为替代赔偿的诉请。立法的模糊性造成损害赔偿在消费民事公益诉讼中的适用困境和争议，尤其在损害赔偿请求权的法律依据、惩罚性赔偿适用条件与计算方法、惩罚性赔偿与刑事罚金的关系、赔偿金归属与管理等方面的理论认识和实践做法较混乱。

三、消协组织的损害赔偿请求权之探讨

消费民事公益诉讼制度一经问世，作为其核心问题之一的损害赔偿请求权问题就成为争论的焦点之一。① 从现行法律规定分析，消协组织能否在消费民事公益诉讼中提起赔偿之诉存在很大的争议，毕竟立法对此缺少明确规定。但是，如果消协组织仅依据《消费民事公益诉讼司法解释》第13条的明文规定提出预防型诉讼请求，将无法从根本上对经营者进行威慑。《消费民事公益诉讼司法解释》第13条没有将损害赔偿明文纳入请求权范围，从解释论的角度看，“等”字可能包含损害赔偿。《消费民事公益诉讼司法解释》第13条未明文肯定也未明文否定的立法表达，使得消协组织是否有权提起赔偿之诉成为理论和实践的焦点问题。从理论研究和制度建构的角度看，探求损害赔偿制度确立的法理以及如何实现损害赔偿的法定化是一个极其重要的问题。换句话说，损害赔偿是否需要以及如何确定为一种法定诉讼请求是消费民事公益诉讼制度层面要解决的重要课题。

---

① 参见杜乐其：《消费民事公益诉讼损害赔偿请求权研究》，载《法律科学（西北政法大学学报）》2017年第6期。

(一)消协组织提起损害赔偿之诉的司法实践

消协组织仅仅在公益诉讼中提出停止侵害、排除妨碍、消除危险、赔礼道歉等诉讼请求,局限性日益暴露,无法从根本上对违法经营者进行威慑,也难以对消费者遭受的损害给予全面救济。为此,消协组织积极探索损害赔偿之诉,42 件案件中,单独或者一并提出了赔偿损失请求的有 29 件。损害赔偿包括补偿性赔偿和惩罚性赔偿两种类型,有 7 件案件提出了补偿性赔偿请求,22 件案件提出了惩罚性赔偿请求。

1. 小部分案件提出补偿性赔偿请求

42 件案件中,有 7 件案件提出了补偿性赔偿请求,并且全部得到法院支持。浙江省消费者权益保护委员会在 28 号案中提出的“退还销售款 563,906.6 元”、广东省消费者委员会在 32 号案和 34 号案中提出的“赔偿消费者损失 5000 元”“赔偿消费者损失 23,140 元”的诉讼请求为补偿性赔偿之诉请,诉讼目的在于填平消费者的损失。其中,28 号案以被告的销售额计算赔偿额,32 号案、34 号案以被告的获利金额计算赔偿额,35 号案等 4 件案件提出了以行为补偿损失的诉请。

2. 大部分案件提出惩罚性赔偿请求

42 件案件中,有 22 件案件提出了惩罚性赔偿请求。2017 年 3 月,广东省消费者委员会在 7 号案中提出了 1006.2 万元的惩罚性赔偿请求,这是全国首例惩罚性赔偿消费民事公益诉讼案件。广东省消费者委员会主张,《消费民事公益诉讼司法解释》第 13 条并未排除原告要求赔偿损失的权利,被告实施侵权行为的时间较长,受害者众多,手段十分恶劣,严重危及广大消费者的人身财产安全,极大损害了社会公共利益,且该损害无法恢复。同时,食品不同于其他产品,证据难以保存,对人体健康的损害也有可能是潜移默化的,广大消费者难以通过诉讼维权。因此,参考我国《食品安全法》第 148 条第 2 款的规定,对被告提出价款 10 倍的惩罚性赔偿。被告辩称,《消费民事公益诉讼司法解释》第 13 条没有规定赔偿损失的救济措施,原告的赔偿损失请求于法无据。深圳市中级人民法院一审认为,民事赔偿以填补损失为原则,以法律明确规定适用惩罚性赔偿为例外。《消费民事公益诉讼司法解释》第 13 条第 1 款未明确规定可适用惩罚性赔偿,以该条规定主张惩罚性赔偿,依据不足。《食品安全法》第 148 条第 2 款规定的请求 10 倍或 3

倍惩罚性赔偿须由消费者提出，且以实际损害为基础标准计算惩罚性赔偿金。本案原告并非购买猪肉的消费者，也没有支付过购买被告销售猪肉的价款或者受到其他损失，因此原告主张 1006.2 万元的赔偿，缺乏法律依据，不予支持。[①] 由于《消费民事公益诉讼司法解释》明文列举的请求权不包括惩罚性赔偿，广东省消费者委员会的惩罚性赔偿请求未获法院支持，但该案引发了理论界和实务界的思考和热议。2017 年 10 月，广东省消费者委员会在 8 号案中再次提出了惩罚性赔偿请求，被告也提出了《消费民事公益诉讼司法解释》未明文规定赔偿责任的答辩意见。广州市中级人民法院一审认为，消费民事公益诉讼具有替代性和补充性，是为了保护众多不特定消费者的合法权益，同时避免消费侵权者的民事侵权责任落空。对原告关于七被告应该承担民事侵权责任的意见，本院予以支持……被告依法需承担总价款十倍的惩罚性赔偿金。[②] 这是全国首例获得法院支持的惩罚性赔偿消费民事公益诉讼案件，广东省消费者委员会在后续起诉的 9 ~ 11 号案中也提出了惩罚性赔偿请求并获法院支持。2019 年 12 月，安徽省消保委在 17 ~ 25 号案中提出了惩罚性赔偿请求并获法院支持。2020 年以来消协组织提起的惩罚性赔偿案件有 8 件。

实践层面，由于对《消费民事公益诉讼司法解释》第 13 条有不同理解，法官对惩罚性赔偿的适用存在较大分歧。大部分法院支持或者不支持惩罚性赔偿请求都存在法律依据不足、说理不清等问题，也存在同案不同判的现象。比如，支持消协组织惩罚性赔偿请求的案例中，法官虽然试图论证该请求权的独立存在，从而规避移转依附型惩罚性赔偿请求权及其实施的难题，但鉴于我国实体法上的惩罚性赔偿请求权属于消费者，法官只能从实质正义的立法论角度，论证消协组织可以代替消费者行使惩罚性赔偿请求权，引用的法律依据仍然指向《民法典》《消费者权益保护法》《食品安全法》等实体法律规定的消费者权利，从而混淆了基于公益的惩罚性赔偿请求权和基于私益的惩罚性赔偿请求权。由于公益诉讼中的惩罚性赔偿缺乏独立请求权基础，消协组织和法院不得不援引消费者的惩罚性赔偿请求权，从而引发一系列的法律适用难题。司法实践案例中，构成消协组织请求权基础的规范组合主要分为两类：一是由消费公益诉讼起诉资格规范与惩罚性赔

① 参见深圳市中级人民法院（2017）粤 03 民初 547 号民事判决书。

② 参见广州市中级人民法院（2017）粤 01 民初 384 号民事判决书。

偿规范组合而成的“二要素”请求权基础;二是消协组织尝试在个案中寻找新的规范类型,并将其与前述两种规范再次结合,形成的“三要素”请求权基础。[①] 概言之,司法实践案例通过解释论寻求请求权的基础。由此,提出一个值得省思的规范性问题:消协组织能否主张惩罚性赔偿?

(二)几个争议问题的探讨

与预防型诉讼请求相比,损害赔偿之诉存在更多的难题,也存在较大的争议。限于篇幅,本章仅对当前争议较大的四个问题展开探讨。

1. 消协组织应否享有损害赔偿请求权之争议

由于《消费民事公益诉讼司法解释》第 13 条未明确规定赔偿损失的民事责任,各界对消协组织应否享有损害赔偿请求权存在较大分歧,主要形成否定论和肯定论两种观点。

(1)否定论

一种观点认为,消协组织不享有损害赔偿请求权。主要理由有三。

一是损害赔偿与公益诉讼的预防功能不契合。公益诉讼作为一种特殊的诉讼形式,出于自身结构的原因,不可能像一般解决私益纠纷的民事诉讼那样发挥某些功能,如损害赔偿,故其适用是应当受到限制的。[②] 民事公益诉讼承担着“预防保护与监督”的功能,为避免金钱损害赔偿带来的证明与分配上的困难,以及保证有关组织的独立地位,我国民事公益诉讼的请求权内容应当限定在“非金钱损害赔偿请求权”上,仅在例外情形下才允许通过民事公益诉讼的途径主张“没收不正当收益”的请求权并上缴基金。[③] “消费者私益诉讼实现其功能的主要手段是要求经营者进行损害赔偿,而消费民事公益诉讼实现其功能的主要手段是制止经营者的不当行为。”[④]正是基于这样考虑,一些国家对非利害关系人所提起的公益诉讼不允许提出损害赔偿诉讼请求,仅可提起要求停止侵害、恢复原状等请求。

---

① 参见杜乐其:《消费公益诉讼惩罚性赔偿解释论》,载《南京大学学报(哲学·人文科学·社会科学)》2022 年第 1 期。

② 参见张卫平:《民事诉讼的逻辑》,法律出版社 2015 年版,第 92 页。

③ 参见柯阳友:《民事公益诉讼重要疑难问题研究》,法律出版社 2017 年版,第 81 页。

④ 程新文、冯小光、关丽等:《我国消费民事公益诉讼制度的新发展〈最高人民法院关于审理消费民事公益诉讼案件适用法律若干问题的解释〉的理解与适用》,载《法律适用》2016 年第 7 期。

"大多数国家公益诉讼立法之初,也仅支持公益诉讼的原告提出禁止之诉,只有直接受害的消费者才有权提起损害赔偿之诉。消费民事公益诉讼在社会生活中首先应当发挥预防性保护与监督的功能,其应当被用于弥补通常法律保护体系的缺失,并最终促进'有效适用法律'这一公共利益的实现。随着公益诉讼案件的逐渐增多,与之相伴的预防性诉讼请求也呈现不断上升的趋势。这说明,公益诉讼旨在预防侵害的诉讼动机日渐明朗化。根据这一论断,消费民事公益诉讼追求的首要目标应当是制止、预防而非补偿。"①

二是消协组织不是侵权法律关系的当事人,赋予其损害赔偿请求权不符合损害赔偿理论。按照传统的损害赔偿理论,只有权益受到直接侵害的个体有权主张损害赔偿,民事公益诉讼的原告不能享有请求权。② 公益诉讼的受害人具有非特定性,胜诉结果具有不可分性,而损害赔偿请求权的行使主体是特定的受害消费者。③ 张卫平教授认为,基于公益诉讼这一特定的诉讼方式,返还财产和直接损失损害赔偿的法律责任的实现是受限制的,原因在于"返还财产和赔偿损失都要求有特定的财产返还对象和受偿主体",而"公益诉讼本身针对的是不特定主体所拥有的社会公共利益"。因此,也就不会发生财产返还和直接损失损害赔偿的问题。④

三是赋予消协组织损害赔偿请求权将导致公益和私益的混淆。有的消费侵权行为既损害了公共利益,也损害了特定消费者的利益。如果消协组织的诉讼请求包括损害赔偿,将会出现公益诉讼原告的损害赔偿请求权与个体消费者之间的损害赔偿请求权如何界分的问题,也面临胜诉后赔偿金分配的难题。⑤ 况且,侵害消费领域公共利益的行为造成的损失往往难以确定,即使能够确定大致的损失,也由于受害主体的不特定性,使得赔偿金无法具体给付具体的受害人。消费公益诉讼所保护的是纯粹的公益,不应在同一案件中一并审理公益与私益的问题,如

---

① 杜万华主编:《最高人民法院消费民事公益诉讼司法解释理解与适用》,人民法院出版社 2016 年版,第 239 页。

② 参见蒋勇主编:《新民事诉讼法与律师实务》,人民法院出版社 2012 年版,第 83~84 页。

③ 参见杨仕兵:《论消费公益诉讼的界定及其可诉范围》,载《齐鲁学刊》2016 年第 1 期。

④ 参见张卫平:《民事公益诉讼原则的制度化及实施研究》,载《清华法学》2013 年第 4 期。

⑤ 参见全国人大常委会法制工作委员会民法室编:《民事诉讼法:立法背景与观点全集》,法律出版社 2012 年版,第 297 页。

果两者在同一案件中审理,势必造成混乱,消费者私益所受到的损害可以通过代表人诉讼解决。[①]

(2)肯定论

另一种观点认为,消协组织享有损害赔偿请求权。为有效保护消费者权益,消协组织不但可以提起不作为之诉,而且可以提起损害赔偿之诉。主要理由有三。

一是消费公益诉讼的替代性使得消协组织享有消费者的权利。消费民事公益诉讼并非一种新型的独立诉讼制度,仍然受制于传统民事诉讼制度的调整。"凡是新《消法》《侵权责任法》以及其他民商事法律赋予受害消费者的各类请求权,消费者协会在提起公益诉讼时皆可行使。"[②]这种观点认为,消费者和消协组织之间具有替代性。

二是填补公共利益损害也应为公益诉讼的应有之义。李友根教授指出,消费公益诉讼制度是为了弥补传统民事诉讼制度难以应对现代社会大规模和分散性消费者损害现象的缺陷而建立的,目的是保护消费领域的公共利益。此种公共利益的保护,需要面向未来的不作为之诉,也需要面向过去的损害赔偿之诉。[③] 面对受害消费者人数众多且分散的情形,不能只考虑对受害消费者进行补偿,对社会公共利益的补偿也应当纳入考虑的范围。现实生活中,消协组织基于法律的授权,通过行使预防型请求权矫正经营者的违法行为,作用是值得肯定的。不过,即便法院支持了消协组织的预防型请求,如果不同时赋予其损害赔偿请求权的话,将会出现已经受损的公共利益无法救济的问题。为了最大限度维护消费者权益,赋予消协组织损害赔偿请求权具有重要意义。消协组织的损害赔偿请求救济的是整个消费者群体的损害,如果经营者需要支付巨额赔偿金作为违法行为的实施条件,那么该不法行为从一开始就有停止实施的可能。因此,损害赔偿请求权本身就内含着抑制侵权行为发生的可能。

---

① 参见王政勇:《消费公益诉讼的司法理念及特殊审判规则的构建》,载《法律适用》2014 年第 11 期。

② 刘俊海:《完善司法解释制度激活消费公益诉讼》,载《中国工商管理研究》2015 年第 8 期。

③ 参见李友根:《论消费者协会公益诉讼的损害赔偿请求权——对最高人民法院司法解释立场的商榷》,载《政治与法律》2017 年第 9 期。

三是其他国家和地区也有条件允许消费者团体提起损害赔偿之诉。从各国立法发展来看，尽管不作为之诉仍然是团体诉讼的重要表现形式，但是团体诉讼可以采取的司法救济类型已经呈现多样化的特征，既有不作为之诉，也有损害赔偿之诉。[①] 从比较法的视角来看，主要国家和地区消费公益诉讼的请求权类型最初多以不作为之诉为限，是纯粹型公益诉讼。伴随着消费者保护运动的蓬勃发展，消费民事公益诉讼的请求权类型也不断扩展，带有补偿性甚至惩罚性的给付之诉也以各种形式出现在消费公益诉讼中。[②]

(3)本书观点

无论是否定论还是肯定论，都有一定的合理性。笔者认为，立法应当赋予消协组织损害赔偿请求权。反对消协组织主张损害赔偿的主要理由是公益诉讼具有预防性，公益诉讼重在预防而不是补偿。但是，退一步说，即使预防型诉讼请求能够实现公益诉讼的预防功能，在制度上仍然有必要考虑过去已经发生的损害如何补救。否定损害赔偿请求权的观点，过于关注损害赔偿的补偿功能。实际上，损害赔偿不但具有对受害人所受的损失进行恢复和补救的功能，也有预防功能。如果没有损害赔偿请求权，预防功能就缺少必要的保障。通过损害赔偿让经营者承担赔偿责任，能够从另一个角度强化预防的价值和功能，促使经营者对自己的行为负责，预测行为后果并矫正自己的行为。环境民事公益诉讼的诉讼请求中，司法解释将赔偿损失明确列为诉讼请求之一。最高人民法院《关于审理环境民事公益诉讼案件适用法律若干问题的解释》第 18 条规定："对污染环境、破坏生态，已经损害社会公共利益或者具有损害社会公共利益重大风险的行为，原告可以请求被告承担停止侵害、排除妨碍、消除危险、修复生态环境、赔偿损失、赔礼道歉等民事责任。"至于诉讼利益的归属和分配，则属于另一个需要解决的难题，不能因为诉讼利益归属存在困难而否定消协组织的损害赔偿请求权。

2. 消协组织应否享有惩罚性赔偿请求权之争议

厘清了消协组织能否享有损害赔偿请求权之后，接下来还要明确消协组织损害赔偿请求权的类型。损害赔偿包括补偿性赔偿和惩罚性赔偿。惩罚性赔偿是指在补偿性赔偿之外，加害人向受害人承担超过其实际损害赔偿数额以外的超额

---

① 参见刘学在：《请求损害赔偿之团体诉讼制度研究》，载《法学家》2011 年第 6 期。

② 参见柯阳友：《民事公益诉讼重要疑难问题研究》，法律出版社 2017 年版，第 118～119 页。

责任,具有鼓励消费者维权以及遏制经营者侵权的双重功能。王利明教授认为:“惩罚性的赔偿,指判定的损害赔偿金不仅是对原告的补偿,而且也是对故意加害人的惩罚。”①20世纪以来惩罚性赔偿已经在一些国家得到广泛应用。英美法系国家较为普遍适用惩罚性赔偿制度。德国、法国等国的法律制度体系中没有正式的惩罚性赔偿制度,但在司法实践的判例中赔偿金已经超过补偿性赔偿的范畴,此类赔偿金的性质和功能已经非常近似于惩罚性赔偿金。②

在我国,自1993年制定的《消费者权益保护法》引入惩罚性赔偿制度以来,惩罚性赔偿就一直存在争议,司法实践也遭遇诸多困境。在消费民事公益诉讼领域,惩罚性赔偿也成为当前理论和实践的热点和难点问题,其中争议的核心问题是惩罚性赔偿是否适合融入消费民事公益诉讼的制度体系。但争议的存在并没有阻碍其实践运行,自2018年以来法院通过8号案等一系列司法判例一再对消协组织的惩罚性赔偿请求权的合法性予以肯定。在司法机关总体上接纳惩罚性赔偿请求权的情况下,理论和实践对消协组织惩罚性赔偿请求权的依据及其适用并没有达成共识,法院的裁判也有差异甚至矛盾之处,存在同案不同判的情形。因此,有必要梳理有关规定并对有关争议进行探讨。

(1)消费领域惩罚性赔偿的有关规定

我国传统民事责任体系中的损害赔偿仅限于补偿性赔偿,随着社会的不断发展,立法者逐渐认识到惩罚性赔偿的重要性,《消费者权益保护法》《食品安全法》《旅游法》等实体法对消费领域的惩罚性赔偿作出了明确规定。1993年颁布的《消费者权益保护法》第49条规定:“经营者提供商品或者服务有欺诈行为的,应当按照消费者的要求增加赔偿其受到的损失,增加赔偿的金额为消费者购买商品的价款或者接受服务的费用的一倍。”③这是我国民事法律中最早有关惩罚性赔偿

① 王利明:《美国惩罚性赔偿制度研究》,载《比较法研究》2003年第5期。

② 参见于冠魁:《惩罚性赔偿适用问题研究》,法律出版社2016年版,第35~38页。

③ 2013年修正的《消费者权益保护法》将第49条调整为第55条,并对内容作了修改。现行第55条规定:“经营者提供商品或者服务有欺诈行为的,应当按照消费者的要求增加赔偿其受到的损失,增加赔偿的金额为消费者购买商品的价款或者接受服务的费用的三倍;增加赔偿的金额不足五百元的,为五百元。法律另有规定的,依照其规定。经营者明知商品或者服务存在缺陷,仍然向消费者提供,造成消费者或者其他受害人死亡或者健康严重损害的,受害人有权要求经营者依照本法第四十九条、第五十一条等法律规定赔偿损失,并有权要求所受损失二倍以下的惩罚性赔偿。”

的法律规范,确立了一般性商品或服务欺诈性交易中的惩罚性赔偿请求权的基础。由于惩罚性赔偿与我国传统民事赔偿奉行的填平原则明显不同,《消费者权益保护法》引入惩罚性赔偿制度的正当性引发各界争议。2009 年颁布的《食品安全法》对食品安全领域的惩罚性赔偿作出了规定,第 96 条第 2 款规定:“生产不符合食品安全标准的食品或者销售明知是不符合食品安全标准的食品,消费者除要求赔偿损失外,还可以向生产者或者销售者要求支付价款十倍的赔偿金。”[①]上述规定对食品安全领域惩罚性赔偿的计算作出特别规定。2009 年颁布的《侵权责任法》[②]第 47 条规定:“明知产品存在缺陷仍然生产、销售,造成他人死亡或者健康严重损害的,被侵权人有权请求相应的惩罚性赔偿。”这是我国立法文本中第一次使用“惩罚性赔偿”的用语。2013 年颁布的《旅游法》也规定了惩罚性赔偿,第 70 条第 1 款规定:“……旅行社具备履行条件,经旅游者要求仍拒绝履行合同,造成旅游者人身损害、滞留等严重后果的,旅游者还可以要求旅行社支付旅游费用一倍以上三倍以下的赔偿金。”2014 年 3 月 15 日施行的最高人民法院《关于审理食品药品纠纷案件适用法律若干问题的规定》第 15 条规定:“生产不符合安全标准的食品或者销售明知是不符合安全标准的食品,消费者除要求赔偿损失外,向生产者、销售者主张支付价款十倍赔偿金或者依照法律规定的其他赔偿标准要求赔偿的,人民法院应予支持。”上述司法解释对食品安全领域惩罚性赔偿计算作出细化规定。2021 年 1 月 1 日开始实施的《民法典》第 1207 条规定:“明知产品存在缺陷仍然生产、销售,或者没有依据前条规定采取有效补救措施,造成他人死亡或者健康严重损害的,被侵权人有权请求相应的惩罚性赔偿。”原《侵权责任法》第 47 条、《民法典》第 1207 条仅笼统规定侵权人承担“相应的惩罚性赔偿”,而且被侵权人请求“相应的惩罚性赔偿”的表述表明《民法典》无法作为消费者请求经营者承担惩罚性赔偿的直接依据,消费者仍然应以《消费者权益保护法》《食品安全法》《旅游法》《产品质量法》等单行法规定的实体权利为条件,以具体确定“相应”责任。

---

① 2015 年《食品安全法》修订,修订后的《食品安全法》进一步完善了惩罚性赔偿制度。《食品安全法》第 148 条第 2 款规定:“生产不符合食品安全标准的食品或者经营明知是不符合食品安全标准的食品,消费者除要求赔偿损失外,还可以向生产者或者经营者要求支付价款十倍或者损失三倍的赔偿金……”

② 《侵权责任法》已于 2021 年 1 月 1 日废止,2021 年 1 月 1 日起开始实施的《民法典》第 1207 条保留了原《侵权责任法》第 47 条的内容。

综上,我国消费领域有关惩罚性赔偿的规定散见于单行法,主要立法内容包括两个方面:一是消费者惩罚性赔偿请求权基础的相关规定;二是不同消费领域有关惩罚性赔偿计算依据的相关规定。受分散立法模式的影响,各单行法的立法目的不同,有关惩罚性赔偿的适用范围和适用条件也不一致。总体上看,我国惩罚性赔偿法律制度缺乏统一的立法原则和指导思想,也缺乏对惩罚性赔偿制度功能、性质、适用条件等请求权规范基础的一般性规定。从立法内容看,现行立法将惩罚性赔偿请求权设置为实体请求权,请求权的主体是与经营者有合同关系或者侵权关系的消费者,并且以消费者的补偿性赔偿请求权为基础。在消费者权益保护领域,我国立法规定的惩罚性赔偿依附于补偿性赔偿请求权,承担的是通常的法律责任之外的额外责任。① 从实施机制看,消费者的惩罚性赔偿请求权的实施与私益诉讼实施权相绑定,无法将其剥离出来单独赋予消协组织。在制度供给有限的情况下,一些消协组织根据我国相关法律中消费者惩罚性赔偿请求权的规定提起公益诉讼,一些法院也援引消费者的权利来论证消协组织惩罚性赔偿请求权的正当性。如 8 号案中,广州市中级人民法院一审认为:“根据《中华人民共和国食品安全法》第 148 条……消费者可同时主张退还价款和价款十倍的惩罚性赔偿……消费民事公益诉讼具有替代性和补充性……”②从法院的上述说理可知,法院认为消协组织的惩罚性赔偿请求权源于《食品安全法》第 148 条的规定,但《食品安全法》第 148 条规定的权利主体是“消费者”。实际上,消协组织无法从我国现行立法中找到惩罚性赔偿请求权的直接规范依据,法院也无法依据直接法律规范进行裁判。一些司法实践案例中,法院不支持消协组织的惩罚性赔偿请求的主要理由是惩罚性赔偿是属于消费者私人的权利。如 7 号案的一审法院持此观点。由此,当前消协组织在消费民事公益诉讼中的惩罚性赔偿请求权应是源于《消费民事公益诉讼司法解释》第 13 条“等”字的扩张解释。重庆市第一中级人民法院在 35 号案的调解书中持类似的观点:“《消费民事公益诉讼司法解释》第 13 条第 1 款规定的责任承担方式系不完全列举,预留了消费民事公益诉讼责任承担方式的

---

① 参见韩世远:《消费者合同三题:知假买假、惩罚性赔偿与合同终了》,载《法律适用》2015 年第 10 期。

② 参见广州市中级人民法院(2017)粤 01 民初 384 号民事判决书。

扩张空间。”[①]

（2）消协组织惩罚性赔偿请求权之争议

关于消协组织是否享有惩罚性赔偿请求权的问题，争议较大，形成针锋相对的肯定论和否定论两种观点。

①肯定论

第一种观点认为，消协组织享有惩罚性赔偿请求权。理由主要有两个。

一是在公益诉讼中适用惩罚性赔偿具有可行性。私人执法具有经济学上的正外部性特征，属于第三方公共物品，且提起公益诉讼通常能够使原告或者其代理人产生经济学上的隐性收益，故惩罚性赔偿型公益诉讼具备可行性。[②] 公益诉讼中实行惩罚性赔偿具有天然的正当性，因为公益侵权乃至破坏公益的犯罪行为本身包含着极大的伦理否定性因素，其主观恶性较为严重。实行惩罚性赔偿制度的目的在于强化公益损害的威慑机制，警示已经实施违法行为的经营者以及潜在可能违法的其他经营者，使公益诉讼产生足够的预防效应。司法实践案例中，不少法院对消协组织的惩罚性赔偿请求权予以肯定。如安徽省天长市人民法院在17号案的判决书中对消协组织的惩罚性赔偿请求权予以支持，理由是：“《消费民事公益诉讼司法解释》第13条在确定公益诉讼案件原告可提起的诉请类型时，虽未明确将‘惩罚性赔偿’列举在消费公益诉讼原告可提出的诉请类型中，但并不意味着该司法解释禁止公益诉讼原告提出惩罚性赔偿的诉请。从目的解释的方法而言，经营者生产、销售假冒产品，既会对购买、消费该产品的特定消费者群体个人造成私益权利的侵害，也会对不特定社会主体的公共利益、公共秩序等造成损害，这种与特定消费者群体私益无关的公共利益损失，无法通过特定消费者的私益诉讼予以弥补，必须通过公益诉讼的赔偿制度予以解决，故对前述司法解释中的‘等’字可作目的性扩张解释，即在消费民事公益诉讼案件中原告可以提出惩罚性赔偿。”[③]在消费民事公益诉讼中，由于受害者众多且造成的损害小额分散，只有通过对侵权主体实施惩罚性赔偿，才能威慑其不再继续从事违法行为。惩罚性赔

---

① 参见重庆市第一中级人民法院（2021）渝01民初308号民事调解书。

② 参见黄忠顺：《食品安全私人执法研究——以惩罚性赔偿型消费公益诉讼为中心》，载《武汉大学学报（哲学社会科学版）》2015年第4期。

③ 参见安徽省天长市人民法院（2020）皖1181民初2666号民事判决书。

偿请求权带有明显的公益色彩,通过增加经营者单次赔偿金额弥补部分消费者不知、不愿或者不能行使补偿性损害赔偿请求权的弊端。①

二是消费民事公益诉讼具有替代性和补充性。消协组织可主张《消费者权益保护法》《食品安全法》等法律赋予消费者的惩罚性赔偿请求权,"为缺席的消费者提供正义正是公益诉讼替代性和补充性的价值体现"②。"自首例惩罚性赔偿消费公益诉讼即'毒猪肉案'(7 号案)以来,原告们就已在'制度解构→制度融合'的路径下构造相应的请求权基础。其构造过程主要包括两个步骤:首先,将惩罚性赔偿消费公益诉讼拆解为两个部分,即'惩罚性赔偿 + 消费公益诉讼',在此基础上,原告根据其主体性质及被告侵权行为所涉领域,选择相应的公益诉讼起诉资格规范与惩罚性赔偿规范。其次,经由法律解释技术建立两种规范相互勾连的管道,最终使其融合为一体化的请求权基础。"③"在原告和绝大部分法官看来,两类规范之间至少隐含着这样一种逻辑关联:经营者侵害消费者合法权益的行为,若能够被《消费者权益保护法》第 55 条第 1 款或《食品安全法》第 148 条第 2 款所涵摄的,则受害消费者有权向经营者主张惩罚性赔偿责任;同时,针对经营者侵害众多不特定消费者合法权益的行为,消费者协会或检察院可提起公益诉讼。在此情形下,众多不特定消费者未能通过诉讼向被告主张惩罚性赔偿时,以保护消费公共利益为己任的公益诉讼原告自然可以代为主张。"④8 ~ 11 号案、31 号案的一审判决也持这样的观点,都引用《食品安全法》第 148 条作为裁判的依据。⑤

---

① 参见黄忠顺:《食品安全私人执法研究——以惩罚性赔偿型消费公益诉讼为中心》,载《武汉大学学报(哲学社会科学版)》2015 年第 4 期。

② 颜卉:《检察机关在消费民事公益诉讼中提出惩罚性赔偿诉讼请求的规范化路径——(2017)粤 01 民初 383 号民事判决的启示》,载《兰州学刊》2018 年第 12 期。

③ 杜乐其:《消费公益诉讼惩罚性赔偿解释论》,载《南京大学学报(哲学·人文科学·社会科学)》2022 年第 1 期。

④ 杜乐其:《消费公益诉讼惩罚性赔偿解释论》,载《南京大学学报(哲学·人文科学·社会科学)》2022 年第 1 期。

⑤ 例如,8 号案的一审判决书认为:"根据《中华人民共和国食品安全法》第 148 条和有关司法解释的规定,消费者购买了不符合安全标准的食品,即使没有食用,即使没有发生实际的损害后果,也可同时主张退还价款和价款十倍的惩罚性赔偿。即使没有消费者起诉七被告,依法也不能免除其犯罪行为所应承担的民事侵权责任。消费民事公益诉讼具有替代性和补充性,是为了保护众多不特定消费者的合法权益,同时避免消费侵权者的侵权责任落空。对原告关于七被告应该承担民事侵权责任的意见,本院予以支持。"参见广州市中级人民法院(2017)粤 01 民初 384 号民事判决书。

②否定论

第二种观点认为,消协组织不享有惩罚性赔偿请求权。这种观点主要从惩罚性赔偿请求权的主体与法律依据两方面展开分析,论证消协组织的惩罚性赔偿请求权缺乏合法性。

一是惩罚性赔偿请求权是私人权利。惩罚性赔偿以民事侵权关系与合同关系为基础的,消协组织不是消费合同中的一方当事人,也不是实际上的受害人,无权提出惩罚性赔偿。“在我国立法上,惩罚性赔偿具有‘双层依附性’特点,一是依附于个人消费者,二是依附于该消费者受到实际损害,基于此,惩罚性赔偿请求权仅限于与经营者存在买卖关系的消费者个人享有。”①“在实定法上,尽管受害消费者要求经营者给付惩罚性赔偿金的民事诉讼在性质上应当界定为公益诉讼,但只有行使补偿性赔偿请求权的特定受害消费者才有权提起惩罚性赔偿消费公益诉讼。”②一些司法实践案例持这样的观点。如7号案的一审法院认为,《食品安全法》第148条所规定的惩罚性赔偿应由消费者提出,消协组织不是本案猪肉的消费者,也没有支付过被告销售的猪肉的价款或者受到其他损失,因此原告的惩罚性赔偿主张缺乏法律依据。③ 8号案的被告主张,惩罚性赔偿的权利主体是消费者,消协组织主张惩罚性赔偿主体不适格。消费侵权是侵权行为的一种,侵权损害赔偿的目的,一般而言是补偿性的。④ 15号案的被告辩称,《消费民事公益诉讼司法解释》未明确规定消协惩罚性赔偿损失的诉讼请求,原告无权提出赔偿请求。“消费者享有的侵权损害赔偿请求权并不因省消委会提起公益诉讼而丧失,而省消委会亦无权在没有具体消费者授权的情况下,代其履行其独自享有的侵权损害赔偿请求权。”15号案的一审法院未支持消协组织的惩罚性赔偿请求,理由是:“《消费者权益保护法》第55条规定的惩罚性赔偿的权利是消费者的私人权利……《消费者权益保护法》第47条未明确规定消费者协会可以在公益诉讼中主张私人利益。”⑤

---

① 陶建国、谢佳欣:《论现行立法背景下消费公益诉讼惩罚性赔偿请求的不当性》,载《前沿》2021年第3期。

② 黄忠顺:《惩罚性赔偿消费公益诉讼研究》,载《中国法学》2020年第1期。

③ 参见深圳市中级人民法院(2017)粤03民初547号民事判决书。

④ 参见吕忠梅等:《环境损害赔偿法的理论与实践》,中国政法大学出版社2013年版,第44页。

⑤ 参见四川省成都市中级人民法院(2019)川01民初5508号民事判决书。

二是消协组织的惩罚性赔偿请求权缺乏法律明文规定。惩罚性赔偿不是我国基本的民事责任承担方式，而是特殊的责任承担方式，以法律明文规定为适用前提。惩罚性民事责任是国家为了弥补补偿性民事责任之缺陷、维护消费领域的秩序与安全而作出的强制性干预，遵循法定主义。已废止的《民法总则》第179条第2款以及《民法典》第179条第2款都明确规定了惩罚性赔偿的法定主义。[①] 惩罚性赔偿的使用必须以法律规定为依据，任意扩大惩罚性赔偿的适用范围将会对法治建设造成破坏。我国消费公益诉讼是纯粹的公益诉讼，惩罚性赔偿是一种特殊的责任承担方式，在缺乏明确法律依据的情况下提出该诉请，是在利用一种不当的方法惩治违法行为。在追求法治精神的时代，任何法律上的诉求都必须依法进行，以违背法律秩序的方式去维护法律秩序显然不符合法治要求。[②] 即便《消费民事公益诉讼司法解释》第13条中隐含着“赔偿损失”的民事责任，也无法从中进一步解释出惩罚性赔偿。赔偿损失并非惩罚性赔偿的上位概念，在缺乏法律明确规定的情形下，适用惩罚性赔偿无合法依据。[③] 司法实践案例中，有的法院持这样的观点。如7号案的一审法院认为：“民事赔偿以填补损失为原则，以法律明确规定适用惩罚性赔偿为例外……《消费民事公益诉讼司法解释》未明确规定可适用惩罚性赔偿，因此原告依据该条主张惩罚性赔偿，依据不足。”[④]15号案的一审法院认为，《消费民事公益诉讼司法解释》第13条第1款仅规定了预防性责任和人格恢复性责任，不包括损害赔偿责任。[⑤]

③本书观点

笔者认为，赋予消协组织惩罚性赔偿请求权具有现实必要性和可行性。经营者的侵权行为不但损害了消费者的私人利益，而且还侵害了具有公共性质的社会消费秩序与消费安全。以威慑功能为导向的惩罚性赔偿适应了市场经济条件下消费者范围不断扩展的趋势，通过对违法经营者经济利益上的加重惩罚来威慑、

---

① 《民法典》第179条第2款规定：“法律规定惩罚性赔偿的，依照其规定。”

② 参见陶建国、谢佳欣：《论现行立法背景下消费公益诉讼惩罚性赔偿请求的不当性》，载《前沿》2021年第3期。

③ 参见杜乐其：《消费公益诉讼惩罚性赔偿解释论》，载《南京大学学报（哲学·人文科学·社会科学）》2022年第1期。

④ 参见深圳市中级人民法院（2017）粤03民初547号民事判决书。

⑤ 参见成都市中级人民法院（2019）川01民初5508号民事判决书。

惩戒经营者和预防消费公益再次被侵害。相对于个体消费者的私益诉讼模式,消协组织提起惩罚性赔偿公益诉讼具有规模效应,可以弥补单个的私人诉讼索赔额小且分散的弊端,解决私益诉讼模式下经营者获益大而赔偿极少的问题,从而更好地威慑经营者,预防经营者再实施违法行为。通过对违法经营者经济利益上的加重惩罚来威慑、惩戒经营者,形成一种行为预期模式,"制止和预防类似行为的再次发生,以此来修复被破坏的社会市场消费秩序,并依托于此来形成新的秩序观念"①。《美国侵权法重述(第二次)》第 908 条第 1 款规定:"惩罚性赔偿为损害赔偿及名义上之赔偿以外之赔偿;系为惩罚极端无理行为之人而作之赔偿,且亦为阻遏该人及其他人于未来从事类似之行为而作之赔偿。"②综上所述,对公共利益的维护是惩罚性赔偿的首要价值,惩罚性赔偿的立法本意在于警示已经实施违法行为的经营者,以及潜在可能违法的经营者,并通过剥夺违法经营者的非法利益,使其无利可图。消协组织的惩罚性赔偿请求权能够对经营者形成显著的威慑,最终达到减少同类违法行为数量的目的。否定惩罚性赔偿的观点过于关注惩罚性赔偿的补偿功能,如果从惩罚性赔偿的预防功能出发,反对惩罚性赔偿的诸多理由就站不住脚了。为强化制度效果,立法应当明确赋予消协组织独立的惩罚性赔偿请求权。国家力量的大小、对社会控制力的强弱,与惩罚性赔偿制度的受重视程度呈现的是一种反比关系。随着国家力量的增强,其作为国家执法补充的作用也将越来越有限。③

3. 赔偿金的归属与管理之争议

"民事公益诉讼面临的困局是,民事公益诉讼原告虽然具有代表公共利益的职责,但它自身并未因被告的侵权行为受到实质性的损害。这就不可避免地导致公益诉讼理论上的另一个深层次问题:谁是民事公益诉讼的诉讼利益享有者?"④"原告提起消费者公益诉讼,不是绝对不能请求赔偿,而是若允许请求赔偿,需要

---

① 李征:《消费民事公益诉讼适用惩罚性赔偿的价值》,载《民主与法制时报》2018 年 9 月 13 日,第 7 版。

② 杨立新:《〈消费者权益保护法〉规定惩罚性赔偿责任的成功与不足及完善措施》,载《清华法学》2010 年第 3 期。

③ 参见金福海:《惩罚性赔偿制度研究》,法律出版社 2008 年版,第 7 页。

④ 柯阳友:《民事公益诉讼重要疑难问题研究》,法律出版社 2017 年版,第 79 页。

搞清楚赔偿所得归属谁以及赔偿的目的是什么。"[①]从理论上讲,消协组织是程序当事人,虽然名义上享有判决书确定的权利,但不能因此享有赔偿金。现行法律法规及司法解释对赔偿金的归属和管理没有作出规定,理论上极具争议性,司法实践的做法也不统一。

在立法未作出规定的情况下,司法实践案例的判法呈现许多矛盾之处。大部分法院的判决并未明确赔偿金的归属,而是从资金管理的角度直接判决赔偿金上缴国库。不过,在由谁负责缴付国库的问题上,存在不同的做法。大部分法院判决由被告将赔偿金支付给法院,由法院直接缴付国库,如 8 号案、11 号案、31 号案。在 8 号案中,广东省消费者委员会认为,自己不是实际受害者,赔偿金不应归属于自己,提出了"惩罚性赔偿金先由法院托管,在消费者的诉讼时效届满后,如无人主张权益,则由法院上缴国库"的主张。按照广东省消费者委员会的主张,赔偿金实际上归属消费者。但是该案一审法院认为,在消费者的诉讼时效不完全相同且不确定的情况下,将民事惩罚性赔偿金上缴国库更符合实际情况。据此,判决被告直接将赔偿金支付给法院,由法院缴付国库。[②] 按照法院的裁判思路,赔偿金实则归国家所有。有的法院判决被告将赔偿金支付到法院的执行专户,但对于归属主体和后续如何处理没有明确,如 17～25 号案。还有的法院判决被告将赔偿金支付给消协组织,由消协组织上缴国库,如 32 号案、34 号案。

尽管不同法院的做法有差别,但比较一致的是都认同赔偿金上缴国库的做法。极个别的法院确认赔偿金支付给消协组织,由消协组织用于公益活动。如 35 号案即是这样的处理方案。35 号案的调解书确认:"重庆扬啟企业营销策划有限公司以行为赔偿损失……如重庆扬啟企业营销策划有限公司不履行,少 1 次公益活动则赔偿损害人民币 2 万元。赔偿金支付到重庆市消费者权益保护委员会的专门账户,用于重庆市消费者权益保护委员会开展消费宣传、消费教育、消费体察、消费调查等公益活动。"在制度不完善的情况下,法院的不同判法有一定的现实考量,不过,法院判决赔偿金上缴国库的做法明显缺乏正当性。35 号案的处理方案才是真正符合公益诉讼制度目的的处理方案。

笔者认为,赔偿金上缴国库改变了赔偿金的功能与用途。赔偿金是建立在经

---

① 赵红梅:《有关消费者公益诉讼的三个关键性问题》,载《中国审判》2013 年第 6 期。

② 参见广州市中级人民法院(2017)粤 01 民初 384 号民事判决书。

营者对消费秩序、消费安全的侵权关系之上的，因此赔偿金具有救济不特定消费者的功能。也就是公益诉讼中的赔偿责任不是经营者对国家履行的义务，而是对不特定消费者履行的义务。因此，赔偿金应当归属不特定消费者。安徽省滁州市中级人民法院在20号案的一审判决书中也认为："本案安徽消保委提起消费民事公益诉讼系为保护消费者整体利益的现实需要，相关的惩罚性赔偿金亦将用于公益事业事项的支出。"①赔偿金上缴国库的做法，实际上是将消费领域的公共利益视同国家利益，否定了惩罚性赔偿的民事责任性质，将惩罚赔偿金演变成行政罚款或者刑事罚金，混淆了公法责任与私法责任。司法解释对环境公益诉讼赔偿金的相关规定，可以作为经验借鉴。最高人民法院《关于审理环境民事公益诉讼案件适用法律若干问题的解释》第24条第1款规定："人民法院判决被告承担的生态环境修复费用、生态环境受到损害至修复完成期间服务功能丧失导致的损失、生态环境功能永久性损害造成的损失等款项，应当用于修复被损害的生态环境。"同理，消费民事公益诉讼的赔偿金也应当用于修复受损的消费秩序等公益用途。

4. 惩罚性赔偿金与刑事罚金的关系之争议

如果经营者的行为构成犯罪，被处以罚金之后又在消费民事公益诉讼案件中被索以惩罚性赔偿金，应当如何处理惩罚性赔偿金与刑事罚金的关系呢？惩罚性赔偿形式上是私法责任，但本质上具有公法上的惩罚与制裁的性质，因而产生了惩罚性赔偿金与刑事罚金竞合的难题。国外形成了英国模式和美国模式。英国模式下，同一行为如果构成犯罪，被追究了刑事责任，原则上受害人不能得到惩罚性赔偿。采用这种模式的主要国家有英国、新西兰、加拿大、澳大利亚等。美国模式下，并不会自动排除惩罚性赔偿责任，仅作为确定惩罚性赔偿责任及数额的依据，以免过度惩罚。②

我国在理论上存在以下三种观点。

一是同时适用。有学者认为，消费侵权行为违反民事法律，也可能违反刑事法律。只要同时具备这些责任的要件，就可以同时适用民事责任和刑事责任。这样可以有效制止恶意侵权行为，保护受害人的权益。广州市中级人民法院在10

① 参见安徽省滁州市中级人民法院（2021）皖11民终20号民事判决书。

② 参见金福海：《惩罚性赔偿制度研究》，法律出版社2008年版，第59页。

号案的判决书中认为:“两被告的犯罪行为可同时承担民事责任、行政责任和刑事责任。在刑事诉讼已经追究两被告刑事责任的情况下,再行追究两被告的民事侵权责任并不违反法律规定。”[①]司法实践案例中,17～25 号案的判决也持这样的观点,法院认为刑事责任不影响民事责任承担,因此在确定赔偿金时并未扣减刑事罚金。

二是选择适用。有学者认为,对侵权行为同时适用民事责任、刑事责任,会对行为人施加不合理的惩罚。对同一行为不得为二次惩罚,是各国法律和法理所公认的。所以,同时适用两种以上的责任显然不合理,应当选择其一适用,即若已适用了刑事罚金,就不应当适用惩罚性赔偿。

三是互为补充。有学者认为,惩罚性赔偿形式上是私法责任,但本质上却是公法责任,通过增加经营者单次赔偿金额弥补部分消费者不知道、不愿意或者不能行使补偿性损害赔偿请求权的弊端,甚至经营者实际承担的赔偿金在理论上超越其违法所得。因此,惩罚性赔偿请求权在促使生产者外部成本内部化方面具有显著的功效,具有鲜明的行为规范公法色彩。[②] 惩罚性赔偿与行政罚款、刑事罚金具有同等功效,都试图剥夺经营者的经济收益,提高违法成本。当同一种行为同时被处以惩罚性赔偿金和刑事罚金时,应当既允许受害人追究惩罚性赔偿责任,也允许国家追究公法上的责任。但是如果行为人已经承担了公法上的责任,则在承担惩罚性赔偿责任时,要考虑先前已承担的责任。若已承担的责任足以实现对行为人的制裁,后一种责任不再追究;若已承担的责任尚不足以制裁行为人,在追究后一种责任时应考虑行为人先前已受到的惩罚,仅在惩罚不足的范围内追究行为人的责任,起补充作用。广州市中级人民法院在 8 号案的一审判决书中认为,在被告已被追究刑事责任的情况下,再追究被告的民事侵权责任不违反法律规定。不过,民事惩罚性赔偿金上缴国库后,民事惩罚性赔偿金的性质事实上与行政罚款、刑事罚金类似,即民事赔偿金的性质发生了转化,应参照行政罚款与刑事罚金竞合时相同的处理原则裁断,被告合计被判处的 121,000 元罚金在 1,267,463.4 元

---

① 参见广州市中级人民法院(2017)粤 01 民初 386 号民事判决书。

② 参见黄忠顺:《食品安全私人执法研究——以惩罚性赔偿型消费公益诉讼为中心》,载《武汉大学学报(哲学社会科学版)》2015 年第 4 期。

的民事惩罚性赔偿金中抵扣，判决被告实际支付1,146,463.4元民事惩罚性赔偿金。[①] 10号案的消协组织请求支付的民事惩罚性赔偿金是13,300元，两被告被判处的刑事罚金是20,000元，法院参照行政罚款与刑事罚金竞合时的处理原则裁断，作出了“被告无须再支付民事惩罚性赔偿金”的判定。[②]

笔者认为，惩罚性赔偿责任与行政罚款、刑事罚金在本质上不存在交叉重叠，也不相冲突。民事责任、行政责任、刑事责任是我国法律责任体系中三种相互独立的责任形式。《民法典》第187条规定：“民事主体因同一行为应当承担民事责任、行政责任和刑事责任的，承担行政责任或者刑事责任不影响民事责任；民事主体的财产不足以支付的，优先用于承担民事责任。”《民法典》第1165条第1款规定：“行为人因过错侵害他人民事权益造成损害的，应当承担侵权责任。”《消费者权益保护法》第58条规定：“经营者违反本法规定，应当承担民事赔偿责任和缴纳罚款、罚金，其财产不足以同时支付的，先承担民事赔偿责任。”《食品安全法》第147条规定：“违反本法规定，造成人身、财产或者其他损害的，依法承担赔偿责任。生产经营者财产不足以同时承担民事赔偿责任和缴纳罚款、罚金时，先承担民事赔偿责任。”《行政处罚法》第35条第2款规定：“违法行为构成犯罪，人民法院判处罚金时，行政机关已经给予当事人罚款的，应当折抵相应罚金；行政机关尚未给予当事人罚款的，不再给予罚款。”最高人民法院《关于审理食品药品纠纷案件适用法律若干问题的规定》第14条规定：“生产、销售的食品、药品存在质量问题，生产者与销售者需同时承担民事责任、行政责任和刑事责任，其财产不足以支付，当事人依照民法典等有关法律规定，请求食品、药品的生产者、销售者首先承担民事责任的，人民法院应予支持。”根据上述规定，惩罚性赔偿金与行政罚款、刑事罚金在性质上并不相同，不具备相互折抵的法理基础。部分司法实践案例将刑事罚金折抵惩罚性赔偿金的做法缺乏法律依据。

（三）立法赋予消协组织独立型损害赔偿请求权的正当性

根据损害赔偿请求权的权利基础，理论上将其区分为基于私益产生的损害赔偿请求权和基于公益产生的损害赔偿请求权。基于私益产生的损害赔偿请求权

① 参见广州市中级人民法院(2017)粤01民初384号民事判决书。

② 参见广州市中级人民法院(2017)粤01民初386号民事判决书。

以获得消费者的授权为前提,以受害消费者的实际损害为依据。基于私益产生的损害赔偿请求权具有私益性,但仍具有救济不特定消费者的作用。消费者损害救济权拥有个体权利与集体权利的双重性质,是一种介于母权与诉权之间的权利,其集体权利性质突出。[①] 这种请求权,是基于个体消费者的意思自治形成的,是个体权利的让渡,出发点仍然是维护私人利益。如法国、德国等国的法律规定,消费者可授权消费者团体对因同一行为人而遭受的共同原因的损害向法院提起损害赔偿,并且消费者团体就所获赔偿扣除必要诉讼费用后归授权消费者。[②] 再如我国台湾地区"消费者保护法"第 50 条规定,消费者团体可基于消费者的授权提起损害赔偿诉讼。从公益诉讼制度构建的角度,本章重点关注基于公益保护的消协组织独立的损害赔偿请求权。从立法目的和损害赔偿的功能出发,消协组织的损害赔偿请求权的合法化有其必要性和正当性。因此,立法应当赋予消协组织独立型损害赔偿请求权。

首先,从制度文本解读,现行规定并未明确排除消协组织的损害赔偿请求权。虽然《消费民事公益诉讼司法解释》第 13 条没有明文规定消协组织享有损害赔偿请求权,但也没有明文排除。经营者的侵权行为损害特定消费者利益的同时,也损害了社会公共利益。因此,损害赔偿请求权是消费公益诉讼发展的客观需要。换言之,从损害赔偿的功能、《消费民事公益诉讼司法解释》的立法精神、司法实务的运行情况以及消费公益诉讼的功能看,完全否定消协组织的损害赔偿请求权并不妥当。如果不允许消协组织提起赔偿之诉,就意味着经营者对公共利益已经造成的损害无法救济。这样,将会导致难以遏制的消费公益侵权事件的再次发生,不符合公益诉讼的立法目的。损害赔偿旨在赔偿已然损害,从目的解释的方法而言,消费侵权造成的公共利益的损害无法通过私益诉讼予以弥补,必须通过公益诉讼的赔偿请求权予以解决。因此,对《消费民事公益诉讼司法解释》第 13 条中的"等"字作目的性扩张解释,有法理依据,也符合司法解释的基本精神。

其次,从制度功能解读,损害赔偿请求权契合消费公益诉讼的预防功能。随

---

① 参见吴景明等:《〈中华人民共和国消费者权益保护法〉修改建议——第三法域之理论视角》,中国法制出版社 2014 年版,第 90 页。

② 参见吴景明等:《〈中华人民共和国消费者权益保护法〉修改建议——第三法域之理论视角》,中国法制出版社 2014 年版,第 340 页。

着社会分工的加剧，商品经济的不断发展，大公司大企业兴起，促进了市场经济的发展，但又由于经营者的强大势力，弱小的消费者的权益得不到应有保障，大量的消费纠纷产生。从经济学角度分析，当某种行为的成本大于收益时，这种行为将受到抑制。作为经济理性人的经营者天然倾向于将其自身承担的成本降到可能范围内的最低限度。在我国传统的民事责任中，奉行填平原则的损害赔偿的最高指导原则"在于赔偿被害人所受之损失，俾于赔偿之结果，有如损害事故未曾发生者然"①。在消费领域，消费者受到的损害具有小额分散的特征。多数受到损害的消费者在实践中难以知晓其受害，即便知晓，往往也极少进行救济。究其原因，受损害小、诉讼成本高等导致消费者寻求救济的积极性不高。如5号案的被告违法销售劣质食盐9.45吨，但直至该案提起公益诉讼时并无消费者启动救济。而且，即便消费者在私益诉讼中提出了赔偿损失请求，经营者所承担的也仅仅是以单个受害消费者小额损害为基准的赔偿，经营者获益巨大而赔偿却极少，受害的消费者因诉讼成本高而普遍放弃维权，传统的私人救济未能发挥真正的惩戒作用。虽然消费公益诉讼指向"不特定消费者"，救济的是公共利益，但大多数的受害者往往基于成本的考量而选择集体沉默，倘若在此情况下排除损害赔偿的适用，极有可能造成经营者的违法行为无法惩处、市场秩序无法恢复等一系列不良后果，公共利益也将遭受更大的损害。预防总是和惩罚相联系的，惩罚性赔偿的惩罚功能在效果上也起到了预防的作用。通过惩罚性赔偿的适用，提高违法经营者的侵权成本。如果实施侵权行为不能从中牟利，甚至反而会损失更多的财产，那么经营者将会放弃侵权行为，从而达到预防消费侵权发生的目的。因此，预防型诉讼请求无法从根本上对违法行为进行有效制裁，只有损害赔偿才能充分发挥威慑和遏制功能，为消费者提供正义支持，从而真正实现公益诉讼的预防功能。

最后，从论证逻辑上看，消协组织无权主张损害赔偿请求权的观点存在逻辑错误。否定消协组织赔偿之诉的观点，从消费者和经营者的私权法律关系的角度展开论证，并以消协组织不是被侵权人为依据，来论证消协组织的损害赔偿请求权缺乏正当性基础。这种论证进路存在逻辑错误。消费民事公益诉讼与消费民事私益诉讼是性质完全不同的诉讼，在诉讼主体、诉讼目的、诉讼效果、诉讼法理

① 杨立新：《〈消费者权益保护法〉规定惩罚性赔偿责任的成功与不足及完善措施》，载《清华法学》2010年第3期。

和诉讼机理等方面都存在不同,“两种不同诉讼类型中的问题,论证思路依理应当从各自不同的程序特点、指导思想以及基本诉讼法理的角度来认识、研究与解释有关问题”①。因此,以私益诉讼的视角来论证公益诉讼,忽视了私益诉讼与公益诉讼的差别。从逻辑上分析,否定论强调消协组织不是实际上的被侵权人。比如,7 号案的一审判决书以“本案原告未购买相关的猪肉用于消费,因此并非本案猪肉的消费者,原告也没有支付过购买被告销售猪肉的价款或者受到其他损失”为由,论证原告的惩罚性赔偿主张“缺乏法律依据”。该主张的理论基础和论证进路以私权法律关系为基础,强调原告必须与诉讼标的有利害关系。这样的思路与公益诉讼的制度设计明显矛盾,如果消协组织与诉讼标的有利害关系,提起的诉讼应是私益诉讼而不是公益诉讼。法律授权无利害关系的消协组织提起公益诉讼,打破了“两造性”的界限,目的是维护社会公共利益,并非维护自身的权益。司法实践案件中消协组织提起赔偿之诉都未取得消费者的授权,其诉讼请求并非来自消费者的私人权利。公共利益遭受的损害也应当赔偿,消协组织的损害赔偿请求权是基于公益诉讼的法理而不是私益诉讼的法理。我国消费民事公益实践依传统民事诉讼制度来解决公益纠纷的做法,在纠纷及其解决原理之间出现了错位。这种旧瓶装新酒的方式难以达成消费公益诉讼的立法目的。

四、关于消费者团体诉讼请求的立法经验

(一)域外国家

1. 德国

德国的消费公益诉讼以消费者团体诉讼的模式开展。德国的消费者团体在消费公益诉讼中的请求权类型经历了从不作为请求权到损害赔偿、不法收益收缴的发展过程。

(1)不作为之诉。1965 年德国修订的《反不正当竞争法》第一次规定消费者团体可提起禁止经营者不正当竞争的不作为之诉。1976 年德国制定的《格式条款规制法》增加禁止不公正格式条款的请求,扩大了消费者团体不作为之诉的适用范围。2001 年德国制定的《不作为之诉法》规定消费者团体可以提出禁止经营者

---

① 廖中洪、颜卉:《消费公益诉讼中的惩罚赔偿问题研究》,载《学术探索》2019 年第 1 期。

实施违反消费者保护相关法律的行为以及禁止不当条款的禁令请求。2002 年之前,德国《反不正当竞争法》《不作为之诉法》等法律授权消费者团体提起不作为之诉,这个阶段的消费者团体无权提起损害赔偿之诉。因为德国团体诉讼的目的是“维护良好的经济与社会秩序而不是追求经济利益”,①“团体诉讼的功能仅在于保护权利人的权利不受侵害,而非赔偿救济”②。德国消费者团体提起的不作为之诉主要有三种类型:一是根据德国《反不正当竞争法》第 8 条之规定,就经营者违反该法第 3 条和第 7 条的非法商业行为提起排除妨碍、停止侵害等不作为之诉;③二是根据德国《不作为之诉法》第 1 条之规定,就使用或建议使用无效一般商业条款的行为提起不作为之诉;三是根据德国《不作为之诉法》第 2 条之规定,就使用或建议使用无效一般商业条款之外的行为提起不作为之诉。④

(2)损害赔偿之诉。长期以来,德国把团体诉讼限定在不作为之诉,对引入损害赔偿之诉比较谨慎。不过,不作为之诉在解决小额多数消费侵权问题上遇到了难以逾越的障碍,影响了团体诉讼的效果发挥,也影响了公共利益的保护效果。因此,德国立法开始在消费公益诉讼中逐渐放宽对损害赔偿请求权的限制,⑤在一些领域中逐渐允许消费者团体提起损害赔偿之诉。2002 年德国修改后的《法律咨询法》赋予消费者团体损害赔偿请求权。该法第 3 条第 8 款规定,消费者中心或其他受政府资助的消费者团体,于其业务范围内,在有保护消费者利益的必要时,除可提供消费者于法院外的法律咨询服务外,还可以就消费者的债权,以收取为目的而受让该债权,以自己名义提起诉讼,以便在扩散性或小额损害之情形下能

---

① 郭雪慧:《扩散性利益保护诉讼制度研究:比较与借鉴》,人民出版社 2017 年版,第 73 页。

② 张卫平:《诉讼构架与程式:民事诉讼的法理分析》,清华大学出版社 2000 年版,第 316 页。

③ 《德国反不正当竞争法》第 3 条(禁止不正当的商业行为)第 1 款规定,适于明显损害竞争对手、消费者或者其他市场参与人的不当商业行为,均不合法;第 2 款则针对消费者的不合法商业行为进行了规定;第 3 款强调,该法附件(所谓黑名单)列举的针对消费者的商业行为不合法。第 7 条(不合理的干扰)第 1 款强调,以不合理的方式干扰市场参与人的商业行为也不合法,例如通过发布相关市场参与人不希望的广告等;第 7 条第 2 款和第 3 款对不合理干扰的广告予以了列举。参见周翠:《民事公益诉讼的功能承担与程序设计》,载《北方法学》2014 年第 5 期。

④ 参见吴泽勇主编:《论德国法上的团体不作为之诉——以〈不作为之诉法〉和〈反不正当竞争法〉为例》,载《清华法学》2010 年第 4 期。

⑤ 参见杜万华主编:《最高人民法院消费民事公益诉讼司法解释理解与适用》,人民法院出版社 2016 年版,第 240 页。

够促进权利的实现。[①] 为此,在消费者由于其请求额过少而不能刺激其提起诉讼的各个场合,消费者的支付请求权可以作为债权进行让渡,而作为其受让人的消费者团体有权在裁判上对该请求权进行主张。[②] 其后,德国《投资者典型诉讼法》也赋予消费者团体针对经营者在资本市场中的虚假信息和欺诈行为提出赔偿请求的权利。2008 年 7 月 1 日起《法律咨询法》被新颁布的《法律服务法》取代,《法律服务法》进一步放宽了损害赔偿之诉的限制,废除了"为消费者利益"的要件限制,规定消费团体可以在更广泛的领域内集合消费者债权的代理资格,通过获得多个消费者的债权授权提起集合诉讼。德国立法把损害赔偿定性为一种债权,因此,消费者团体的损害赔偿请求权是建立在个体消费者授权基础上的,即德国立法规定的消费者团体的损害赔偿请求权不是消费者团体独立的请求权,而是来自消费者的权利让渡。损害赔偿之诉操作比较复杂,存在赔偿金归属和分配等与私益关联的难题。可见,德国立法对在公益诉讼中引入损害赔偿比较谨慎,虽然允许团体提出损害赔偿的诉讼请求,但必须取得消费者授权。

(3)不法收益收缴之诉。为剥夺经营者的违法收益,2004 年德国修改的《反不正当竞争法》第 10 条创设了"没收不当收益"请求权,规定符合条件的团体可以行使该请求权。该请求权的目的是惩罚侵权经营者和没收其违法所得,[③]去除其不法行为获得的收益,使消费公益诉讼兼具恢复性和惩罚性的功能。"没收不当收益"之诉需要符合四个条件:经营者在主观上有违法的故意;多数消费者因经营者行为遭受经济上的损害;经营者获得不当利润;经营者所获得的不当利润与消费者遭受的损害有因果关系。[④] 与损害赔偿请求权不同,不法收益收缴请求权是法律赋予消费者团体的独立的请求权,无须消费者授权。收缴的收益不归消费者团体和消费者个人,直接上缴联邦财政。消费者团体不得要求违法者向其缴纳不当利润,但可以申请从不当利润中支付诉讼费用。德国学者将"没收不当收益"视为一种威慑工具,认为其甚至承担起集团诉讼都无法实现的"纠正市场失灵"的功

---

① 参见沈冠伶:《诉讼权保障与裁判外纷争处理》,北京大学出版社 2008 年版,第 183 页。

② 转引自刘学在:《请求损害赔偿之团体诉讼制度研究》,载《法学家》2011 年第 6 期。

③ 参见全国人大常委会法制工作委员会民法室编:《消费者权益保护法立法背景与观点全集》,法律出版社 2013 年版,第 281 页。

④ 参见杨剑壕:《我国消费公益诉讼原告主体资格扩张之研究》,厦门大学 2017 年硕士学位论文,第 18 页。

能。需要注意的是,"没收不当收益"具有惩罚性质,但该请求权与我国的惩罚性赔偿在性质和适用条件等方面明显不同。

2. 日本

日本的消费者团体诉讼最初仅限于不作为之诉。根据日本《消费者合同法》《特定商业交易法》《赠品标识法》等法律的授权,消费者团体可提起不作为之诉。如对于经营者从事虚假宣传、使用霸王条款等违法行为,无论是否造成损害,日本的消费者团体都可以向法院起诉,要求经营者停止违法行为,即日本法律一开始也仅赋予消费者团体不作为请求权,消费者团体没有损害赔偿请求权,消费者的集体损害赔偿用代表人诉讼机制来解决。2013 年 3 月,日本内阁会议通过的《消费者审判程序特例法案》设立了损害赔偿制度,消费者团体的损害赔偿请求权才得以确立。《消费者审判程序特例法案》规定,经国家认证的消费者团体在符合以下条件时可以提起损害赔偿之诉:受害消费者人数达到数十人;请求的损害赔偿对象仅限于财产损害,不包括人身损害或者精神损失;受害的消费者需要向起诉的团体缴纳一定的手续费。这里的手续费比起消费者单独提起私益诉讼的成本要低很多。[①] 从制度设计看,日本消费者团体的损害赔偿之诉实际上是在民事公益诉讼程序中融合了私益诉讼。日本的立法没有赋予消费者团体惩罚性赔偿之诉请的权利,经营者违反契约的金钱给付义务纠纷是日本消费者团体损害赔偿型诉讼的唯一适用范围。日本的损害赔偿型消费公益诉讼采用二阶段型诉讼程序,由共通义务确认和对象债权确定程序两部分组成,第一阶段是共通义务确认,第二阶段是债权对象确定程序。

3. 法国

法国的消费者团体起初也限于不作为之诉,后来通过修改《消费者法》赋予其提起损害赔偿之诉的权利。在法国,"损害赔偿请求向来更为团体诉讼之主要目的,不作为之诉反而居于较不重要之地位"[②]。法国消费者团体的损害赔偿之诉分为两种类型:一是为保护消费领域集合性利益而提起的损害赔偿之诉。法国《消费者法》第 L421—1 条规定,就刑事犯罪行为直接或间接损害消费者集合性利益

① 参见杜万华主编:《最高人民法院消费民事公益诉讼司法解释理解与适用》,人民法院出版社 2016 年版,第 243 页。

② 沈冠伶:《诉讼权保障与裁判外纷争处理》,北京大学出版社 2008 年版,第 183 页。

的行为，消费者团体可以提起损害赔偿之诉，也可以提起不作为之诉，要求被告停止实施违法行为。当被告的行为不构成犯罪时，消费者团体可参加受害消费者的私益诉讼或者单独起诉，要求被告停止违法行为。根据法国《消费者法》的规定，法国法院针对消费者集合性利益受损补救判决的损害赔偿金归属于起诉的消费者团体，而不是消费者。很长时间以来，法国消费者团体请求赔偿的金额不大，赔偿在很大程度上具有象征意义，导致在相当长的时期里损害赔偿之诉与不作为之诉的功能相差不大。不过，近年来，法国消费者团体诉讼的赔偿数额大幅增加，有时甚至具有威慑或者惩罚性的特征。二是为保护消费者私人利益而提起的损害赔偿之诉。法国《消费者法》第 L421—1 条规定，消费者团体获得至少两名消费者的授权，就可以代表消费者提起损害赔偿之诉。如果消费者团体胜诉，获得的损害赔偿金归授权的消费者；如果消费者团体败诉，则授权的消费者丧失私益诉权。这种类型的损害赔偿之诉本质上是私益诉讼，“以私搭公”的模式融合运作。法国消费者团体固有的诉讼请求不包括惩罚性赔偿。在法国，惩罚性赔偿被认为属于刑事程序的范畴，禁止在民事诉讼中判决惩罚性赔偿。法国的团体诉讼也采用二阶段诉讼模式：第一阶段确认经营者的法律责任；第二阶段是确定对消费者的赔偿数额。

（二）我国台湾地区

我国台湾地区的消费者团体有权以自己名义提起不作为之诉和损害赔偿之诉。

1. 不作为之诉。根据我国台湾地区“民事诉讼法”“消费者保护法”的有关规定，消费者团体有权提起不作为之诉。“民事诉讼法”第 44 – 3 条规定：“以公益为目的之社团法人或财团法人，经其目的事业主管机关许可，于章程所定目的范围内，得对侵害多数人利益之行为人，提起不作为之诉。前项许可及监督办法，由司法院会同行政院定之。”“消费者保护法”第 53 条第 1 款规定：“消费者保护官或消费者保护团体，就企业经营者重大违反本法有关保护消费者规定之行为，得向法院诉请停止或禁止之。”从诉讼构成看，消费者团体的不作为之诉请仅需要证明经营者存在违法行为，不需要证明经营者的违法行为已经造成了实际损害。

2. 损害赔偿之诉。我国台湾地区在“消费者保护法”“个人资料保护法”等“法律”中对损害赔偿之诉作了规定。“消费者保护法”授权消费者团体提起损害赔偿之诉。“消费者保护法”第50条第1款规定：“消费者保护团体对于同一之原因事件，致使众多消费者受害时，得受让二十人以上消费者损害赔偿请求权后，以自己名义，提起诉讼。消费者得于言辞辩论终结前，终止让与损害赔偿请求，并通知法院。”第50条第5款规定：“消费者保护团体受让第三项所定请求权后，应将诉讼结果所得之赔偿，扣除诉讼费用及依前条第二项规定支付予律师之必要费用后，交付该让与请求权之消费者。”2010年5月修订的“个人资料保护法”也增设了团体的损害赔偿请求权，第34条第1款规定：“对于同一原因事实造成多数当事人权利受损害之事件，财团法人或公益法人经受有损害之当事人20人以上以书面授予诉讼实施权者，得以自己的名义，提起损害赔偿诉讼。当事人得于言辞辩论终结前以书面撤回诉讼实施权之授予，并通知法院。”根据上述规定，台湾地区消费者团体虽然有权提起损害赔偿之诉，不过，该请求权并不是消费者团体自身固有的，该诉请建立在私益诉讼基础之上，基于消费者的授权而产生，是私益诉讼与公益诉讼融合的结果，但制度设计仍然达到保护社会公共利益之目的。

我国台湾地区较早赋予个体消费者惩罚性赔偿请求权，1994年制定的“消费者保护法”第一次使用了“惩罚性赔偿金”的用语。“消费者保护法”第51条规定：“依本法所提之诉讼，因企业经营者之故意所致之损害，消费者得请求损害额五倍以下之惩罚性赔偿金；但因重大过失所致之损害，得请求三倍以下之惩罚性赔偿金，因过失所致之损害，得请求损害额一倍以下之惩罚性赔偿金。”“健康食品管理法”第29条也对惩罚性赔偿作出了规定：“贩售健康食品之人未经许可而制造、输入健康食品，违反健康食品之安全卫生管理，及健康食品之标示及广告规定者，买受人如受有损害，得请求出卖人零售价三倍以下或损害额三倍以下之惩罚性赔偿金。”[①]不过，“消费者保护法”“健康食品管理法”等“法律”并未赋予消费者团体惩罚性赔偿请求权。

综上，由于将公益诉讼的最主要功能定位为“预防”，为确保这一功能得以实现且为了避免损害赔偿带来的证明、分配等方面的困难，一些地域消费者团体诉讼在设立之初多以不作为之诉为限。伴随着消费者权利意识的增强，消费民事公益诉讼请求权的范围和类型也不断拓展，损害赔偿逐渐被纳入诉讼请求范围，带

① 关淑芳：《惩罚性赔偿制度研究》，中国人民公安大学出版社2008年版，第30页。

有补偿性甚至惩罚性的给付之诉以各种形式出现在消费公益诉讼中。[①] 因制度和传统不同,诉讼请求的类型和适用规则存在差异。总体上看,上述消费者团体享有的诉讼请求主要包括三种类型:一是请求被告为一定行为或不为一定行为。二是请求被告赔偿损失。有的规定消费者团体享有损害赔偿的权利,不过,大部分消费者团体的损害赔偿请求权还是源于消费者的授权或者信托。三是请求收缴被告不法收益。

五、完善我国消协组织诉讼请求的建议

(一)区分诉讼请求的目的并配套规定适用条件

根据诉讼请求的目的,可以将消协组织的诉讼请求分为三种类型:一是为保护公共利益提出的诉讼请求,即根据《消费民事公益诉讼司法解释》第 13 条提出的诉讼请求。二是为保护消费者私人利益提出的诉讼请求。未来立法如果赋予消协组织基于私人利益的损害赔偿请求权,即是这种类型的诉讼请求。三是为消协组织自己的利益提出的诉讼请求。主要包括诉讼费用及《消费民事公益诉讼司法解释》第 17 条、第 18 条规定的律师费用、调查取证费用等方面的主张。上述三种类型诉讼请求的法律依据不同,适用条件也不同,未来立法层面应当加以区分。

(二)创设消协组织损害赔偿请求权

诉讼请求的类型设置直接关系公共利益能否得到足够的保护。公益诉讼的特殊性决定了不能直接套用传统民事侵权的责任承担方式。在消费民事公益诉讼中,诉讼请求和侵权责任方式从原、被告两个不同角度描述同一消费纠纷引发的诉讼结果。消费侵权行为的类型多种多样,需要不同的诉讼请求相匹配才能实现诉讼目的。《消费民事公益诉讼司法解释》第 13 条未明确规定又未明文排除损害赔偿请求权的模糊立法导致理论和实践的争议。为结束司法实践混乱的做法,建议立法明确赋予消协组织损害赔偿请求权。

1. 创设消协组织基于私益保护的损害赔偿请求权。借鉴主要国家和地区的立法经验,赋予消协组织基于私益保护的损害赔偿请求权,建构私益诉讼搭公益

---

① 参见柯阳友:《民事公益诉讼重要疑难问题研究》,法律出版社 2017 年版,第 119 页。

诉讼"便车"的机制。同一侵权行为既造成消费者利益损害又造成公共利益损害的,消协组织可基于消费者的授权在提起公益诉讼时一并提起私益诉讼。这样,可以从整体上避免司法资源的浪费。

2. 创设消协组织基于公益保护的独立型惩罚性赔偿请求权。经营者的违法行为对社会公共利益造成的损害包括已经造成的损害和损害危险。预防型诉讼请求指向未来的损害危险,那么,已经造成的损害如何救济呢? 损害赔偿是预防原则失败后的补救措施,是对预防原则的贯彻。在现代型消费侵权案件中,经营者的违法行为不但侵害个体消费者的利益,而且也破坏了市场秩序和消费环境,侵害了消费者的整体性福利。消协组织承担对消费者的整体性福利进行救济的职责,当消费者的整体性福利遭受损害时,让违法者承担公共秩序损害的赔偿责任符合公平正义的理念。"在个别侵害数额很小而受害人众多(因此违法者违法收益巨大)的小额分散性侵害中,威慑所占的比重就应当大幅度提升。"[①]2015 年国务院印发的《关于积极发挥新消费引领作用加快培育形成新供给新动力的指导意见》指出,健全消费者权益保护机制,完善和强化消费领域惩罚性赔偿制度。2019 年 5 月,中共中央、国务院发布《关于深化改革加强食品安全工作的意见》,提出要完善食品安全民事和行政公益诉讼,探索建立食品安全民事公益诉讼惩罚性赔偿制度。党的十九届四中全会提出,"加大对严重违法行为处罚力度,实行惩罚性赔偿制度"。补偿性损害赔偿涉及与私益诉讼的衔接,存在诸多操作难题。惩罚性赔偿制度具有补偿和遏制的双重功能,惩罚性赔偿的根本目的不是救济个体消费者的实际损失,而是对违法经营者进行惩戒,实现对消费者的整体性救济。尽管惩罚性赔偿请求权能激励消费者积极维权,但由于信息不对等、诉讼能力悬殊、证据分布不均衡等因素的影响,惩罚性赔偿请求权的个别行使并不能彻底解决消费者维权动力或者能力不足的问题,无法有效遏制违法行为。赋予消费民事公益诉讼原告损害赔偿请求权时,被告违法行为所造成的小额分散性侵害范围越广,受害人数量越多,其承担的损害赔偿责任也就越大,威慑效果也越大。[②] 为此,建议立法可以先避开补偿性赔偿,赋予消协组织独立型惩罚性赔偿请求权。为规

---

① 吴泽勇:《群体性纠纷解决机制的建构原理》,载《法学家》2010 年第 5 期。

② 参见杜乐其:《消费民事公益诉讼损害赔偿请求权研究》,载《法律科学(西北政法大学学报)》2017 年第 6 期。

范惩罚性赔偿，建议修订《民事诉讼法》《消费民事公益诉讼司法解释》，为消协组织明文配置一种纯粹公益性的惩罚性赔偿制度，将惩罚性赔偿明确规定为消费民事公益诉讼的请求权类型。消费民事公益诉讼的目的是维护社会公共利益，赋予消协组织此种请求权不违背公益诉讼的制度目的。

（三）完善诉讼请求的适用规则

《消费民事公益诉讼司法解释》第 5 条规定，人民法院认为原告提出的诉讼请求不足以保护社会公共利益的，可以向其释明变更或者增加停止侵害等诉讼请求。司法实践中，并未出现人民法院对诉讼请求进行释明的案例。究其根源，适用条件不够具体是重要原因。因此，有必要从制度层面进一步完善诉讼请求的适用规则。

1. 扩大确认之诉的适用范围

《消费民事公益诉讼司法解释》第 13 条第 2 款仅规定了确认不公平条款无效的诉讼请求，消协组织通过 4 号案、26 号案开展了确认经营者行为违法的探索，为确认之诉的扩张提供了实践经验。建议修改《消费民事公益诉讼司法解释》第 13 条第 2 款，将确认经营者行为违法纳入确认之诉的范围。此类诉讼请求只要获得法院支持，受害消费者在私益诉讼中即可直接加以援引，从而降低关键要件的证明责任成本。

2. 确定赔礼道歉的普遍适用原则

赔礼道歉具有对被侵权行为损害的消费者精神利益进行恢复的功能。经营者的侵权行为损害了不特定消费者的权益，必然对消费秩序、消费安全等造成破坏，也必然对消费者的精神造成困扰。从权利救济与过错担责并重的角度考量，立法应当规定所有的消费民事公益诉讼案件都应适用赔礼道歉的诉讼请求。这样，可以警示其他经营者，强化公众的权利保护意识。

3. 明确惩罚性赔偿的适用规则

（1）规定适用惩罚性赔偿的案件类型

惩罚性赔偿在具备一定积极功能的同时，也会造成一定的消极影响。因此，惩罚性赔偿不应被普遍适用，建议立法明确规定适用惩罚性赔偿的案件除了应符合侵权的构成要件和公益诉讼的一般构成要件之外，还应符合以下两个要件。

一是经营者客观上从事了违法行为并造成较严重的损害后果。《民法典》第179条第2款规定："法律规定惩罚性赔偿的，依照其规定。"惩罚性赔偿的适用通常是针对可责难性的行为，经营者只有实施了违法行为才可能被责难。过于宽泛的适用范围将普遍提高经营者的注意义务，但也将导致消费品成本和价格的上升。因此，应当适当限定惩罚性赔偿的适用范围。

二是经营者主观上具有故意或重大过失。在惩罚性赔偿责任的构成中，行为人主观恶性程度相对实际损害后果的评价更为重要。关于惩罚性赔偿在公益诉讼中的构成要件，争议比较大的是经营者是否必须具备主观过错。《食品安全法》第148条第2款规定："生产不符合食品安全标准的食品或者经营明知是不符合食品安全标准的食品，消费者除要求赔偿损失外，还可以向生产者或者经营者要求支付价款十倍或者损失三倍的赔偿金；增加赔偿的金额不足一千元的，为一千元。但是，食品的标签、说明书存在不影响食品安全且不会对消费者造成误导的瑕疵的除外。"《民法典》第1207条规定："明知产品存在缺陷仍然生产、销售，或者没有依据前条规定采取有效补救措施，造成他人死亡或者健康严重损害的，被侵权人有权请求相应的惩罚性赔偿。"上述条文强调了经营者的主观过错。笔者认为，惩罚性赔偿应限于经营者存在主观过错的情形。故意体现了侵权人追求损害结果的邪恶动机，重大过失说明了行为人对他人人身财产的高度漠视。这两种主观动机都表明行为人主观恶性大、社会危害性强、应受惩罚性高。① 惩罚性赔偿是国家基于不法行为人行为的主观恶性及其社会后果，而对行为人作出的填补性损害赔偿以外的金钱数额赔偿要求。如美国的惩罚性赔偿构成要件之一即是要求行为人主观上出于故意、恶意、轻率地或有意识地不尊重他人权利、重大过失等，② 强调加害人主观动机与行为的可苛责性。③ 再如我国台湾地区"消费者权益保护法"第51条规定的惩罚性赔偿的适用条件也要求经营者具有故意或过失的主观过错。惩罚性赔偿制度所适用的案件范围应包括故意的侵权行为、重大过失的侵

---

① 参见李建华、管洪博：《大规模侵权惩罚性赔偿制度的适用》，载《法学杂志》2013年第3期。

② 参见中国消费者权益保护法学研究会：《消费者权益保护法学》，中国社会出版社2017年版，第228页。

③ 参见李建华、管洪博：《大规模侵权惩罚性赔偿制度的适用》，载《法学杂志》2013年第3期。

权行为、产品责任和有限情形下的违约责任。[①]

惩罚性赔偿在构成要件上具有明显的特征,即它的功能不仅在于弥补受害人的损害,而且在于惩罚和制裁严重过错行为。赔偿的数额不以实际的损害为标准,而要特别考虑加害人的主观过错程度、主观动机等。“因为惩罚性赔偿会给加害人带来巨大的财产上的利益损失,加害人甚至会面临生产、生活上的困境,因此,惩罚性赔偿的适用有着严格的条件限制,只有同时具备主观要件和客观要件时才可以适用,即主观上应该以严重的过错为要件,包括故意过失和重大过失,客观上具有违法性并造成严重的损害后果。”[②]惩罚性赔偿应严格适用于行为人具有故意或者重大过失的场合。惩罚性赔偿的主要目的不在于弥补被侵权人的损害,而在于惩罚有主观故意的侵权行为,并遏制这种侵权行为的发生。从赔偿功能上讲,主要在于威慑,不在于补偿。[③]

(2)建立惩罚性赔偿金的归属和管理制度

消协组织是程序当事人,不享有赔偿金的所有权。立法应明确规定赔偿金归属不特定消费者,并对赔偿金的管理主体和管理规则作出详细的规定。为解决操作难题,可借鉴环境公益诉讼基金中的成功经验,设立消费者权益保护基金代为管理赔偿金。鉴于消费侵权的分散性与地域性,建议在省级层面分别设立消费者权益保护基金。同时,立法应健全消费者权益保护基金的管理制度。

同时,立法还应对公益诉讼与私益诉讼的衔接设定规则。惩罚性赔偿金的归属厘定不清,给消费公益诉讼与消费私益诉讼的衔接设置了难题。消费民事公益诉讼并非没有具体的消费受害者,而是无法确定全部具体的受害者。为此,赔偿金应当包含对具体受害消费者的赔偿。随之而来的问题是,消费公益诉讼裁判生效后,如果消费者在私益诉讼中提起惩罚性赔偿,而法院判决公益诉讼的惩罚性赔偿金直接上缴国库后,因同一侵权行为提起的消费私益诉讼的赔偿款如何处理呢？如果从公益诉讼获得的赔偿款中列支,在惩罚性赔偿金全部上缴国库后,不

---

① 参见关淑芳:《惩罚性赔偿制度研究》,中国人民公安大学出版社 2008 年版,第 231 页。

② 吕忠梅等:《环境损害赔偿法的理论与实践》,中国政法大学出版社 2013 年版,第 115 ~ 116 页。

③ 参见吕忠梅等:《侵害与救济——环境友好型社会中的法治基础》,法律出版社 2012 年版,第 205 页。

具备可操作性。如果由经营者承担，则构成二次赔偿。建议立法对赔偿金的分配作出规定。

（3）规定惩罚性赔偿金的计算方法

《消费者权益保护法》《食品安全法》等实体法律对消费者主张的惩罚性赔偿金的计算，一般以消费者遭受的损失或者支付的价款为计算基数。由于经营者造成公共利益的实际损失难以计算，不特定消费者支付的价款也难以统计，而且在发生损害危险的情形下实际损失并未产生，因此，难以照搬上述方法作为社会公共利益损害赔偿的计算方法。司法实践案例中，惩罚性赔偿的计算基数各不相同，大部分案件以刑事程序认定的销售额为计算基数，[①]部分案件将刑事罚金从惩罚性赔偿金中抵扣。[②] 为规范惩罚性赔偿的适用，以实现惩罚性赔偿的功能为出发点，立法应规定惩罚性赔偿金的上限和下限，同时规定自由裁量的考量因素，法官在此基础上根据个案自由裁定具体的惩罚数额。自由裁量的考量因素主要包括：违法行为持续时间、公共利益损害程度、经营者主观恶性、经营者获利情况、经营者采取补救措施的情况等。立法可规定加重惩罚和减轻惩罚的情形。31 号案在减轻惩罚方面作出了探索性判决，31 号案的一审法院将赔偿金从最高 10 倍减到 7 倍，“王某江、毛某慧生产销售的涉案伪劣食品调料基本都在超市、商行被扣押，极少消费者准购，尚未造成消费者实际健康危害。为了保护众多不特定消费者的合法权益和社会公共利益，同时确保生效裁判有效执行性，鉴于王某江、毛某慧家庭经济现状，维护法律尊严同时彰显司法温度，体现惩罚的谦抑性，避免惩罚的过度，酌情适当减轻王某江、毛某慧的惩罚性赔偿金，即支付销售金额七倍的惩罚性赔偿金”[③]。

---

① 例如，8 号案的一审法院认为：“根据最高人民法院《关于民事诉讼证据的若干规定》第 9 条的规定，已为人民法院发生法律效力的裁判所确认的事实，当事人无须举证证明，除非当事人有相反的证据足以推翻……已经发生法律效力的刑事判决书亦认定七被告共生产假盐 120 吨……可推断 120 吨假盐的货值总价款为 126,746.34 元，依法需要承担总价款 1,267,463.4 元。”参见广州市中级人民法院（2017）粤 01 民初 384 号民事判决书。10 号案的一审法院认为：“两被告销售脱手假盐至少 35 箱……应按 35 箱，每箱 38 元计算货值总价款为 1330 元，依法需承担总价款十倍的惩罚性赔偿金，即 13,300 元。”参见广州市中级人民法院（2017）粤 01 民初 386 号民事判决书。

② 例如，8 ~ 11 号案、31 号案存在这样的情形。

③ 参见内蒙古自治区高级人民法院（2021）内民终 500 号民事判决书。

(4)明确惩罚性赔偿金与行政罚款、刑事罚金的关系

如前文所述,惩罚性赔偿金与行政罚款、刑事罚金的性质和功能不同,是相互独立的,三种责任从不同角度实现消费者权益保护之目的。行政罚款、刑事罚金是借助国家公权力实现对消费侵权进行统一治理的手段,惩罚性赔偿是私法范畴的法律责任。现行立法仅确立了经营者的财产不足以执行全部法律责任时民事责任优先的原则,并未规定不同责任可相互折抵。因此,立法应当明确惩罚性赔偿金与行政罚款、刑事罚金竞合情形下的处理规则,同时明确禁止行政罚款、刑事罚金折抵民事赔偿金的做法。不过,可将是否承担过行政罚款、刑事罚金的情形作为法官自由裁量的因素。需要注意的是,承担过行政罚款、刑事罚金不是“应当”考量的因素,而是“可以”考量的因素。

六、结语

我国现行立法对消费民事公益诉讼的诉讼请求规定过于粗糙,重点规定了预防型诉讼请求。预防型诉讼请求的目的在于矫正违法经营者的违法行为,程序运作相对简单,诉讼结果也可以预期。而损害赔偿诉讼请求则遭遇制度、理论和实践的重重困难,如被告行为的违法性与损害事实的因果关系、赔偿金与个体消费者的关系、赔偿标准和赔偿金归属、分配等。司法实践中大部分法院判决被告将赔偿金上缴国库,反映出当前司法机关对赔偿金的性质认识产生了错误,从另一个角度也说明完善立法的急迫性。为更好发挥公益诉讼的作用,立法应当在借鉴域外立法经验的基础上,进一步完善和细化消费民事公益诉讼的诉讼请求类型和适用规则,为消协组织提起消费民事公益诉讼提供更加科学的法律依据。

此外,消费公益诉讼的理论和实践对消费领域公共利益的修复及其相关联的恢复性司法机制缺乏足够关注。公益诉讼不能一诉了之或者简单索赔,应将公益修复与经营者违法行为的矫正有效衔接,以恢复性司法提升公益诉讼的实效。从这个角度而言,未来立法还应当关注从实现恢复性司法机制的视角完善诉讼请求类型。

第六章　消协组织提起消费民事公益诉讼的程序制度

公益诉讼最终通过诉讼程序才能得以运转，因此，程序规则是消费民事公益诉讼制度建设的重要内容。2012 年修正的《民事诉讼法》第 55 条正式确立了消费民事公益诉讼制度，为消费领域公共利益的司法保护打开了闸门，结束了长期以来公益诉讼于法无据的尴尬局面，为消协组织维护消费领域公共利益提供了重要的制度保障。但是，《民事诉讼法》的规定过于粗陋，缺乏配套的程序规则和实施机制。而《消费者权益保护法》以实体规范为主要内容，难以完成消费民事公益诉讼的程序制度供给的任务。换句话说，我国在法律层面尚未构建完成消协组织开展民事公益诉讼的独立的程序规范，当前的程序规范无法满足公益诉讼的实践需求，不仅导致公益诉讼的案件受理、审判、执行等微观层面缺乏保障，也使得整个公益诉讼制度的宏观运转受到抑制。由于公益诉讼在我国尚处于初创时期，且理论界和实务界对公益诉讼的程序制度不够重视，导致实践乱象和理论争鸣。这种情况也与我国长期以来重实体轻程序的传统密切相关。

公益诉讼作为处理公益纠纷的诉讼方式，必然突破传统的民事诉讼制度框架，在理念、规则等方面与传统民事诉讼有明显区别。消费民事公益诉讼制度功效的发挥需要一系列程序规则来支撑，虽然关于是否有可能和有必要在现行《民事诉讼法》的基础上另行制定一套公益诉讼专门程序的问题还存在不少争议，但是公益诉讼无法简单“借用”传统民事诉讼的程序来实现其诉讼目的，已成为不争的事实。为保障公益诉讼的有效运行，作为权宜之计，《民诉法司法解释》《消费民事公益诉讼司法解释》对消费民事公益诉讼的起诉主体、受案范围、诉讼请求、管辖法院、起诉条件、公告和告知、参加诉讼、证据保全等程序规则作了规定。消费民事公益诉讼的证明规则、裁判规则等程序与传统的私益诉讼应有明显区别，现行立法缺乏对公益诉讼程序规则的体系化构建。因此,完善消费民事公益诉讼的程序建构是推进公益诉讼进程中必然要解决的关键问题。只有完善与消费民事公益诉讼相匹配的程序规则,才能为司法实践提供指引,切实有效发挥公益诉讼维护和促进社会正义的作用。

一、起诉条件

起诉条件是指“诉的适法提起所必须具备的条件,欠缺起诉条件,即使存在起诉行为,其起诉在诉讼法上也视为不成立”①。在消费民事公益诉讼中,消协组织的诉讼地位不同于私益诉讼的原告,其特殊的诉讼地位决定了消协组织提起公益诉讼的条件与私益诉讼不同。根据《民诉法司法解释》第 282 条之规定,消协组织提起消费民事公益诉讼应当具备以下几个条件:有明确的被告;有具体的诉讼请求;有社会公共利益受到损害的初步证据;属于人民法院受理民事诉讼的范围和受诉人民法院管辖。根据《消费民事公益诉讼司法解释》第 4 条规定,消协组织提起消费民事公益诉讼需要提供以下材料:符合《民事诉讼法》规定的起诉状;被告的行为侵害众多不特定消费者合法权益或者具有危及消费者人身、财产安全等损害社会公共利益的初步证据;消协组织就涉诉事项已经按照《消费者权益保护法》第 37 条第 4 项或者第 5 项的规定履行公益性职责的证明材料。上述规定中,有的要件是民事诉讼案件共同的要件,本章不再赘述。针对公益诉讼的特殊性,本章对受案范围、被告的行为损害社会公共利益的初步证据、消协组织诉前已经履行公益性职责等关键要件进行讨论。

(一)受案范围的界定

消协组织要顺利提起公益诉讼,首先要符合法律规定的受案范围。受案范围是消费民事公益诉讼的出发点。对管辖法院而言,受案范围就是法院受理案件的权限范围;对消协组织而言,受案范围就是其履行对消费领域公共利益保护的法定职责范围;对经营者而言,受案范围就是其行为侵害社会公共利益的边界。《民事诉讼法》第 3 条规定了民事诉讼的受案范围,但该规定不能直接适用于消费民

① [日]中村英郎:《新民事诉讼法讲义》,陈刚等译,法律出版社 2001 年版,第 152 页。

事公益诉讼。《民事诉讼法》第58条虽然从诉讼法的角度确立了消费民事公益诉讼,但在制度建构层面却未对受案范围作详细规定。因此,有必要对消费民事公益诉讼的受案范围进行专题探讨。

1. 损害消费领域公共利益行为之界定

我国理论界对消费民事公益诉讼的受案范围认识比较一致,认为经营者的行为只要侵害了消费领域的公共利益或者有造成侵害的危险,就属于消费民事公益诉讼的受案范围。消协组织为维护社会公共利益提起消费民事公益诉讼,只要诉讼请求有关消费领域公共利益保护,就应当认定其具有诉的利益而纳入消费民事公益诉讼的受案范围。那么,如何界定经营者的行为是否损害了社会公共利益呢?《民事诉讼法》第58条、《民诉法司法解释》第282条规定了"侵害众多消费者合法权益""损害社会公共利益"的双重条件作为受案范围的标准;《消费者权益保护》第47条规定了侵害众多消费者合法权益"的单一条件作为受案范围的标准;《消费民事公益诉讼司法解释》第1条规定了"侵害众多不特定消费者合法权益或者具有危及消费者人身、财产安全危险""损害社会公共利益"的双重条件作为受案范围的标准,并在第4条列举了四种典型的损害消费领域公共利益的行为。从文本上看,上述法律和司法解释对提起公益诉讼的条件表述不同。实践中,对提起消费民事公益诉讼是否需要以经营者损害社会公共利益为前提,存在不同看法。为遵循立法本意,最高人民法院在《消费民事公益诉讼司法解释》起草过程中,就上述问题专门征求立法机关意见,形成的共识是:公益诉讼系为保护社会公共利益提起的诉讼,以维护健康有序的社会秩序为目的,最终促进全社会的和谐发展。依照公益诉讼制度安排的价值考量,社会公共利益受损当然为提起公益诉讼的必要条件。[①] 综上,"侵害众多消费者合法权益"应当理解为侵害不特定消费者合法权益,只要经营者侵害了不特定消费者的合法权益就属于消费民事公益诉讼的受案范围。

"不特定"表明利益主体的广泛性和侵权后果的扩散性。在司法实践案例中,争议较大的是损害对象的"不特定"如何认定。如法院对1号案不予立案,理由就

---

① 《积极稳妥推进消费民事公益诉讼　构建和谐公平诚信消费市场秩序——最高人民法院民一庭负责人就〈关于审理消费民事公益诉讼案件适用法律若干问题的解释〉答记者问》,载杜万华主编:《最高人民法院消费民事公益诉讼司法解释理解与适用》,人民法院出版社2016年版,第13页。

是原告浙江省消费者权益保护委员会未能提供被告的行为侵害不特定消费者权益的证明材料，从而被判定不符合公益诉讼起诉条件。7号案的被告以自己是“个体经营者、小散户，销售的对象是周边的居民，是特定的消费者，未构成侵犯公共利益”进行辩解。[①] 一审法院虽然没有认可7号案被告的答辩理由，在判决中直接认定被告“已经侵害了众多不特定消费者的合法权益”，但法院也没有在判决书中阐述认定“不特定消费者”的具体标准。12号案的被告也提出了案件“不存在不特定多数消费者”答辩意见，认为消费者通过App注册后缴纳押金，合同相对人的身份是固定和具体的。大部分司法实践案例中，法院认定经营者侵害的对象构成不特定多数或者不构成不特定多数，一般都语焉不详。12号案中，一审法院认为被告侵害了“不特定多数消费者”利益，理由是：“小鸣单车”App是向符合条件的所有消费者开放，想用“小鸣单车”的消费者都可成为其用户，故“小鸣单车”的消费者既有现实的又有潜在的，并非仅指已在“小鸣单车”App注册的消费者。被告广州悦骑公司的行为既侵害了已知消费者的合法权益，亦对潜在消费者的合法权益构成损害危险，故其损害的是不特定消费者群体的合法权益。从12号案法院的论证逻辑来看，法院是以未来有不确定的消费者也可能受到损害为思路证成“不特定多数消费者”。15号案的一审法院认为，被告以特卖的方式销售商品，虽有销售记录，但难以确定具体销售对象名称，客观上难以对全部受侵害主体进行特定化，故本案中消费者的损害具有分散性、不特定性。[②] 35号案的一审法院认为：“消费领域的社会公共利益往往指向人数众多且不特定的消费者的共同利益，因其具有涉众性及不特定性，故具有社会公共利益属性……当消费者个人信息已被泄露，实际侵害已经产生时，合法权益受到侵害的消费者均为特定。在此情况下，不宜简单地以受到侵害的消费者特定为由，从而认定社会公共利益并未受损。”[③]通观司法实践案例可以看出，司法实践对消费侵权行为出现了行为要件事实化的倾向。大部分案件没有将经营者的侵权行为作为一个独立的要件进行考察，法官对消费侵权行为要件和造成的损害事实捆绑适用，使得法定的行为要件演变成“消费侵权行为造成不特定消费者损害”的模式，裁判的落脚点重在实际已

---

① 参见深圳市中级人民法院(2017)粤03民初547号民事判决书。

② 参见成都市中级人民法院(2019)川01民初5508号民事判决书。

③ 参见重庆市第一中级人民法院(2021)渝01民初308号民事判决书。

经造成的损害,强调事后救济。

2. 损害消费领域公共利益行为的类型化

当前,理论界和实务界对消费领域公共利益还存在不同看法。由于"公共利益"是一个不确定的法律概念,经营者侵害消费领域公共利益的行为表现形式纷繁复杂。"当抽象——一般概念及其逻辑体系不足以掌握某生活现象或意义脉络的多样表现形态时,大家首先会想到的补助思考形式就是'类型'。"[①]"类型或者以此种方式,或者以彼种方式,或者同时以此种及彼种方式,较概念为具体。"[②]为增强可操作性,《消费民事公益诉讼司法解释》第 2 条从类型化的角度对受案范围进行具体化,列举了损害消费领域公共利益的行为类型,为消协组织提起公益诉讼提供明确的依据,也在一定程度上限制了法官的自由裁量权。《消费民事公益诉讼司法解释》第 2 条采用开放式列举,明确了侵犯消费领域公共利益的行为包括五种类型。

(1)提供有缺陷的商品或者服务侵害不特定消费者权益

产品质量关系消费者的人身财产安全。根据《产品质量法》,产品缺陷是指产品存在不合理危险或者不符合强制性标准。[③] 理论上将产品或者服务缺陷分为设计缺陷、制造缺陷、指示缺陷和警示缺陷。《消费者权益保护法》第 7 条规定:"消费者在购买、使用商品和接受服务时,享有人身、财产安全不受损害的权利。消费者有权要求经营者提供的商品和服务,符合保障人身、财产安全的要求。"《产品质量法》《食品安全法》《药品管理法》《民法典》等法律对经营者的产品质量义务及其法律责任作出了明确规定。在现代社会,有缺陷的产品或者服务一旦进入消费领域,将危及整个消费者群体的人身安全和财产安全,损害后果具有扩散性,危及社会公共利益。实践中,因产品或者服务存在缺陷导致消费者利益受损的事件时有发生。要避免或者预防这样的危险,个体消费者力不从心,只有消协组织以团体的力量提起公益诉讼方能保护消费者的整体利益。4～5 号案、7～11 号案、31 号案、42 号案等 9 件案件即是这种类型的案件。如 5 号案的被告销售假盐 9.45

---

① [德]卡尔·拉伦茨:《法学方法论》,陈爱娥译,商务印书馆 2003 年版,第 337 页。

② [德]卡尔·拉伦茨:《法学方法论》,陈爱娥译,商务印书馆 2003 年版,第 337 页。

③ 《产品质量法》第 46 条规定:"本法所称缺陷,是指产品存在危及人身、他人财产安全的不合理的危险;产品有保障人体健康和人身、财产安全的国家标准、行业标准的,是指不符合该标准。"

吨,8 号案的被告生产假盐 120 吨,这些假盐存在严重的质量缺陷,“足以造成严重食物中毒事故或者导致其他严重食源性疾病”,危及消费者的人身安全,损害了不特定消费者的利益。①

(2)未对提供的商品或者服务作出真实的说明侵害不特定消费者权益

《消费者权益保护法》第 18 条、第 20 条明确规定经营者的真实说明义务。②《产品质量法》第 27 条规定,产品或者其包装上的标识必须真实。对于使用不当容易造成产品本身损坏或者可能危及人身、财产安全的产品,应当有警示标志或者中文警示说明。

在交易活动中,经营者履行真实说明义务,应当符合以下要求:一是告知消费者的信息应当全面。除了商业秘密外,经营者应当将可能影响消费者作出消费决策的相应信息告知消费者。消费者只有掌握了有关商品或者服务的全部信息,才有可能作出正确的消费决策。告知是否“全面”,应根据产品或者服务的特点、交易目的、交易习惯等来判定。二是告知的信息应当真实。这是经营者履行真实说明义务的核心要求。虚假宣传是经营者不履行真实说明义务的典型表现。虚假宣传是指经营者的宣传内容与商品或者服务的客观情况不符,或者提供的信息误导消费者。《食品安全法》第 71 条规定:“食品和食品添加剂的标签、说明书不得含有虚假内容,不得涉及疾病预防、治疗功能。生产经营者对其提供的标签、说明书的内容负责。”《消费者权益保护法》第 23 条第 2 款规定:“经营者以广告、产品说明、实物样品或者其他方式表明商品或者服务的质量状况的,应当保证其提供的商品或者服务的实际质量与表明的质量状况相符。”《侵害消费者权益行为处罚办法》第 6 条规定,经营者向消费者提供有关商品或者服务的信息应当真实、全

---

① 参见长春市中级人民法院(2016)吉 01 民初 819 号民事判决书、广州市中级人民法院(2017)粤 01 民初 384 号民事判决书。

② 《消费者权益保护法》第 18 条第 1 款规定:“经营者应当保证其提供的商品或者服务符合保障人身、财产安全的要求。对可能危及人身、财产安全的商品和服务,应当向消费者作出真实的说明和明确的警示,并说明和标明正确使用商品或者接受服务的方法以及防止危害发生的方法。”第 20 条规定:“经营者向消费者提供商品或者服务的质量、性能、用途、有效期限等信息,应当真实、全面,不得作虚假或者引人误解的宣传。经营者对消费者就其提供的商品或者服务的质量、使用方法等问题提出的询问,应当作出真实、明确的答复。经营者提供商品或者服务应当明码标价。”

面、准确，不得有虚假或者引人误解的宣传行为。[①] 如果经营者提供的信息不真实，将误导消费者，侵害其合法权益。2～3 号案、16 号案等 3 件案件即是这种类型的案件。如 2～3 号案的被告未将所售手机预装软件的名称、功能、类型、所占内存等情况告知消费者，侵犯了消费者的知情权。经营者没有履行真实说明义务，侵犯的对象是所有已经消费和未来可能消费相关产品的消费者，侵害的对象具有不特定性。个体消费者通过私益诉讼只能维护自己的合法权益，唯有公益诉讼方能实现维护消费者整体利益之目的。"在现代社会中，市民日渐被暴露在集团性侵害之下，而且，一个一个的市民对于这些侵害没有足够的金钱或地位而向司法机关提出诉讼，所以对私人诉讼监督作用的期待，在很多地方，不能说是正当的。"[②]"目前，司法领域一个主要问题不在于为个人提供对付集团侵害的（事后的）援助，而在于事前便阻止侵害的发生并实现公共利益、形成具有实效性的集团性援助方案。"[③]

（3）经营场所的经营者未履行安全保障义务侵害不特定消费者权益

《消费者权益保护法》第 18 条第 2 款规定："宾馆、商场、餐馆、银行、机场、车站、港口、影剧院等经营场所的经营者，应当对消费者尽到安全保障义务。"《民法典》第 1198 条第 1 款规定："宾馆、商场、银行、车站、机场、体育场馆、娱乐场所等经营场所、公共场所的经营者、管理者或者群众性活动的组织者，未尽到安全保障义务，造成他人损害的，应当承担侵权责任。"经营者对消费者的安全保障义务不

① 《侵害消费者权益行为处罚办法》由原国家工商行政管理总局于 2015 年 1 月 5 日公布，国家市场监管总局于 2020 年 10 月作出修订。《侵害消费者权益行为处罚办法》第 6 条规定："经营者向消费者提供有关商品或者服务的信息应当真实、全面、准确，不得有下列虚假或者引人误解的宣传行为：（一）不以真实名称和标记提供商品或者服务；（二）以虚假或者引人误解的商品说明、商品标准、实物样品等方式销售商品或者服务；（三）作虚假或者引人误解的现场说明和演示；（四）采用虚构交易、虚标成交量、虚假评论或者雇用他人等方式进行欺骗性销售诱导；（五）以虚假的'清仓价''甩卖价''最低价''优惠价'或者其他欺骗性价格表示销售商品或者服务；（六）以虚假的'有奖销售''还本销售''体验销售'等方式销售商品或者服务；（七）谎称正品销售'处理品''残次品''等外品'等商品；（八）夸大或隐瞒所提供的商品或者服务的数量、质量、性能等与消费者有重大利害关系的信息误导消费者；（九）以其他虚假或者引人误解的宣传方式误导消费者。"

② ［意］莫诺·卡佩莱蒂编：《福利国家与接近正义》，刘俊祥等译，法律出版社 2000 年版，第 68 页。

③ ［意］莫诺·卡佩莱蒂编：《福利国家与接近正义》，刘俊祥等译，法律出版社 2000 年版，第 69 页。

仅表现在要保障产品或者服务的安全,而且还包括要保障服务场所的安全。正是出于这样的考虑,2013 年修正的《消费者权益保护法》新增了宾馆、商场、银行、车站、机场等经营场所的安全保障义务。经营场所涉及众多行业,经营者的安全保障义务因行业、产品或者服务的差异而有所不同。在现实生活中,有的经营者怠于履行安全保障义务,置消费者于危险之中,威胁公共利益。

(4)利用格式条款侵害不特定消费者权益

格式条款是经营者事先单方面拟定的,与不特定消费者重复使用的合同条款。格式条款的使用对于提高交易效率,降低交易成本具有明显的积极作用。《消费者权益保护法》第 26 条规定:“经营者在经营活动中使用格式条款的,应当以显著方式提请消费者注意商品或者服务的数量和质量、价款或者费用、履行期限和方式、安全注意事项和风险警示、售后服务、民事责任等与消费者有重大利害关系的内容,并按照消费者的要求予以说明。经营者不得以格式条款、通知、声明、店堂告示等方式,作出排除或者限制消费者权利、减轻或者免除经营者责任、加重消费者责任等对消费者不公平、不合理的规定,不得利用格式条款并借助技术手段强制交易。格式条款、通知、声明、店堂告示等含有前款所列内容的,其内容无效。”在经营过程中,为减少重复拟订合同的成本,经营者往往事先拟定好格式条款。现实生活中,制定和使用格式条款的经营者多为大型企业或者垄断企业。市场经济的发展催生了大型企业,这些大型企业甚至在相关市场中占据垄断地位。由于经营者处于优势地位,在合同订立过程中难免“店大欺客”,经营者往往利用格式条款侵害不特定消费者的利益。比如,有的经营者在格式条款中排除消费者退换货的权利或者将争议解决的管辖法院约定为经营者所在地法院。6 号案、12 号案、14 号案、30 号案都存在这样的情形。如 12 号案被告的“小鸣单车”App 中有关押金退还说明即被告单方面制作的格式条款,限制了消费者对押金的财产权,是对消费者不公平不合理的条款。①

《民法典》第 496 条第 2 款规定:“采用格式条款订立合同的,提供格式条款的一方应当遵循公平原则确定当事人之间的权利和义务,并采取合理的方式提示对方注意免除或者减轻其责任等与对方有重大利害关系的条款,按照对方的要求,

① 参见广州市中级人民法院(2017)粤 01 民初 445 号民事判决书。

对该条款予以说明。提供格式条款的一方未履行提示或者说明义务，致使对方没有注意或者理解与其有重大利害关系的条款的，对方可以主张该条款不成为合同的内容。”《消费者权益保护法》第26条对拟定格式条款的经营者的义务进行了强化，要求经营者提醒消费者的注意标准比原《合同法》以及《民法典》规定的要求高，从“合理方式”提高到“显著的方式”提醒消费者注意与其有重大利害关系的内容。如果经营者制定的格式条款不公平、不合理，受到损害的个体消费者提起私益诉讼，案件的裁判效力仅及于有合同关系的经营者与消费者，对于其他消费者没有拘束力。唯有公益诉讼，才能够“维护契约正义，使经济上之强者，不能假契约自由之名，压倒弱者”①。

(5)其他侵害不特定消费者权益的情形

采取列举方式，难免挂一漏万。随着社会的发展，侵犯消费领域公共利益的行为类型和表现形式也在不断变化。《消费民事公益诉讼司法解释》第2条采取了“列举＋兜底”的方式，既列举比较常见的侵害消费领域公共利益的具体情形，又通过兜底条款将其他损害消费领域公共利益的行为纳入公益诉讼的范围。《消费民事公益诉讼司法解释》第2条关于“其他侵害不特定消费者权益的行为”的表述，表明最高人民法院认为消费民事公益诉讼的受案范围并不限于列举的案件类型。但是，还有哪些侵权行为可以涵盖进来，需要进一步探索，法官有一定的自由裁量权，但仍然需要以损害不特定消费者权益为判断标准。

可以预见，随着我国市场经济法治化程度的不断提高和消费公益诉讼实践的不断推进，更多类型的案件将被纳入受案范围。比如，随着《民法典》《个人信息保护法》的实施，以各种方式侵害不特定消费者个人信息权的行为被纳入受案范围。个人信息权是自然人人格权的组成部分，具有人格属性和财产属性。《消费者权益保护法》第14条规定：“消费者在购买、使用商品和接受服务时，享有人格尊严、民族风俗习惯得到尊重的权利，享有个人信息依法得到保护的权利。”《民法典》第111条规定：“自然人的个人信息受法律保护。任何组织或者个人需要获取他人个人信息的，应当依法取得并确保信息安全，不得非法收集、使用、加工、传输他人个人信息，不得非法买卖、提供或者公开他人个人信息。”《消费者权益保护法》规定

---

① 王泽鉴：《民法学说与判例研究》(第7册)，北京大学出版社2009年版，第26页。

了经营者收集、使用消费者个人信息的规则，第 29 条规定："经营者收集、使用消费者个人信息，应当遵循合法、正当、必要的原则，明示收集、使用信息的目的、方式和范围，并经消费者同意。经营者收集、使用消费者个人信息，应当公开其收集、使用规则，不得违反法律、法规的规定和双方的约定收集、使用信息。经营者及其工作人员对收集的消费者个人信息必须严格保密，不得泄露、出售或者非法向他人提供。经营者应当采取技术措施和其他必要措施，确保信息安全，防止消费者个人信息泄露、丢失。在发生或者可能发生信息泄露、丢失的情况时，应当立即采取补救措施。经营者未经消费者同意或者请求，或者消费者明确表示拒绝的，不得向其发送商业性信息。"《个人信息保护法》明确赋予消协组织在个人信息保护领域的公益诉讼资格，第 70 条规定："个人信息处理者违反本法规定处理个人信息，侵害众多个人的权益的，人民检察院、法律规定的消费者组织和由国家网信部门确定的组织可以依法向人民法院提起诉讼。"13 号案、33 ~ 37 号案等 6 件案件就是经营者侵犯消费者个人信息权案，这些案件的诉讼请求全部得到法院支持，说明消协组织运用公益诉讼保护个人信息的探索得到司法机关的肯定。又如，垄断行为不仅破坏了市场竞争秩序，而且最终也损害了消费者的整体利益。因此，经营者因垄断行为侵害不特定消费者也应纳入消费民事公益诉讼的受案范围。遗憾的是，2022 年 6 月 24 日第十三届全国人民代表大会常务委员会第三十五次会议通过的《中华人民共和国反垄断法（修正案）》仅赋予设区的市级以上检察机关提起民事公益诉讼的资格。经营者实施的垄断行为往往也损害消费者利益，因此，未来还是应当将对垄断行为提起民事公益诉讼的资格扩大到消协组织。

3. 结论

结合理论和实务的共识，笔者认为，不特定多数消费者所享有的利益即是消费领域的公共利益，由此，消费民事公益诉讼的受案范围是经营者侵害不特定多数消费者合法权益或者构成损害危险的行为。未来立法需要对损害不特定多数消费者确定一个明确的判定标准，从多维度完善消费民事公益诉讼的受案范围，使得消费者的利益处于全方位的保护状态。"公共利益"作为不确定的概念，随着经济社会赓续发展、法治建设踵事增华，其外延也将不断扩展。因此，今后立法可继续沿用司法解释"概括 + 列举"的模式，但要增强周延性。在受案范围的立法架构中，列举的方式虽然易于操作，但难免挂一漏万。为此，可以增加反向列举，把不宜划入消费民事公益诉讼受案范围的案件类型以反向列举的方式予以排除。此外,立法划定受案范围的外延时,应侧重对概括方式条款的完善,以弥补列举方式的局限性。立法还应考虑一些量化的界定标准,比如,以哪些要素来界定不特定消费者。通过量化指标,尽量限缩自由裁量的空间,夯实消协组织全面推进消费公益诉讼的制度基础。

(二)被告的行为损害社会公共利益的初步证据

为防止消协组织滥用诉权,消协组织起诉时要提交被告的行为侵害众多不特定消费者合法权益或者具有危及消费者人身、财产安全危险等损害社会公共利益的初步证据。社会公共利益受到损害或者可能受到损害是区分消费民事公益诉讼和消费民事私益诉讼的基本要件,也是提起消费民事公益诉讼的核心要件。

以损害后果形成的时间划分,消费侵权损害包括既成损害和未来损害。提起消费民事公益诉讼并不以造成既成损害为前提,经营者的行为有侵害公共利益危险的,同样符合提起公益诉讼的实质要件。因此,消协组织需要证明的经营者造成的损害不仅包括已经造成的现实损害,也包括未来可能发生的损害危险。8 号案的一审法院认为:"消费者缺碘病症的显现要经过潜伏的慢性致害过程,这种潜在的危害也属客观存在的损害结果,不因至今没有消费者向七被告主张权利而无视损害的客观存在。损害的发生,源头在于七被告的共同制假售假行为。"[①]15 号案的一审法院认为,消费领域侵害社会公共利益既包括"经营者侵害众多不特定消费者合法权益",也包括基于预防原则而规定的"具有危及消费者人身、财产安全危险"。《消费民事公益诉讼司法解释》第 1 条明文规定了消费领域公共利益受损的两种情形:一是经营者的行为损害众多不特定消费者合法权益;二是经营者的行为具有危及消费者人身、财产安全危险。实践中,已经造成的损害比较容易取得相关证据,而将来可能造成的损害则可能需要较多地使用技术手段取证。[②]

根据《民诉法司法解释》《消费民事公益诉讼司法解释》之规定,消协组织起诉时提交的被告损害社会公共利益的证明材料是初步证据。初步证明的事实包

---

① 参见广州市中级人民法院(2017)粤 01 民初 384 号民事判决书。

② 参见杜万华主编:《最高人民法院消费民事公益诉讼司法解释理解与适用》,人民法院出版社 2016 年版,第 100 页。

括原告实施的侵权行为、消费领域的公共利益受到损害或者有损害危险、侵权行为与损害之间存在因果关系。起诉阶段的证明标准低于进行实体审查时的“高度盖然性标准”①。起诉阶段要求消协组织提供初步证据,证明其诉讼请求具有一定的事实依据,可以防止滥诉,但由于未来损害危险的取证难度极大,这也导致实践中针对损害危险的案件比较少。

(三)消协组织诉前已经履行公益性职责

1. 消协组织诉前履行公益性职责的有关规定

根据《消费民事公益诉讼司法解释》第 4 条规定,消协组织起诉时需提交就涉诉事项已按照《消费者权益保护法》第 37 条第 4 项或者第 5 项的规定履行公益性职责的证明材料。《消费者权益保护法》第 37 条规定:“消费者协会履行下列公益性职责:……(四)就有关消费者合法权益的问题,向有关部门反映、查询,提出建议;(五)受理消费者的投诉,并对投诉事项进行调查、调解……”公益诉讼具有辅助性,消协组织在起诉之前应当先履行非诉讼的职责,主要包括两个方面:一是根据《消费者权益保护法》第 37 条第 4 项的规定向有关部门反映、查询侵害消费者权益的行为或者向有关部门提出建议。行政执法是维护社会公共利益的主要手段,公益诉讼无法取代行政执法。消协组织作为社会组织,是政府和社会之间的桥梁和纽带,起诉前将有关消费纠纷向有关部门反映,使消费纠纷最大限度进入行政途径解决,有利于社会资源的合理配置。二是根据《消费者权益保护法》第 37 条第 5 项的规定受理消费者的投诉,并对投诉事项进行调查、调解。消协组织受理有关消费投诉后,应当积极承担公益职责,通过调查、调解等方式,促使经营者和消费者化解纠纷,维护消费者权益。一些案件通过行政监管或者诉讼外调解得以妥善处理,这样,既确保消费者的权益得到切实维护,又节约了司法资源。

2. 消协组织诉前履行公益性职责存在的问题

司法实践中,消协组织是否在起诉前履行了公益性职责,缺乏明确的标准。

首先,消协组织起诉前“已经履行公益性职责”是否为提起消费民事公益诉讼的前置条件,没有明确规定。7 号案的被告辩称广东省消费者委员会未能证明其

---

① 杜万华主编:《最高人民法院消费民事公益诉讼司法解释理解与适用》,人民法院出版社 2016 年版,第 106 页。

已经履行了公益性职责。一审法院认为,《消费民事公益诉讼司法解释》第 4 条第 3 项的规定并没有将履行上述公益性职责作为所有提起消费民事公益诉讼的必要前置条件,也没有在《民事诉讼法》和《消费者权益保护法》规定的原告适格条件之外加设更多的条件。[①] 司法实践案例中,有的法院仅对消协组织是否是省级以上消协组织进行了确认,并未将消协组织"已经履行公益性职责"作为起诉要件。例如,32 ~ 34 号案的一审法院仅依据《民事诉讼法》第 58 条第 1 款、《消费民事公益诉讼司法解释》第 1 条确认,"广东省消委会作为广东省依法成立的省级消费者委员会,有权提起本案诉讼"[②]。

其次,消协组织"已经履行公益性职责"的证明标准不明确。制度层面对此缺乏标准,司法实践案例中消协组织的做法也不相同(见表 6 - 1)。从司法实践案例可以看出,对消协组织是否"已经履行公益性职责",缺乏明确的判断标准。而且,从《消费民事公益诉讼司法解释》第 4 条规定的消协组织履行公益性职责的两种方式看,关于"已经履行公益性职责"的要求与消协组织自主组织起诉的案件比较适配。消协组织提起消费公益诉讼,包括检察机关建议后起诉和消协组织自行起诉两种情形。经检察机关建议后起诉的案件的被告一般是刑事案件的被告人,消协组织"履行公益性职责"的标准理应有所区别。7 号案即是经检察机关建议后起诉的案件,一审法院把消协组织从事的"调查""调取侵权证据""与检察机关沟通"等行为视为"履行公益性职责"的行为。为破解理论和实践的困境,今后立法应当对消协组织启动消费公益诉讼的类型有所区分,并根据不同启动类型分类设置"履行公益性职责"的不同标准。

表 6 - 1 司法实践案例中消协组织履行公益性职责的事项

序号	原告	履行公益性职责的具体事项
7 号案	广东省消费者委员会	进行调查,调取相应的侵权证据,与深圳市人民检察院进行沟通[1]

① 参见深圳市中级人民法院(2017)粤 03 民初 547 号民事判决书。

② 参见广东省江门市中级人民法院(2021)粤 07 民初 38 号民事判决书、广东省江门市中级人民法院(2021)粤 07 民初 39 号民事判决书、广东省江门市中级人民法院(2021)粤 07 民初 40 号民事判决书。

续表

序号	原告	履行公益性职责的具体事项
12 号案	广东省消费者委员会	受理投诉并进行调解;致电被告要求其做出说明;建立了投诉转接机制;向被告发函调查询问;约谈被告相关负责人;向被告的开户银行查询[2]
15 号案	四川省保护消费者权益委员会	向成都市消费者协会发送《加强消费投诉问题处理建议函》,建议成都市消费者协会加强此类消费投诉问题的调处,发现有违法行为的及时移送行政机关查处,切实维护消费者合法权益;向成都市龙泉驿区市场监管局发出《加强消费侵权行为监管建议函》,建议该局加强对此类违法行为的查处,切实保护消费者合法权益[3]
16 号案	江苏省消费者权益保护委员会	受理投诉并针对投诉进行问卷调查;根据调查结果,集中约谈包括被告在内的智能电视经营者,向被告发送了《智能电视开机广告侵犯消费者权益问题的约谈函》,约谈了包括被告在内的七家品牌智能电视经营者,集中告知侵权事实;约谈同日,向被告发送了《企业告知书》[4]
35 号案	重庆市消费者权益保护委员会	对投诉事项进行了调查、调解;向相关主管部门反映相关情况[5]

资料来源:[1]参见深圳市中级人民法院(2017)粤 03 民初 547 号民事判决书。

[2]参见广州市中级人民法院(2017)粤 01 民初 445 号民事判决书。

[3]参见成都市中级人民法院(2019)川 01 民初 5508 号民事判决书。

[4]参见南京市中级人民法院(2020)苏 01 民初 62 号民事判决书。

[5]参见重庆市第一中级人民法院(2021)渝 01 民初 308 号民事判决书。

二、诉讼时效

(一)民事诉讼的诉讼时效

诉讼时效的设定是为了唤醒"权利的睡眠者"。诉讼时效是指权利人在法定的期限内不主张权利即丧失胜诉权的制度,旨在效率和公平之间追求平衡。① 从理论上讲,诉讼时效本质上是一种消灭时效,是人民法院判定民事权利能否得到

① 参见杨巍:《民事权利时间限制研究》,武汉大学出版社 2011 年版,第 127 页。

法律保护的重要依据。诉讼时效是一个既关乎实体又关乎程序的重要制度，对于加快纠纷解决、明确当事人之间不确定的权利义务、维护交易安全等具有重要的价值。《民法典》对诉讼时效作出了规定，要求权利人在法律规定的期限内提起诉讼。《民法典》第188条规定："向人民法院请求保护民事权利的诉讼时效期间为三年。法律另有规定的，依照其规定。诉讼时效期间自权利人知道或者应当知道权利受到损害以及义务人之日起计算。法律另有规定的，依照其规定。但是，自权利受到损害之日起超过二十年的，人民法院不予保护，有特殊情况的，人民法院可以根据权利人的申请决定延长。"根据上述规定，消费民事私益诉讼的诉讼时效为三年，最长不能超过二十年。根据《民法典》第196条规定，下列请求权不适用诉讼时效的规定：请求停止侵害、排除妨碍、消除危险；不动产物权和登记的动产物权的权利人请求返还财产；请求支付抚养费、赡养费或者扶养费；依法不适用诉讼时效的其他请求权。

（二）消费民事公益诉讼的诉讼时效之理论争议

消协组织提起消费民事公益诉讼受诉讼时效限制吗？《消费者权益保护法》《消费民事公益诉讼司法解释》没有对消费民事公益诉讼的诉讼时效作出专门规定。那么，消费民事公益诉讼是否适用私益诉讼的时效规定呢？换句话讲，民事公益诉讼能否套用民事私益诉讼的时效制度呢？

理论上主要形成两种观点。一种观点认为，私益诉讼的诉讼时效对公益诉讼不适用，公益诉讼不应受诉讼时效的限制。公益诉讼具有公益性的特点，不应适用诉讼时效制度。"基于公共利益的保护或者社会政策，法律有可能对某些债权予以特别保护，明确规定其不适用诉讼时效。"①另一种观点认为，公益诉讼也应当受时效限制。持这种观点的学者一致认同公益诉讼受时效限制，但对于时效的长短又存在新的分歧。有的学者认为，民事公益诉讼也是民事诉讼，也应适用民法及民诉法，应当遵循与民事私益诉讼相同的诉讼时效。② 有的学者则认为，虽然公益诉讼受诉讼时效的限制，但消费侵权具有复杂性，损害结果具有一定的潜伏期，损害结果的显现有一个渐进的过程。因此，公益诉讼的时效时长不应与私益诉讼

---

① 尹田：《论诉讼时效的适用范围》，载《法学杂志》2011年第3期。

② 参见赵吟：《检察民事公益诉讼的功能定位及实现路径》，载《法治研究》2019年第5期。

相同,应当适当延长公益诉讼的时效期间。比如,将普通时效从 3 年延长至 5 年或者 10 年,重大案件不受时效限制等。①

已有研究成果关注到了民事公益诉讼制度中诉讼时效的规则缺失问题,并试图探寻解决方案,在此基础上,学者们对消费民事公益诉讼的诉讼时效提出了一些具体设想。但已有研究主要集中在对公益诉讼是否适用诉讼时效的追问,对时长、起算点、时效中断等具体问题,没有深入系统研究。总体上看,已有研究对消费民事公益诉讼的诉讼时效的基本理论框架和制度建构未达成共识。

(三)消费民事公益诉讼适用诉讼时效的实践考察

由于我国现行立法没有对消费民事公益诉讼的诉讼时效进行专门规定,司法实践对消费民事公益诉讼的诉讼时效的认识不统一。42 件案件中,大部分案件没有提及诉讼时效问题,少数案件的被告对消协组织的诉讼时效提出了质疑。比如,8 号案的被告主张消协组织的起诉超出了法定诉讼时效期限,请求权已消灭。主要理由是:根据《民法通则》②第 136 条及第 137 条之规定,诉讼时效已经超过,而且不存在时效中止、中断、延长等法定情形,我国法律法规也未对消费公益诉讼的诉讼时效作出例外规定。广州市中级人民法院一审认为,被告生产销售假盐的行为虽发生在 2015 年 5 月至 6 月,但购买了涉案假盐的消费者未就上述侵权行为提起民事诉讼。原告依据 2016 年 3 月 21 日作出的生效刑事判决确定上述被告的行为侵害了众多不特定消费者的合法权益后,于 2017 年 10 月 26 日提起民事公益诉讼,并未超过法定的诉讼时效期间。③ 8 号案的被告和法院关于消协组织的起诉是否超过诉讼时效的认识不同,被告主张诉讼时效从侵权事实发生之日起算,法院认为应当从刑事判决生效之日起算。表面上看,被告和法院对诉讼时效的起算点理解不同,透过争议看本质,实则是被告和法院都认同公益诉讼应当受时效限制,双方仅在时效的起算点上存在争议。

---

① 参见邓思清:《公益诉讼制度的程序构想》,载《当代法学》2008 年第 2 期;张亮:《民事公益诉讼制度构架与程式探讨》,载《东南大学学报(哲学社会科学版)》2009 年第 S2 期。

② 《民法通则》已于 2021 年 1 月 1 日失效。

③ 参见广州市中级人民法院(2017)粤 01 民初 384 号民事判决书。

（四）消费民事公益诉讼不适用诉讼时效

1. 消费民事公益诉讼不应适用诉讼时效

自从2012年修正的《民事诉讼法》设立民事公益诉讼制度以来，民事公益诉讼的诉讼时效问题并未引起理论界和立法者的足够关注。我国现行的诉讼时效制度是以私益诉讼为基础设立和发展起来的，而消费民事公益诉讼具有特殊性，其诉讼时效的制度设计当然也要考虑公益诉讼的特殊价值。因此，不及时厘清这个问题，将会继续造成消协组织的无所适从和审判实践的不统一。消费民事公益诉讼以维护公共利益为目的，具有公益属性，与消费民事私益诉讼在理念和价值取向上有很大不同，不能直接套用现行民事诉讼的诉讼时效的有关规定。已有研究认为民事公益诉讼受诉讼时效限制，一个重要的理由是现行立法把民事公益诉讼纳入现行《民事诉讼法》中，将民事公益诉讼作为民事诉讼的一种类型。笔者认为，这种观点值得商榷。现行民事诉讼是以保护私权为核心的制度，将民事公益诉讼在《民事诉讼法》中作出规定，应是立法的权宜之计。未来应当通过立法制定与公益诉讼高度适配的专门制度或者出台“公益诉讼法”，矫正目前“公私”混搭的立法模式。民事公益诉讼在诉讼目的、起诉主体、起诉条件等诸多方面与民事私益诉讼存在明显的区别，不能简单套用传统的诉讼时效制度。鉴于消费民事公益诉讼的特殊性，建议立法对其作出不受时效限制的特殊规定。

2. 消费民事公益诉讼不适用诉讼时效的主要理由

首先，消协组织提起公益诉讼的目的是维护社会公共利益，不是追求私人利益，诉讼时效的设置与公益诉讼的立法目的相悖。诉讼时效的设定是为了督促权利人及时行使诉权，维护自身权利。而消协组织提起公益诉讼是为了解决消费者怠于行使权利以及公益代表缺位的问题。消费侵权具有复杂性、隐蔽性，不但涉及面广，而且损害后果具有潜伏性、滞后性，有些侵权行为损害后果的显现具有较长的潜伏期。比如食品、药品领域的侵权行为，其危害后果往往有一个逐渐发现的过程，拉长了侵权行为与损害后果之间的间隔。因此，消费领域的公共利益被侵害后不一定能够被及时发现。再加上消协组织发现公益诉讼线索后提起公益诉讼之前，还需要完成大量的调查取证工作和运用诉讼外的手段先行处理纠纷，只有其他手段无效后方才提起诉讼。这个过程耗时较长。如果适用诉讼时效，就有可能出现损害或者损害危险尚未显现之时无法主张权利，而损害后果出现之时又已超过诉讼时效，公共利益无法救济的窘境，背离了公益诉讼的立法目的。

其次，公益诉讼与私益诉讼的权利基础不同，适用诉讼时效与公益诉讼的制度基础不符。诉讼时效的客体不是诉权而是某种实体权利。消费者的私益诉讼请求权是基于一定的实体权利，也就是说，权利人必须在纠纷中有实体权利，当实体权利遭受经营者侵害时，消费者才可以提出权利保护的诉请。不过，私益诉讼中，诉讼时效只适用债权性请求权。公益诉讼模式下，消协组织作为公共利益的代表，提起公益诉讼是履行法定职责的需要，并不享有实体法上的民事权利。因此，消协组织提起公益诉讼不受诉讼时效的限制，只要经营者存在损害社会公共利益的行为，消协组织就可以为了维护公共利益对其提起公益诉讼。

最后，如果适用诉讼时效，将使公益诉讼遭遇诸多难题。比如，诉讼时效的起算点怎么算？"消协组织知道或者应当知道"如何判断？以消费者投诉的时间还是以消费者受到损害的时间计算？如果消费者向多家消协组织先后投诉，又以哪个时间点作为起算点？这些问题涉及公益诉讼的基本理论问题，如果适用诉讼时效而这些问题又没有厘清，将导致新的混乱和争议。

综上所述，如果适用诉讼时效，很有可能出现因超过诉讼时效而无法起诉违法经营者的情形，公益诉讼预设的效果将因此大打折扣。一些学者对公益诉讼不受时效限制表露出了深深的忧虑，认为这样很可能会导致有资格的起诉主体不及时行使诉权，出现怠于维护公共利益的问题。笔者认为，这种担忧完全可以通过完善对消协组织的考评机制、监督机制来解决。建议立法尽快明确公益诉讼不适用诉讼时效的制度，以期更好实现对社会公共利益的全面保护。

三、诉前程序

在诉讼程序中，当事人的起诉模式有原告直接起诉和设置诉前程序两种模式。诉前程序是诉讼前置审查程序的简称。在消费民事公益诉讼中，诉前程序是指适格主体提起消费民事公益诉讼之前必须履行的前置程序。我国检察民事公益诉讼采用的是诉前程序模式。根据《民事诉讼法》，最高人民法院、最高人民检察院《关于检察公益诉讼案件适用法律若干问题的解释》，检察机关提起消费民事公益诉讼之前必须先履行诉前程序，督促适格的消协组织提起诉讼，只有适格消协组织不起诉时,检察机关才能提起公益诉讼。那么,我国消协组织提起消费民事公益诉讼是否也设置诉前程序呢?《消费民事公益诉讼司法解释》第 6 条规定:“人民法院受理消费民事公益诉讼案件后,应当公告案件受理情况,并在立案之日起十日内书面告知相关行政主管部门。”有学者据此认为,该规定即为诉前程序。笔者认为,这种理解是错误的。《消费民事公益诉讼司法解释》第 6 条规定的是起诉告知制度,告知的时间点是在法院立案之后,而诉前程序的时间点要求在起诉之前。实际上,我国现行立法并没有对消协组织提起公益诉讼的诉前程序作出规定。当前,有关消协组织提起公益诉讼的诉前程序限于理论层面的探讨,主要围绕是否设置诉前督促行政执法程序和诉前警告经营者程序两个角度展开讨论。

(一)是否设置诉前督促行政执法程序

1. 有关争议

公益诉讼不是公共利益保护的首要机制,而是行政执法的补充机制。对于诉前是否有必要穷尽行政执法救济的问题,形成了肯定说和否定说。

肯定说认为,应当设置诉前程序督促行政机关依法履行保护社会公共利益的职责。“明明可以通过传统渠道得以解决的问题却偏要披上‘公益诉讼’的外衣,不仅造成法治运行体系的混乱,同时也可能因为公益诉讼具有先天的‘道德制高点’从而对企业乃至法院形成一种‘裹挟’,丧失公益诉讼的应有功能。”①从公共利益保护的行为效果考虑,诉讼救济起着最后的兜底作用,公益诉讼耗费的资源巨大,应优先使用诉讼外途径或者成本更低的途径予以解决。我国检察行政公益诉讼即采取肯定说,规定检察机关提起行政公益诉讼之前,应当先督促行政机关依法履职。截至 2019 年 8 月底,全国检察机关向行政机关发出诉前检察建议 174,534 件,提起公益诉讼 5911 件,行政机关对检察建议的回复整改率达 97.1%,绝大多数公益受损问题在诉前得到解决,诉前程序在助力社会治理方面发挥了积极作用。② “当前,我国社会管理体制属于行政机关主导公益性纠纷处理的社会管理体制。将公益诉讼作为行政机关实施社会管理的新手段,实际上是将一个‘强

---

① 张祥伟:《环境公益诉讼司法运行理论与实践研究》,中国政法大学出版社 2018 年版,第 225 页。

② 参见《检察公益诉讼制度全面实施以来成效如何? 这场发布会“晒单”啦!》,载 https://www.bj148.org/fw/xzsc/tszf/201910/t20191024_1537048.html,最后访问日期:2022 年 7 月 1 日。

势机关'解决不了的纠纷转交给作为'弱势机关'的法院，不仅周期延长、成本增加，其实效性也很难让人产生乐观期待。"[①]行政机关在社会公共利益保护中发挥着核心作用。公益诉讼的被告是行政机关的监管对象，行政机关对侵害消费者利益的经营者负有惩治的义务。行政救济是主动、高效的救济程序。行政执法前置模式可以有效控制公益诉讼案件数量，节约司法资源。如果没有用尽行政救济手段就提起公益诉讼，将导致司法权越位行政权。

否定说则认为，公益诉讼无须以督促行政执法为前置条件。前置程序将变相提高消协组织提起公益诉讼的门槛。我国消协组织、环保组织等社会组织提起民事公益诉讼的制度采用否定说。

2. 本书观点

笔者认为，我国没有必要设置行政执法前置程序。对这个问题的争议，实质上是司法权与行政权的界分之争。《消费民事公益诉讼司法解释》第 6 条规定："人民法院受理消费民事公益诉讼案件后，应当公告案件受理情况，并在立案之日起十日内书面告知相关行政主管部门。"法院受理消费民事公益诉讼案件后，向行政机关通报案件受理情况，能够实现司法机关和行政机关的协同。虽然告知不具有法律上的强制力，但行政机关接到情况告知后，可以通过主动执法维护消费者利益，使公益诉讼无继续进行下去的必要。这样的制度设计同样起到督促行政机关及时履职尽责的作用，实现消协组织、行政机关、司法机关在公共利益保护中的多主体联动效应，提升人民群众对公共利益的获得感。如果设立单独的前置程序，反而可能会造成损害救济的滞后。从公开资料看，42 件司法实践案例中未出现行政执法机关在消协组织起诉后采取措施救济公共利益的情形，这从侧面反映行政执法机关的不作为，《消费民事公益诉讼司法解释》第 6 条预设的功能没有充分发挥。

（二）是否增加诉前警告经营者程序

1. 域外做法

一些国家的法律规定消费者团体在提起不作为公益诉讼之前，应当先向经营

---

① 韩波：《公益诉讼制度的力量组合》，载《当代法学》2013 年第 1 期。

者发出警告,警告不成功的才可以提起公益诉讼。韩国《消费者基本法》规定,消费者团体提起公益诉讼之前,首先要向企业发出停止违法行为通知书。只有超过14日后企业仍没有停止违法或不当行为时,消费者团体才可以提起公益诉讼。①德国法律也规定,消费者团体起诉之前要先向经营者发出警告信。德国《反不正当竞争法》第12条第1款规定,有权主张停止侵害请求权的人,应当向债务人发出将启动诉讼程序的警告,并给予债务人通过发出一份附有适当违约金的停止侵害义务承诺书来解决纠纷的机会。如果警告是合法的,可以要求赔偿必要的费用。日本《消费者合同法》第41条规定,消费者团体在提起公益诉讼之前,应当先进行法院外交涉,向将成为被告的经营者提出书面的停止侵害请求。请求送达的一周内不得提起诉讼,除非经营者拒绝停止侵害。经营者在书面请求送达后一周内仍无任何改进的,适格消费者团体可以提起停止侵害之诉。实践中,大部分经营者会根据消费者团体的要求进行整改,真正进入公益诉讼程序的案例并不多。

2. 我国的实践做法

我国是否有必要借鉴其他国家的做法设置诉前警告经营者的程序?理论上有争议。司法实践案例中,一些消协组织在诉前通过约谈的方式督促经营者整改(见表6-2),对拒不整改或者整改不到位的经营者才提起诉讼。表6-2所列3个司法实践案例的约谈效果还是比较明显的,大部分违法经营者在被约谈后纠正了自己的违法行为。这样的做法既规范了经营者的经营行为,又节约了司法资源。从实践效果观察,约谈在一定程度上起到类似诉前程序的作用。中国消费者协会2020年4月下发的《消费者协会消费民事公益诉讼工作导则(试行)》规定了诉前约谈制度,第25条规定:"拟提起消费民事公益诉讼的消费者协会,可以在起诉前对被诉方进行约谈。消费者协会决定约谈的,应当在约谈前七日内,以书面、电话、传真、电子邮件、即时通讯等方式通知被约谈方约谈时间、地点、约谈事项及参加人员等内容。约谈应当核实被约谈方来人身份,做好记录,并可以对约谈过程进行拍照、录音、录像。消费者协会可以公开约谈,也可以在约谈后酌情对外公布约谈内容。被约谈方无正当理由拒不参加约谈,或者经约谈后仍不停止侵害消费者合法权益行为、不履行法定义务、不落实整改措施的,消费者协会可以及时提

① 参见陶建国:《韩国消费者群体性纠纷解决制度简介》,载《中国工商管理研究》2010年第12期。

起消费民事公益诉讼。”①上述规定为消协组织的诉前约谈工作作了规范指引，但约谈并非法定诉前程序，对消协组织和经营者双方都缺乏法律约束力。

表 6－2　消协组织诉前约谈情况统计

序号	约谈情况和效果
6 号案	消协组织在诉前委托市级消协组织约谈了当地的供水公司，要求供水公司对违法的格式条款进行整改。按要求整改到位的供水公司没有成为被告，南京水务集团有限公司因未能整改到位而被起诉[1]
13 号案	消协组织向北京百度网讯科技有限公司发出约谈函，北京百度网讯科技有限公司未予答复。消协组织两次通过新闻发布会，公开向社会披露北京百度网讯科技有限公司的侵权行为和拒不接受约谈的事实。其后，北京百度网讯科技有限公司虽然前往谈话，但未改正违法行为而被起诉[2]
16 号案	消协组织向被告发出整改通知书，并对包括乐融致新电子科技（天津）有限公司在内的七家市场占有率较高的品牌智能电视经营者进行集中约谈。被约谈后，大多数智能电视经营者根据要求进行了相应整改，乐融致新电子科技（天津）有限公司未积极整改而被起诉[3]

资料来源：[1]参见黄忠顺：《公益性诉讼实施权配置论》，社会科学文献出版社 2018 年版，第 137 页。

[2]参见南京市中级人民法院(2018)苏 01 民初 1 号民事裁定书。

[3]参见南京市中级人民法院(2020)苏 01 民初 62 号民事判决书。

不过，《消费民事公益诉讼司法解释》第 4 条规定的消协组织“已经履行公益性职责”的起诉条件，实际上或多或少也起到了诉前程序的作用。《消费者权益保护法》第 37 条规定了消协组织的八项公益性职责。② 根据《消费民事公益诉讼司

① 参见《消费者协会消费民事公益诉讼工作导则》，载陕西省消费者权益保护委员会网，http://www.sxwq.org.cn/flfg/2020/0506/5162.html，最后访问日期：2022 年 6 月 14 日。

② 《消费者权益保护法》第 37 条规定：“消费者协会履行下列公益性职责：（一）向消费者提供消费信息和咨询服务，提高消费者维护自身合法权益的能力，引导文明、健康、节约资源和保护环境的消费方式；（二）参与制定有关消费者权益的法律、法规、规章和强制性标准；（三）参与有关行政部门对商品和服务的监督、检查；（四）就有关消费者合法权益的问题，向有关部门反映、查询，提出建议；（五）受理消费者的投诉，并对投诉事项进行调查、调解；（六）投诉事项涉及商品和服务质量问题的，可以委托具备资格的鉴定人鉴定，鉴定人应当告知鉴定意见；（七）就损害消费者合法权益的行为，支持受损害的消费者提起诉讼或者依照本法提起诉讼；（八）对损害消费者合法权益的行为，通过大众传播媒介予以揭露、批评。”

法解释》第4条之规定，消协组织提起消费民事公益诉讼应当提交的起诉材料中包含“消费者组织就涉诉事项已按照消费者权益保护法第37条第4项或者第5项的规定履行公益性职责的证明材料”。这就意味着，消协组织在提起诉讼之前，应先寻求诉讼外途径保护公共利益。由于《消费民事公益诉讼司法解释》第4条的规定比较笼统，未明确规定“履行公益性职责”是起诉的必备前置条件还是可选条件，也未明确“履行公益性职责”的标准，导致实践中对“履行公益性职责”的定位和功能存在争议。

3. 本书观点

司法救济是权利救济的最后一道屏障，鉴于司法资源的有限性和公益诉讼的补充性，为确保以有限的司法资源取得最佳的公益治理实效，应当引入诉前警告经营者的前置程序作为公益诉讼的过滤机制。

消费民事公益诉讼的制度设计既要考量消费者权益的保护，又要考量经营者的生存和发展。如果经营者疲于应付诉讼，无暇顾及生产经营，其生产经营活动必将受到较大影响。公益诉讼是手段，不是目的。“公益诉讼制度设计的根本目的在于通过诉讼程序，以审判的方式维护社会公共利益，即保护社会公共利益不受侵害或者恢复、修补受到损害的社会公共利益。”①诉前警告经营者程序既可以确保以适当数量的案件惩戒违法经营者，又可以节约有限的司法资源和减轻经营者诉累，实现公益保护与企业规范发展的双赢局面。因此，建议我国借鉴其他国家的经验做法，在《消费民事公益诉讼司法解释》中增设诉前警告经营者程序。提起预防型公益诉讼之前，消协组织应当向经营者发出书面警告函，经营者收到警告函后应立即停止侵权行为，并在15日内向消协组织提交书面整改方案。经营者拒不改正或者没有在规定的期限内整改的，消协组织才能提起公益诉讼。警告函的内容至少应当包含经营者的违法事实、整改标准、整改时限等方面的内容。

此外，可以探索将实践中消协组织已经探索应用的“约谈”制度化，建立诉前“约谈”制度。2022年6月24日修正的《反垄断法》引入了约谈制度，第55条规定：“经营者、行政机关和法律、法规授权的具有管理公共事务职能的组织，涉嫌违反本法规定的，反垄断执法机构可以对其法定代表人或者负责人进行约谈，要求

---

① 王政勇：《消费公益诉讼的司法理念及特殊审判规则的构建》，载《法律适用》2014年第11期。

其提出改进措施。”建议借鉴上述规定，在《消费者权益保护法》《消费民事公益诉讼司法解释》中引入诉前“约谈”经营者的制度。

四、审判组织

审判组织是指人民法院审理案件的内部组织。根据《民事诉讼法》《民诉法司法解释》《人民陪审员法》的规定，对事实清楚、权利义务关系明确、争议不大的简单的民事诉讼案件适用简易程序，由审判员独任审判。学界一般认为，公益诉讼案件的审判组织不适用独任制，只能采用合议制。这种观点与立法规定不谋而合。《民事诉讼法》第 42 条规定：“人民法院审理下列民事案件，不得由审判员一人独任审理：(一)涉及国家利益、社会公共利益的案件……”《民诉法司法解释》第 257 条规定：“下列案件，不适用简易程序：……(五)涉及国家利益、社会公共利益的……”根据上述规定，消费民事公益诉讼案件属于涉及社会公共利益的案件，不适用简易程序，应当组成合议庭按照普通程序进行审理。根据《民事诉讼法》《民诉法司法解释》的规定，在不同程序和不同类型的公益诉讼案件中，合议庭的组成方式不同。因此，有必要对消费民事公益诉讼案件的合议庭进行研究。

(一)合议庭的组成

1. 一审程序的合议庭组成

2012 年修正的《民事诉讼法》确立了消费民事公益诉讼，但并未同时对消费民事公益诉讼案件的审判组织作出专门规定。基于消费侵权案件的特殊性和日益复杂化，诉讼过程中总会涉及损害后果、因果关系等事实认定与产品标准等专业问题，如果没有相关领域的专家，仅凭职业法官局限的知识结构和经验作出裁决，极有可能难以对损害公共利益的事实和证据作出全面的决断。因此，消费民事公益诉讼案件对审判组织的专业化提出了更高要求，从而对人民陪审员参与案件审理有现实需求。为此，最高人民法院、司法部于 2015 年 4 月联合印发的《人民陪审员制度改革分段试点方案》规定，涉及群体利益、社会公共利益的、人民群众广泛关注或者其他社会影响较大的第一审民事案件原则上实行人民陪审制审理，探索重大案件由 3 名以上人民陪审员参加合议庭机制。由于上述规定并非强制性规定，且仅在北京、江苏、福建等 10 个地区开展试点工作，从司法实践案例的合议庭组成看,这个阶段的司法实践案例的合议庭组成不统一。有的案件有人民陪审员参与合议庭,如 1 ~3 号案、5 号案的合议庭由 2 名审判员和 1 名人民陪审员组成,12 号案的合议庭由 3 名审判员和 2 名人民陪审员组成,而 4 号案、7 ~ 11 号案、13 号案的合议庭则由 3 名审判员组成。2018 年 4 月 27 日《人民陪审员法》正式实施,《人民陪审员法》第 15 条、第 16 条规定民事公益诉讼案件由人民陪审员和法官组成七人合议庭。[①]《人民陪审员法》实施之后,司法实践案件基本都由 3 名审判员和 4 名人民陪审员组成的七人合议庭审理,但仍有个别案件的合议庭由 3 名审判员组成,如 16 号案。[②]

现阶段,依据《民事诉讼法》《民诉法司法解释》《人民陪审员法》的规定,消费民事公益诉讼案件的一审合议庭有两个基本要求:一是一审程序中由审判员和人民陪审员组成七人合议庭;二是人民陪审员对事实认定和法律适用都可以发表意见,对事实问题与法官共同表决,对法律适用问题不参加表决。

2. 二审程序的合议庭组成

立法对消费民事公益诉讼二审程序中的审判组织没有作出专门规定。根据《民事诉讼法》第 41 条规定,二审民事案件由审判员组成合议庭审理。因此,消费民事公益诉讼的二审案件由审判员组成合议庭进行审理。

(二)审判组织存在的问题

1. 审判组织缺乏专门化

我国法院的审判组织审理公益诉讼案件的经验积累不足,专业能力仍需提升,特别是法官在产品科学技术知识方面的不足,在一定程度上影响了审判的专

---

① 《人民陪审员法》第 15 条规定:"人民法院审判第一审刑事、民事、行政案件,有下列情形之一的,由人民陪审员和法官组成合议庭进行:(一)涉及群体利益、公共利益的;(二)人民群众广泛关注或者其他社会影响较大的;(三)案情复杂或者有其他情形,需要由人民陪审员参加审判的。人民法院审判前款规定的案件,法律规定由法官独任审理或者由法官组成合议庭审理的,从其规定。"第 16 条规定:"人民法院审判下列第一审案件,由人民陪审员和法官组成七人合议庭进行:(一)可能判处十年以上有期徒刑、无期徒刑、死刑,社会影响重大的刑事案件;(二)根据民事诉讼法、行政诉讼法提起的公益诉讼案件;(三)涉及征地拆迁、生态环境保护、食品药品安全,社会影响重大的案件;(四)其他社会影响重大的案件。"

② 参见南京市中级人民法院(2020)苏 01 民初 62 号民事判决书。

业化。侵害消费领域公共利益的问题比较复杂,实现审判组织的专门化是保证消费民事公益诉讼案件公正审理的重要命题。在司法的专门化方面,环境公益诉讼案件的审理明显优于消费公益诉讼。全国法院已经设立了大量的环境资源审判庭来专门承担环境资源案件的审理,环境公益诉讼案件的审判组织专门化也就具有较坚实的基础。各地法院通过环境资源审判庭、环境资源合议庭等实践模式推进环境公益诉讼审判组织的专门化。当前,我国未设立专门的消费公益诉讼审判庭,法官对消费领域的专业问题缺乏知识和经验积累。虽然消协组织提起的消费民事公益诉讼案件数量在低位数运行,不过检察民事公益诉讼案件规模不小,且随着消协组织的发展壮大,消协组织提起的公益诉讼案件数量也将显著提升。长远来看,应当加强消费公益诉讼审判组织的专门化建设。

从司法实践案例的审判组织看,有的消费民事公益诉讼案件实际上是由环境资源审判庭审理的,这样的安排也说明了实践层面对消费公益诉讼案件审判组织专门化的现实需求。在司法改革压缩机构的背景下,如何保证消费公益诉讼审判组织的专门化发展是亟须解决的问题。

2. 人民陪审员缺乏专业化

《人民陪审员法》第 5 条、第 6 条对人民陪审员的年龄、品行、身体条件和消极条件等作出了规定,但对其专业能力没有作出具体要求。根据《人民陪审员制度改革分段试点方案》,人民陪审员的优势是“富有社会阅历、了解社情民意”,并没有专业优势。公益诉讼的配套制度也缺乏对人民陪审员制度的关注。中共中央《关于全面推进依法治国若干重大问题的决定》从“保障人民群众参与司法”的角度,对“完善人民陪审员制度”提出了“保障公民陪审权利、扩大参审范围、完善随机抽选方式、提高人民陪审制度公信度”的要求。这些要求也没关注人民陪审员的专业性。这就导致在专业性强的消费民事公益诉讼案件中,可能出现人民陪审员的专业性不足而给事实认定带来困难。

3. 刑事附带消费民事公益诉讼的审判组织没有明确规定

最高人民法院、最高人民检察院《关于检察公益诉讼案件适用法律若干问题的解释》第 7 条规定:“人民法院审理人民检察院提起的第一审公益诉讼案件,适用人民陪审制。”根据最高人民法院、最高人民检察院《关于检察公益诉讼案件适用法律若干问题的解释》第 20 条之规定,刑事附带消费民事公益诉讼案件由刑事案件的同一审判组织审理。公开渠道能够检索到的刑事附带消费民事公益诉讼的原告都是检察机关，不过，法律并没有赋予检察机关对刑事附带消费民事公益诉讼案件的垄断性起诉资格。通过总结和分析中国裁判文书网消费领域附带民事公益诉讼案件的裁判文书，发现法院普遍将刑事部分与附带民事检察公益诉讼部分进行合并审理，基本都是同一合议庭采取普通程序审理。最高人民法院、最高人民检察院《关于检察公益诉讼案件适用法律若干问题的解释》对刑事附带消费民事公益诉讼案件是否适用陪审制度没有明确规定。不过，刑事附带消费民事公益诉讼在性质上仍然属于民事公益诉讼，因此其审判组织仍然应当符合民事公益诉讼的审判组织要求，建议立法对刑事附带消费民事公益诉讼的审判组织予以规范。

（三）完善审判组织的建议

1. 设立消费公益诉讼审判庭

环境公益诉讼审判庭为消费公益诉讼审判组织专门化提供了借鉴样本。当前，消费民事公益诉讼尚处于探索阶段，审判人员的司法理念和业务素养将在很大程度上主导案件审判的进程和走向。推动消费公益诉讼审判机构全覆盖，提升司法保障能力，设立专门的消费公益诉讼审判庭，有利于统一司法尺度，增强司法公信力。

鉴于各级法院在短期内组建消费公益诉讼审判庭不现实，建议可以分两个阶段推进实施。第一个阶段，组建消费公益诉讼专门审判队伍，规范合议庭建设。消费公益诉讼案情复杂、专业性强、社会影响大，而实体法和程序法两个层面的立法滞后进一步增加了案件审理的难度，这也从另一个侧面凸显了审判人员在公益诉讼中的重要作用。考虑到现实可行性，可以将以公益诉讼合议庭的专门化建设作为过渡方案。各级人民法院应当以合议庭的建设为着力点，提升法官的专业性，针对案件审理的“缺项”“弱项”加强业务培训，补齐专业短板，提升审判人员的专业化水平和审判实务技能，最高人民法院定期发布指导案例。这个阶段还要重视发挥司法专家智库的作用，高级人民法院联合司法部门、市场监管部门、高校等单位组建消费公益诉讼司法专家智库。智库专家可以通过担任人民陪审员、参与调解、开展培训等工作，为消费公益诉讼的审判提供专业支持。第二个阶段，逐步组建专门审判庭。专门审判庭的设立可以采用先局部后全面实施的办法,选取部分地区先行先试,取得成熟经验后再全面推广实施。

2. 试行跨区域案件由巡回法庭审理制度

根据最高人民法院《关于巡回法庭审理案件若干问题的规定》,巡回法庭以数省区域为巡回区域。如果经营者的侵权行为或者损害后果超出一省的地域范围,影响较大的,可以将案件交由巡回法庭审理。司法体制的地方化也是推进公益诉讼需要关注的重要问题。司法体制的地方化,是指司法机关在权力隶属关系上实际受制于地方权力机构。由于人、财、物等方面都受制于地方权力,因此地方各级法院就无法独立于地方。[①] 因此,一旦公益诉讼涉及地方利益,司法机关也就难以按照法律的规定受理、审理、裁判公益诉讼案件。由于行政权与司法权在地方层面的关联和隶属,由最高人民法院巡回法庭审理消费公益诉讼案件可以破除地方行政权的制约,对于发挥司法机关在维护社会公共利益上的功能具有重要意义。

3. 完善人民陪审员制度

"陪审员参与涉及公共利益、社会影响力较大的公共型民事案件的审判,可促进公共案件事实认定合理化,同时有助于消解不同利益团体的冲突并实现一定的公共治理目的。"[②]人民陪审员能够弥补法官在专业知识结构上的缺陷,提升案件审判质量和水平。虽然专家辅助人在一定程度上也可以弥补法官专业性不足的问题,但人民陪审员对案件的介入更加直接和深入,能够为案件审理提供更充分的专业支持。

建议从以下三个方面完善人民陪审员制度。

一是组建一支公益诉讼人民陪审员队伍。公益诉讼案件的特点之一是侵权事实和损害后果的认定更加复杂,现行的人民陪审员选任机制无法满足公益诉讼审理的需要。建议将公益诉讼案件的人民陪审员队伍与普通民事案件的人民陪审员队伍分类建设,公益诉讼的人民陪审员由专业技术人员、行业专家等专家担任。专家型人民陪审员能够缓解产品侵权事实和证据认定等专业性难题。建议在《人民陪审员法》中增加一条,对参与公益诉讼的人民陪审员的资格条件作出专门规定。

---

① 参见张卫平:《民事公益诉讼原则的制度化及实施研究》,载《清华法学》2013 年第 4 期。

② 高翔:《陪审员参与民事案件事实认定程序构建论》,载《现代法学》2018 年第 3 期。

二是规范刑事附带消费民事公益诉讼的陪审制度。刑事附带消费民事公益诉讼是刑事诉讼和消费民事公益诉讼的复合体，程序上的附带合并没有改变消费民事公益诉讼的实质。因此，刑事附带消费民事公益诉讼也应当适用陪审制，组建七人合议庭。

三是对专家型人民陪审员的表决权作出规定。《人民陪审员法》第 22 条规定："人民陪审员参加七人合议庭审判案件，对事实认定，独立发表意见，并与法官共同表决；对法律适用，可以发表意见，但不参加表决。"上述规定表明，人民陪审员与法官在"事实审"上具有同等表决权，但在"法律审"上只有参与权没有表决权。人民陪审员以专业知识对侵权损害、因果关系等问题提出专业意见，但是在法律证明标准与专业领域标准不一致的情况下，以哪个标准为准不明确。所以，实践中的"事实审"和"法律审"并非完全泾渭分明，不可避免存在"事实审"和"法律审"之间的界限模糊不清的情形，立法要廓清公益诉讼中的事实问题和法律问题。

五、对当事人诉权的干预

传统民事诉讼以私权为导向，私权自治和"契约自由"是当事人行使诉权的依据和基本原则。因此，法律充分尊重私益诉讼当事人的处分权，在诉讼的各个阶段允许对其诉讼行为进行实体上或程序上的自由处分。民事公益诉讼是对传统诉讼的重大变革，消协组织作为原告是法律授权维护公共利益的主体而非公共利益的享有主体。因此，在消费民事公益诉讼的进程中，如果按照私益诉讼的理论和规则奉行当事人主义，往往达不成保护公共利益的目的。在民事公益诉讼中，以私权自治和平等两造为基础理念的处分原则遭到解构。民事公益诉讼的产生和运作突出反映了现代社会中大规模侵权行为对众多不特定群体整体利益的侵害，立法与司法从维护个体自由转向实现社会公正，出现"私法的公法化""权利的社会化""责任的社会化"等倾向，以自由主义为基础的私权自治理念的绝对地位产生动摇而变成相对的观念。[①] 由此，为增强公益诉讼的实施成效，职权主义对公益诉讼当事人处分权的适度控制成为一种必然。

---

① 参见朱刚：《民事公益诉讼程序研究》，西南政法大学 2019 年博士学位论文，第 131 页。

（一）对原告诉权的干预

1. 诉讼请求变更或者增加的释明

（1）释明权制度的构建过程

私益诉讼中，法官保持中立、超然的地位，不偏不倚地对待各方当事人，给予各方主体以同等的对待。在公益诉讼中，为实现维护公共利益的目标，法院不能简单恪守中立裁判者角色，必要时应当依据职权对诉权进行干预，在居中裁判的同时努力实现实质正义。其中，行使释明权即是诉权干预的措施之一。

释明权是指在诉讼过程中，在当事人主张和陈述的意思不明确、不充分、不适当的情况下，法院对当事人进行询问、提醒，启发当事人把不明确的陈述予以补充，把不适当的陈述予以排除、更正的职权。① 我国《民事诉讼法》没有对释明权作出规定。根据审判纪律，法官对案件的看法，在作出判决前是不能透露给当事人的，直到最高人民法院 2001 年颁布的《关于民事诉讼证据的若干规定》首次对释明权进行规定，司法理念方才得以矫正。《关于民事诉讼证据的若干规定》第 35 条第 1 款规定："诉讼过程中，当事人主张的法律关系的性质或者民事行为的效力与人民法院根据案件事实作出的认定不一致的，不受本规定第三十四条规定的限制，人民法院应当告诉当事人可以变更诉讼请求。"这是我国制度层面第一次就释明权作出明确规定，这一规定实际上把"法律观点的开示"作为法官的义务和职责，但在实践中如何行使释明权还有不少问题需要研究和探讨。2019 年 10 月 14 日最高人民法院对《关于民事诉讼证据的若干规定》进行修改，修改后的《关于民事诉讼证据的若干规定》第 53 条规定："诉讼过程中，当事人主张的法律关系性质或者民事行为效力与人民法院根据案件事实作出的认定不一致的，人民法院应当将法律关系性质或者民事行为效力作为焦点问题进行审理。但法律关系性质对裁判理由及结果没有影响，或者有关问题已经当事人充分辩论的除外。存在前款情形，当事人根据法庭审理情况变更诉讼请求的，人民法院应当准许并可以根据案件的具体情况重新指定举证期限。"《关于民事诉讼证据的若干规定》第 53 条对诉讼请求的释明作出了规定。《民诉法司法解释》第 268 条规定："对没有委托律

---

① 参见最高人民法院民事审判第一庭：《民事诉讼证据司法解释的理解与适用》，中国法制出版社 2002 年版，第 7 页。

师、基层法律服务工作者代理诉讼的当事人，人民法院在庭审过程中可以对回避、自认、举证证明责任等相关内容向其作必要的解释或者说明，并在庭审过程中适当提示当事人正确行使诉讼权利、履行诉讼义务。”

(2)释明权制度存在的问题

从制度建设的角度分析，我国有关释明权的规定从形式到内容还存在不少问题。一是有关规定的法律位阶太低。《民事诉讼法》没有明确规定法官的释明权，有关释明权的规定散见于司法解释、法院内部规定等位阶较低的文本之中，内容一般是针对某个(些)具体问题作出个别规定，缺乏法律层面的统一规范，影响规定的权威性。二是适用范围狭窄。立法对释明权适用范围的规定比较零散，从已有规定看主要集中在诉讼请求、举证、管辖权等方面。三是缺乏释明权实施的具体规则。现行规定对于法官如何行使释明权没有明确规定，法官自由裁量的空间大，导致行使释明权的标准、程序等不统一。比如，法官行使释明权的时间、行使释明权的方式和方法、释明的程度、释明的效力以及原告拒不接受的后果、法官怠于行使释明权的责任等问题都没有规定。

(3)释明权在消费公益诉讼中的价值

公益诉讼中法官既不能恪守职权主义，也不能秉持绝对的当事人主义，在诉讼的各个阶段进行必要的释明是法官的权利和义务。释明权在消费公益诉讼中具有重要的制度价值。

一是有利于维护消费领域的公共利益。消协组织提起消费公益诉讼的目的是维护社会公共利益，其诉讼请求是否准确，涉及受到损害的社会公共利益能否得到充分的保护。相对于普通的消费者，消协组织专业性更强，但由于开展公益诉讼的时间不长、公益诉讼力量不足等原因，消协组织对案件事实的把握以及对制度规则的理解还有一个逐渐进步的过程。因此，消协组织在公益诉讼中可能会因专业水平欠缺导致认识的偏差，提出的事实基础、诉讼请求等可能不足以保护公共利益，如此一来将大大减损公益诉讼的制度价值。公益诉讼的目的是维护社会公共利益，如果事实不清楚、证据不充分、诉讼请求有疏漏或者不准确，将影响公益诉讼的法律效果，甚至可能因此败诉。法官的释明就是对消协组织的公益诉讼工作给予引导和帮助，以实现诉讼目的。因此，法官有必要依职权引导消协组织补强证据材料、修正诉讼请求等。《消费民事公益诉讼司法解释》再次强调了法官的释明权,第5条规定:“人民法院认为原告提出的诉讼请求不足以保护社会公共利益的,可以向其释明变更或者增加停止侵害等诉讼请求。”

二是有助于实现司法效率。消费侵权公益诉讼案情复杂、涉及面广,有诉权的主体可能有多个。如果消协组织的证据、诉讼请求不充分,可能会有其他适格起诉主体对同一侵权行为再次起诉。这样,既浪费司法资源,也使被告疲于应诉,影响经营者正常的生产经营活动,不利于优化营商环境。

(4)完善释明权制度的建议

鉴于公益诉讼的特殊性,尤其要强调法官通过实施释明权促进公益保护的积极作用。建议在《民事诉讼法》中增加“公益诉讼”专章,并对公益诉讼的释明权作出系统的安排。

立法机关应当尽快完善立法,对以下内容进行完善。

一是对法官的释明责任、实施释明权的程序、释明的标准、释明的效力以及释明未达效果时的处理规则等作出具体的规定,并明确原告拒不按释明修正、法官怠于行使释明权的法律责任。

二是扩大释明权的适用范围。建议将释明权扩大到基础事实、举证责任、证据保全、财产保全、行为保全等方面。

三是完善行为保全的释明规则。《民事诉讼法》第103条第1款规定了行为保全措施,[①]立法需要特别关注公益诉讼中的行为保全的释明。公益诉讼从起诉到结案,时间跨度较长,甚至长达几年才结案。比如,4号案从提起诉讼到结案时长近三年。截至目前,司法实践案例中没有消协组织提出过行为保全的申请。为增强公益保护的实效性,最大限度维护公共利益,立法应重视行为保全对制止经营者继续实施违法行为的积极意义,通过法官释明及时引导消协组织提出行为保全的申请。

2. 对原告自认的限制

自认是指在诉讼过程中,一方当事人对对方当事人主张的对己不利的事实,

① 《民事诉讼法》第103条第1款规定:“人民法院对于可能因当事人一方的行为或者其他原因,使判决难以执行或者造成当事人其他损害的案件,根据对方当事人的申请,可以裁定对其财产进行保全、责令其作出一定行为或者禁止其作出一定行为;当事人没有提出申请的,人民法院在必要时也可以裁定采取保全措施。”

作出承认的意思表示。作为一项受到各国普遍青睐的法律制度，自认有利于实现司法公正，提高诉讼效率，实现诉讼经济原则。在私益诉讼中，当事人有权在法律规定的范围内处分自己的权利，当事人在诉讼中的自认一经作出，不仅对当事人产生拘束力，而且对法院的裁判行为也产生拘束力。自认的制度基础是处分原则，正是当事人可以对自己的实体权利和诉讼权利自由支配，才会认可对方当事人的免证责任。①

公益诉讼的原告是公共利益的代表，虽然立法并未否定其自认的存在，但在具体适用中应对原告的自认进行严格限制，这也是职权主义在公益诉讼中的体现。《消费民事公益诉讼司法解释》对民事公益诉讼原告的自认作了限制，第12条规定："原告在诉讼中承认对己方不利的事实，人民法院认为损害社会公共利益的，不予确认。"消协组织作为公益诉讼的原告，现行规定虽然并不禁止其自认，但由于消费公益诉讼的目的是维护社会公共利益，因此，为发挥公益诉讼维护公共利益的功能，有必要对原告的自认予以限制，不能因为消协组织的自认导致社会公共利益再次被损害。

对消协组织自认进行干预，前提是要对《消费民事公益诉讼司法解释》第12条规定的"对己方不利的事实""损害社会公共利益"进行科学评判。每个人都是自己利益的最佳判断者和维护者。在私益诉讼中，"于己不利"比较好判断。但是消协组织与案件并无直接利害关系，因此，"对己方不利的事实"应当理解为"对维护公共利益不利的事实"，即"对己方不利的事实"与"损害社会公共利益"具有一致性。在审判实践中，应当结合消协组织的诉讼请求判断其自认是否"对己方不利"。只要消协组织自认的事实能够推翻诉讼请求的全部或者一部分，即可认定为"对己方不利"②。消协组织并非公共利益的直接享有者，消协组织的自认行为对公共利益造成损害的，法院对事实和证据的判断不受消协组织自认的拘束。《民诉法司法解释》第92条规定："一方当事人在法庭审理中，或者在起诉状、答辩状、代理词等书面材料中，对于己不利的事实明确表示承认的，另一方当事人无需举证证明。对于涉及身份关系、国家利益、社会公共利益等应当由人民法院依职

① 参见张卫平：《民事诉讼的逻辑》，法律出版社2015年版，第68页。

② 参见杜万华主编：《最高人民法院消费民事公益诉讼司法解释理解与适用》，人民法院出版社2016年版，第231页。

权调查的事实,不适用前款自认的规定。自认的事实与查明的事实不符的,人民法院不予确认。”

3.对结案方式的干预

近年来,一些学者开始关注民事公益诉讼的结案方式。从司法实践案例的结案方式分析,消费民事公益诉讼案件的结案方式包括判决、调解、撤诉三种方式。在公益诉讼中处分诉权的最大障碍是实体当事人与程序当事人的分离,消协组织作为程序当事人并不享有完整意义的诉权。理论争议主要集中在:消协组织作为程序当事人是否有权处分诉权?详言之,消协组织能否申请撤诉?能否与被告和解?能否接受法院的调解?对于这些问题,虽然有一些制度规范,但仍存在较大争议。因此,有必要结合公益诉讼的特点研究消费民事公益诉讼的结案方式。

(1)有关理论争议

与被告达成和解、调解或者申请撤诉是原告诉权处分的典型表现。诉权处分的法理基础是当事人有权处分自己的民事权利。民事公益诉讼的原告仅仅是公益诉讼的程序当事人,并不享有对公共利益的自由处分权,由此产生了关于民事公益诉讼原告能否实施诉权处分的争议。消协组织作为公共利益的代表者,能否接受被告一方的和解、调解请求或者行使撤诉权?在理论上一直存在争议,形成了肯定说、否定说和限制说三种观点。

肯定说认为,公益诉讼的原告也可实施诉权处分。和解、调解、撤诉有利于保证诉讼效果,从根本上维护民事诉权的双方平等自愿的原则,建立一套监督程序约束消协组织的处分权即可。有学者认为,为体现效率和秩序价值,“顺应法律纠纷解决多元化的时代要求”①,公益诉讼案件也可以以和解、调解、撤诉等方式结案,不应禁止公益诉讼案件和解、调解和撤诉,但应当作出必要的限制。“从经济学效益的角度分析,调解达到的效果是同等甚至优于判决的。”②

否定说认为,公益诉讼的原告无实体权利的处分权。消协组织代表的是公共利益,其仅仅是公共利益的代表者,不是公共利益的实体权利者。因此,消协组织没有权利对公益诉讼中的实体问题进行处分,应当限制其与被告进行和解、调解

① 孙洪坤、张姣:《论环境民事公益诉讼中的调解制度》,载《广西社会科学》2013年第9期。

② 孙洪坤、张姣:《论环境民事公益诉讼中的调解制度》,载《广西社会科学》2013年第9期。

的诉讼权利。有学者认为,应当禁止公益诉讼案件当事人进行调解、和解与撤诉。鉴于公共利益的不可处分性,公益诉讼的实体权利和加害事实的有无不应成为处分的对象,必须由法院加以认定。[①] 达成和解、调解或者申请撤诉,当事人之间往往需要作出放弃、让步和妥协。消协组织代表不特定的消费者提起公益诉讼,但并不意味着其有权对公共利益作出让步、放弃和妥协。否则,消协组织诉权处分的行为有可能导致公共利益的进一步损失。因此,为防止可能存在的利益勾兑现象,消费公益诉讼应以判决结案。"公益诉讼的社会关注度较高,以判决形式作出,向社会公布,可以发挥判决的宣示效应,对损害社会公共利益的行为能起到一般预防的效果。"[②]

限制说认为,可以有条件适用和解与撤诉。有学者认为,消费公益诉讼不适用调解,但可以有条件适用庭外和解和撤诉。理由是公益诉讼案件一旦以调解方式结案,依据"一事不再理"原则,其他有资格的起诉主体不能再提起诉讼。因达成和解而申请撤诉后,如果被告不履行或不完全履行和解协议,可以再起诉。[③]

《民诉法司法解释》第 287 条和最高人民法院、最高人民检察院《关于检察公益诉讼案件适用法律若干问题的解释》第 19 条采纳了肯定说,规定公益诉讼案件可以和解、调解、撤诉。但是,诉权处分是否合理合法、自由度有多大等问题,有待进一步明确。实践中,有相当比例的司法实践案例以调解、撤诉方式结案,但这些案例未形成可供参考的共性标准。笔者认为,在消费公益诉讼中,不宜绝对禁止消协组织进行诉权处分,但应坚持诉权处分的有限原则,对原告的诉权处分进行必要的限制和监督。公益诉讼涉及社会公共利益,权利源自公众和国家。因此,不少国家对公益诉讼原告的诉权处分作出了限制。如美国《民事反托拉斯诉讼程序》规定,原被告双方的和解协议必须经法院批准,在法院批准之前 30 日必须公开,以征求各方面的评议;协议判决和书面评议以及政府对此的任何反应必须在地区法院归档备案;所备案和公布的材料应在受理案件的地区和哥伦比亚特区所

① 参见张卫平:《民事公益诉讼原则的制度化及实施研究》,载《清华法学》2013 年第 4 期。

② 王政勇:《消费公益诉讼的司法理念及特殊审判规则的构建》,载《法律适用》2014 年第 11 期。

③ 参见王政勇:《消费公益诉讼的司法理念及特殊审判规则的构建》,载《法律适用》2014 年第 11 期。

发行的报纸上公开。①

(2)对原告撤诉的干预

撤诉是原告对已经提起的诉讼予以撤回的处分行为。撤诉的实质是当事人对诉的撤回,是当事人行使处分权的重要方式。撤诉包括对实体权利和程序权利的处分,将导致诉讼程序终结。在民事私益诉讼中,在不违背法律规定的情况下撤诉是原告的一项民事权利,也是其意思自治的体现。消费公益诉讼不同于私益诉讼,所牵涉的不是一己之私,原告仅仅是形式上的程序当事人。因此,不少国家的立法对消费公益诉讼原告的处分权进行了限制。“原告不仅仅是为自身起诉,而且是为集体,为一个集团或集体起诉;正是这一集团而不只是当事人必须恢复其‘集体性权利’的享有。因而,观念上的当事人的义务以及法院监控的责任就变得更加严格了。一方面,当事人不能自由地‘处分’争议的集体权利;另一方面,法官有责任确保:当事人的程序行为是,且在整个诉讼程序中皆保持为公共事业的‘胜任的捍卫者’。”②

现阶段,我国消协组织撤诉的规范主要来自司法解释。《民诉法司法解释》第288 条规定:“公益诉讼案件的原告在法庭辩论终结后申请撤诉的,人民法院不予准许。”根据上述规定,消协组织申请撤诉受到一定的限制,即撤诉申请要在法庭辩论终结前提出。当然,最终是否准许撤诉,由法院裁定。42 件司法实践案件中,撤诉结案的案件占一定比例,尤其是 2016 年之前起诉的案件撤诉率高。如 2 ~ 3 号案的原告申请撤诉就是因为原被告双方达成了和解协议。这些撤诉的案件,法院在撤诉裁定书中对准许撤诉的理由一般简单归结为合法撤诉(见表 6 – 3)。至于法院的审查依据和标准是什么,司法实践案例的裁定文书未详述。从现行制度规范和司法实践案例的撤诉情况分析,有关消协组织撤诉的规定过于笼统,且缺乏对撤诉理由的审查标准和审查程序。

---

① 参见张艳蕊:《民事公益诉讼制度研究——兼论民事诉讼机能的扩大》,北京大学出版社 2007 年版,第 150 页。

② [意]莫诺·卡佩莱蒂:《比较法视野中的司法程序》,徐昕、王奕译,清华大学出版社 2005 年版,第 412 页。

表 6-3　司法实践案件撤诉理由和裁定理由统计

序号	原告撤诉理由	法院准予撤诉的理由
2~3 号案	被告的现在行为纠正了对消费者知情权和选择权的不当侵害，申请人的诉讼目的已经达到[1]	申请符合法律规定，亦不违背社会公共利益
6 号案	裁定书未记载原告撤诉理由[2]	不违反法律规定
13 号案	被告已提交了整改方案，撤销了 App 中部分敏感权限，优化了权限获取的方式并对有关权限的获取目的进行说明，上述整改已在更新后的 App 中生效，上述整改完成后，涉案 App 已基本符合法律法规对个人信息保护的要求[3]	不违反法律规定
14 号案	主要诉讼请求得到实现，不特定相关消费者合法权益获得保障[4]	不违反法律规定

资料来源：[1]参见上海市消费者权益保护委员会编：《中国消费公益诉讼第一案纪实与解读》，上海人民出版社 2016 年版，第 35~36 页。

[2]参见南京市中级人民法院(2016)苏 01 民初 2034 号民事裁定书。

[3]参见南京市中级人民法院(2018)苏 01 民初 1 号民事裁定书。

[4]参见广州市中级人民法院(2019)粤 01 民初 299 号民事裁定书。

(3)对原告和解、调解的干预

①有关争议

和解、调解也是当事人诉权处分的表现形式，民事诉讼中的和解、调解都是以当事人对自己实体权利和诉讼权利的处分为前提的。在私益诉讼中，在不违法的情况下原告有完全的处分权，可以自愿与被告和解或者接受调解。调解是我国民事诉讼的特色，最能反映出我国民事诉讼体制的特点。在倡导多元纠纷解决机制的背景下，和解、调解是司法政策所鼓励的。在案多人少的背景下，调解率的高低甚至已经成为法院审判绩效考核的重要指数。那么，消费民事公益诉讼的原告可否自由处分诉权，与被告和解或者接受法院调解呢？《民事诉讼法》没有规定，理论上存在争议。

有观点认为，公益诉讼不应当进行和解、调解，主要理由是民事公益诉讼的原告并不是公共利益的实体代表，仅是程序当事人，无权对公益诉讼的实体问题进行处分，实体权利的处分应当由真正的权利主体来行使，但由于社会公众的抽象性,公益诉讼的诉权处分不具有现实可行性。“公益诉讼案件加害事实的有无不应成为调解的对象,必须由法院加以认定。”[①]“通过判决方式结案,更有利于形成公共政策,威慑其他违法的经营者。因此,公益诉讼应当优先适用判决结案。”[②]“公益诉讼的社会关注度高,以判决形式作出,向社会公布,可以发挥判决的宣示效应,对损害社会公共利益的行为能起到一般预防的效果。”[③]也有观点认为,在查清事实的基础上,为保证公共利益的保护得到切实落实,法院对民事公益诉讼可以调解,当事人也可以进行和解。

②制度建设和实践做法

《民诉法司法解释》第 287 条规定:“对公益诉讼案件,当事人可以和解,人民法院可以调解。当事人达成和解或者调解协议后,人民法院应当将和解或者调解协议进行公告。公告期间不得少于三十日。公告期满后,人民法院经审查,和解或者调解协议不违反社会公共利益的,应当出具调解书;和解或者调解协议违反社会公共利益的,不予出具调解书,继续对案件进行审理并依法作出裁判。”《消费民事公益诉讼司法解释》对消费民事公益诉讼的调解、和解未作出特别规定。不过,《关于审理环境民事公益诉讼案件适用法律若干问题的解释》认可调解、和解作为环境民事公益诉讼案件的结案方式。

作为多元化纠纷解决机制,和解、调解具有灵活性,能够及时化解纠纷、节约司法资源。4 号案等备受社会关注的案件最终都是调解结案的,并取得了良好的法律效果和社会效果。以何种方式结案不是公益诉讼的目的,理论界和实务界不必过于纠结于结案方式。和解、调解可以缓解当事人之间的对立情绪,具有合意性、高效性、成本低等特点,有利于节约司法资源和诉讼成本。特别是当前我国消费民事公益诉讼的理论和实践尚处于探索时期,和解、调解能够增进当事人之间的信任,为消费领域的社会治理提供一定的自治空间和渠道。司法实践案例中,部分案件就是以调解方式结案。4 号案是第一例以调解方式结案的消费民事公益诉讼案件,在该案的调解过程中,中国消费者协会坚持调解的几个原则:一是调解不减少中消协诉讼请求对消费者权益的保护;二是调解在法庭主持下进行;三是

① 张卫平:《民事公益诉讼原则的制度化及实施研究》,载《清华法学》2013 年第 4 期。

② 唐维建:《处理好四对关系深入推进公益诉讼》,载《检察日报》2017 年 4 月 10 日,第 3 版。

③ 王政勇:《消费公益诉讼的司法理念及特殊审判规则的构建》,载《法律适用》2014 年第 11 期。

调解书得到社会的广泛认可。中国消费者协会主张，调解以不损害社会公共利益为前提，并需要经过法院审查和社会审查。北京市第四中级人民法院确认，4 号案的原被告是自愿达成调解协议的，且调解协议不违反法律和社会公共利益。[①] 实际上，由于没有制度依据，该案的调解仅由法院进行审查，中国消费者协会提出的"调解书得到社会的广泛认可"的要求，并没有明确的实施机制。尽管该案调解书在《人民法院报》、北京市第四中级人民法院公告栏进行了公告，在中国消费者协会官网进行了公开，但该调解书"经各方当事人签收后，即具有法律效力"，社会公众缺乏参与调解过程的机制，也缺乏制度化的异议机制。因此，基于公共利益保护的需要，制度层面必然要对消费公益诉讼原告的诉权进行一定的限制。

③改革思路

今后制度完善的重点，不应囿于结案方式，而应重点关注如何规范诉权处分程序以及构建配套的审查机制。实际上，目前对原告诉权处分的审查仅限于原告的自我审查和法院的司法审查，并且无论是原告的自我审查还是法院的司法审查，都缺乏具体的审查标准、审查程序和监督机制。因此，未来的改革思路不在于是否允许消协组织进行诉权处分，而在于构建诉权处分有限规则和实施机制。今后应强化法院的职权主义，在消费民事公益诉讼的调解中严格把握公益维护的实体标准，并加强对消协组织和法院的社会监督。

(4)完善消协组织诉权处分制度的建议

①对诉权处分的时间作出限制

《民诉法司法解释》第 288 条将撤诉的时间限制在法庭辩论终结之前，但对和解、调解的时间没有作出限制。笔者认为，诉权处分应以查清事实为基础，只有经过法庭调查和辩论才能查明争议事实，才具备诉权处分的先决条件。建议立法明确禁止开庭前和解、调解、撤诉。

②建立诉权处分的审查制度

对消费民事公益诉讼原告的诉权处分进行限制的重要路径是要建立诉权处分的审查制度。为确保消费领域公共利益不受损害，我国应当建立消协组织诉权处分的审查制度，防止原告滥用处分权。"民事公益诉讼调解存在起诉人处分权

---

① 参见北京市第四中级人民法院(2016)京 04 民初 94 号民事调解书。

缺失和当事人利益对抗不充分的正当化困境，但是通过加强公众参与和法院审查，可以有效化解这一困境。”①具体制度规范包括四个方面。

第一，建立“司法机关+社会公众”的双主体审查制度。第一类审查主体是法院。“出于公益保护的宪法职责，民事公益诉讼中公益性越高或公益受损的可能性越大，则法官发挥职权，限制原告处分自由的必要性就越高。”②法院应当发挥司法能动作用，克服消协组织的利己冲动和利他目的之冲突，对和解协议、调解协议、撤诉申请进行审查。审查的重点内容包括：公共利益是否受到减损、诉讼请求是否已经实现、诉讼目的是否已经达到。法院审查完毕后，将审查结果和理由向社会公开，进入社会公众审查环节。根据《民诉法司法解释》第287条之规定，法院作为审查主体已经在制度上得以确立，制度完善的重点和方向是审查标准和审查程序的完善。第二类审查主体是社会公众。《民诉法司法解释》第287条规定法院“应当将和解或者调解协议进行公告”，言下之意，社会公众可以对和解或者调解协议进行监督。但由于没有具体的监督机制，社会公众的监督渠道、异议机制和法院的反馈机制都没有制度层面的依据。随着生活水平的提高，社会公众的社会参与意识越来越强烈。但与较高的参与意识相比，公众的实际参与度不高，重要原因是缺乏制度化的参与渠道。为此，建立消费公益诉讼的社会监督机制，为社会公众参与消费维权和社会治理提供制度化的渠道便成为我国消费公益保护的客观要求。笔者认为，立法应当明确规定社会公众作为监督主体。为便于公众监督，法院审查的调解协议、和解协议、撤诉申请书等文书应当通过司法公开平台、法院官网、原告官网、侵权行为发生地和损害结果地的主流媒体向社会公众公告，在30日内接受社会公众的监督和评议。在规定的期限内，任何单位和个人认为消协组织的行为损害社会公共利益的，都有权向法院提出异议。第二顺位的起诉主体——检察机关应当出具书面意见。检察机关作为支持起诉人的案件，检察机关也应当出具书面意见。公告期满后，法院应当依职权对异议内容和理由进行审查，并将审查结果公开。经审查异议成立的，人民法院裁定不准许和解、调解、撤诉，继续恢复审判程序，以判决方式结案。公告期满，没有异议或者经审查异议

---

① 张旭勇、潘慕元：《民事公益诉讼调解协议公告审查制度及其完善》，载《河南财经政法大学学报》2019年第4期。

② 邵明、常洁：《法院职权主义在民事公益诉讼中的适用》，载《理论探索》2019年第6期。

不成立的，准许和解、调解、撤诉，出具裁定书或者调解书。在公益诉讼的制度构建中创设社会公众审查制度，一方面创新了社会公众参与社会治理的方式，有助于培养其社会参与意识和能力，塑造公共精神；另一方面也能够实现司法的教化功能，激发消费者的维权意识和公益保护意识。社会公众参与消费公益诉讼案件的监督，是推进社会主义市场经济健康发展和促进社会和谐稳定的基本保障。就法治保障对社会治理参与的作用而言，它是公众得以参与社会治理的前提条件，社会公众只有在法治框架下才能够取得参与社会治理的正当性。

第二，完善审查方式。公益诉讼的目的是否达到，现行制度交给消协组织和法院进行评判。由于公益诉讼的专业性和复杂性，判定公共利益是否因原告诉权处分而受损存在诸多技术、法律等多方面的困境。笔者认为，要破解困境，除了完善审查主体之外，还需要对审查方式进行改革。对消协组织诉权处分的审查应以书面审查为主。社会影响较大的消费民事公益诉讼案件，应当通过听证会、论证会等方式听取各方意见。为加强监督实效，建议立法层面建立独立第三方对诉权处分的法律风险评估机制。当前，一些消费公益诉讼案件的示范效果不突出，存在为诉而诉的情形。第三方评估能够通过科学、中立、专业的评价，矫正上述不良倾向，为制度完善和实践推进提供参考。全国人大可以授权部分地区开展公益诉讼第三方评估机制的试点，通过地方立法在部分地区先行探索实践，时机成熟时再通过立法全面推行。检察公益诉讼中已经有了第三方评估的做法，如浙江省杭州市余杭区人民检察院诉某网络科技有限公司侵害公民个人信息民事公益诉讼案中，原告和被告达成调解协议后，原告引入第三方代表评估，由网信部门认可的检测机构对整改情况进行合规检测，确保调解协议执行到位。①

第三，明确审查的内容和标准。审查的重点内容主要包括两个方面：确认消协组织作出的诉权处分是否遵循自愿原则；对调解协议、和解协议、撤诉申请的内容和佐证材料等进行审查，查证消协组织的行为是否违背公共利益保护之宗旨。具体可以从以下几个方面展开分析：被告的整改措施是否切实有效；被告继续损害社会公共利益的可能性；原告是否与被告存在不正当交易；调解协议或者和解

① 参见《APP 侵犯公民个人信息的检察机关在通过行政公益诉讼督促行政机关依法监管、保护公民个人信息安全的同时，还可通过民事公益诉讼追究 APP 服务提供者的侵权责任》，载法信网，http://www.faxin.cn/lib/cpal/AlyzContent.aspx，最后访问日期：2022 年 6 月 1 日。

协议的可执行性；是否因行政机关的执法或者被告的整改使得公益诉讼活动已无进行的必要等。

第四，规范裁判文书的内容和形式。公益诉讼的价值不仅体现在以法治保障社会公共利益，也体现在以司法审判吸纳公众参与。公益诉讼裁判文书是展示案件公益诉求、审理过程、特殊规则、说理论证、判决结果等诉讼信息的重要载体，是传达法官审判理念、裁判思路、法治思维的重要手段。目前，立法层面对消费民事公益诉讼的调解书、裁定书等文书没有作出专门规定。有的法院按照私益诉讼的法律文书格式撰写公益诉讼的裁判文书，有的法院则对公益诉讼法律文书的内容和形式进行了探索。以撤诉裁定书为例，6 号案的裁定书全文仅 382 个字，内容包括当事人基本情况、案件立案时间和原告申请撤诉的时间、法院准予撤诉和“不违反法律规定”的概括性理由。① 而 2 ~ 3 号案的裁定书则进行了创新，将原告的诉讼请求和理由、原告的撤诉申请和理由、被告的整改情况、法院裁定撤诉的理由等非常详细写入裁定书中。② 4 号案是第一例以调解结案的消费民事公益诉讼案件，该案创设了调解书的新模板。该案调解书详细记载了原告的诉讼请求和理由、被告的答辩意见、调解协议的详细内容、调解协议的公告情况，并且法院还将被告违法生产的产品型号和整改方案作为调解书的附件。③ 最高人民法院《关于审理环境民事公益诉讼案件适用法律若干问题的解释》第 25 条第 3 款规定，调解书应当写明诉讼请求、案件的基本事实和协议内容，并应当公开。2020 年 4 月 1 日开始施行的《公益诉讼文书样式（试行）》对消费民事公益诉讼的判决书、裁定书作出了基本规范，但没有提供消费民事公益诉讼调解书的样式。令人疑惑的是，《公益诉讼文书样式（试行）》却对一审环境民事公益诉讼的调解书样式作出了规定，并仅在该调解书样式说明中明确“第一审消费、英烈保护等民事公益诉讼调解书、第二审民事公益诉讼调解书参照本样式制作”。消费民事公益诉讼与环境民事公益诉讼有共性也有区别，“参照”的做法至少传递出了消费民事公益诉讼的调解书样式还在探索中的信号。建议借鉴环境公益诉讼司法解释的规定，对消

① 参见南京市中级人民法院（2016）苏 01 民初 2034 号民事裁定书。

② 参见上海市第一中级人民法院（2015）沪一中民一民初字第 9 号民事裁定书、（2015）沪一中民一民初字第 10 号民事裁定书。

③ 参见北京市第四中级人民法院（2016）京 04 民初 94 号民事调解书。

费民事公益诉讼的裁判文书作如下完善：一是明确消协组织提起的刑事附带民事公益诉讼判决书的形式和内容。《公益诉讼文书样式（试行）》提供的刑事附带民事公益诉讼判决书样式适用检察机关作为原告的情形，未对消协组织作为原告的判决书样式作出规定。根据有关规定，检察机关在提起附带民事公益诉讼之前也应履行诉前程序，因此，消协组织也有可能作为附带民事公益诉讼的原告，制度层面需要对判决书样式的类型进行补全。二是完善调解书的内容。建议在《消费民事公益诉讼司法解释》中增加一条，规定消费民事公益诉讼的调解书包括以下内容：诉讼请求、案件的基本事实、证据材料、调解协议的内容、法院的审查结论和理由等。三是完善撤诉裁定书的内容。根据《公益诉讼文书样式（试行）》，撤诉裁定书的内容包括申请撤诉的理由、法院准许或不准许撤诉的理由。这样的规定过于简单，为保证诉讼活动得到全面的监督，撤诉裁定书应当参照调解书的内容制作。并且，撤诉裁定应当开庭审理后方能作出，禁止未经开庭即裁定准许撤诉。2～3号案提供了这样的经验，法院专门开庭对撤诉申请进行审理。

（二）对被告诉权的限制

1. 限制被告的反诉权

反诉是指在诉讼进行过程中，本诉的被告以原告为被告，向受理本诉的法院提出与本诉具有牵连关系的独立的诉讼，目的在于抵销或者吞并本诉原告诉讼请求的独立的反请求。[①] 一般而言，被告提出反诉是为了产生与本诉相反的结果，意在抵销本诉的诉讼请求。《民事诉讼法》第54条规定："原告可以放弃或者变更诉讼请求。被告可以承认或者反驳诉讼请求，有权提起反诉。"据此，消费私益诉讼的被告可以在诉讼中提出反诉。

消协组织在公益诉讼中的诉讼地位是仅限于原告，还是既可以充当原告也可以充当被告？学界的认识并不一致。一般认为，消费公益诉讼并非为了保护私益，而是为了保护公共利益，故消协组织只能充当原告，不具备充当被告的正当性。大多数国家的有关立法中也没有消费者团体充当被告的规定。因此，立法对消费民事公益诉讼被告的反诉进行了限制，避免因被告反诉而使消协组织成为反

---

① 参见宋朝武主编：《民事诉讼法学》，中国政法大学出版社2008年版，第360页。

诉的被告。消费民事公益诉讼事关公共利益保护,原告不具有实体法上的利害关系,公益诉讼的特殊性决定了反诉制度在公益诉讼案件中不适用,被告的反诉权应受到限制。《消费民事公益诉讼司法解释》第11条规定:"消费民事公益诉讼案件审理过程中,被告提出反诉的,人民法院不予受理。"

2. 限制被告反诉权的主要理由

对消费民事公益诉讼被告的反诉权进行限制,主要出于两方面的考虑。

一是反诉的被告无法确定。《民诉法司法解释》第233条第1款规定:"反诉的当事人应当限于本诉的当事人的范围。"在消协组织提起的消费民事公益诉讼中,消协组织作为原告,仅仅是程序当事人。如果允许被告反诉,则会造成反诉的被告无法确定的窘境。消协组织是为维护社会公共利益而提起公益诉讼的,诉讼结果也理应归属社会公众。消协组织对诉的利益并没有直接的利害关系,不应成为反诉的被告。而消协组织代表的不特定消费者又具有不确定性,是一个抽象的主体。如果以不特定消费者为反诉的被告,则会出现无法满足《民事诉讼法》规定的起诉应当"有明确的被告"的条件。

二是不符合反诉的牵连性。牵连性是反诉的最重要构成要件。反诉与本诉应当具有事实上或者法律上的牵连性。《民诉法司法解释》第233条第2款规定:"反诉与本诉的诉讼请求基于相同法律关系、诉讼请求之间具有因果关系,或者反诉与本诉的诉讼请求基于相同事实的,人民法院应当合并审理。"民事公益诉讼的被告即使提出了反诉,由于反诉与本诉在事实上、法律上、民事权益上均不具有牵连性,并不符合反诉提起的条件。[①] 消费民事公益诉讼中,消协组织与经营者之间在消费的基础法律关系中并不存在直接的权利义务关系。消协组织以经营者的行为侵害了不特定消费者利益提起公益诉讼,是一种侵权之诉。消费公益诉讼模式下,经营者是侵权人,消协组织作为原告却不是被侵权人,仅是法律授权的被侵权人的程序当事人,消协组织与经营者之间不存在事实上的关联或者法律上的权利义务关系。如果经营者基于侵权关系提出反诉,则消协组织不是适格的反诉被告。如果经营者认为消协组织的起诉行为对自己构成侵权而提出反诉,则该反诉与本诉的事实和法律关系不同,本诉与反诉之间不存在牵连性,也不符合反诉的

---

① 参见最高人民法院环境资源审判庭编著:《最高人民法院关于环境民事公益诉讼司法解释理解与适用》,人民法院出版社2015年版,第222页。

基本构成要件。

消费民事公益诉讼事关社会公共利益,消协组织为维护社会公共利益而提起公益诉讼,与被告无任何直接关联。基于原告身份的特殊性以及公共利益保护的考量,被告的反诉不构成真正意义的反诉,不符合反诉的构成要件。因此,立法基于职权主义对被告的反诉权作出了限制。

六、执行程序

(一)完善消费民事公益诉讼案件执行程序的必要性

判决一旦生效,就产生既判力、执行力与形成力。消协组织获得胜诉或者调解成功,只是走完了实现消费公益维权的第一步,而执行是实现公益保护的最后步骤。我国现行法律和司法解释未对民事公益诉讼案件的执行作出专门规定。有观点认为,由于《消费民事公益诉讼司法解释》明文规定的诉讼请求只有不作为之诉和确认之诉,法院的判项不具有金钱给付内容,因而不涉及执行问题。上述观点失之偏颇。

首先,司法实践案例已经突破了司法解释的明文规定,消协组织在一些案例中提出了赔偿之诉并获法院支持。如何执行具有金钱给付内容的裁判,是司法实践必须面对和解决的新课题。

其次,无论是金钱给付还是行为给付,都具有执行内容。在经营者不履行义务时,都需要采取强制执行措施。给付执行可以比照传统民事诉讼的执行途径解决,但禁止令和宣告性判决的执行遭遇没有具体制度保障的尴尬。

最后,执行程度关系到公共利益的保护程度。社会公共利益的实现有赖于裁判结果的执行,公益诉讼的裁判结果只有真正执行到位了,才能实现社会公共利益维护之目标。倘若裁判结果没有获得切实执行,即使胜诉了,社会公共利益仍然无法获得现实保护。因此,裁判结果的执行,不仅关系到公共利益的保护程度,而且还影响到司法的公信力。如果纸面的裁决未能及时落实到位,那么法院的裁决将成为一纸空文,公益诉讼的目的将难以实现。

(二)消费民事公益诉讼案件执行程序存在的问题

鉴于消费民事公益诉讼的特殊性,其执行规则也应当具有特殊性。公益诉讼的公益性、复杂性和社会影响的广泛性决定了需要设置专门的执行程序。但当前,消费民事公益诉讼的执行程序建设明显落后于实践需求,存在的问题突出体现在以下三个方面。

一是现行民事诉讼执行程序的一般性规定难以满足公益诉讼实践需要,甚至可能与公益诉讼的理念存在冲突。执行措施的完善与到位是确保公益诉讼裁判效力的有效途径,但由于公益诉讼裁判内容的特殊性,执行手段和方法必然在某些方面有别于传统的执行手段和方法,需要在实践中不断创新和丰富。为解决公益诉讼案件的执行难题,各地法院进行了一些探索。如 4 号案、35 号案、37 ~ 41 号案等 7 件案件对执行方式进行了创新性探索,35 号案首创以公益性行为替代补偿的方式。但目前个案探索的方式尚未形成体系化的思路,不具有普适性。

二是民事公益诉讼案件的专门执行规则尚未建成。《民事诉讼法》第 243 条规定:"发生法律效力的民事判决、裁定,当事人必须履行。一方拒绝履行的,对方当事人可以向人民法院申请执行,也可以由审判员移送执行员执行。调解书和其他应当由人民法院执行的法律文书,当事人必须履行。一方拒绝履行的,对方当事人可以向人民法院申请执行。"那么,民事公益诉讼案件的被告拒不执行生效法律文书的,是由法院依职权移送执行还是由消协组织申请执行?在申请执行程序中,消协组织的身份如何定位?在执行过程中,是否可以执行和解?申请执行的期限是否适用二年的规定?这些问题都缺乏明文规定。

三是赔偿金的执行和归属缺乏实施制度。消协组织不是实体当事人,因此,如何让不特定的消费者享受到诉讼利益,这是执行制度需要解决的课题。消费民事公益诉讼的执行程序中,尤其要关注赔偿金的执行问题。由于利益归属和分配规则不明确,赔偿损失的诉讼请求成为消费民事公益诉讼的热点和难点问题。如果赔偿损失的执行规则能够明确,可在很大程度上缓解实务层面因执行障碍而导致的赔偿之诉推进困难,理论层面也可以大大减少争议。赔偿金应当如何管理和归属,目前没有相关法律规定,司法实践的做法也不同。根据《民事诉讼法》的相关规定,赔偿金应归属原告。但是,基于民事公益诉讼案件受害人不确定和消协组织仅是程序当事人的客观情况,消协组织对赔偿金不享有所有权,造成赔偿金在归属、分配以及管理上的难题。这一系列问题都造成赔偿之诉的执行困境,亟须法律完善相关制度。

（三）完善民事公益诉讼案件执行程序的建议

1. 建立民事公益诉讼案件的专门执行规则

在《民事诉讼法》“第三编执行程序”中增加一章“公益诉讼的执行”，对执行的申请、执行措施、执行中止和终结作出系统的规定。

2. 建立公益诉讼执行监督制度

公益诉讼涉及公共利益，执行进程应当全程向社会公开，并接受社会监督。建议建立公益诉讼执行异议制度和检察机关检察监督制度，健全司法机关与社会公众的沟通机制。无论从司法体系自身的局限性，还是从社会公共利益的实现角度看，对执行情况进行监督是必要的。

3. 设立消费者权益保护基金

2021 年 3 月最高人民检察院、最高人民法院、国家市场监督管理总局、中国消费者协会等七部门共同召开了探索建立食品安全民事公益诉讼惩罚性赔偿制度座谈会，2021 年 3 月 30 日印发的《探索建立食品安全民事公益诉讼惩罚性赔偿制度座谈会会议纪要》指出：“食品安全民事公益诉讼惩罚性赔偿金的管理使用应坚持用之于公益的原则……各地可以探索把惩罚性赔偿金纳入专门公益基金账户统一管理，依法统筹用于消费者合法权益保护。”实践中，为解决赔偿金的归属和公益诉讼成本负担等问题，一些地方消协组织纷纷探索建立公益专项基金制度。如福建省大田县消费者权益保护委员会与大田县人民检察院于 2018 年设立福建省首个“消费者权益保护公益基金”，并联合制定了《消费者权益保护公益基金管理办法（暂行）》。该基金设立在大田县消费者权益保护委员会，资金来源于四个方面：一是人民法院生效判决、调解确定的无特定受益人的公益损害赔偿金；二是检察机关和其他法律规定的有关组织在公益诉讼案件立案后，与侵权人达成和解赔偿协议所获赔偿金；三是侵害食品药品安全领域众多消费者合法权益的刑事附带民事公益诉讼案件被告人承担的赔偿金；四是其他合法来源。《消费者权益保护公益基金管理办法（暂行）》强调公益基金专款专用，用于支付消费者权益保护组织及公益诉讼机关提起公益诉讼的调查取证费、评估鉴定费、律师代理费等办理公益诉讼案件所产生的必要费用和其他消费者权益保护事业等方面的费用。[①] 2019 年 12 月 18 日,常州市消费者权益保护委员会、常州市人民检察院、常州市中级人民法院联合制定《常州市消费维权公益诉讼退赔款项管理办法》,明确消费公益诉讼退赔款项纳入专项资金账户,用于退还、赔偿被侵权的消费者。江苏省消费者权益保护委员会也设立了公益诉讼基金账户,用于江苏省消费者权益保护委员会及其他合法诉讼主体提起消费公益诉讼所获赔偿金管理及使用,并与同级检察院等相关部门研究制定使用规则,确保赔偿之诉所得款项能够真正用于消费者整体权益保护。[②] 财政部等九部委于 2020 年 3 月联合出台《生态环境损害赔偿资金管理办法(试行)》,规定环境民事公益诉讼涉及的损害赔偿资金可作为政府非税收入,实行国库集中收缴,纳入一般公共预算管理,统筹用于在损害结果发生地开展的生态环境修复相关工作。由于文件明确规定适用于环资类公益诉讼,仍没有解决消费类民事公益诉讼赔偿金的管理问题。并且,文件规定的管理模式和实践中的管理模式存在同样的弊端,难以监管,使赔偿金的功效难以发挥。

综上,为破解赔偿之诉的执行困境,解决赔偿金的归属和管理难题,建议每个省设立一个消费者权益保护基金,由政府先行投入启动,公益诉讼案件的赔偿金直接归入基金。

七、公开制度

(一)公开制度的价值

消费民事公益诉讼的公开制度主要包括法院作为公开主体的司法公开制度和原告作为公开主体的信息发布制度。消协组织提起消费公益诉讼后,法院和消协组织及时公开案件进展情况具有重要意义。

一是便于社会公众对公益诉讼的各项活动进行监督。公益诉讼的最终受益人是社会公众。通过公开公益诉讼案件的立案、庭审、执行等不同阶段的进展情况,使社会公众"围观"案件进程,对司法活动进行全过程监督,起到倒逼法官严格

---

① 参见吴联参、廖许杰:《大田建立全省首个"消费者权益保护公益基金"》,载《三明日报》2018 年 7 月 9 日,第 2 版。

② 参见《江苏省全省消费民事公益诉讼基金配套建立》,载新化月报网,http://www.xhyb.net.cn/focus/2020/1126/136282.html,最后访问日期:2022 年 7 月 8 日。

司法、规范司法、公正司法的作用,也便于社会公众了解案情和实施监督,践行“努力让人民群众在每一个司法案件中感受到公平正义”的目标。

二是便于其他有资格的主体知晓诉讼情况,为其提供参与诉讼的程序保障。《消费民事公益诉讼司法解释》第7条规定:“人民法院受理消费民事公益诉讼案件后,依法可以提起诉讼的其他机关或者社会组织,可以在一审开庭前向人民法院申请参加诉讼。人民法院准许参加诉讼的,列为共同原告;逾期申请的,不予准许。”消协组织提起公益诉讼后,其他适格的起诉主体和有关单位可以根据实际情况进行评估,以决定是否通过参加诉讼的方式成为共同原告或者以支持起诉人的身份参与诉讼。因此,公开制度既可以避免重复起诉,又可以凝聚公益保护合力。

三是便于消费民事私益诉讼主体搭公益诉讼的“便车”。根据《消费民事公益诉讼司法解释》第16条规定,已为消费民事公益诉讼生效裁判认定的事实,因同一侵权行为受到损害的消费者提起的私益诉讼,原告、被告均无须举证证明。私益诉讼与公益诉讼并非完全对立的关系,上述规定明确了消费民事私益诉讼与消费民事公益诉讼在侵权事实方面的衔接机制。比如,4号案的调解书确认了被告欺诈不特定消费者的事实,法院将该案调解书公开后,特定消费者在私益诉讼中提出惩罚性赔偿请求就无须举证证明被告存在欺诈行为,极大地便利了私益诉讼的开展。

四是强化公益诉讼的普法功能,激发消费者的维权意识和经营者的守法意识。通过公开公益诉讼的诉讼请求、审理过程、裁判结果等内容,推动全社会树立法治意识,增强法治观念,形成全社会保护公益的良好氛围。比如,2015年7月1日2~3号案立案后,上海市消费者权益保护委员会即通过媒体公开了立案情况,该两件案件立即引起了智能手机生产企业的关注。2015年7月10日苹果公司拜访上海市消费者权益保护委员会,咨询手机预装软件问题。经过多次沟通后,苹果公司表示将在手机外包装和官网增加手机预装软件的说明,并对卸载提供后续方案。华硕、华为两家智能手机生产企业也于2015年7月14日拜访上海市消费者权益保护委员会,表示了对手机预装软件改进的意愿和措施。[①] 在2~3号案的

---

① 参见上海市消费者权益保护委员会编:《中国消费公益诉讼第一案纪实与解读》,上海人民出版社2016年版,第16~17页。

审理过程中，上海市消费者权益保护委员会还多次召开公益诉讼情况通报会。①通过案件的信息公开，以案释法，以案普法，提高了普法实效。

五是推动公益诉讼审判队伍的专业化建设。公开是监督的前提和基础，将公益诉讼案件的审理情况向社会公开，有利于保障社会公众知情权、参与权和监督权，但同时也对审判队伍建设提出了更高要求。通过案件公开机制可以倒逼法院提升公益诉讼审判队伍素质，推进审判队伍专业化建设。

（二）公开制度的实施现状

1. 司法公开现状

司法公开是评判一个国家法治水平的重要标准，是保障社会公众诉讼知情权、参与权、监督权与表达权的重要途径和方式。“正义不仅要实现，而且要以看得见的方式实现。”党的十八大以来，司法公开成为司法改革的重要内容，最高人民法院制定出台了《关于司法公开的六项规定》《关于进一步深化司法公开的意见》《关于推进司法公开三大平台建设的若干意见》《关于人民法院通过互联网公开审判流程信息的规定》《关于人民法院在互联网公布裁判文书的规定》《关于人民法院执行流程公开的若干意见》《人民法院在线诉讼规则》等司法公开规范性文件，开通了中国审判流程信息公开网、中国庭审公开网、中国裁判文书网、中国执行信息公开网等公开平台，司法公开的规范化、制度化、信息化水平显著提升。“以公开为原则，不公开为例外”成为各级人民法院落实司法公开的重要理念。公益诉讼案件的信息公开是司法公开的重要内容，但我国的司法公开制度并未对公益诉讼案件作出特殊规定。根据现行司法政策之规定，法院履行起诉告知和裁判结果告知，并及时将裁判文书上传至裁判文书网等公开平台，就完成了法定公开义务。因此，有必要对消费民事公益诉讼的公开制度进行专门讨论。

（1）起诉公告

公告是司法公开的一种方式。消费侵权涉及面广，不同的消协组织可能针对同一侵权行为提起公益诉讼，有必要设置起诉公告制度。《消费民事公益诉讼司法解释》设置了起诉公告制度，第 6 条规定：“人民法院受理消费民事公益诉讼案

---

① 参见上海市消费者权益保护委员会编：《中国消费公益诉讼第一案纪实与解读》，上海人民出版社 2016 年版，第 15 ~ 18 页。

件后,应当公告案件受理情况,并在立案之日起十日内书面告知相关行政主管部门。”根据上述规定,消协组织提起公益诉讼后,在一定的期限内,法院应当公告案件受理情况。起诉公告制度的设置是由消费民事公益诉讼的本质属性决定的,旨在将公益诉讼的受理情况向社会成员广而告之。不过,当前的起诉公告制度在很多方面有待完善。比如,何时公告、公告的持续时间、公告的具体内容和公告的方式、公告渠道等不明确。就司法实践案例观察,起诉公告的执行情况并不一致。以公告渠道为例,法院一般按照法律文书送达的模式公告,在《人民法院报》、法院公告栏、当地主流媒体等渠道公告。有的法院还在官方网站、官方微博等渠道进行公告。有的案件则在人民法院公告网公告。如 30 号案、37 ~ 41 号案。以公告内容为例,有的案件的公告内容比较简单,仅包含案由、公告依据、法院联系人和联系方式。① 如 30 号案。有的案件的公告内容则比较详细,包含案由、起诉状全文、法院联系人和联系方式。如 14 号案。

(2)裁判结果公告

现行制度并未对消费民事公益诉讼裁判结果的公开制定特殊规则。根据《民诉法司法解释》第 287 条之规定,法院应当将和解或者调解协议进行公告,公告期不得少于 30 日。《关于人民法院在互联网公布裁判文书的规定》第 3 条规定,民事判决书、民事公益诉讼调解书等 10 类裁判文书应当在互联网公布。观察 42 件司法实践案例,案件裁判结果的公开程度、公开渠道差别很大。大部分法院未在裁判文书网公开调解书,案件的结案信息主要来自媒体的简单报道,甚至有的案件无法从公开渠道获取任何信息。4 号案的信息公开比较充分,法院在调解书中就明确了案件公开的渠道是《人民法院报》、北京市第四中级人民法院公告栏、全国性媒体和省级媒体,公告的内容包含调解书及附件。35 号案的调解协议在《人民法院报》和人民法院公告网公开,内容包括案由、调解协议内容、法院联系人和联系方式。②

总体上看,消费民事公益诉讼案件的裁判结果公开制度不尽如人意。一是公

---

① 参见《公益诉讼公告》,载 https://rmfygg. court. gov. cn/web/rmfyportal/noticedetail? paramStr = 2060600000004225,最后访问日期:2022 年 6 月 21 日。

② 参见《调解协议公告》,载 https://rmfygg. court. gov. cn/web/rmfyportal/noticedetail? paramStr = 1091300000010170,最后访问日期:2022 年 6 月 21 日。

开的渠道过于狭窄。《人民法院报》、人民法院官网、人民法院公告网等都是司法领域的专业渠道，普通的消费者一般不会关注。4 号案增加媒体渠道的做法值得借鉴。二是公开的内容过于简单。大部分法院仅公开调解协议的内容，省略了事实和理由、证据等内容，使得消费者的监督缺乏事实基础。三是适用不公开的情形过于宽泛。一些法院以《关于人民法院在互联网公布裁判文书的规定》第 4 条规定的“不宜在互联网公布的其他情形”为由，不公开消费民事公益诉讼的审理情况和审理结果。“不宜在互联网公布的其他情形”缺乏明确判定标准，导致被滥用。

(3)执行信息公告

虽然已经建成中国执行信息公开网，但由于现行司法公开制度没有明确将公益诉讼案件的执行情况纳入公开范围，中国执行信息公开网并未对公益诉讼案件的执行情况予以专门公开，人民法院公告网的公告也不包含执行公告。

2. 消协组织的诉讼信息发布现状

作为原告的消协组织在提起公益诉讼之后，是否需要向社会公开诉讼进展情况？立法没有明文规定。实践中，大部分消协组织提起公益诉讼后没有在其官网公开诉讼活动或诉讼结果，部分消协组织通过自己的官网、公众号或者中国消费者协会官网、新闻媒体公开了公益诉讼案件的部分情况。中国消费者协会官网有登载部分案例的诉讼信息，而诉讼的实时详细进展、裁判文书的具体内容一般不予公开。由于没有明确的规定，公开不公开，公开哪些内容，有很大的随意性。司法实践案例中，2 ~4 号案的消协组织对诉讼信息的发布及时且充分。如 4 号案的原告中国消费者协会主动在其官网全文公开了调解书及附件，也在新闻媒体发布了诉讼信息。形成鲜明对比的是，有的案件只能通过媒体报道获取零星的信息，甚至有的案件无法检索到任何信息。

消协组织代表不特定消费者提起公益诉讼，理应充分保障社会公众的知情权和监督权。《消费者协会消费民事公益诉讼工作导则(试行)》对此作了探索，第 30 条第 1 款规定：“消费民事公益诉讼案件在人民法院立案后，提起诉讼的消费者协会应当通过新闻媒体及时向社会公布有关诉讼信息。”上述规定对消协组织的公开义务作出了规定，不过上述规定对消协组织发布诉讼信息的时间、具体内容等未作出具体规定，且是消协组织系统内部的规定，不具有法律上的强制力和执行力，实施成效有待进一步评估。

（三）完善公开制度的建议

消费公益诉讼涉及广大消费者的利益，但消费者不是专业人士，缺乏检索法律文书等案件信息的能力。立法应当根据消费公益诉讼的特殊性，健全消协组织提起公益诉讼的公开制度，优化公开平台和载体建设，完善公开方式。

1. 明确必须予以公开的事项

立案、审判、执行等主要诉讼活动都应当列入必须公开的事项。具体包括：起诉的原告、被告的基本情况；起诉的事实和理由；案件立案和审理情况；和解、调解、撤诉、判决的事实和理由；上诉和二审的相关情况；生效法律文书的执行情况。

2. 明确公开的责任主体

现行公开制度的义务主体是人民法院。笔者认为，至少有四类主体应当纳入责任主体的范围。

一是提起消费民事公益诉讼的消协组织。消协组织为维护公共利益提起公益诉讼，应将案件情况实时向社会公众公开。建议修改《消费民事公益诉讼司法解释》，明确规定消费民事公益诉讼的原告作为公开的责任主体。

二是中国消费者协会。根据《消费者协会消费民事公益诉讼工作导则（试行）》第 29 条规定，省级消协组织决定提起消费民事公益诉讼的，应当在起诉前向中国消费者协会备案。作为备案单位的中国消费者协会也应当承担公开的义务。

三是检察机关。42 件案件中，大部分案件是省级消协组织经诉前检察建议后提起的，并且检察机关作为支持起诉人全程参与了诉讼。因此，检察机关作为支持起诉人也应当列为公开的责任主体。

四是人民法院。公益诉讼案件的审理法院应当将案件受理、审理及判决结果或者和解、调解、撤诉、执行等事项及时、全面公开。最高人民法院定期遴选出具有典型意义的指导案件，为法院今后审理同类案件提供参考和指导，向社会宣传公益诉讼的司法理念和价值取向。

3. 明确规定公开的平台

消协组织提起的消费民事公益诉讼的案件信息至少应当通过四类载体公开：一是前述公开责任主体的官方网站、官方微博、微信公众号等；二是已建成的中国审判流程信息公开网、中国庭审公开网、中国裁判文书网、中国执行信息公开网等司法公开平台;三是侵权行为发生地、损害结果发生地、被告所在地、审理法院所在地的主流媒体;四是专门的公开载体。建议建设公益诉讼网作为专门的公益诉讼案件公开平台,将消费公益诉讼的全部案件信息在该网充分公开。对案情重大、社会影响大的消费公益诉讼案件,还可以通过听证会、网络直播等方式公开案件情况。

八、结语

20 世纪初,罗斯科·庞德指出:"当今法律制度面临的最大问题不是在实体法上,而是存在于程序法领域,因而应花大力气进行诉讼程序的改革,以便更好地实现权利。"①时至今日,我们在公益诉讼制度建设方面依然面临同样的问题。

诉讼程序是诉讼活动顺利开展的重要保障。从立法的协调性来看,我国民事诉讼制度是典型的私益诉讼制度,针对的是特定主体之间的纠纷。消费民事公益诉讼与消费民事私益诉讼在原告资格、受案范围、诉的利益、案件管辖、裁判效力等方面存在显著的区别,故以私益保护为中心的现行民事诉讼程序规则与消费民事公益诉讼并不兼容,甚至影响了公益诉讼功效的发挥。现阶段,仅凭《民诉法司法解释》的八个条文无法适应复杂的消费民事公益诉讼的程序要求。诉讼机制的作用和特征不仅反映在诉讼类型和诉讼程序中对解决社会冲突需要的变化性适应,同时又体现在具体适用中对解决社会冲突的动态适应。② 因此,完善民事公益诉讼程序立法是推进消费民事公益诉讼的重点工作,立法层面应当尽快完善程序立法,筑牢程序保障。

---

① Roscoe Poud, *Administration of Justice in the Modem City*, 26 Harvard Law Review, 302, 315 (1913).

② 参见顾培东:《社会冲突与诉讼机制》(第 3 版),法律出版社 2016 年版,第 51 页。

第七章　消协组织提起消费民事公益诉讼的保障与激励制度

自2013年修正的《消费者权益保护法》赋予省级以上消协组织消费民事公益诉讼原告资格以来，消协组织提起公益诉讼的制度运行效果并不理想。究其原因，固然有消协组织缺乏经验、案情复杂等因素，但我国立法不重视对消协组织的保障与激励，未能解决消协组织"有动力去做"的问题是更重要原因。我国的消费公益诉讼制度总体上呈现出约束过多、激励不足的倾向，立法未充分考虑社会组织自身的利益问题，激励机制的缺位实际上也影响了公益诉讼的开展。[①] 这种状况对我国处于起步阶段的消费公益诉讼而言，是极为不利的。

消协组织是消费领域公共利益的代表，但其对诉讼结果仅享有名义上的利益，诉讼利益实质上归属社会公众。获得公益诉权仅仅为消协组织提起消费民事公益诉讼提供了诉讼的可能性。"从本性上讲每个人是自身利益的最大维护者，公共利益与自身私人利益相比较，较少为公民、法人或其他组织所'青睐'。"[②]奥尔森"集体行动的逻辑"的基本假设是，理性的"经济人"必然会在集体行动中"搭便车"，从而导致"集体行动的困境"[③]。"除非在集团成员同意分担实现集团目标所需的成本的情况下给予他们不同于共同或集体利益的独立的激励，或者除非强迫他们这么做，要不然的话，如果一个大集团中的成员有理性地寻求使他们的自我利益最大化，他们不会采取行动以增进他们的共同目标或集团目标。"[④]换句话

---

① 参见汤维建、王德良：《论公益诉讼中的支持起诉》，载《理论探索》2021年第2期。

② 张明华：《环境公益诉讼制度刍议》，载《法学论坛》2002年第6期。

③ 转引自蔡守秋：《论公众共用物的法律保护》，载《河北法学》2012年第4期。

④ ［美］曼瑟尔·奥尔森：《集体行动的逻辑》，陈郁等译，三联书店、上海人民出版社2014年版，第3页。

说，要确保消费民事公益诉讼的良性运转，把公益诉讼从应然转化成实然，有必要探索与公益诉讼相耦合的保障机制和激励机制，建立健全诉讼成本分担、支持起诉、法律援助、原告奖励等制度。只有这样，才能破解消费民事公益诉讼的发展“瓶颈”，匡正我国消协组织面对侵害消费领域公共利益的违法行为不愿诉、不敢诉的被动局面，坚定消协组织的起诉意愿。

一、诉讼成本分担制度

（一）诉讼成本对消协组织提起公益诉讼的影响

1. 诉讼成本

诉讼是一种有成本的司法活动。如果说公正是诉讼的最高价值，那么效益或许是诉讼的第二价值。① 因此，在消费民事公益诉讼的制度建构中需要重视诉讼成本与效益。诉讼成本是指诉讼主体的诉讼活动所消耗的资源，包括启动审判程序所消耗的国家财政支出，也涵盖了诉讼当事人为了追求案件的公平正义所承担的经济花费。② 具体而言，诉讼成本是诉讼主体在诉讼过程中所消耗的人力、物力和财力的总和，大致可以划分为法院部分的诉讼费用和当事人费用。

2. 诉讼成本对消协组织提起公益诉讼的影响

（1）诉讼成本影响消协组织的诉讼决策

我国现行消费民事公益诉讼的成本分担主要依据《民事诉讼法》《诉讼费用交纳办法》《民诉法司法解释》《消费民事公益诉讼司法解释》。司法实践表明，诉讼成本分担机制对消协组织启动公益诉讼起到促进或者抑制的作用。消费公益诉讼涉及面广、调查取证难度大、时间跨度长，其诉讼成本远远高于民事私益诉讼。一旦消协组织决定提起公益诉讼，就需要马上投入大量的人力物力财力，付出的成本可能是极高的。要打一个消费民事公益诉讼官司，作为原告的消协组织得先垫付诉讼费、鉴定费、公证费、律师费等各项费用才能启动诉讼程序。如果败诉，除了自己已经支付的费用外，还可能需要承担被告垫付的鉴定费等费用。高昂的诉讼成本已经成为影响消协组织提起消费公益诉讼的“瓶颈”问题之一。在现实

---

① 参见顾培东：《社会冲突与诉讼机制》（第 3 版），法律出版社 2016 年版，第 87 页。

② 参见赵钢、占善刚：《诉讼成本控制论》，载《法学评论》1997 年第 1 期。

中，每个人作为“经济人”都会通过计算成本与收益而对自身行为做出合理的选择。原告会不会提起诉讼的决定，多数情况是与诉讼所需费用相关。① 从法经济学的角度来看，成本与收益是消协组织在起诉时需要考虑的最基本问题。在市场经济条件下，“人类所从事的任何社会活动都必须遵循经济性的原则，即力求以最小的耗费取得最大的效果”②。无论审判能够怎样完美地实现正义，如果付出的代价过于昂贵，则人们往往只能放弃通过审判来实现正义的希望。③

(2)现行的诉讼成本制度抑制了消协组织起诉的积极性

由于我国尚未建立系统的公益诉讼成本规则体系，现行民事公益诉讼的诉讼成本制度由适用于民事私益诉讼的规则和少量适用于民事公益诉讼的特别规则共同构成，公私制度混搭，存在诸多缺陷，阻碍消费民事公益诉讼制度的有效发挥。比如，法院对消协组织提起的消费民事公益诉讼案件的诉讼费用收取标准、负担原则等基本沿用传统私益诉讼案件的相关规定。这种状况表明，我国现行的诉讼成本分担机制适用于消费民事公益诉讼具有很大的局限性。“团体的财务状况决定了它对诉讼风险的敏感程度，进而影响着它行使诉权的频率以及它对追诉案件的选择。”④

研究发现，现阶段我国消协组织提起消费公益诉讼的成本负担过重，行使公益诉权的成本与收益不相匹配，制度安排还需要实现诉讼效益与诉讼公平的最佳整合。因此，对消协组织提起消费民事公益诉讼的诉讼成本进行专题探究，探索更加科学合理的诉讼成本负担规则，是一个理论问题，也是一个紧迫的现实问题。

(二)诉讼成本分担的现状考察

1. 诉讼费用的负担

(1)诉讼费用负担规则

财政拨款与诉讼费用是我国司法资源运作成本资金来源的两个主要渠道。

---

① 参见颜运秋：《公益诉讼理念与实践研究》，法律出版社2019年版，第263页。

② 胡卫星：《论法律效率》，载《中国法学》1992年第1期。

③ 参见［日］棚瀬孝雄：《纠纷的解决与审判制度》，王亚新译，中国政法大学出版社2004年版，第267页。

④ 转引自吴泽勇：《论德国法上的团体不作为之诉——以〈不作为之诉法〉和〈反不正当竞争法〉为例》，载《清华法学》2010年第4期。

诉讼费用是当事人进行诉讼活动必须依法向法院交纳的费用。诉讼费用是民事诉讼的重要内容之一,也是实现当事人诉讼保障和防止当事人滥用诉权的重要平衡器。[①] 因此,诉讼费用的支付是当事人提起诉讼的风险与直接成本。根据《诉讼费用交纳办法》的规定,诉讼费用仅指当事人向法院交纳的费用,不包括当事人自行承担的费用。因此,诉讼费用包含《诉讼费用交纳办法》第6条规定的三类费用:案件受理费;申请费;证人、鉴定人、翻译人员、理算人员出庭发生的交通费、住宿费、生活费和误工补贴。《诉讼费用交纳办法》对诉讼费用的交纳范围、交纳标准、当事人之间的负担规则作出了规定。根据《诉讼费用交纳办法》,诉讼费用实行案前预交、败诉方负担的规则,即诉讼费用由原告在立案时预交,在案件终结后由败诉方负担。部分胜诉、部分败诉的,由法院根据案件的具体情况决定当事人各自负担的诉讼费用数额。诉讼费用的设置有一定的现实意义。一方面收取的诉讼费用可以用来弥补司法公共资源的支出;另一方面则可以提高诉讼成本,防止滥诉,用诉讼费用设置接近司法的门槛。"让当事人承担裁判费用可以防止当事人滥诉,减少无理缠诉和滥用诉权的现象。"[②]

(2)诉讼费用负担规则适用于消费民事公益诉讼的局限性

第一,一般民事诉讼案件的负担规则与公益诉讼不匹配。尽管消协组织的民事公益诉权得以确立,但我国制度层面尚未对消协组织的诉讼费用作出特殊安排。我国民事诉讼设立当事人交纳诉讼费用制度的基础在于"受益者负担原则",即有偿主义。该原则是针对普通私益诉讼而言的。《诉讼费用交纳办法》是国务院于2006年制定的,当时我国还没有建立公益诉讼制度,缴费制度完全是围绕私益诉讼设计的,在制定当时不可能考虑到民事公益诉讼的特殊性。随着社会经济的发展,民事公益诉讼制度得以确立,民事公益诉讼案件开始出现。由于我国并未对《诉讼费用交纳办法》作修改,故在实践中,法院依据《诉讼费用交纳办法》按照一般民事诉讼案件的标准向消协组织预收诉讼费用。这样的做法不具有正当性,消协组织提起公益诉讼的目的并不是谋取自己的利益,这是与传统民事诉讼的根本区别所在。消费民事公益诉讼的诉讼利益归属于社会,诉讼成本也理应由社会负担。

---

① 参见常怡主编:《比较民事诉讼法》,中国政法大学出版社2002年版,第295页。

② 张颖:《环境公益诉讼费用规则的思考》,载《法学》2013年第7期。

第二，现行负担规则导致消协组织沉重的经济负担。根据《诉讼费用交纳办法》，民事私益诉讼案件的诉讼费用根据案件性质不同，费用计算方法也不同，有按标的额缴费和按件缴费两种计算方法。① 按现行规定，消协组织提起消费民事公益诉讼需要预缴诉讼费用，如果诉讼请求包含赔偿损失，消协组织预缴的诉讼费用则按标的额收取。如果请求赔偿的金额较大，则支付的诉讼费用将相应提高。比如，7 号案的消协组织提出的惩罚性赔偿请求未获法院支持，最终法院判决原告承担 82,342 元的案件受理费。② 这样的制度安排将在很大程度上挫伤消协组织的积极性，制约消费公益诉讼的发展进程。此外，现行的诉讼费用减免制度无法适用于消协组织。虽然《诉讼费用交纳办法》第 6 章规定了诉讼费用减交、缓交、免交等司法救助的情形，但免交仅适用于自然人，减交、缓交并不适用于公益诉讼案件。根据最高人民法院《关于审理环境民事公益诉讼案件适用法律若干问题的解释》第 33 条，环保组织可以申请缓交、减交、免交诉讼费用。而《消费民事公益诉讼司法解释》并未作出类似的规定，导致消协组织无法适用减免机制，给消协组织造成极大的经济负担。

第三，诉讼费用预防滥诉的功能与公益诉讼不适配。原告预交诉讼费用的制度功能之一即是防止滥诉。但以诉讼费用防止消协组织滥诉的出发点是不成立的。当前，我国享有公益诉权的消协组织仅限于省级以上消协组织，有公益诉权的消协组织范围狭窄且数量仅有 32 家。如果消协组织提出的诉讼请求是预防型诉讼请求，诉讼费用微乎其微，根本无法起到预防滥诉的作用。我国消费民事公

---

① 《诉讼费用交纳办法》第 13 条规定："案件受理费分别按照下列标准交纳：（一）财产案件根据诉讼请求的金额或者价额，按照下列比例分段累计交纳：1. 不超过 1 万元的，每件交纳 50 元；2. 超过 1 万元至 10 万元的部分，按照 2.5% 交纳；3. 超过 10 万元至 20 万元的部分，按照 2% 交纳；4. 超过 20 万元至 50 万元的部分，按照 1.5% 交纳；5. 超过 50 万元至 100 万元的部分，按照 1% 交纳；6. 超过 100 万元至 200 万元的部分，按照 0.9% 交纳；7. 超过 200 万元至 500 万元的部分，按照 0.8% 交纳；8. 超过 500 万元至 1000 万元的部分，按照 0.7% 交纳；9. 超过 1000 万元至 2000 万元的部分，按照 0.6% 交纳；10. 超过 2000 万元的部分，按照 0.5% 交纳。（二）非财产案件按照下列标准交纳：1. 离婚案件每件交纳 50 元至 300 元。涉及财产分割，财产总额不超过 20 万元的，不另行交纳；超过 20 万元的部分，按照 0.5% 交纳。2. 侵害姓名权、名称权、肖像权、名誉权、荣誉权以及其他人格权的案件，每件交纳 100 元至 500 元。涉及损害赔偿，赔偿金额不超过 5 万元的，不另行交纳；超过 5 万元至 10 万元的部分，按照 1% 交纳；超过 10 万元的部分，按照 0.5% 交纳。3. 其他非财产案件每件交纳 50 元至 100 元……"

② 参见深圳市中级人民法院（2017）粤 03 民初 547 号民事判决书。

益诉讼制度已经实施多年，并没有出现案件爆炸式增长的情况。面对日益严重的消费侵权，立法者应当立足减轻消协组织负担来激活公益诉讼而不是通过不合时宜的诉讼费用负担规则来限制公益诉讼，这也有悖于党的十九大报告提出的“努力让人民群众在每一个司法案件中感受到公平正义”的要求。“如果命令公益诉讼的原告提供诉讼费担保就会产生严重的、令人悚然的后果，将会终结所有这种诉讼活动。如果一方面授予公益诉讼的诉讼资格，一方面又通过提供诉讼费用保全的命令阻止公益诉讼的提起，那么将是不符合逻辑的。”①简单套用私益诉讼的缴费规则对消费民事公益诉讼收费而言没有法理依据，也不符合司法正义。因此，我国亟须构建符合公益诉讼特点的诉讼费用负担制度，以有效消除消协组织担心败诉而承担高额诉讼费用的顾虑，激发消协组织起诉的积极性。

2. 其他成本的负担

消协组织提起消费民事公益诉讼所支付的成本，除了诉讼费用外，还包括调查取证费用、鉴定费用、采取预防措施的费用和律师费等当事人费用。为鼓励消协组织积极参与维护公共利益，《消费民事公益诉讼司法解释》对其他成本分担作了初步探索，但仍存在不少问题亟待解决。

(1)调查取证、鉴定等费用的负担

消费民事公益诉讼作为现代型诉讼，在证据收集和运用等方面的难度比私益诉讼大很多。由于消协组织与经营者之间的信息不对称，提起公益诉讼之前，消协组织一般都需要进行大量的调查取证工作或者委托专业机构对产品质量进行鉴定、检测等，由此产生调查费、检测费、评估费、鉴定费等不菲的费用。这些费用是消协组织诉讼成本的重要组成部分。比如，上海市消费者权益保护委员会提起2号案、3号案之前，专门购置了多款全新的手机并委托专业机构进行比较实验。4号案的侵权地涉及全国多个地区，中国消费者协会起诉前在多个省份调取证据。此外，中国消费者协会还购买了被告生产销售的违法车辆作为证据，并委托检测机构进行检测。根据4号案调解书披露的信息，中国消费者协会在该案中的全部成本支出达到100万元。② 在诉讼请求中，中国消费者协会并未提出赔偿损失的

---

① 转引自张艳蕊：《民事公益诉讼制度研究——兼论民事诉讼机能的扩大》，北京大学出版社2007年版，第162页。

② 参见北京市第四中级人民法院(2016)京04民初第94号民事调解书。

诉讼请求，因此，从诉讼请求的类型可以推算出这笔100万元的总费用主要是调查取证、鉴定等其他成本。

《消费民事公益诉讼司法解释》第18条规定："原告及其诉讼代理人对侵权行为进行调查、取证的合理费用、鉴定费用、合理的律师代理费用，人民法院可根据实际情况予以相应支持。"根据上述规定，如果消协组织胜诉，调查取证、鉴定等费用中"合理"的费用由败诉的经营者承担。如果消协组织败诉或部分败诉，则由消协组织自行承担或按比例承担。对于本来就经费紧缺的消协组织来说，一旦败诉将背负沉重的经济负担，这样的制度安排将直接影响到公益诉讼的可持续性，进而对消费维权起到明显的抑制作用。

（2）律师代理费用的负担

律师代理费用是消协组织所承担的诉讼成本的一部分。消费公益诉讼案件比较复杂，为弥补专业人才的短板，大部分消协组织聘请了律师参与公益诉讼。《消费民事公益诉讼司法解释》第18条规定："原告及其诉讼代理人对侵权行为进行调查、取证的合理费用、鉴定费用、合理的律师代理费用，人民法院可根据实际情况予以相应支持。"根据上述规定，法院对于"合理的律师代理费用"予以支持。

问题是，律师代理费用的"合理"与否又该如何界分呢？律师提供的法律服务属于中介组织提供的专业服务，没有统一的收费标准。目前，律师行业的收费以各地律师协会的指导意见和律师事务所的规章制度为依据。由于指导意见仅作原则性规定，每个案件的案情、难度、律师的工作量千差万别，此外还存在地区差异，很难有一个相对统一的收费标准。因此，法官在认定律师代理费用合理与否方面存在较大的自由裁量空间。如果消协组织败诉或者部分败诉，就要承担对应部分的律师代理费用。即使消协组织胜诉，也可能因为律师代理费用被认定"不合理"而无法全部得到法院支持。如7号案中，广东省消费者委员会实际支付律师代理费用为4.5万元，法院根据原告的诉讼请求被支持情况仅判决被告分担1万元律师代理费用。这也就意味着广东省消费者委员会自行承担的律师代理费用高达3.5万元。[①] 而在12号案中，原告的律师代理费用23,054元得到法院全额支持。[②] 不过，12号案一审法院并未对律师代理费用的合理性进行说明，仅笼

① 参见深圳市中级人民法院（2017）粤03民初547号民事判决书。

② 参见广州市中级人民法院（2017）粤01民初445号民事判决书。

统阐述“原告省消委会为本案的诉讼委托了两位代理律师，为取得被告广州悦奇公司存在侵犯消费者合法权益的证据，对‘小鸣单车’App 相关内容进行证据保全，并就上述事项所涉费用向本院提交了相关证据予以证实，本院经审查并无不合理之处”。15 号案的一审法院支持了原告律师代理费用的主张，理由是“四被告对该项诉讼请求均无异议”①，但法院也未审查该笔费用的合理性。“律师费用已成为中国社会中冲突主体适用诉讼成本的重要构成部分，并在一定程度上制约着冲突主体适用诉讼手段的选择。”②

(3)预防措施费用的负担

《消费民事公益诉讼司法解释》第 17 条规定：“原告为停止侵害、排除妨碍、消除危险采取合理预防、处置措施而发生的费用，请求被告承担的，人民法院应依法予以支持。”消费侵权损害结果发生后，将会给消费者和社会秩序带来难以弥补的损失。因此，预防性的侵权责任方式比救济性的侵权责任方式更为重要。根据侵权责任自负的原则，消协组织为维护公共利益采取合理的预防、处置措施所发生的费用，由侵权人承担。实践中容易引发争议的仍然是“合理”如何判定。42 件司法实践案例中，未见消协组织主张预防措施费用的请求。

(三)诉讼成本分担规则的重构

1. 域外消费民事公益诉讼成本分担制度改革

诉讼是当事人实现权利救济的手段之一，诉讼成本的高低是衡量一个国家救济机制是否完善的标准之一。面对民事诉讼成本高的问题，20 世纪下半叶的“接近正义”运动奠定了世界各国民事司法改革的基本方向：控制诉讼成本，提高诉讼效益。③ 民事公益诉讼是许多国家遏制消费侵权行为的有效机制，并且越来越多的国家意识到，高昂的诉讼成本是导致诉讼不经济的根源。如何通过诉讼成本的合理化设置推动司法公正的实现，已经成为世界各国需要解决的难题之一。

越来越多的国家认识到改革诉讼费用规则的重要性，并建立了减轻或免除原告缴纳费用的司法减负制度。如法国、西班牙等国的公益诉讼案件的收费极低，

---

① 参见成都市中级人民法院(2019)川 01 民初 5508 号民事判决书。

② 柴发邦：《体制改革与完善诉讼制度》，中国人民公安大学出版社 1991 年版，第 86 页。

③ 参见杨婷：《民事诉讼成本控制的域外考察与借鉴》，载《齐鲁学刊》2021 年第 4 期。

美国联邦法院对公益诉讼案件按件收费并且费用低廉,[①]巴西的消费公益诉讼则实行免费政策(包括免除律师费),法国对公益诉讼案件免收法院费用,加拿大的一些州通过建立公益诉讼基金解决原告诉讼费用负担问题,泰国、印度等国则实行诉讼费用和其他费用全免的原则。[②]

公益诉讼是现代国家用于维护社会公共利益的有效机制。从成本维度看,国家与当事人都在公益诉讼中投入一定的成本。从各国经验看,为减低原告的负担,对诉讼成本进行实质性改革并确立公益诉讼费用的特殊规则成为一种趋势。

2. 完善我国消费民事公益诉讼成本分担规则的设想

消费民事公益诉讼的制度构建在强化消协组织诉讼能力的同时,还应当考虑诉讼成本的经济合理性。而诉讼成本的经济合理性要求在国家、社会以及个人之间进行合理、有效的成本配置。公益诉讼最大的特点就是公益性,消费民事公益诉讼的公益性决定了诉讼成本分担规则也要符合公益性的特点。否则,诉讼成本的负担将在一定程度上阻碍消协组织接近司法。我国台湾地区"消费者保护法"第52条规定,消费者团体提起禁止类公益诉讼,免缴诉讼费等。消费者团体提起损害赔偿公益诉讼,标的额超过新台币60万元的,超过部分免缴裁判费。

消协组织提起公益诉讼并非出于维护私益,当其提起公益诉讼时,那些本来应当由国家负担的成本就在向社会转移。与此相对应,国家应当采取一定的措施减轻消协组织的诉讼负担。国家将越来越多的社会公共事务交由社会公共组织来完成,实际上是国家将维护社会公共利益的责任部分地交给了社会组织和个人,既然如此,国家就有义务为社会组织和个人提供能够切实保障社会公共利益的可行渠道。为激励消协组织的诉讼积极性,我国有必要根据公益诉讼的特殊性对诉讼成本分担规则进行系统性改革,作出有别于一般民事诉讼案件的特殊安排,建立独立的消费民事公益诉讼成本负担制度,对原告一方予以适当倾斜,以减轻消协组织的诉讼负担。这也是缓解消协组织因公益诉讼带来的经济压力和保障消费民事公益诉讼可持续发展的可行路径。在具体思路上,可以根据消费民事公益诉讼的诉讼结果、诉讼成本类型分类设计诉讼成本的负担规则。

---

① 参见谢小剑、王志军:《限制与激励:我国民事公诉程序改革中的两个维度》,载《广西政法管理干部学院学报》2004年第3期。

② 参见陶建国等:《消费者公益诉讼研究》,人民出版社2013年版,第350页。

(1)诉讼费用实行“被告+国家”的负担规则

公益诉讼的原告不应当承担司法运作的成本,消协组织预交诉讼费用或者败诉后承担诉讼费用,不具有正当性。法院为社会提供的司法服务是一种公共财政提供的公共产品。消协组织为了维护公共利益启用了司法服务,但消协组织启用司法公共资源是为了维护社会公共利益,不应由其承担相应的运作成本。因此,消费民事公益诉讼案件的收费制度应当有别于私益诉讼案件。建议立法对诉讼费用负担规则作如下改革。

第一,消费民事公益诉讼的原告免交诉讼费用。消协组织提起消费民事公益诉讼时,免交诉讼费用。在《消费民事公益诉讼司法解释》征求意见过程中,有学者建议取消消费民事公益诉讼原告预交诉讼费用的做法。最高人民法院的法官们认为不妥,理由主要是《民事诉讼法》《诉讼费用交纳办法》规定了当事人必须交纳案件诉讼费用及防止滥诉,且诉讼费用由败诉方负担已经对原告进行了充分的保护。[①] 笔者认为,最高人民法院法官的理由并不充分。《诉讼费用交纳办法》是建立在私益诉讼基础之上的,用私益诉讼的缴费办法来论证公益诉讼缴费的必要性和可行性显然不符合逻辑。而且,其他适格主体在诉讼费用方面的不同负担规则也佐证了该观点的不自洽。同样是为维护公共利益提起消费民事公益诉讼,如果起诉主体是检察机关,则实行免交诉讼费用的制度。《人民法院审理人民检察院提起公益诉讼案件试点工作实施办法》第22条规定:“人民法院审理人民检察院提起的公益诉讼案件,人民检察院免交《诉讼费用交纳办法》第六条规定的诉讼费用。”2021年7月1日开始实施的《人民检察院公益诉讼办案规则》第107条也规定:“人民检察院提起公益诉讼,不需要交纳诉讼费用。”同样是社会组织提起民事公益诉讼,最高人民法院《关于审理环境民事公益诉讼案件适用法律若干问题的解释》规定环保组织可缓交、减交或者免交诉讼费用。[②]

第二,根据诉讼结果将诉讼费用在被告和国家之间进行分配。如果消协组织

---

① 参见杜万华主编:《最高人民法院消费民事公益诉讼司法解释理解与适用》,人民法院出版社2016年版,第339页。

② 最高人民法院《关于审理环境民事公益诉讼案件适用法律若干问题的解释》第33条规定:“原告交纳诉讼费用确有困难,依法申请缓交的,人民法院应予准许。败诉或者部分败诉的原告申请减交或者免交诉讼费用的,人民法院应当依照《诉讼费用交纳办法》的规定,视原告的经济状况和案件的审理情况决定是否准许。”

胜诉,遵循败诉方负担诉讼费用的规则,诉讼费用由被告负担。被告的侵权行为是导致公益诉讼发生的根本原因,由被告负担自己的违法行为产生的诉讼费用具有正当性。如果消协组织败诉,则诉讼费用由公共财政承担。“公共财政是国家满足社会公共需要而进行的社会集中性分配。”①消协组织提起公益诉讼旨在维护社会公共利益,不论最终胜诉还是败诉,均与自身利益无关。用公益诉讼的方式维护社会公共利益,实际上是消协组织分担了国家保护公共利益的部分职责,由此产生的诉讼费用理应由国家承担兜底责任。

(2)其他成本实行“被告+社会”的负担规则

消费公益诉讼是公益事业,由此产生的利益归社会公众。当然,因诉讼产生的风险不应当由消协组织负担。“私人不应当承担推动国家政策实行的诉讼成本,特别是当诉讼并不能导致金钱判决时。”②建议立法明确规定消协组织胜诉的,其他成本由被告承担;消协组织败诉的,其他成本由社会承担。在具体制度设计上,其他成本可以通过设立消费者权益保护公益基金、建立公益诉讼保险制度来实现成本的社会化。

二、消费者权益保护公益基金制度

消协组织不负担公益诉讼的成本具有正当性,但高昂的诉讼成本毕竟客观存在,需要落实责任主体。笔者认为,设立消费者权益保护公益基金(以下简称消费公益基金)是实现诉讼成本合理分担的可行路径。消费民事公益诉讼的诉讼利益归属于社会,因此,设立消费公益基金能够体现消费民事公益诉讼的社会属性。消费公益基金不仅可以提供诉讼成本的稳定资金来源,而且还可以对消费治理的资金进行统一的调拨和使用,为消费民事公益诉讼的持续开展提供经费保障,能够更好地实现消费环境的持续治理。

(一)设立模式

目前,我国法律层面没有消费公益基金的规定。鉴于当前法律仅赋予省级以

---

① 邹传教等:《中国财政政策取向研究》,江西高校出版社 2002 年版,第 1 页。

② David A., *Root: Attorney Fee – Shifting in American: Comparing, Contrasting, and Combining the “American Rule” and the “English Rule”*, 151nd, Intl & Comp. Ln Rev. 583, 588(2005).

上消协组织公益诉权，建议先在省级层面统一设立一个消费公益基金。综观主要国家的做法，消费公益基金的管理机构有政府、民间信托机构、基金会等三类管理主体。三类管理主体各有优劣，都能达成在全国范围内推广的目的。基金会在我国运作相对成熟，建议在现阶段将消费公益基金交由基金会管理。

（二）经费来源

消费公益基金的经费主要来自政府拨款、社会捐赠、消协组织和检察机关提起的消费民事公益诉讼案件获得的赔偿金等。此外，还可以考虑允许消费公益基金管理机构以保值增值为目的对资金进行市场化运作，产生的收益归入消费公益基金。

（三）使用规则

消费公益基金的使用应当坚持用之于公益的原则。可以申请消费公益基金资助的费用包括以下几类。

1. 公益诉讼产生的当事人费用

（1）列入资助项目的费用

前文已经阐述，诉讼费用由被告和国家承担，因此这部分费用不作为消费公益基金资助的项目。消协组织因提起公益诉讼产生的当事人费用可列入消费公益基金支付范畴。消协组织因调查取证、鉴定、公证、保全、聘请律师等方面产生的费用，可向消费公益基金申请拨付。环境公益诉讼开展时间较长，形成了较为成熟的环境公益基金的管理办法，可供消费公益基金借鉴。如《昆明市环境公益诉讼救济专项资金管理暂行办法》《海南省省级环境公益诉讼资金管理暂行办法》都规定环境公益诉讼涉及的调查取证费、勘验费、申请费、诉讼费、环保恢复与执行救济等方面的合理费用可从专项资金中开支。

（2）费用的申请与拨付

费用的申请采用诉前申请诉后结算的方式。消协组织可在诉前或者诉讼终结后向消费公益基金提出拨付申请。诉前申请的，经审查符合条件，可以先拨付一定比例的费用，诉讼终结后，根据诉讼结果进行结算。诉讼终结后申请的，据实结算。消协组织胜诉的，法院判决被告承担的费用应退还给消费公益基金；消协组织败诉的,消费公益基金对消协组织的必要费用予以拨付,不满足拨付条件的,消费公益基金可向消协组织追回预付的费用。如果消协组织已经通过公益诉讼保险获得了相应的费用,则应当将相应的费用退还给消费公益基金。因消协组织过错导致败诉的,消费公益基金不予以负担相关费用,已经支付的费用予以追回。

为解决跨区域消费侵权案件的成本负担,制度层面还需要建立跨区域消费公益基金分担制度。比如,类似2~4号案这种类型的案件,侵权损害后果涉及多个省份,成本也应当由多个省级消费公益基金共同分担。

2. 其他消费维权费用

消协组织开展下列工作产生的费用,可列入消费公益基金资助范围:开展商品和服务比较试验;开展消费体验、消费调查等;开展消费者权益保护研究和交流;支持消费者起诉等。

为维护消费者权益,建议借鉴社会保险基金的管理经验,建立先行支付制度。消费者遭到消费侵权损害,无法确定侵权的经营者或者经营者不支付赔偿的,可申请消费公益基金先行支付。消费公益基金先行支付后,有权向侵权人追偿。

(四)监督机制

为确保消费公益基金的规范运作,需要建立健全监督机制来加强对消费公益基金的事中和事后监督,以确保资金的合理、规范使用。比如,实行定期审计,并在每一个会计年度向社会公众公开收支情况等。

三、公益诉讼保险制度

(一)诉讼保险的由来

诉讼保险(Legal Expenses Insurance)是指在诉讼尚未发生之前,投保人支付一定数额保险费,在保险期间内,一旦发生被保险的诉讼,由保险公司支付相关诉讼费用的一种保险。诉讼保险是近年来在西方国家兴起的一种诉讼成本和诉讼风险转嫁方式,意在通过合理配置社会资源降低诉讼成本。

诉讼保险最早出现在19世纪的法国。1885年法国社会自发设立“司法互助基金”,目的是为组织成员在需要诉讼解决纠纷时提供经济上的支持。[①] 1897 年,法国新成立的“医疗纠纷基金”取代了“司法互助基金”。“医疗纠纷基金”要求其成员每天认捐一个“苏”(法国辅助币名),凡参加认捐“苏”的成员都可在日后与他人发生法律纠纷时,通过组织的力量获得法律帮助和经济帮助。认捐“苏”的行为相当于今天购买诉讼保险的行为。西方学者普遍认为,“医疗纠纷基金”是现代诉讼保险制度的雏形。[②] 随后,在有效解决了如何计算机动车风险的难题之后,法国与德国先后设立的“机动车辩护制度”在保险市场取得了巨大成功。之后,德国的保险业把业务范围从机动车诉讼保险拓展到其他涉及经济纠纷的民事诉讼领域,使诉讼保险走向规范化、体系化,以致发展出了具有真正现代意义的诉讼保险制度。20 世纪 70 年代以来,“接近正义”逐渐成为各国司法改革的主导理念,民事诉讼费用保险也就成为实现“普遍正义”的工具和手段。一百多年来,诉讼保险制度在西方社会产生了积极的社会意义,在保障当事人“接近正义”和解决当事人因经济原因而出现的“权利贫困”等方面发挥了积极作用。

诉讼保险的出现为人们进行法律救济提供了更为合理化的成本分担途径。通过社会平均分配诉讼成本、稀释当事人诉讼费用风险的方式,诉讼保险分担当事人因参与诉讼活动支出的费用。如果权利人出于经济原因不能接近司法,那么再完美的司法制度也枉然。通过诉讼风险的社会转化,免除被保险人诉讼经济成本负担的忧虑,不但有利于保障当事人诉权的实现,而且可以有效缓解司法救助的压力。观察世界各国的民事诉讼改革,其中共同的趋势之一就是降低当事人的诉讼风险。通过创设诉讼保险,能够将当事人承担民事诉讼费用的风险通过保险融入保险业的运作中,提前分化诉讼费用负担,使当事人因此摆脱民事诉讼费用的沉重负担,打消其对诉讼不确定性的顾虑,有助于权利人接近司法、接近正义。

时至今日,诉讼保险在西方国家已经形成了相当规范化、体系化的制度。德国是诉讼保险制度最为完善的国家,实行严格的分业经营模式,诉讼保险业务由专业的保险公司办理,将诉讼保险业务与其他责任险业务区分。日本的诉讼保险支付的费用包括法律咨询费、诉讼费用及律师费用等。各国诉讼保险的承保范围

---

① 参见张栋栋:《诉讼保险制度初探》,载《长春大学学报》2009 年第 3 期。

② 参见张喻忻、徐阳光:《试论西方诉讼保险制度在我国的引进》,载《北京市政法管理干部学院学报》2002 年第 2 期。

和对象有所差异，不过一般都提供民事诉讼费用保障，较少涉及刑事案件的费用，保险的范围通常包括诉讼费用和律师费用等。①

（二）我国私益诉讼的诉讼保险

目前，我国保险业针对私益诉讼已经推出了诉讼财产保全责任保险、继续执行责任保险、个人诉讼保险②等与诉讼相关的险种，为我国公益诉讼引入诉讼保险提供了实践样本。

1. 财产保全责任保险

财产保全责任保险是指在保险期间内被保险人就保险合同载明的争议案件，向人民法院提出财产保全申请并经人民法院裁定同意，但因申请财产保全错误造成被申请人遭受经济损失，依照法律应由被保险人承担的经济赔偿责任，由保险人按照保险合同的约定负责赔偿。实践中，诉讼财产保险责任险运用最广泛。

2. 继续执行责任保险

继续执行责任保险是指在保险期间内因被保险人向人民法院请求继续执行有错误，给被申请人造成损失的，依照法律并经人民法院生效法律文书认定应由被保险人承担的经济赔偿责任，由保险人按照保险合同的约定在赔偿限额内承担赔偿责任。继续执行责任保险是法院将司法责任保险引入财产处置环节的创新执行工作机制，为防范被执行人滥用执行异议、拖延执行程序提供了保障。

3. 个人诉讼保险

个人诉讼保险是指在保险期间内被保险人与他人发生诉讼，由保险公司按照赔偿限额通过保险理赔方式向投保人支付法律诉讼中花费的各项费用。个人诉讼保险在我国开发较晚，目前尚未在全国范围内铺开。2015 年新疆克拉玛依市政府和中国平安财产保险股份有限公司新疆分公司在新疆克拉玛依市联合推出全国首个个人诉讼保险，标志着我国的个人诉讼保险制度从空白走向了试点。个人诉讼保险承保的范围包括保险人维护权益所负担的法律咨询费、诉讼费、司法鉴定费、律师代理费、执行费用、法院文书邮寄送达费用等六项费用。个人诉讼保险

---

① 参见杨婷：《民事诉讼成本控制的域外考察与借鉴》，载《齐鲁学刊》2021 年第 4 期。

② 参见《全国首创个人诉讼保险落地克拉玛依市》，载沃保保险网，https://news.vobao.com/article/850057581281849607.shtml，最后访问日期：2022 年 6 月 22 日。

在克拉玛依市实施的初期，克拉玛依市将个人诉讼保险作为当地的法治惠民项目推广，将“具有本市城市户口，家庭人均年收入低于2.5万元的低收入群体、外来务工人员、农牧民和其他符合法律援助范围等人群”作为首批政府帮助参保的对象，由政府出资购买保险，实现与法律援助制度的对接。在条件成熟时，政府不再承担投保费用，逐步过渡到由全体市民直接向保险公司自愿购买个人诉讼保险。①

（三）我国公益诉讼保险的建构

1.设立公益诉讼保险的必要性

公益诉讼是救济公共利益的机制，但这种救济机制成本高昂。案件受理费、律师费、鉴定费、保全费等各项费用给消协组织带来沉重的经济负担，导致消协组织不敢诉、不愿诉。这与我国设立消费民事公益诉讼的立法初衷相背离。如何协调这种冲突和矛盾呢？设立公益诉讼保险制度无疑是现实有效的解决之策。公益诉讼保险可以将消协组织的诉讼成本和诉讼风险向社会有效转移，降低诉讼风险，缓解消协组织的经济压力，进而帮助其实现公平正义。高昂的公益诉讼成本的现实存在要求国家尽快设立公益诉讼保险制度，以分散公益诉讼成本和诉讼风险，帮助消协组织摆脱公益诉讼带来的经济负担，提高其捍卫公共利益的积极性，减轻国家因实施公益诉讼所产生的财政压力，也避免通过向消协组织增加财政拨款而可能对其独立性造成的不利影响。

2.公益诉讼保险的特殊性

公益诉讼保险本质上是一种以公益诉讼为保险标的的诉讼保险制度，在保险期间内被保险人提起公益诉讼，由保险公司按照赔偿限额通过保险理赔方式向被保险人支付公益诉讼所花费的各项费用。只需交纳一定数额的保险费，便可以将消协组织提起公益诉讼的风险转嫁给社会。与一般的商业保险相比，公益诉讼保险作为一种崭新的责任险种，具有如下特殊性。

一是投保人和被保险人特殊。消费公益诉讼的投保人和被保险人都是消协组织。为预防经营者通过保险转嫁违法成本，公益诉讼保险的投保人和被保险人仅限于有公益诉权的私主体。

① 参见《平安个人诉讼保险让老百姓打得起官司的保险》，载搜狐网，https://www.sohu.com/a/31613769_162758，最后访问日期：2022年6月23日。

二是保险费由公共财政或消费公益基金负担。根据消费民事公益诉讼的制度设计，消协组织提起公益诉讼是其权利而不是义务，是否提起公益诉讼完全在于消协组织自己的意愿。因此，为激励消协组织提起公益诉讼，财政拨付给省级以上消协组织的经费预算中应当增加公益诉讼保险费用，专款专用，由消协组织定期向保险公司投保。消费公益基金设立后，保险费由消费公益基金承担。一旦提起公益诉讼，消协组织作为被保险人就可以从保险赔付中获得相应的资金支持，从而减轻其诉讼压力。由于消费环境的公共性和整体性，每个消费者都是消费环境利益的享有者。因此，从实质意义而言，公益诉讼的保险费由公共财政或者消费公益基金负担具有法理依据。

三是运作模式特殊。商业保险作为一种商业产品，以市场运作为主，但公益诉讼保险标的的风险比一般商业保险标的的风险大。公益诉讼保险是新兴保险业务，在各项条件不是特别成熟的探索时期，政府应当给予保险公司一定的扶持。公益诉讼保险不能实行完全的市场化，为激励保险公司参与承保，可以尝试建立政府主导、市场运作的运作模式。这种模式的主要特点是由政府确定保险的具体内容、收费标准、赔偿标准等，保险公司只能将经过政府同意的险种产品推向市场。

3. 公益诉讼保险的具体制度设想

立法应当根据我国国情，采取循序渐进的方式，建立公益诉讼保险的实施制度，对险种、投保模式、保险费率等作出明确规定。

(1)险种设置

鉴于公益诉讼的特殊性，应当开发独立的公益诉讼保险险种。当前，诉讼财产保全责任保险开展得较多，运作比较成熟。司法实践中，已经有消协组织对公益诉讼投保的初步探索。2019 年 10 月四川省保护消费者权益委员会提起 15 号案的公益诉讼，太平财产保险有限公司四川分公司承保了该案的诉讼财产保全责任保险。[①] 不过，当时消协组织所投保的诉讼财产保全责任保险并非公益诉讼保险。随着诉讼保险经验的积累，未来可以逐渐开拓市场，总结现行与诉讼相关险种的运作经验，设置公益诉讼综合险，把败诉、财产保全、执行保全等各类诉讼相关的风险全部包含在一个险种内。

---

① 参见《太平财险四川分公司承保四川省首例消费民事公益诉讼保全责任保险》，载金融投资网，https://www.jrtzb.com.cn/350bx/201910/57369122.html，最后访问日期：2022 年 7 月 9 日。

(2)投保模式

国外诉讼保险通常采用的投保模式包括单独式诉讼保险、附加式诉讼保险、合作式诉讼保险三种类型。[①] 单独式诉讼保险是指不与其他保险相联系的,独立存在的诉讼保险。附加式诉讼保险是指将诉讼保险附加到其他险种上的一种保险形式。合作式诉讼保险是指从事传统保险业务的保险公司与专营诉讼保险业务的保险公司以合作方式办理的诉讼保险。鉴于公益诉讼的特殊性,附加式诉讼保险、合作式诉讼保险并不具有适用性,建议我国采取单独式诉讼保险模式。不过,单独式诉讼保险模式运行起来存在一定的困难。任何险种都会因为市场份额小或者缺少市场而难以维系。由于享有公益诉权的消协组织数量较少,保险公司的预期收益相对较低,维系保险公司对诉讼保险业务的投入也就成为一个难题。

(3)承保责任范围

公益诉讼保险的责任范围包括因原告败诉或者部分败诉承担的调查取证费、律师费、鉴定费、评估费等费用。鉴于我国消费民事公益诉讼制度不完善,在公益诉讼保险设立之初,为防止滥诉和控制保险公司的风险,建议设置单个案件的最低和最高赔付限额。为减轻公共财政的负担,可以探索将公共财政负担的诉讼费用纳入承保费用。

(4)保险费率

保险费率是保险公司业务运作的核心,一般根据出险概率、责任限额、投保期限等要素厘定保险费率,遵循充分性、公平性、合理性、稳定灵活、促进防损原则,还要考虑公益诉讼的特殊性。制度运行的初期可以考虑定额保费的方式,不同等级的保费对应不同限额的赔偿。

四、支持起诉制度

(一)消费民事公益诉讼中支持起诉的价值

支持起诉并非公益诉讼中独有的制度,但是在消协组织提起的消费民事公益诉讼中要更加重视支持起诉的制度功能。支持起诉是在国家、集体或者个人民事

---

① 参见闫海、王刚:《我国民事诉讼费用保险的创设价值与制度构建》,载《中国保险》2013 年第 7 期。

权益受到侵害,受害人的力量不足以通过诉讼保护其合法权益时,有关机关、社会团体、企事业单位可以作为受害者的支持起诉人,参与法院的案件审理程序,以维护受害人的合法权益。我国《民事诉讼法》设置支持起诉制度的目的在于要求人们关心国家、集体和他人的民事权益,抵制和反对各种民事违法行为,维护社会主义法治。① 在公益诉讼制度确立以前,支持起诉主要运用于弱势群体维权领域。随着公益诉讼得以在法律上确立和深入实施,支持起诉逐渐运用于消费民事公益诉讼和环境民事公益诉讼之中。

在消费民事公益诉讼中,被告通常是实力雄厚的经营者,消协组织与经营者之间在信息、技术、经济实力等方面的不对等成为消费民事公益诉讼的重要特征。经营者占有和掌握着大量的信息和证据,消协组织却难以获取,由此导致消协组织的力量难以保护消费领域的公共利益。为此,必须通过制度设计为消协组织提供保障,促进原被告双方的实质性平等。当前,消费民事公益诉讼制度建设还不健全,有必要借助支持起诉扭转原被告双方实质地位的不平等,由检察院机关等专业机构作为支持起诉人参与诉讼,为原告提供物质、专业、精神等多方面的帮助,壮大原告力量。作为一项重要制度,支持起诉在消费民事公益诉讼中担当着平衡多元诉权主体之间内在关系、践行多元共治理念、协助并提升消协组织公共利益救济能力之重任。为此,《消费者协会消费民事公益诉讼工作导则(试行)》第6条强调,消费者协会提起消费民事公益诉讼,要争取社会各方面的支持,营造鼓励和支持消费民事公益诉讼、全社会参与和强化消费维权的良好环境。②

目前,我国消费民事公益诉讼中的支持起诉尚未形成一套科学的程序规范,诸如支持起诉人有哪些权利义务、是否需要出庭、是否参加法庭调查和法庭辩论等基本问题都没有明确规定。鉴于消费侵权行为兼具损害消费者合法权益和消费领域社会秩序的双重危害,如何运用支持起诉助力消协组织实现公益保护目标成为亟待研究的新课题。

---

① 参见王怀安主编:《中国民事诉讼法讲义》,人民法院出版社1988年版,第38~39页。

② 《消费者协会消费民事公益诉讼工作导则(试行)》第6条规定:"消费者协会提起消费民事公益诉讼,应当加强消协组织之间、消协与检察机关等部门之间的信息沟通和联系协作,争取社会各方面支持,营造鼓励和支持消费民事公益诉讼、全社会参与和强化消费维权的良好环境。"

(二)消费民事公益诉讼中支持起诉的制度建构

1. 支持起诉的确立

支持起诉制度起源于苏联的"社会干预原则",作为一项颇具中国特色的司法制度,在我国由来已久。1982 年 10 月 1 日开始实施的《民事诉讼法(试行)》确立了支持起诉原则,第 13 条规定:"机关、团体、企业事业单位对损害国家、集体或者个人民事权益的行为,可以支持受损害的单位或者个人向人民法院起诉。"《民事诉讼法》1991 年实施至今,虽经 2007 年、2012 年、2017 年、2021 年四次修正,但支持起诉始终被安排在第 15 条作为基本原则得以保留。民事诉讼作为一种法律救济渠道,当权利人在知识、能力、信心等方面存在困难阻碍其起诉时,支持起诉人支持其维护合法权益很有必要。不过,《民事诉讼法》第 15 条的规定是概括性规定,缺乏配套的实施制度和程序规范,导致相当长的时间里支持起诉并未被广泛应用。

2. 民事公益诉讼中支持起诉的确立

2012 年修正的《民事诉讼法》确立了民事公益诉讼之后,支持起诉在民事公益诉讼中的适用问题开始进入立法者的视野。最高人民法院《关于审理环境民事公益诉讼案件适用法律若干问题的解释》对环境民事公益诉讼中的支持起诉作出了规定,第 11 条明确了检察机关、行政机关、社会组织、企事业单位对环保组织提起环境民事公益诉讼的支持起诉,①第一次在制度层面明确了民事公益诉讼中的支持起诉。2015 年 12 月 24 日施行的《人民检察院提起公益诉讼试点工作实施办法》明确了检察机关在民事公益诉讼中的支持起诉职能,第 10 条规定检察机关对审查终结的民事公益诉讼案件分类处理,包括终结审查、督促或支持法律规定的机关和有关组织提起民事公益诉讼、提起民事公益诉讼。2017 年修正的《民事诉讼法》第 55 条增加第 2 款②,规定:"人民检察院在履行职责中发现破坏生态环境和资源保护、食品药品安全领域侵害众多消费者合法权益等损害社会公共利益的

---

① 《关于审理环境民事公益诉讼案件适用法律若干问题的解释》第 11 条规定:"检察机关、负有环境保护监督管理职责的部门及其他机关、社会组织、企业事业单位依据民事诉讼法第十五条的规定,可以通过提供法律咨询、提交书面意见、协助调查取证等方式支持社会组织依法提起环境民事公益诉讼。"

② 即现行《民事诉讼法》第 58 条第 2 款。

行为,在没有前款规定的机关和组织或者前款规定的机关和组织不提起诉讼的情况下,可以向人民法院提起诉讼。前款规定的机关或者组织提起诉讼的,人民检察院可以支持起诉。"上述规定在法律层面建立了检察机关在民事公益诉讼制度中的支持起诉制度。自此,在民事公益诉讼中的支持起诉从之前的试验性、探索性进入制度化阶段。有学者乐观地认为,"支持起诉得以在公益诉讼中复兴"①。虽然《民事诉讼法》为检察机关在消费民事公益诉讼中的支持起诉提供了法律保障,但内容过于粗糙,对支持起诉的原则、案件范围、支持方式等基本问题都未作出规定,缺乏配套制度和实施细则。《消费民事公益诉讼司法解释》也没有对消费民事公益诉讼中的支持起诉作出规定。

《人民检察院组织法》第 2 条对检察机关支持起诉作出概括性授权,第 2 条第 2 款规定:"人民检察院通过行使检察权,追诉犯罪,维护国家安全和社会秩序,维护个人和组织的合法权益,维护国家利益和社会公共利益,保障法律正确实施,维护社会公平正义,维护国家法制统一、尊严和权威,保障中国特色社会主义建设的顺利进行。"2020 年 9 月 28 日最高人民检察院通过《人民检察院公益诉讼办案规则》,对检察机关在公益诉讼中的支持起诉作出具体规定。《人民检察院公益诉讼办案规则》第 4 条规定:"人民检察院通过提出检察建议、提起诉讼和支持起诉等方式履行公益诉讼检察职责。"同时,第 100 条规定检察机关可以支持起诉的案件包括"适格主体提起的民事公益诉讼案件"②,第 101 条规定检察机关的支持起诉方式包括提供法律咨询、向人民法院提交支持起诉意见书、协助调查取证、出席法庭等。③《消费者协会消费民事公益诉讼导则(试行)》第 26 条规定,依据检察建议拟提起消费民事公益诉讼的消费者协会,可以商请检察机关作为支持起诉人。

综上所述,消费民事公益诉讼中支持起诉的制度框架比较粗糙,且制度建设

---

① 汤维建、王德良:《论公益诉讼中的支持起诉》,载《理论探索》2021 年第 2 期。

② 《人民检察院公益诉讼办案规则》第 100 条规定:"下列案件,人民检察院可以支持起诉:(一)生态环境损害赔偿权利人提起的生态环境损害赔偿诉讼案件;(二)适格主体提起的民事公益诉讼案件;(三)英雄烈士等的近亲属提起的维护英雄烈士等的姓名、肖像、名誉、荣誉的民事诉讼案件;(四)军人和因公牺牲军人、病故军人遗属提起的侵害军人荣誉、名誉和其他相关合法权益的民事诉讼案件;(五)其他依法可以支持起诉的公益诉讼案件。"

③ 《人民检察院公益诉讼办案规则》第 101 条规定:"人民检察院可以采取提供法律咨询、向人民法院提交支持起诉意见书、协助调查取证、出席法庭等方式支持起诉。"

侧重于检察支持起诉。

（三）消费民事公益诉讼中实施支持起诉的现状

1. 支持起诉人

从《民事诉讼法》第 15 条、第 58 条的文本解读，支持起诉人包括机关、社会团体、企业事业单位，不包括公民个人。公民个人不能成为支持起诉人符合我国司法实践的现实情况。与单位相比，公民个人在专业知识、财力物力等方面都存在欠缺，允许个人作为支持起诉人，与帮助弱者接近司法的初衷不相吻合。《民事诉讼法》第 15 条确立的支持起诉是民事诉讼的基本原则，从理论上而言，《民事诉讼法》第 15 条与第 58 条共同构成消费民事公益诉讼中实施支持起诉的法律依据。因此，消协组织提起消费民事公益诉讼的支持起诉人也包含机关、社会团体、企业事业单位。从这个角度而言，消协组织提起公益诉讼的支持起诉人包括以下三类主体。

（1）检察机关

检察机关是《民事诉讼法》第 15 条规定的“机关”的一种，同时《民事诉讼法》第 58 条第 2 款明确赋予了检察机关支持消协组织提起消费民事公益诉讼的职责。在“国家义务与公民权利”逻辑架构下，支持起诉是检察机关的一项法定职责。消费民事公益诉讼案情复杂、专业性强，消协组织单打独斗难以胜任公益保护之重任，对支持起诉有客观需求。与消协组织相比，检察机关设有公益诉讼专业机构设置和专门人才队伍，无论是调查取证能力还是诉讼能力、司法经验等都具有明显的优势。检察机关的支持起诉能够大大降低消协组织的诉讼成本，并且对消协组织形成激励效果。从性质上讲，检察机关在消费民事公益诉讼中对消协组织的支持起诉，是检察机关践行司法为民理念的重要载体，是检察机关行使法律监督权的延伸。通过支持消协组织行使公益诉权维护社会公共利益，补强消协组织的诉讼能力，有利于实现公平正义，体现以人民为中心的发展思想。

统计发现，42 件司法实践案例中有 29 件案件有支持起诉人且支持起诉人全部是检察机关，占案件总量的 69%。换言之，检察机关在公益诉讼中实际上发挥着支持起诉的主力军作用，《民事诉讼法》第 15 条规定的“多元”支持起诉主体，在实践中只剩下检察机关“一元”主体。

(2)行政机关

《民事诉讼法》第15条规定的“机关”应当包含行政机关,行政机关依法可以支持消协组织提起消费民事公益诉讼。河北、上海、江苏、安徽、广西、山东、湖南、辽宁等地的地方立法规定,消协组织提起消费公益诉讼收集证据有困难,需要有关行政部门协助的,有关行政部门应当支持。① 地方立法明确了行政机关对消协组织的支持义务。“当私人对法律违反者提起诉讼时,作为对法律实施负有责任的官厅,应当根据情况对诉讼原告予以援助,并努力通过此类诉讼实现法之目的。私人的这种诉讼旨在制裁违法者,并以此给予行政机关无偿的援助。从其机能上看,起到了临时替代行政机关履行责任的作用。因此,行政机关应当把对私人诉讼的适当援助理解为使对自己任务的有效履行。”②《消费者协会消费民事公益诉讼工作导则(试行)》第20条规定,调查取证确有困难的,消费者协会可以书面向有关行政部门反映、查询,提请协助。③

---

① 《上海市消费者权益保护条例》第57条第2款规定:“市消保委为前款规定的公益诉讼收集证据确有困难的,可以提请人民检察院、有关行政管理部门协助。”《江苏省消费者权益保护条例》第53条第1款规定:“对侵害众多消费者合法权益的行为,省消费者权益保护委员会可以依法向人民法院提起公益诉讼。省消费者权益保护委员会为提起公益诉讼收集证据,需要有关行政部门协助的,有关行政部门应当支持。”《山东省消费者权益保护条例》第68条第2款规定:“省消费者协会为提起消费民事公益诉讼收集证据材料的,有关部门和单位应当予以协助和支持。”第69条规定:“消费者协会对消费者权益保护问题进行查询,有关部门、行业组织和经营者应当自接到查询请求后十五日内作出明确答复。”《安徽省消费者权益保护条例》第51条第3款规定:“省消费者权益保护委员会为提起诉讼收集证据,需要有关行政部门协助的,有关行政部门应当支持。”《湖南省消费者权益保护条例》第54条第2款规定:“省消费者权益保护委员会为前款规定的诉讼收集证据确有困难的,可以提请有关行政管理部门协助。”《广西壮族自治区消费者权益保护条例》第57条规定:“对侵害众多消费者合法权益的行为,自治区消费者权益保护委员会可以向人民法院提起诉讼。自治区消费者权益保护委员会为前款规定的诉讼收集证据确有困难的,可以要求有关行政部门协助。”《河北省消费者权益保护条例》第52条规定:“对侵害众多消费者合法权益的行为,省消费者权益保护委员会可以依法向人民法院提起公益诉讼。省消费者权益保护委员会为提起公益诉讼收集证据,需要有关行政部门协助的,有关行政部门应当支持。”《辽宁省消费者权益保护条例》第42条规定:“市、县消费者协会发现本行政区域有经营者侵害众多消费者权益的行为时,可以及时向省消费者协会报告,省消费者协会可以根据情况向人民法院提起诉讼。省消费者协会对诉讼收集证据确有困难的,可以提请有关行政管理部门协助。”

② [日]田中英夫、竹内昭夫:《私人在法实现中的作用》,李薇译,法律出版社2006年版,第87页。

③ 《消费者协会消费民事公益诉讼工作导则(试行)》第20条规定:“调查、取证确有困难的,消费者协会可以书面向有关行政部门反映、查询,提请协助,并列明履行职责的法律依据。有关行政部门无正当理由逾期未予答复的,可以进行公开查询,或者向社会披露有关情况。”

从公开资料看，行政机关的支持方式比较单一，而且一般都限于诉前准备阶段。如4号案中，中国消费者协会进行了大量的调查取证工作，向吉林、黑龙江、河北、内蒙古等地公安部门、市场监管部门调取了相应证据，并向工信部、公安部等单位发出查询函。[①] 但是，司法实践案例的裁判文书中未见将行政机关列为支持起诉人的案例。因此，地方立法规定的"支持"是否构成支持起诉，还需进一步论证。

(3)社会团体、企业事业单位

根据《民事诉讼法》第15条规定，社会团体、企业事业单位也可以作为支持起诉人。42件司法实践案例中未检索到这些类型的单位担任支持起诉人的情况。根据中国消费者协会官网披露的信息，中国消费者协会曾对省级消协组织提起的多件消费民事公益诉讼案件公开表态"支持起诉"，包括1号案、[②]2～3号案、[③]7号案、[④]13号、[⑤]15号案、[⑥]35号案。[⑦] 不过，中国消费者协会表态过"支持起诉"的案件的裁判文书并未将中国消费者协会列为支持起诉人。可见，中国消费者协会的"支持"并未构成法律意义上的支持起诉。

综上，相较于其他支持起诉主体，检察机关具有独特的专业资源和专业优势，以其国家权力机关的权威性给侵害社会公共利益的经营者以压力，促进实现消费民事公益诉讼当事人实质上的平等。从案件最终结果来看，由检察机关支持起诉的29件案件的消协组织的诉讼请求全部得到法院支持。不过，从推进社会治理

---

① 参见北京市第四中级人民法院(2016)京04民初94号民事调解书。

② 参见《中消协支持浙江省消保委提起消费维权公益诉讼》，载 http://www.cca.org.cn/zxsd/detail/25685.html，最后访问日期：2022年6月23日。

③ 参见《中消协支持上海消保委提起公益诉讼》，载 http://www.cca.org.cn/zxsd/detail/25689.html，最后访问日期：2022年6月23日。

④ 参见广东省消费者权益保护委员会：《广东首宗消费民事公益诉讼以其创新突破赢得各方高度肯定》，载 http://www.cca.org.cn/xxgz/detail/27408.html，最后访问日期：2022年6月23日。

⑤ 参见《中消协支持江苏省消保委对百度提起公益诉讼呼吁全社会共同保护消费者个人信息》，载 http://www.cca.org.cn/zxsd/detail/27837.html，最后访问日期：2022年6月25日。

⑥ 参见《中消协支持四川省消委会开展惩罚性赔偿消费公益诉讼探索》，载 http://www.cca.org.cn/zxsd/detail/29336.html，最后访问日期：2022年6月25日。

⑦ 参见《中消协支持重庆市消费者权益保护委员会提起个人信息保护公益诉讼》，载 http://www.cca.org.cn/zxsd/detail/30172.html，最后访问日期：2022年6月25日。

的视角看，实施支持起诉不应过于强调检察机关的作用，而应当致力于培育社会团体、企业事业单位等非公权主体的支持能力和支持动力，促使支持起诉主体朝“多元”发展。比如，专业的产品质量鉴定机构、律师事务所等单位作为支持起诉人，同样能够在公益诉讼中起到重要作用。从宏观层面而言，社会治理应当以社会自治和公民自治优先为总体理念，从而有效衡平国家干预与意思自治、公益维护与私权保护之间的关系，避免公权力对社会民事活动的不当干预，防止国家利益和社会公益对私人合法权益的不当牺牲。具体来说，在支持起诉的制度建设中，应当由实体法所规定的各类社会团体和自治组织作为第一顺位的支持起诉人，以扭转目前由检察机关扮演“主力”的失衡局面，从而逐步培育社会的自治能力并促进民事检察资源的优化配置。①

2. 支持方式

（1）检察机关的支持方式

《民事诉讼法》第 15 条、第 58 条对支持起诉的方式没有作出规定。从理论上讲，支持方式可以分为三种类型：一是物质支持。如为权利人支付诉讼费用、鉴定费用、调查取证费用、律师费用等。二是精神支持。如通过对权利人的起诉行为表态支持、向法院提交支持起诉意见等方式激励权利人勇敢维权。三是专业支持。如提供法律咨询、提供案件线索、指导撰写法律文书、指导和协助调查取证、制发支持起诉意见书等。

从支持起诉的阶段分析，上述支持方式相当一部分适用于诉前阶段。诉前支持是实践中检察机关开展民事支持起诉工作的重点。在民事诉讼的准备阶段，对诉讼能力欠缺的一方当事人提供法律咨询、证据收集、申请法律援助、撰写法律文书、诉讼费用减免等必要的支持和帮助，以平衡当事人双方的诉讼能力。② 根据《人民检察院公益诉讼办案规则》第 101 条的规定，检察机关的支持方式包括提供

① 参见韩静茹：《社会治理型民事检察制度初探——实践、规范、理论的交错视角》，载《当代法学》2014 年第 5 期。

② 参见刘霞：《新时代司法检察理念下的民事支持起诉制度定位》，载《检察日报》2021 年 2 月 3 日，第 7 版。

法律咨询、向人民法院提交支持起诉意见书、协助调查取证、出席法庭等。[①] 从司法实践运行样态分析，检察机关对支持方式的理解和运用比较多元化，提供法律咨询、移交证据、制发支持起诉书、派员出庭等四种方式运用较为普遍。

由于法律层面对支持起诉的规定过于原则，没有具体的操作规范，各地检察机关在办理支持起诉案件时对案件的支持方式和介入程度各不相同。一些地方的消协组织与检察机关联合开展了形式多样的支持起诉机制探索，其中就包括对支持方式进行细化。

2017 年 2 月，广东省消委会与广东省人民检察院联合印发《关于加强消费民事公益诉讼协作的意见》，建立了全国第一个消费民事公益诉讼协作机制，规定广东省人民检察院在案源、证据收集、鉴定、法律适用、起诉等方面给予广东省消委会支持。[②]

2018 年 11 月，安徽省消保委与安徽省人民检察院联合印发了《关于加强消费民事公益诉讼协作的意见》。[③]

2020 年 6 月，浙江省消保委与浙江省人民检察院联合出台《关于加强消费民事公益诉讼协作的意见》，规定建立支持起诉制度，浙江省消保委认为需要检察机关支持起诉的案件，可将案件材料移送省检察院；省检察院在收到材料后，交由有管辖权的检察院及时审查并作出是否支持起诉的决定。同时，在办理消费民事公益诉讼案件过程中，在证据收集、鉴定委托、法律适用、提起诉讼等方面相互提供协助。[④]

2020 年 8 月，青海省消费者协会与青海省人民检察院联合印发《关于加强协作配合切实做好消费民事公益诉讼工作的意见》，规定要协同强化案件线索共享，

---

① 《人民检察院公益诉讼办案规则》第 101 条规定："人民检察院可以采取提供法律咨询、向人民法院提交支持起诉意见书、协助调查取证、出席法庭等方式支持起诉。"根据上述规定，支持起诉的方式包括提供案件线索、法律咨询、协助调查取证、司法鉴定、法律适用、提交支持起诉意见书、派员出庭发表支持起诉意见等。

② 参见《省消委会与省检察院建立全国第一个消费民事公益诉讼协作机制》，载 https://www.sohu.com/a/125723958_543933，最后访问日期：2022 年 6 月 25 日。

③ 参见《安徽省消保委积极推进消费民事公益诉讼》，载 https://baijiahao.baidu.com/s?id=1651529697620392305&wfr=spider&for=pc，最后访问日期：2022 年 6 月 25 日。

④ 参见《浙江省消保委积极推进消费民事公益诉讼》，载中国质量网，http://www.chinatt315.org.cn/tfzx/2020-7/13/212727.html，最后访问日期：2022 年 6 月 25 日。

检察机关在履职过程中发现消费领域存在的侵害不特定多数消费者合法权益的情况,应主动与消协组织沟通;检察机关在作出支持消协组织提起民事公益诉讼的决定后,消协组织在调查取证中遇到困难阻力,需要检察机关协助调查取证和提供证据的,检察机关通过各种方式给予支持;双方共享公益诉讼检察工作专家咨询论证委员会、消费民事公益诉讼专家库中的专家资源。

2020 年 11 月,青海省人民检察院在青海省消协设立消费民事公益诉讼检察室,这是我国首个消费民事公益诉讼检察室。[①] 检察室负责检察机关和消协组织在消费民事公益诉讼方面的沟通联系及日常工作,组织、协调、指导检察机关支持起诉的消费民事公益诉讼有关工作,配合省消协做好组织收集、筛选、研究、分析涉及检察机关支持起诉的消费民事公益诉讼的调查取证工作。[②]

2021 年 5 月,陕西省消费者权益保护委员会与陕西省人民检察院联合印发《关于在公益诉讼中加强协作维护消费者合法权益的意见》,规定陕西省消费者权益保护委员会办理的公益诉讼案件调查、取证困难,需要检察机关协助的,检察机关可给予必要的协助;需要检察机关支持起诉的,可书面函告并将案件材料移送陕西省人民检察院或有管辖权的检察机关。陕西省人民检察院将案件交由有管辖权的检察机关依法审查,有管辖权的检察机关收到案件材料后应在 15 日内作出是否支持起诉的决定,并书面回复省消费者权益保护委员会。

地方层面的探索普遍明确了检察机关在案件线索、调查取证、法律适用等方面给予消协组织支持。

(2)其他支持起诉人的支持方式

检察机关以外的其他支持起诉人以何种方式支持消协组织提起公益诉讼,《民事诉讼法》《消费民事公益诉讼司法解释》没有规定。

在行政机关的支持措施方面,一些地方立法明确了行政机关的支持义务。河北、上海、江苏、安徽、广西、山东、湖南、辽宁等地的地方立法规定(见表 7-1),省级消协组织提起消费民事公益诉讼收集证据有困难,需要有关行政部门协助的,

① 参见《中国首个消费民事公益诉讼检察室在青海成立》,载中国新闻网,https://baijiahao.baidu.com/s?id=1683166209039483532&wfr=spider&for=pc,最后访问日期:2022 年 6 月 25 日。

② 参见李维、王丽坤:《青海:消费民事公益诉讼检察室挂牌》,载 https://www.spp.gov.cn/spp/dfjcdt/202011/t20201116_484915.shtml,最后访问日期:2022 年 6 月 25 日。

有关行政部门在证据收集方面予以支持。上述地方立法主要明确两点内容：一是行政机关的支持义务；二是支持方式以协助收集证据为主。因此，行政机关的支持方式较为单一，且时间点集中在诉前阶段。尽管地方立法为行政机关支持起诉提供了依据，不过，目前未检索到行政机关作为消协组织支持起诉人的司法实践案例。

表 7－1　地方立法中有关行政机关支持起诉的规定

地方立法名称	规定内容	支持方式
《上海市消费者权益保护条例》	第 57 条第 2 款规定："市消保委为前款规定的公益诉讼收集证据确有困难的，可以提请人民检察院、有关行政管理部门协助。"	协助收集证据
《江苏省消费者权益保护条例》	第 53 条第 1 款规定："对侵害众多消费者合法权益的行为，省消费者权益保护委员会可以依法向人民法院提起公益诉讼。省消费者权益保护委员会为提起公益诉讼收集证据，需要有关行政部门协助的，有关行政部门应当支持。"	协助收集证据
《山东省消费者权益保护条例》	第 68 条第 2 款规定："省消费者协会为提起消费民事公益诉讼收集证据材料的，有关部门和单位应当予以协助和支持。"	协助收集证据
《安徽省消费者权益保护条例》	第 51 条第 3 款规定："省消费者权益保护委员会为提起诉讼收集证据，需要有关行政部门协助的，有关行政部门应当支持"。	协助收集证据
《湖南省消费者权益保护条例》	第 54 条第 2 款规定："省消费者权益保护委员会为前款规定的诉讼收集证据确有困难的，可以提请有关行政管理部门协助。"	协助收集证据
《河北省消费者权益保护条例》	第 52 条第 1 款规定："……省消费者权益保护委员会为提起公益诉讼收集证据，需要有关行政部门协助的，有关行政部门应当支持。"	协助收集证据

续表

地方立法名称	规定内容	支持方式
《广西壮族自治区消费者权益保护条例》	第57条规定:“对侵害众多消费者合法权益的行为,自治区消费者权益保护委员会可以向人民法院提起诉讼。自治区消费者权益保护委员会为前款规定的诉讼收集证据确有困难的,可以要求有关行政部门协助。”	协助收集证据
《河北省消费者权益保护条例》	第52条规定:“对侵害众多消费者合法权益的行为,省消费者权益保护委员会可以依法向人民法院提起公益诉讼。省消费者权益保护委员会为提起公益诉讼收集证据,需要有关行政部门协助的,有关行政部门应当支持。”	协助收集证据
《辽宁省消费者权益保护条例》	第42条规定:“市、县消费者协会发现本行政区域有经营者侵害众多消费者权益的行为时,可以及时向省消费者协会报告,省消费者协会可以根据情况向人民法院提起诉讼。省消费者协会对诉讼收集证据确有困难的,可以提请有关行政管理部门协助。”	协助收集证据

资料来源:笔者收集整理。

现行制度层面对社会团体、企业事业单位等支持起诉人的支持方式未作出规定,也未检索到这些类型的单位作为支持起诉人的司法实践案例。在消协组织系统内部曾开展过一些上下联动的支持起诉探索。如中国消费者协会对省级消协组织起诉的支持,主要是通过公开表态的方式提供精神支持。省级以下不具备公益诉讼资格的消协组织通过提供公益诉讼线索、协助调查取证、作为省级消协组织的代理人等方式支持省级以上消协组织提起公益诉讼。如19号案中,淮南市消费者权益保护委员会作为安徽省消费者保护委员会的代理人参与到消费公益诉讼中,该案是全国首例由市级消协组织代理省级消协组织的消费民事公益诉讼案件。30号案的案件线索由福州市消费者权益保护委员会提供,并在公益诉讼过程中为省级消协组织提供了协助。

3. 支持起诉的启动模式

《民事诉讼法》第15条、第58条以及《人民检察院公益诉讼办案规则》第100

条、第101条之规定并非强行性规范,支持起诉人“可以”支持起诉而不是“应当”支持起诉,即从文本解读,立法允许支持起诉人依据自己的意愿来酌定是否启动支持起诉。那么,支持起诉是依申请启动还是由支持起诉人主动启动呢?《民事诉讼法》《人民检察院公益诉讼办案规则》等没有规定。

鉴于检察机关是《民事诉讼法》第58条第2款唯一规定的民事公益诉讼的支持起诉人,又鉴于司法实践案例的支持起诉人全部是检察机关,笔者以检察机关为视角观察启动模式。29件司法实践案例中,除1件案件没有检索到相关信息外,28件案件的检察机关都依据消协组织的申请作出支持起诉的决定。[①] 至于检察机关能否依职权作出支持起诉的决定,制度层面没有明文规定,理论上存在较大争议。反对检察机关依职权支持起诉的主要理由是,检察机关依职权支持起诉将导致不当干预当事人处分权。“检察机关并不能依据自己的判断而主动启动支持起诉程序,必须将被支持起诉主体对支持起诉这一需求的申请作为前置程序。”[②]社会组织享有申请与不申请支持起诉的决定权,而检察机关应当保持必要的谦抑与尊让,不得主动支持起诉。[③] 支持起诉不能由检察机关依职权加以进行,依职权启动支持起诉不可避免将导致选择性司法,干预当事人处分权行使,并将导致支持起诉变异为督促起诉,支持起诉也就失去了存在价值。[④]

(四)消费民事公益诉讼中支持起诉存在的问题

1.制度建设滞后

当前,消费民事公益诉讼中的支持起诉仍处于实践摸索和理论探讨阶段,立法供给成为制约其发展的制度短板。以检察机关支持起诉为例,《民事诉讼法》第15条规定的支持起诉对象是“受损害的单位或者个人”,第58条第2款除对检察

---

① 例如,“安徽省消保委诉董某明等人侵权责任纠纷案”就是安徽省消费者权益保护委员会收到滁州市人民检察院的检察建议后起诉的案件,并提请安徽省滁州市人民检察院作为支持起诉单位。2019年12月11日,安徽省滁州市人民检察院回复安徽省消费者权益保护委员会,同意给予支持起诉。参见安徽省天长市人民法院(2020)皖1181民初2810号民事判决书。

② 唐绍均、王嘉琪:《环境民事公益诉讼中支持起诉制度的异化与匡正》,载《深圳大学学报(人文社会科学版)》2020年第3期。

③ 参见秦天宝:《论环境民事公益诉讼中的支持起诉》,载《行政法学研究》2020年第6期。

④ 参见李德恩:《接近司法视阈下检察机关支持起诉的体制建构》,载《法治研究》2016年第1期。

机关在民事公益诉讼中的支持起诉作出授权外，对支持起诉的原则、案件范围、支持方式等基本问题都未作出具体规定。《消费民事公益诉讼司法解释》对支持起诉只字未提。总体上看，检察机关在消费民事公益诉讼中实施支持起诉的规范生成路径主要有以下三个。

一是最高人民检察院或单独或联合出台的司法文件。如《人民检察院提起公益诉讼试点工作实施办法》（已失效），《人民检察院公益诉讼办案规则》，最高人民法院、最高人民检察院《关于检察公益诉讼案件适用法律若干问题的解释》等。2020 年 7 月 28 日，最高人民检察院与国务院食品安全办、司法部、国家市场监督管理总局等 11 家单位联合发布《关于在检察公益诉讼中加强协作配合依法保障食品药品安全的意见》，规定消协组织在取证难度大、诉讼能力不足等情况下，可以申请检察机关支持起诉。检察机关可以采取提供法律咨询、协助调查取证、提交支持起诉意见书、出席法庭等方式予以支持。[①]

二是地方立法机关集中在 2019 年至 2020 年制定的强化公益诉讼的地方法规。这些地方法规对支持起诉有所涉及，如江苏省人民代表大会常务委员会《关于加强检察公益诉讼工作的决定》、海南省人民代表大会常务委员会《关于加强检察公益诉讼工作的决定》、上海市人民代表大会常务委员会《关于加强检察公益诉讼工作的决定》等。

三是消协组织或单独或联合制定的工作文件。前者如中国消费者协会制定的《消费者协会消费民事公益诉讼工作导则（试行）》。[②] 后者如广东省消费者委员会与广东省人民检察院联合制定的《关于加强消费民事公益诉讼协作的意见》、安徽省消费者权益保护委员会与安徽省人民检察院联合制定的《关于加强消费民事公益诉讼协作的意见》、浙江省消费者权益保护委员会与浙江省人民检察院联合制定的《关于加强消费民事公益诉讼协作的意见》、湖北省消费者委员会与湖北

---

① 参见最高人民检察院、中央网信办、国务院食品安全办等《关于印发〈关于在检察公益诉讼中加强协作配合依法保障食品药品安全的意见〉的通知》，载北大法宝，https://www.pkulaw.com/chl/2a92826bd2ed6366bdfb.html，最后访问日期：2022 年 6 月 2 日。

② 《消费者协会消费民事公益诉讼工作导则（试行）》第 26 条规定："依据检察建议拟提起消费民事公益诉讼的消费者协会，可以商请检察机关作为支持起诉人，帮助调查和提供证据，并通过各种方式对诉讼活动给予支持。消费者协会发现侵害众多消费者权益行为涉嫌犯罪行为的，可以移送犯罪线索。提起消费民事公益诉讼的，可以商请检察机关支持。"

省人民检察院联合制定的《关于共同推进消费者权益保护民事公益诉讼工作的框架协议》等。

我国立法对检察机关支持消费民事公益诉讼仅进行框架式的简略规定，而上述三个路径生成的规范内容零散、不系统且可操作性差，导致检察机关在消费民事公益诉讼中的支持起诉的制度框架并不坚实，呈现"碎片化"，很难满足司法实践对规则供给的客观需求。

2. 支持起诉人从制度上的"多元"演变成实践中的"一元"

根据《民事诉讼法》第15条规定，支持起诉人包括"机关、社会团体、企业事业单位"三种类型。但观察29件有支持起诉人的司法实践案例，支持起诉人全部是检察机关。虽然中国消费者协会曾对部分省级消协组织的公益诉讼表态过支持，但并未被法院列为支持起诉人，这至少说明中国消费者协会的"支持"不构成法律意义上的支持起诉，充其量是"围观加油"。

3. 支持起诉人的法律地位模糊

《民事诉讼法》未对支持起诉人的诉讼地位和权利义务作出规定。以检察机关为例，《民事诉讼法》第58条第2款明确了检察机关在民事公益诉讼中支持起诉的合法性，但规定简陋粗疏，没有配套实施制度。支持起诉是检察机关的权力还是职责，没有明确规定。追问这个问题，实质是要探究检察机关作为支持起诉人在民事公益诉讼活动中具有怎样的法律地位。《民事诉讼法》第5章规定的诉讼参加人包括当事人和诉讼代理人。当事人包括原告、被告、第三人，诉讼代理人包括法定代理人和委托代理人。对照《民事诉讼法》的规定，支持起诉人既不是当事人，也不是诉讼代理人，无法纳入诉讼参加人范畴。检察机关作为支持起诉人无法取得法定的地位而在实践中面临无法可依的尴尬境地，导致角色定位不清，职责权限不明。一个体系化的支持起诉制度仅仅用一个条文予以支撑，势必制约制度功能的发挥。在立法模糊的情况下，检察机关在不同案件中呈现不同的形象，法律地位呈现出探索性、阶段性特征。

从司法裁判文书的格式和内容观察，可窥见检察机关法律地位模糊不清的端倪。司法实践案例的裁判文书对检察机关的称谓比较一致，一般表述为"支持起诉人”,但也有少数裁判文书表述为“支持起诉机关”①。裁判文书对检察机关的基本情况及支持起诉意见的记载,从格式到内容都比较混乱。有的裁判文书在首部被告之后记载支持起诉的检察机关和出庭检察人员,同时在当事人诉辩意见部分原告意见之后被告意见之前②或被告意见之后③概述检察机关支持起诉意见。有的裁判文书则将支持起诉的检察机关记载在首部原告之后被告之前。④ 有的裁判文书在首部不记载支持起诉人,仅在正文部分记载支持起诉的检察机关、出庭检察人员,并在当事人诉辩意见部分原告意见之后被告意见之前概述检察机关支持起诉意见。⑤ 还有的裁判文书完全不体现支持起诉人、支持起诉意见及其派员出庭情况。⑥ 关于支持起诉意见的采信情况,司法实践案例的裁判文书都只字未提。

从司法实践案例中至少可以得出以下两个结论:第一,司法机关对支持起诉人的诉讼地位未达成共识。部分法院将支持起诉人与诉讼参加人一起在判决书的首部列明,表明有的法院认可支持起诉人是一种特殊的诉讼参加人。但有的法院对支持起诉人的法律地位认识模糊,“无处安放”支持起诉人,因而采取忽略策略干脆不提及,或者绕开法律地位定性问题仅在正文中简单提及。值得注意的是,从裁判文书的制作时间看,同一时期的不同法院之间、同一时期的同一法院内

---

① 例如,7 号案、11 号案的一审判决书。参见广东省深圳市中级人民法院(2017)粤 03 民初 547 号民事判决书、广东省广州市中级人民法院(2017)粤 01 民初 387 号民事判决书。

② 例如,21 号案、24 号案的一审判决书。参见安徽省天长市人民法院(2020)皖 1181 民初 2669 号民事判决书、安徽省天长市人民法院(2020)皖 1181 民初 2811 号民事判决书。

③ 例如,7 号案、10 ~ 11 号案、17 ~ 19 号案、22 ~ 23 号案的一审判决书。参见广东省广州市中级人民法院(2017)粤 01 民初 386 号民事判决书、广东省广州市中级人民法院(2017)粤 01 民初 387 号民事判决书、广东省深圳市中级人民法院(2017)粤 03 民初 547 号民事判决书、安徽省天长市人民法院(2020)皖 1181 民初 2666 号民事判决书、安徽省天长市人民法院(2020)皖 1181 民初 2668 号民事判决书、安徽省天长市人民法院(2020)皖 1181 民初 2810 号民事判决书、安徽省天长市人民法院(2020)皖 1181 民初 2809 号民事判决书、安徽省天长市人民法院(2020)皖 1181 民初 2667 号民事判决书。

④ 例如,7 号案的一审判决书。参见广东省深圳市中级人民法院(2017)粤 03 民初 547 号民事判决书。

⑤ 例如,15 号案的一审判决书。参见四川省成都市中级人民法院(2019)川 01 民初 5508 号民事判决书。

⑥ 例如,5 号案的一审判决书。参见吉林省长春市人民法院(2016)吉 01 民初 819 号民事判决书。

部也存在不同认识。① 第二,司法机关对支持起诉人与诉讼当事人的关系未达成共识,所以就出现了支持起诉人及其支持起诉意见记载在当事人诉辩意见部分中的原告意见之后、被告意见之前,还是被告意见之后的区分,甚至有的法院在同一份判决书中出现逻辑矛盾。如22号案的一审判决书将支持起诉人记载在首部被告之后位置,但支持起诉意见却记载在被告辩称之前位置。②

司法实践的无序与混乱源于立法缺失。为规范和统一公益诉讼文书制作,最高人民法院于2020年3月印发了《公益诉讼文书样式(试行)》,明确在一审消费民事公益诉讼判决书的首部中表述支持起诉人出庭人员或委托代理人的身份和姓名,在当事人诉辩意见部分原告诉称之后概述支持起诉意见,支持起诉人提交的证据作为原告的证据予以质证、认证,并在法院认定的事实部分中予以表述。《公益诉讼文书样式(试行)》说明最高人民法院倾向于将支持起诉人纳入诉讼参加人范畴。不过,由于缺乏法律层面的依据,支持起诉人的法律地位及其权利义务依然处于无法可依的境地。

4. 检察机关的角色从"支持者"演化成"主导者"

支持起诉构建了"消协 + 检察"的消费维权公私合作模式,检察机关作为支持起诉人应处于辅助角色。但实践中,消协组织的能力缺失催生了检察机关强势介入,事实上检察机关异化为主导者。29件实践案例呈现高度同质的趋向,全部是经诉前检察建议督促后办理的案件,消协组织原告"形式化"。

经督促起诉并不必然体现检察机关的主导作用和消协组织原告的"形式化",还应当从案件类型和检察机关的介入程度观察。损害公益侵权往往与损害公益犯罪相伴随,消协组织偏好借力刑事检察的做法,塑造了检察主导路径。29件案件中,有28件案件的公益诉讼线索来自检察机关,这些案件的被告都是刑事案件的被告人。消协组织起诉时有26件案件的刑事部分已经判决并生效,2件案件的刑事部分正在审理中。消协组织借力刑事检察,轻易就获取了公益诉讼所需要的

---

① 例如,10号案、11号案的一审判决书由同一法院、同一合议庭于同一天制作,7号案的一审判决书对检察机关的表述是"支持起诉人",8号案的一审判决书则表述为"支持起诉机关"。参见广东省广州市中级人民法院(2017)粤01民初386号民事判决书、广东省广州市中级人民法院(2017)粤01民初387号民事判决书。

② 参见安徽省天长市人民法院(2020)皖1181民初2669号民事判决书。

侵权事实证据，起诉时大量使用刑事案件的判决书以及被刑事判决书采信的讯问笔录、鉴别报告、检测报告等作为公益诉讼的证据。① 这样可以降低消协组织调查取证的难度和诉讼成本，但也加剧了消协组织的路径依赖。而介入程度也取决于检察机关的自由裁量，包括是否支持起诉、以什么方式支持、支持到什么程度等。实践案例中，检察机关对内融合“四大检察”职能，对外加强与法院、行政机关的沟通协调，内外联动对消协组织进行全方位的支持。

显然，消协组织从案件线索、证据等不同维度体现出对检察机关作用的期待和倚重。换句话说，在消费民事公益诉讼的司法场域中，消协组织悄然退让导致检察机关高调入场，从而使得程序运行表现出某种程度的检察主导。“一退一进”之间，支持起诉从协同机制异化成检察机关主导的单中心模式，消协组织作为原告的形式意义大于实质，搭检察机关“便车”的特征非常突出。有的案件中支持起诉的检察机关原本打算以原告身份发起诉讼，因消协组织主张第一顺位诉权，检察机关方才切换为支持起诉人。② 一定程度而言，检察机关对原告资格的让渡，源于遵从第二顺位诉权的“合法性”需要。换言之，检察主导模式模糊了诉讼当事人和支持起诉人的角色边界。

（五）完善消费民事公益诉讼中支持起诉的建议

1. 明确支持起诉的基本原则

《民事诉讼法》《消费民事公益诉讼司法解释》对消费民事公益诉讼中的支起诉未作出规定。从前文论述不难发现，消费民事公益诉讼中的支持起诉产生了应然和实然的偏离，亟须通过立法用必要性原则、公共利益原则匡正支持起诉的基本方向。

（1）必要性原则

因立法缺失，检察机关在司法实践案例中出现支持过度与支持不足两种倾向。因此，必要性原则应当成为支持起诉的基本原则。所谓必要性原则，是指支持起诉应当以平衡两造之间的诉讼实力不均衡为衡量标准。

---

① 例如，10号案一审判决书记载的原告提交的核心证据即是刑事部分的证据。参见广东省广州市中级人民法院（2017）粤01民初386号民事判决书。

② 例如，31号案、35号案都存在这样的情形。

必要性原则包括以下两方面内容：一是支持起诉人应当有限介入。支持起诉的目的是消除消协组织行使诉权的主观和客观障碍，介入程度不能冲击“等腰三角形”的民事程序构造。[①] 这就要求支持起诉人秉持谦抑克制，保持最低限度的参与。如果消协组织能够胜任公益诉讼之责，或者通过法律援助等其他方式已经消除了诉讼障碍，就无须启动支持起诉，以免造成新的诉权失衡。29 件司法实践案例的消协组织在能力、资源上各不相同，案件的复杂程度也不同，但检察机关的支持方式、支持程度却趋于相同，明显偏离了必要性原则。二是支持程度与需要干预的程度相适应。必要性原则为支持起诉人介入公益诉讼指明了宏观方向，但由于不同案件的案情差异大，支持起诉人应给予消协组织何种程度的支持，自由裁量空间大，可能导致“选择性支持”。因而《消费民事公益诉讼司法解释》应以消协组织诉权实现为目标，设计梯次支持制度，分级分类实施支持起诉，并提供相关考量因素。案情复杂程度、公益受损程度、消协组织的诉讼障碍应当作为主要考量因素。

(2)公共利益原则

用目的解释的方法来看，检察机关、社会团体、企业事业单位担负着维护社会公共利益的共同使命，支持起诉当然应以实现公共利益为价值追求。所谓公共利益原则，是指支持起诉应当以公共利益为出发点和衡量标准。一方面，设计具体制度时要将公共利益纳入考量因素。消费领域的公共利益不但包含消费者整体福利，还包含市场秩序、产业安全、民生保障、社会稳定等多方面的内涵。未来立法应当明确公共利益的判断标准，建立公共利益损害评估制度。另一方面，公共利益也为检察机关依职权启动支持起诉提供理论支撑。处分原则是民事诉讼的基本原则，因此私益诉讼中的支持起诉应遵循私权自治，以当事人申请作为支持起诉的动因。

有观点认为，公益诉讼中的支持起诉也应当尊重当事人处分权，以原告申请作为支持起诉的动因。“检察机关并不能依据自身判断而主动启动支持起诉程

---

① 参见肖建国、丁金钰：《检察机关支持起诉的制度功能与程序构造——以最高人民检察院第三十一批指导性案例为中心》，载《人民检察》2022 年第 1 期。

序，必须将被支持起诉主体对支持起诉这一需求的申请作为前置程序。”[①]公益诉讼具有强烈的职权主义色彩，当事人的意思自治应当受到一定限制。比如，现行制度对当事人之间和解、调解和原告的自认、撤诉等权利处分都作出了一定限制。法律赋予了检察机关支持起诉人地位，也就赋予了检察机关主动接近诉讼当事人的权利义务。因此，立法可设置检察机关支持起诉的职权主义启动模式，对公共利益影响重大、社会关注度高、案情重大复杂的案件可由检察机关依职权启动支持起诉。至于一些学者所担忧的检察机关依职权支持起诉有异化为督促起诉的危险以及选择性司法的问题，[②]完全可以通过制度予以预防和匡正。

2. 完善其他支持起诉人支持起诉的法律依据

社会组织、企业事业单位对消费民事公益诉讼的支持起诉缺乏直接的法律依据。建议在《民事诉讼法》第 58 条增加一款作为第 3 款，规定：“第一款规定的单位提起公益诉讼的，社会组织、企业事业单位可以依据民事诉讼法第 15 条的规定支持有关单位依法提起消费民事公益诉讼。”

3. 完善消费民事公益诉讼中支持起诉程序规则的建议

程序规则的不完善导致支持起诉实践运行的偏差和不统一。因此，需要从支持起诉的应然功能定向出发，从支持起诉人的角色定位、支持起诉的适用阶段、支持起诉的启动模式、支持起诉的方式等四个方面完善支持起诉的程序规则。

(1)明确支持起诉人的角色定位

我国的民事诉讼结构中存在三种基本的诉讼职能：原告方的控告职能、被告方的抗辩职能、法院的居中裁判职能。支持起诉受到民事诉讼结构的制约，不能动摇诉讼结构的平衡。从权利构成看，民事诉讼结构的权利构成包括诉权和审判权，支持起诉的目的是消除原告行使诉权的障碍。因此，支持起诉的切入点只能是诉权，其在公益诉讼中的功能定位是辅助原告，而不是法律监督。[③] 为此，建议立法明确规定支持起诉人为独立于当事人和诉讼代理人的新型诉讼参加人，角色定位是辅助原告行使诉权。在《民事诉讼法》“第一编总则”的“第五章　诉讼参

---

① 唐绍均、王嘉琪：《环境民事公益诉讼中支持起诉制度的异化与匡正》，载《深圳大学学报（人文社会科学版）》2020 年第 3 期。

② 参见李德恩：《接近司法视阈下检察机关支持起诉的体制建构》，载《法治研究》2016 年第 1 期。

③ 有观点认为，检察机关在支持起诉中的身份兼具支持起诉人和法律监督者。

加人”中增加“第三节　支持起诉人”,对其权利义务作出具体规定,并在“第二编　审判程序”中补充支持起诉人参与庭审的规定。《消费民事公益诉讼司法解释》对消费民事公益诉讼中适用支持起诉作进一步细化。综上,消费民事公益诉讼中的支持起诉人的角色定位是消协组织的辅助者。

(2)明确支持起诉的适用阶段

首先,支持起诉适用于诉前和诉中。支持起诉可适用于消协组织提起公益诉讼前和诉讼过程中。29 件司法实践案例的检察机关提供了案件线索、调查取证、法律指导等诉前支持以及派员出庭等诉中支持。基于公益诉讼的预防功能,可重点探索诉前支持机制。借鉴江苏地方立法经验,增设消费民事公益诉讼诉前和解机制,将诉权和解工作列入支持起诉的范围。

其次,支持起诉适用于一审、二审和再审程序。有观点认为,从《民事诉讼法》第 15 条的文义解读,支持起诉仅限于一审支持。一审裁判后消协组织提起上诉的,支持起诉人能否继续在二审甚至再审程序中支持,无论是在理论层面还是实践层面都存在疑问。因为支持起诉的制度功能主要在于帮助那些民事权益受到侵害,想提起诉讼但又由于某些困难未能提起诉讼的人。[①] 笔者认为,暂且不论第 15 条之规定能否作为支持公益诉讼的法律依据,仅从文本解读也不能简单机械将“支持起诉”仅仅理解为对“起诉”的支持。支持起诉的本质是帮助当事人消除诉讼障碍,消协组织在一审中存在的困难,在二审、再审中也可能同样存在。因此,支持起诉人在二审、再审程序中的支持构成支持起诉的应有之义。

最后,支持起诉不适用执行阶段。支持起诉重在激励和帮助消协组织突破诉讼障碍,当消协组织顺利提起诉讼并完成诉讼程序后支持起诉的任务即完成,不应延伸到执行阶段。执行生效的裁判文书是法院的法定职责,支持起诉人对消协组织申请强制执行等工作不再予以协助和支持。不过,如果执行过程中存在侵害社会公共利益的行为,检察机关可以切换成法律监督者的身份,行使法律监督职能,其他支持起诉人也可以对执行情况进行社会监督。

(3)明确支持起诉的启动模式

首先,根据支持起诉人的类型分类设置启动模式。支持起诉的启动模式实行

---

① 参见李浩主编:《民事诉讼法学》,高等教育出版社 2014 年版,第 41 页。

当事人主义还是职权主义,《民事诉讼法》《人民检察院公益诉讼办案规则》都没有规定。29 件司法实践案例中,除 1 件案件没有检索到相关信息外,28 件案件的检察机关都依据消协组织的申请作出支持起诉的决定。① 笔者认为,在私益诉讼中支持起诉应实行依申请原则,而在公益诉讼中,启动模式应当根据支持起诉人的类型而有所区别。社会团体、企业事业单位的支持起诉应实行依申请原则,检察机关的支持起诉则兼采依申请原则和依职权原则。

其次,检察机关的支持起诉根据案件类型分类启动。鉴于支持起诉的必要性原则、公共利益原则和检察资源的有限性,应当建立检察支持起诉的分类启动规则,设置依申请启动模式和依职权启动模式。根据消费侵权的时间和地域、公共利益损害程度、案情复杂程度、被告实力情况、消协组织实力情况、案件示范意义等因素,将侵害消费领域公共利益的案件区分为一般案件和重大案件,以此为依据建立检察机关分类支持起诉规则。①一般案件实行依申请启动模式。这类案件的共同特征是,消协组织利用自身的资源或者通过法律援助等方式能够满足公共利益保护之需。这类案件的支持起诉以消协组织的申请为启动前提,消协组织有申请、不申请的权利,检察机关也有支持、不支持的权利。②重大案件实行依申请启动和依职权启动双轨制。这类案件的共同特征是,消协组织利用自身的资源或者通过其他渠道能够获取的资源难以满足公共利益保护之需。对于这类案件,支持起诉是检察机关的法定职责。消协组织提出支持起诉申请的,检察机关应当予以支持。消协组织没有申请的,检察机关可主动向消协组织提出支持起诉的建议。在检察机关的诉前公告中,可以同时公告支持起诉的决定。将来条件成熟时,可引入第三方评估、听证等制度来完善分类支持机制。

检察机关依职权启动支持起诉有其必要性。在公益诉讼中,消协组织不具有实体权利,其诉讼职能是法律直接赋予的,而非实体权利派生的。因此,消协组织缺乏与诉讼标的直接利害关系,必然会对维护公共利益的勤勉造成消极影响。再加上消协组织虽然被法律赋予公益诉权,但其独立性差、内部治理机构不健全等

---

① 例如,17 号案就是安徽省消费者权益保护委员会收到滁州市人民检察院的检察建议后起诉的案件,并提请安徽省滁州市人民检察院作为支持起诉单位。2019 年 12 月 11 日,安徽省滁州市人民检察院回复安徽省消费者权益保护委员会,同意给予支持起诉。参见安徽省天长市人民法院(2020)皖 1181 民初 2810 号民事判决书。

自身的现实困境制约着消协组织的诉讼能力，可能导致消协组织主观上的不愿诉讼、不敢诉讼和客观上的无力诉讼。这样的背景下，检察机关依职权启动支持起诉具有现实必要性。公益诉讼的目的是维护社会公共利益，消协组织仅仅是程序当事人。消协组织向检察机关申请支持起诉的，检察机关可依据申请启动支持起诉。消协组织没有申请支持起诉的，检察机关依职权获取消协组织提起消费公益诉讼的案件信息后，经过评估认为支持起诉有利于维护社会公共利益的，则检察机关可依职权启动支持起诉。公益诉讼体现了公益保护的国家干预，当事人处分权受到严格限制。公益诉讼的诉讼模式更倾向于职权主义，而支持起诉是职权主义的伴生物，检察机关依职权支持起诉并无不妥。

(4)规定撤回支持起诉的情形

支持起诉人决定支持起诉后能否撤回支持起诉?《民事诉讼法》没有规定。《人民检察院公益诉讼办案规则》第 102 条规定，检察机关向法院提交支持起诉意见书后，发现有不适合支持起诉情形的，可以撤回支持起诉。检察机关可以撤回起诉的情形包括:原告无正当理由变更、撤回部分诉讼请求，致使社会公共利益不能得到有效保护的;原告撤回起诉或者与被告达成和解协议，致使社会公共利益不能得到有效保护的;原告请求被告承担的律师费以及为诉讼支出的其他费用过高，对社会公共利益保护产生明显不利影响的;其他不适合支持起诉的情形。参考上述规定，如果支持起诉人是社会组织、企业事业单位等非公主体，在消协组织的行为不能有效保护社会公共利益或者对社会公共利益保护产生明显不利影响的，也可以撤回支持。支持起诉人撤回支持起诉的，应当制作《撤回支持起诉决定书》并送达给管辖法院和消协组织。

综上所述，我国消费民事公益诉讼中的支持起诉缺乏完善的制度体系。建议今后立法重点完善以下几个方面的内容，以强化支持起诉在消费民事公益诉讼中的功效:一是细化支持起诉在消费民事公益诉讼中的适用条件、启动方式、支持方式和法律责任等;二是明确检察机关和其他机关、社会组织、企业事业单位等主体在支持起诉中的功能和顺位;三是厘清支持起诉人在消费民事公益诉讼中的法律地位和权利义务，重点厘清检察机关的支持起诉、督促起诉等相关制度相互间的关系和界限，形成相对独立但又有机衔接的制度体系。

五、法律援助制度

（一）我国法律援助的发展情况

1. 法律援助的特点

随着社会的发展，法律作为各种利益关系调节器的作用日益凸显，法律服务也因此成为实现和保障公民合法权益的基本需要之一。法律援助是国家出资提供的公共法律服务，也是许多国家在司法救济方面普遍采用的保障制度。英国是世界上最早实行法律援助的国家。目前，世界上大多数国家都建立了法律援助制度。

作为国家和政府提供的公共产品，法律援助有以下几个特点：一是无偿性。符合条件的申请人经审核后可免费享受法律援助服务，无须缴纳费用。二是运作成本由国家财政承担。三是适用对象是弱势群体。由于贫富差别的存在，一些公民因经济困难“请不起律师、打不起官司”。法律援助是当事人转移诉讼成本的方式之一，有利于当事人有效接近司法。法律援助作为国家财政提供的公共产品，具有稀缺性，不可能覆盖到每一个人，也不可能完全替代市场化的法律服务，因此资格限定就成为必然。其中，经济困难是很多国家确定法律援助对象的筛选标准之一。

2. 我国法律援助的立法情况

我国《宪法》没有规定国家保障当事人“接近司法”的义务，但第 33 条确立的“公民在法律面前一律平等”的宪法原则使得为公民提供法律援助成为一项国家责任。1994 年我国司法部正式提出探索建立和实施符合我国国情的法律援助制度。2001 年 3 月，第九届全国人民代表大会第四次会议通过的《国民经济和社会发展第十个五年计划纲要》明确指出，“建立法律援助体系”。这是我国首次将法律援助事业纳入社会发展的范畴。2001 年 8 月 22 日，西藏自治区法律援助中心的正式成立，此举完成了我国省级法律援助机构全覆盖，标志着中国法律援助事业发展进入了一个新的阶段，中国法律援助制度的雏形基本形成。① 2003 年 7

① 参见《中国法律援助制度的雏形基本形成》，载中华人民共和国国务院新闻办公室网，http://www.scio.gov.cn/xwfbh/xwbfbh/wqfbh/2001/0928/Document/327637/327637.htm，最后访问日期：2022 年 6 月 25 日。

月,国务院颁布《法律援助条例》。《法律援助条例》规定,法律援助是政府的责任,援助的案件范围限于特定的刑事、民事和行政案件,援助的对象限于经济有困难的公民。为了适应时代的发展需要,2021 年 8 月 20 日第十三届全国人大常务委员会第三十次会议审议通过了《法律援助法》,自 2022 年 1 月 1 日起施行。当前,我国已经建立了中央、省、市、县四级法律援助机构,从事法律援助的专职人员队伍也有相当规模。

(二)法律援助在消费民事公益诉讼中的适用困境

根据《法律援助条例》《法律援助法》的规定,我国法律援助的案件类型不包括公益诉讼案件,援助对象不包括单位。因此,根据现行制度,消协组织提起消费民事公益诉讼无法纳入法律援助的范围。17 号案中,针对原告提出的律师费用的诉讼请求,被告主张公益诉讼案件应当委托公益律师或者法律援助律师,不应当产生律师代理费用。① 《法律援助法》虽然拓宽了法律援助方式,扩大了法律援助范围,但仍然未将公益诉讼案件纳入法律援助范围。当前地方层面开始探索公益诉讼案件的法律援助机制,但囿于《法律援助条例》《法律援助法》的适用范围,大部分地方探索的立足点是对环境民事公益诉讼和消费民事公益诉讼的自然人被告进行援助,消协组织作为原告的法律援助需求未得到关注。

作为消费民事公益诉讼的原告,消协组织的诉讼障碍不一定是经济困难,也可能是专业知识和专业人才的匮乏。所以,消协组织不一定是经济上的"弱势群体"。根据《法律援助条例》《法律援助法》之规定,法律援助制度主要是为了帮助经济困难无力提起诉讼或者参与诉讼的当事人,且法律援助的案件范围不包括公益诉讼案件,援助对象不包括单位。因此,消协组织提起消费民事公益诉讼被排除在法律援助体系之外。

(三)完善消费民事公益诉讼法律援助的设想

《法治中国建设规划(2020 - 2025 年)》提出,深化法律援助制度改革,扩大法律援助覆盖面。我国有必要将消协组织提起消费民事公益诉讼纳入法律援助的

---

① 参见安徽省天长市人民法院(2020)皖 1181 民初 2810 号民事判决书。

范围。

在消费民事公益诉讼中,消协组织面对的被告一般是实力强大的经营者,消协组织无论在经济实力还是信息获取能力等方面,都处于劣势地位。比如,产品质量问题是一个非常专业的问题,产品是否有缺陷,缺陷的产生是源于生产过程还是流通过程,没有专业知识难以定论。此外,受编制、经费等客观条件的限制,消协组织普遍未配置公益诉讼专门人才。面对复杂的消费侵权,仅凭消协组织一己之力,难以确保公共利益得到切实维护。因此,要激活和提升消协组织提起公益诉讼的动力和能力,必须有公益诉讼专业人才的支撑。在消协组织内部人才缺乏的情况下,通过法律援助补强消协组织的维权能力是一条现实的可行路径。具体设想包括以下两个方面。

1. 建立公益诉讼法律援助制度

修订《法律援助法》,扩大法律援助的适用范围,将消协组织提起消费民事公益诉讼纳入法律援助体系。立法将法律援助分为私益诉讼法律援助和公益诉讼法律援助两种类型。地方层面已经开展了这方面的有益探索,开始关注消协组织的法律援助需求。如成都市将霸王条款等关系社会公平的公益诉讼纳入法律援助范围。[①] 江苏省将社会组织提起的生态环境资源、食品药品安全领域公益诉讼纳入法律援助范围。[②]

2. 组建公益诉讼法律援助队伍

律师作为专业人员在消费民事公益诉讼中发挥着重要作用。消协组织提起的42件司法实践案例基本都有委托律师参与诉讼。建议建立律师、法学专家参与公益诉讼援助的机制,组建公益诉讼法律援助专门机构和专门队伍。具体路径包括:组建省级公益诉讼法律援助机构;搭建律师、法学专家参与公益诉讼法律援助的服务平台;建立跨区域提供法律援助机制;建立多区域联合提供法律援助机制;扩大参与援助的专家范围,将行业专业人员和评估、鉴定领域的专业人员纳入援助体系中来,助力公益保护目的的实现。

---

① 参见《成都法律援助再升级　公益诉讼全部纳入援助范围》,载搜狐网,http://news.sohu.com/20070302/n248455878.shtml,最后访问日期:2022年6月26日。

② 参见《江苏将生态环境资源、食品药品安全公益诉讼纳入法援范围》,载https://new.qq.com/omn/20201021/20201021A0E4GZ00.html,最后访问日期:2022年6月25日。

六、原告奖励制度

(一)建立消费民事公益诉讼原告奖励制度的意义

古罗马时期就已经设置了对原告胜诉的奖励制度。“公诉又分市民法公诉和大法官法公诉。前者是由市民法所规定,被告所付的罚金归国库,但起诉者可得一定的奖金。后者为大法官等谕令所规定,被告所付的罚金,归起诉者所得。如果对同一案件有数人起诉,则由法官选择一人为原告。”①奖励的立法思想在我国出现较早,先秦法家思想中就有所体现。各朝代授官赐爵、赏赐金钱、赐姓、赐名、树碑立传等奖励方式都不同程度体现了奖励思想。近年来,一些法律注重运用奖励性规范来促进法律实施,《食品安全法》《药品管理法》《价格法》等法律中设有对举报经营者违法行为的奖励措施。② 消费民事公益诉讼原告奖励制度,是指国家和社会对提起消费民事公益诉讼并实现诉讼目的的消协组织给予物质或者精神赞许和鼓励的制度。当前,公益维护的社会力量动力不足、公益保护意识尚处于需要培育的初创时期,为鼓励消协组织维护消费领域公共利益,建立奖励制度很有必要。

第一,有利于提高消协组织维护公共利益的积极性。受消费民事公益诉讼案情复杂、诉讼成本高等因素影响,消协组织提起公益诉讼的意愿不高。通过奖励机制对其进行激励,促使其将起诉意愿转化为起诉行为。国外比较一致的经验做法是从败诉方的赔偿款或者罚金中分出一部分给予胜诉的原告。我国可借鉴美国《反欺诈政府法》设立的告发人制度。美国《反欺骗政府法》规定,在公共利益受到损害时,告发人可向政府部门揭发违法行为,并可单独或与政府部门共同向法院提起诉讼。告发人诉讼对违法行为人进行民事罚金和损害赔偿双重处罚,其

---

① 周枏:《罗马法原论》(下),商务印书馆 1994 年版,第 887 页。

② 《食品安全法》第 12 条规定:“任何组织或者个人有权举报食品安全违法行为,依法向有关部门了解食品安全信息,对食品安全监督管理工作提出意见和建议。”第 13 条规定:“对在食品安全工作中做出突出贡献的单位和个人,按照国家有关规定给予表彰、奖励。”《药品管理法》第 106 条第 1 款规定,“药品监督管理部门应当公布本部门的电子邮件地址、电话,接受咨询、投诉、举报,并依法及时答复、核实、处理。对查证属实的举报,按照有关规定给予举报人奖励。”《价格法》第 38 条规定:“政府价格主管部门应当建立对价格违法行为的举报制度。任何单位和个人均有权对价格违法行为进行举报。政府价格主管部门应当对举报者给予鼓励,并负责为举报者保密。”

中民事罚金归属于告发人，用于弥补其诉讼的费用支出，败诉被告需要承担损害的2～3倍的损害赔偿金，告发人可以获得其中的10%～30%。我国可以借鉴这一立法经验构建公益诉讼原告奖励制度。我国省级以上消协组织获得公益诉权后，提起的消费民事公益诉讼案件数量不多。其中一个很重要的原因是，无论理论层面还是立法层面，忽略了对消协组织积极性的激发。奖励制度可以给消协组织带来实实在在的获得感，通过可获利益诱导机制引导更多消协组织积极起诉并追求胜诉，形成消费公益诉讼的良性格局。

第二，有助于破解诉讼成本高的难题。诉讼成本高是我国消费民事公益诉讼制度运行乏力的重要影响因素。从成本与效益角度分析，如果诉讼成本太高，消协组织将不会启动公益诉讼。“一件事情为愈多的人所共有，则人们对它的关心便愈少。任何人主要考虑的是他自己。对公共利益几乎很少顾及，如果顾及那也仅仅只是在其与他个人相关时。”①作为理性的“经济人”，在决定是否提起公益诉讼时会权衡诉讼成本以及自己可获得的收益。在现有法律框架之下，公益诉讼对提起诉讼的原告来说是一种典型的损己利人的行为。② 消费环境是一种公共产品，消协组织提起公益诉讼是一种公益行动，为激励更多的消协组织参与到公益诉讼中来，应当在其胜诉后给予适当奖励，以弥补其诉讼成本，形成维护公共利益的良好趋向。奖励作为一种利益平衡器，可以弥补消协组织为公益诉讼所付出的成本与收益之间的反差。为此，需要运用奖励机制来引导消协组织实施利他性行为，推动公益诉讼的可持续发展。

（二）建立原告奖励制度的初步设想

一是奖励的对象。消协组织提起消费民事公益诉讼后，可根据其诉讼请求实现的情况给予消协组织一定的奖励。维护公共利益是检察机关的法定职责，因此对检察机关的公益诉讼行为不予以奖励。

二是奖励的方式。奖励的方式分为物质奖励、精神奖励。奖励的方式与诉讼请求相对应，消协组织提起不作为之诉的，仅给予精神奖励。获得物质奖励的前

---

① ［古希腊］亚里士多德：《政治学》，颜一、秦典华译，中国人民大学出版社2003年版，第33页。

② 参见颜运秋、罗婷：《论确立环境公益诉讼奖励制度的正当性》，中国法学会环境资源法学研究会2015年年会论文。

提是消协组织提出了赔偿之诉的请求并得到支持。由于赔偿型消费民事公益诉讼中被告承担民事责任的主要形式是赔偿损失,因而物质奖励的适用就具备了基本前提,可以按照获得赔偿的一定比例给予消协组织物质奖励。在制度实施的初期,可以探索物质奖励的最低和最高限额制度。

七、结语

公益诉讼的复杂性使得它需要更强的专业知识和更高的技巧,以及更多的资金投入。“人们常常会发现其试图以公益诉讼来实现社会正义的瑰丽现象,正在被大量烦琐枯燥的专业工作慢慢磨灭,进行公益诉讼所要面对的社会压力和败诉风险也使公益诉讼原告要承受比其他原告更大的压力,这使公益诉讼对许多人来说不再是诱人的梦想,而公益诉讼需要大笔的资金投入更是令人们裹足不前。”[①]恩格斯曾指出:“行动有一定的期望目标,而源于行动的结果则可能根本没有预期性。如果说它们在开始时看来符合目标,那么,在最后,它们导致的可能根本不是原来所期望的结果。”[②]公益诉讼亦是如此,它既可能出现立法者预期中的结果,也可能出乎立法者的预料。

消协组织的行为受到多种因素的制约,激励是激发其诉讼动力的一个很好的办法。公益诉讼的目的在于实现社会正义,制度层面应作出有利于消协组织的制度设计,凸显对消协组织的倾斜,激发消协组织启动公益诉讼的积极性。需强调的是,经济性虽然是评价公益诉讼的标准之一,但并不是唯一的标准。只有把对法的经济性评价建立在实现更深远的政治、经济、社会目标的基础上才是可行的。因此,消费民事公益诉讼的制度构建应当考虑公益诉讼的特殊性,建立相应的保障和激励制度。唯有如此,才能推动公益诉讼的可持续发展,使消费公益诉讼成为消除社会不公、维护社会稳定的新型利益分配工具。

---

① 颜运秋:《公益诉讼理念与实践研究》,法律出版社 2019 年版,第 272 页。

② 中共中央马克思恩格斯列宁斯大林著作编译局:《马克思恩格斯全集》(第 21 卷),人民出版社 2003 年版,第 350 页。

第八章　消协组织提起消费民事公益诉讼的未来与趋势

消费环境是具有公共利益属性的公共产品，因此消费环境治理关乎公共福祉。随着公益诉讼的发展，消协组织将在消费环境治理中发挥越来越重要的作用。不过，理论和制度层面不应过于关注消协组织的独立发展模式，而应探寻消协组织与检察机关等多元主体之间的协同路径。公益诉讼是一种协作型的诉讼方式，立法应当通过制度化的协作机制将各类主体整合到一个富于激励机制的网格化治理模式中，从而使公益诉讼成为一种聚合机制——从单主体的单打独斗模式向多主体的合作共治模式转向，凝聚公益保护共识，同向发力打造社会治理共同体，为消费者寻求正义，形成公共利益最大化的良好格局。

一、消协组织与消费者的关系视角：促进消费民事公益诉讼和私益诉讼的衔接与融合

（一）消费民事公益诉讼与消费民事私益诉讼的衔接

很多情况下，同一消费侵权行为引发的公益诉讼与私益诉讼是相伴而生的，二者基于共同的侵害行为而发生，在事实、证据等方面具有共通性。因此，消费民事公益诉讼与私益诉讼有区别也有联系，应当建立消费民事公益诉讼与私益诉讼的衔接路径。保障消费民事公益诉讼与私益诉讼的有效衔接是彰显民事公益诉讼价值的重要环节。因此，有必要对消费民事公益诉讼和消费民事私益诉讼的衔接路径进行探讨。

1. 以确认之诉为私益诉讼提供便利

消费侵权行为往往同时侵害了社会公共利益和消费者私益，且公共利益和私

益相互交织。针对经营者的同一违法行为提起的公益诉讼和私益诉讼,在案件事实认定、争议焦点判断以及法律适用等方面有共通性。为了统一裁判尺度,避免司法资源的浪费和提高诉讼效率,《消费民事公益诉讼司法解释》允许消费民事公益诉讼生效裁判的既判力向关联私益诉讼扩张。《消费民事公益诉讼司法解释》第 16 条规定,消费民事公益诉讼生效裁判认定的事实,对同一侵权行为受到损害的消费者提起的私益诉讼,原告、被告都具有免予举证的效力。因此,消费民事公益诉讼生效裁判认定的事实对私益诉讼有预决效力。消费民事公益诉讼生效裁判不仅在事实认定上对私益诉讼有预决力,而且其就诉讼标的以及主要争议焦点作出的判决理由对私益诉讼也产生拘束力,这些争议焦点主要指对经营者是否存在不法行为的认定。根据《消费民事公益诉讼司法解释》,消协组织可以通过公益诉讼请求法院确认格式条款无效或者经营者的行为违法。确认之诉裁判确定的法律关系和法律状态对公益诉讼和私益诉讼的当事人都具有拘束力,一旦消费民事公益诉讼生效裁判作出对消费私益诉讼的原告有利的认定,消费私益诉讼的原告即可主张直接适用。如 4 号案的调解书确认了被告故意实施欺诈行为的事实,消费者对同一侵权行为提起私益诉讼的,无须举证证明被告存在违法行为,消费者可以直接援引公益诉讼的调解书作为被告存在欺诈行为的证据,降低消费者的举证成本,弥补消费者在举证能力上的不足,较好实现了公益诉讼和私益诉讼的衔接。

为方便消费者"搭便车",消协组织应当将确认之诉作为公益诉讼的重点方向之一,通过确认之诉为消费民事私益诉讼提供事实和证据,方便消费者维权。但随之而来的问题是,私益诉讼的消费者不是公益诉讼的当事人,并没有参与公益诉讼案件的审理过程,其程序权利未得到应有的保障。而对于公益诉讼案件事实的认定和裁判,经营者作为被告参与了诉讼并经充分辩论,所以受侵害的消费者援引生效裁判支持其损害赔偿请求并不损害被告的利益。相反,由于消费者并未参与公益诉讼案件,未对被告的主张及其证据行使诉权,对受害的消费者已经构成显著的不利益。在此情况下,为使得公益诉讼裁判文书既判力的扩张获得正当性基础,《消费民事公益诉讼司法解释》第 16 条采取了既判力单向扩张规则,即只有消费者可以主张直接适用对其有利的事实,经营者主张适用对其有利认定的,法院不予支持。故消费民事公益诉讼生效裁判中判决理由部分的既判力扩张是单向的,仅向消费者作为私益诉讼原告作有利扩张,而不及于作为被告的经营者。消费民事公益诉讼生效裁判作出对消费者有利认定的,消费者可以在关联的私益诉讼中直接主张适用;而被告则不能主张直接适用,仍需就其主张承担举证责任。这样的制度设计极大方便了消费民事公益诉讼与私益诉讼的衔接。

不少学者主张我国参照日本等国家的二阶段诉讼模式解决消费维权困境。二阶段诉讼模式通过法定诉讼担当将请求法院作出共同义务确认的诉讼实施权授予消费者团体,而第二阶段损害赔偿的诉讼仍然由消费者实施或者通过任意诉讼担当授权消费者团体实施。从制度功能看,确认之诉实际上起到二阶段诉讼模式第一阶段共通义务确认的作用。确认之诉的推进在实现消费民事公益诉讼与私益诉讼有效衔接的同时,也有助于二阶段诉讼模式将来在我国的落地实施。

2. 探索消费民事公益诉讼与私益诉讼的合并模式

(1)明确公益诉讼和私益诉讼的任意合并模式

诉的合并是民事诉讼理论和实践的一个重要课题。将相关联的两个以上的诉在同一个诉讼程序中审理,可以提高司法效率,节约司法资源,同时也可以避免出现关联的诉因分开审理而导致裁判相互矛盾的尴尬情形。《民事诉讼法》对诉的合并已经有了规定,第 55 条第 1 款规定:“当事人一方或者双方为二人以上,其诉讼标的是共同的,或者诉讼标的是同一种类、人民法院认为可以合并审理并经当事人同意的,为共同诉讼。”《民诉法司法解释》第 221 条规定:“基于同一事实发生的纠纷,当事人分别向同一人民法院起诉的,人民法院可以合并审理。”根据上述规定,人民法院决定诉的合并主要依据两个以上诉之间的事实关系或者法律关系的牵连性。可见,我国诉的合并的类型是任意合并,由法官裁定并且尊重当事人的程序选择权。就同一侵权行为提起的消费民事公益诉讼和私益诉讼在事实认定、证据运用、法律适用、裁判结果等方面具有共通性,诉讼请求中的预防型诉讼请求也可能存在重合,符合诉的合并的基本原理。

从理论上而言,诉的合并有利于提高诉讼效率,但公益诉讼与私益诉讼的诉讼请求不同,如何通过审理实现对私益和公益的同时保护,这是司法实践必须解决的现实难题。《民事诉讼法》《民诉法司法解释》《消费民事公益诉讼司法解释》对公益诉讼和私益诉讼的合并没有作出明确规定。最高人民法院的法官们认为,消费民事公益诉讼与私益诉讼分开审理的方式更加方便快捷,理由是“不同消费者实际遭受损害的程度不同，提出的具体诉讼请求差异较大，而且往往人数较多”，因而“以合并审理的方式推进诉讼，可能反而会损伤诉讼效率，不利于保护私益诉讼消费者的合法权益”①。

笔者认为，鉴于公益诉讼与私益诉讼的牵连性，我国可以探索消费民事公益诉讼与私益诉讼的任意合并模式。建议《民事诉讼法》《民诉法司法解释》《消费民事公益诉讼司法解释》对消费民事公益诉讼与私益诉讼的合并审理作出明确规定。

(2)确定合并之诉中私益诉讼的管辖权

厘清了诉的合并模式之后，还需要对合并管辖问题进行探讨。根据《民诉法司法解释》第 283 条的规定，第一审消费民事公益诉讼案件由侵权行为地、被告住所地中级人民法院管辖。而根据《民事诉讼法》的规定，第一审消费民事私益诉讼案件按照一般侵权案件由侵权行为地或者被告所在地基层人民法院管辖。推进诉的合并，需要从制度上解决好管辖权问题。但我国现行立法对诉的合并管辖没有明确规定。

司法实践中对反诉及参加之诉的合并采取承认管辖的原则，②即第三人提出参加之诉或者被告提出反诉，视为第三人或者被告自愿接受原案件的审理法院管辖。同理，对消费民事公益诉讼与私益诉讼合并之诉的管辖问题，也可以参照采用承认管辖原则，即将私益诉讼并入公益诉讼的管辖法院即由中级人民法院审理。

3. 明确消费民事公益诉讼与私益诉讼的审理顺序

(1)有关争议

对于消费民事公益诉讼和私益诉讼的审理顺序问题，我国立法没有明确规定，理论上主要形成了公益诉讼优先审理和私益诉讼优先审理两种观点。

一种观点认为，公益诉讼应当优先审理。理由主要有两个：一是公益诉讼优先审理有利于私益诉讼“搭便车”。公益诉讼保护的是社会公共利益，而私益诉讼保护的是消费者的私人利益，公益诉讼在实现社会公共利益保护的同时，也救济

---

① 杜万华主编：《最高人民法院消费民事公益诉讼司法解释理解与适用》，人民法院出版社 2016 年版，第 191 页。

② 参见张晋红：《诉的合并之程序规则研究》，载《暨南学报（哲学社会科学版）》2012 年第 8 期。

消费者的私人利益。与消费者相比,公益诉讼的起诉主体具备专业能力,能更好完成诉讼。二是公益诉讼优先审理有利于降低私益诉讼成本。涉及社会公共利益的案件,受害的消费者人数众多。公益诉讼胜诉后,消费者的救济程序相对简单便捷,举证也就更加容易,因而有利于降低私益诉讼的成本。

另一种观点则认为,私益诉讼应当优先审理。主要理由也有两个:一是私益诉讼优先能够及时救济私人利益。公益诉讼案情比较复杂,程序比较冗长,耗时费力,私益诉讼优先审理能够使私人利益得到及时有效的保护。[①] 二是私益保护应优先于公益保护。私人利益受到损害时,应当优先保护私人权益,这是私益保护优先于公益原则要求的。[②] 公益诉讼是在私益诉讼无法实现对权利救济时才适用的一种民事诉讼程序,如果能够通过私益诉讼进行救济,则应当适用私益保护程序。

(2)明确先公益后私益的基本模式

《消费民事公益诉讼司法解释》采取折中做法,第 10 条规定可以依自愿原则采用先公益诉讼后私益诉讼的做法,并规定私益诉讼可搭公益诉讼的"便车"。笔者认为,鉴于消费者的整体弱势,消费民事公益诉讼的优先审理有利于消费维权,应当以公益诉讼优先为基本原则。同时尊重私益诉讼原告的选择权,如果消费者未向法院申请中止私益诉讼的审理,则私益诉讼继续按正常程序审理和裁决。

综上,鉴于消费民事公益诉讼的特殊性以及消费民事公益诉讼与私益诉讼的牵连性,建议今后立法明确规定先公益后私益的基本模式。同时,也借鉴二阶段诉讼模式将公益诉讼的审理程序分为两个阶段,以解决审理带来的难题。第一阶段由法院对共同基础事实作出中间判决,第二阶段则对公益请求与私益请求分别作出裁判。

(二)消费民事公益诉讼与私益诉讼的融合发展

对公益和私益关系的最普遍认识是对立关系,罗马时代著名法学家西塞罗就

---

① 参见杜万华主编:《最高人民法院消费民事公益诉讼司法解释理解与适用》,人民法院出版社 2016 年版,第 191 页、第 194 页。

② 参见罗书臻:《积极稳妥推进消费民事公益诉讼　构建和谐公平诚信消费市场秩序——最高人民法院民一庭负责人就消费民事公益诉讼司法解释答记者问》,载《人民法院报》2016 年 4 月 26 日,第 3 版。

提出了“公益优先于私益”的名言。[①] 经营者的同一侵权行为在侵害社会公共利益的同时,往往也造成特定消费者的权益受损,因而可能出现公益诉讼与私益诉讼并存的可能。虽然侵权人和侵害事实相同,但侵害的权益类型不同,且公益诉讼和私益诉讼的制度目的和功能也不同,相互之间并不冲突。“私益诉讼和公益诉讼各自都有自己的诉权和诉的利益。”[②]为此,根据《消费民事公益诉讼司法解释》第 9 条的规定,人民法院受理消费民事公益诉讼案件后,因同一侵权行为受到损害的消费者申请参加诉讼的,人民法院应当告知其依据《民事诉讼法》提起私益诉讼。可见,公益诉讼的提起并不会导致私益诉权的丧失。但在现实生活中,公共利益与私人利益时常难以区分。消费民事公益诉讼与私益诉讼往往有一定的牵连关系。《民事诉讼法》对消费民事公益诉讼和消费民事私益诉讼的关系未作出规定。消费民事公益诉讼与消费民事私益诉讼在理念、程序、证据等方面存在差异但又相互关联,制度完善不应朝着二者对立区分的方向,而要致力于二者融合发展。当前,学界对消费民事公益诉讼与私益诉讼的融合发展缺乏足够关注。为此,本章对此展开专题讨论。

1. 消费民事公益诉讼与消费民事私益诉讼融合发展的可能性

(1)公共利益的维护——融合发展的价值基础

消费者权利具有民事权利属性,同时也是具有社会性权利属性。在处理因同一消费侵权行为引发的公益诉讼和私益诉讼的关系时,我国立法的基本原则是公益诉讼与私益诉讼并行模式。“私益诉讼和公益诉讼各自都有自己的诉权和诉的利益。”[③]公益诉讼不能一并处理私益诉讼的诉讼请求,私益诉讼应当另行起诉。不能因为消协组织提起公益诉讼就对直接利害关系人提起的私益诉讼不予受理或者驳回起诉。《民诉法司法解释》第 286 条规定:“人民法院受理公益诉讼案件,不影响同一侵权行为的受害人根据民事诉讼法第一百二十二条规定提起诉讼。”《消费民事公益诉讼司法解释》第 9 条也规定,人民法院受理消费民事公益诉讼案

---

① 参见潘牧天、孙彩虹:《民事诉讼法理论与实务专题研究》,苏州大学出版社 2016 年版,第 186 页。

② 张卫平主编:《最高人民法院民事诉讼法司法解释要点解读》,中国法制出版社 2015 年版,第 247 页。

③ 张卫平主编:《最高人民法院民事诉讼法司法解释要点解读》,中国法制出版社 2015 年版,第 247 页。

件后，因同一侵权行为受到损害的消费者申请参加诉讼的，人民法院应当告知其提起私益诉讼。消费民事公益诉讼和私益诉讼在侵权事实、被告、法律适用等方面存在共通性，但又在诉讼目的、诉讼请求、案件管辖、判决效力等方面存在明显的区别。因此，立法采用二元结构诉讼保护模式是合适的。

但是，目前的二元结构诉讼保护模式过于粗糙，且主要是基于二者之间的区别作出的制度安排。毋庸置疑的是，任何性质的社会冲突都意味着社会关系的紧张或者断裂，而民事诉讼具有熨平创伤、修复关系的作用。私益诉讼在保护消费者利益的同时也有助于社会公共秩序的修复，而公益诉讼超越了"一对一"的传统民事诉讼结构，扩大了司法的社会功能，在保护公共利益的同时为消费者利益的实现创造条件，并且可以弥补私益诉讼的不足。因此，消费民事公益诉讼和私益诉讼是一种互补而非对立的关系，有融合发展的价值基础。

（2）公益诉讼和私益诉讼的共通性——融合发展的现实基础

同一消费侵权行为往往同时侵害到公益和私益。由于公共利益和私人利益难以分割，难免出现消费民事公益诉讼和消费民事私益诉讼并行的情况。因此，不同的民事主体可以分别提起消费民事公益诉讼和私益诉讼，通过双轮驱动，达到充分保护个人权利和有效维护社会公共利益的双重目的。

不过，同一侵权行为导致的公益诉讼和私益诉讼具有一定的共通性，其共通性或者表现为事实争点共通或者表现为法律争点方面的共通，也可能两者兼具。《消费民事公益诉讼司法解释》第16条明确了消费民事公益诉讼生效裁判认定的事实，对同一侵权行为关联的私益诉讼具有预决效力，消费者无须举证证明。上述规定很大程度上为私益诉讼打开了方便之门。现行规定将因同一侵权行为造成的消费民事公益诉讼与私益诉讼分开审理，造成司法资源的浪费和裁判标准的不统一。"为强调公益诉讼与私益诉讼界分原理而要求公益性诉讼请求与私益性诉讼请求在不同诉讼程序中实现，反而会降低诉讼效率、浪费司法资源、加重当事人诉累、增加矛盾裁判风险。"①这就需要研究二者融合发展的协调机制，运用特殊程序规则来缓解消费民事公益诉讼和私益诉讼之间的紧张关系。

---

① 黄忠顺：《论公益诉讼与私益诉讼的融合——兼论中国特色团体诉讼制度的构建》，载《法学家》2015年第1期。

(3)公共利益与私人利益的可转化性——融合发展的前提条件

公共利益最初经由提取、分离个人利益的一部分集合而成,其后公共利益得以壮大并由公众分享公共利益的部分内容。在整个过程中,个人利益的未提取部分与公共利益的未分享部分呈现彼此界分状态,而个人利益的提取部分与公共利益的分享部分展现出融合的趋向。经营者所侵犯的公共利益是众多消费者相同或者相似的个人利益的集合,公益诉讼中经营者所承担的是对单个消费者的责任以及对市场秩序恢复的整体责任。从一定层面上来说,"消费公益是众多消费者个体私益的集合,众多消费者个体私益集合在一起,达到了损害社会公共利益的程度,就发生了量变到质变"①。

公益诉讼与私益诉讼的辩证统一实质上是社会公共利益与私人利益的辩证统一。作为一般的、普遍的和具有共性特点的社会公共利益,寓于作为个别的、特殊的和具有个性特点的私人利益之中,而私人利益又体现着社会公共利益的要求,是社会公共利益在个体上的表现。实际上,公共利益与私人利益之间并无明确界分,以二者存在区别为由将公益和私益分立在两个程序中实现,不利于消费维权,也浪费司法资源。这就需要对国家干预和私法自治进行协调,打破两种利益救济的隔阂,以求得不同利益和价值的调和与兼容。由此,二者的融合发展具备了前提。

2. 消费民事公益诉讼与私益诉讼的融合模式

消费民事公益诉讼与私益诉讼从对立到融合,可以通过公益诉讼实施权主体兼具私益诉讼实施权以及私益诉讼实施权主体兼具公益诉讼实施权两种模式实现。

(1)以公搭私模式:赋予消协组织私益诉讼实施权

消费民事公益诉讼和私益诉讼具有共通性。因此,立法可赋予消协组织在消费民事公益诉讼中附带实施消费民事私益诉讼的权利。如果公益诉讼仅为消费者提供预决事实之便,受到损害的消费者只能另行启动一次完整且复杂的司法程序,导致司法资源的浪费。更重要的是,受到损害的消费者往往基于诉讼成本的考量而放弃救济,导致法的基本价值难以实现。立法通过赋予消协组织私益诉讼

---

① 王政勇:《消费公益诉讼的司法理念及特殊审判规则的构建》,载《法律适用》2014 年第 11 期。

实施权，将关联私益纠纷一次性解决，可以有效解决个体消费者怠于维权的被动局面，实现“合并同类项”的诉讼规模效应，给消费者提供看得见的正义，并强化消协组织对消费侵权的预防功能和威慑效果，促进消费者集体救济制度的发展。

融合的具体路径是通过立法将消费者的损害赔偿请求权向消协组织移转，从而实现消协组织提起的不作为之诉与消费者授权提起的损害赔偿之诉的融合。公益诉讼实施权主体兼具私益诉讼实施权模式下，消协组织的私益诉讼实施权应当具备四个构成要件。

①授权给消协组织的权利仅限于消费者的损害赔偿请求权

这是因为，停止侵害、排除妨碍等预防型请求权所对应的私益诉讼实施权，尽管也有集合行使的需要，但各国通常认为没有必要将此类私益性诉讼实施权通过诉讼担当方式向公益性诉讼实施权主体转移，一般采取另赋实体请求权转移的模式。[①] 我国《消费民事公益诉讼司法解释》第 13 条即是另外赋予消协组织预防型请求权，消协组织行使属于自己的预防型请求权即可实现维护公私利益的预防效果。

②以获得受到损害的消费者的授权为前提

这种模式下，可以将消协组织视为私人利益的代表人。授权的具体模式有退出制和加入制两种，为避免产生新的争议，建议我国采用加入制。

2020 年 7 月 31 日开始施行的最高人民法院《关于证券纠纷代表人诉讼若干问题的规定》尝试在证券纠纷领域重启代表人诉讼，第 32 条规定“投资者保护机构”在 50 名以上权利人特别授权后可以作为代表人参加诉讼。“投资者保护机构”与消协组织在功能上相似，上述规定为消协组织附带提起私益诉讼提供尝试和参考。德国《法律服务法》在 2002 年就规定，消费者保护中心或者受公共资助的消费者组织可以受让消费者所转让的求偿权，以自己名义提起损害赔偿诉讼，并在胜诉后将法院判决的赔偿金分配给相关消费者。

③以公益诉讼的实施为前提且私益纠纷尚未解决

这种模式下，私益诉讼实施权是附带解决机制，重点在附带。适用条件是公益诉讼尚未审理终结且私益纠纷尚未解决，即若消协组织没有启动公益诉讼或者

---

① 参见黄忠顺：《论公益诉讼与私益诉讼的融合——兼论中国特色团体诉讼制度的构建》，载《法学家》2015 年第 1 期。

私益诉讼已经结案,就不具备以公搭私的基本条件。

根据消费民事公益诉讼和私益诉讼的启动顺序,在具体规则上可以适当区分两种情形。

一是私益诉讼尚未启动的情形。消协组织拟提起公益诉讼时私益诉讼尚未启动的情形下,消协组织可通过公告程序告知消费者在规定的期限内授权消协组织提起私益诉讼。消费者未在规定的期限内授权的,不影响公益诉讼的正常进行也不影响消费者另行起诉。

二是私益诉讼已经启动的情形。私益诉讼先于公益诉讼启动的情形下,若私益诉讼处于法庭辩论终结前的阶段,消费者可以自愿中止私益诉讼的审理,将案件的后续工作委托给消协组织,并由法院将案件移送至公益诉讼的审理法院。

④由公益诉讼的同一审判组织一并审理私益诉讼

公益诉讼与私益诉讼的级别管辖存在区别。根据《民诉法司法解释》的规定,第一审消费民事公益诉讼案件由中级人民法院管辖。而根据《民事诉讼法》的规定,第一审消费民事私益诉讼案件一般由基层人民法院管辖。因此,不可避免会出现同一侵权行为引起的消费民事公益诉讼案件和私益诉讼案件由不同层级的法院管辖和审理的问题。以公搭私模式下,为统一裁判尺度,立法应规定由中级人民法院的同一审判组织审理关联的私益诉讼。在衔接机制上,可通过指定管辖和移送管辖实现私益诉讼的提级管辖。

此外,立法也可以探索消协组织参加私益诉讼的模式,在私益诉讼中实现对消费者的支持并提出公益性诉求。法国的立法可供借鉴。法国《消费者法典》第 421 - 7 条规定,对经营者损害消费者利益的行为,消费者先行提起损害赔偿请求诉讼之场合,符合认定条件的消费者团体可以参加该诉讼。在该诉讼中,除了辅佐消费者进行诉讼外,该团体还可以向被告人提出对集体性利益造成的损害赔偿请求。①

(2)以私搭公模式:赋予消费者公益诉讼实施权

①个人作为公益诉讼原告的争议

我国现行立法明确将个体消费者排除在消费民事公益诉讼的原告范围之外。这种限制的理论依据是国家代表权论,即只有国家才能代表这种不可分利益,组

① 参见陶建国:《德法消费者团体诉讼制度比较研究》,载陈刚主编:《比较民事诉讼法》,中国法制出版社 2012 年版,第 153 页。

织的代表权是社会和国家所委托的。[①] 理论上主要形成了两种观点。

有观点认为,个体消费者不宜作为消费民事公益诉讼的原告。理由主要有三个:一是实体法对个体消费者保护公共利益并无特殊安排,个体消费者作为诉讼当事人的实体法依据不充分。二是诉讼能力不足。为保护公共利益,公益诉讼的当事人应当具备较高的诉讼能力,个体消费者在举证能力、经济能力等方面往往处于劣势,其能力不足以保护公共利益。三是消费者个人数量太多,赋予其诉权可能导致滥诉,使公益诉讼陷入无序。除此之外,还有公私不分的担忧。[②]

也有观点认为,赋予个体消费者公益诉讼原告有其必要性。在我国当前行政执法严重不足以及其他公益诉讼主体容易受到地方保护主义或者经济利益影响的情形下,赋予个人以补充性公益诉讼实施权有助于对其他公益诉讼主体形成有效监督。[③]

②赋予消费者公益诉权的必要性

首先,赋予消费者公益诉权可以弥补行政执法的不足。根据现行法律规定,我国消费者并非消费民事公益诉讼的适格原告。个体消费者是良好消费环境的直接受益人和不良消费环境的直接受害人。行政机关囿于资源、权限,不可能对所有损害消费领域公共利益的行为进行及时有效的监管。在消费领域的公共利益遭到侵害的情况下,消费者能够比消协组织、检察机关、行政机关等主体更及时捕捉到侵权事实和侵权后果。消费者与消费领域的公共利益关系密切,其权益受损是公益诉讼得以启动的根本原因,其权利救济的实现程度也是衡量公益诉讼效果的根本标准。在消费侵权关系中,消费者作为直接的利益相对方,对案件的事实情况比较了解,也有动力在启动私益诉讼的同时启动公益诉讼。因此,通过立法将公益诉讼实施权赋予消费者具有一定的合理性。

其次,赋予个人公益诉权是公益诉讼发展的国际趋势。从世界范围观察,大多数国家通过立法赋予公民公益诉权。比如,美国十分重视鼓励个人参与公益诉

---

① 参见[德]克雷斯蒂安·冯·巴尔:《欧洲比较侵权行为法》,张新宝、焦美华译,法律出版社 2001 年版,第 482 页。

② 参见颜运秋、余彦:《公益诉讼司法解释的建议及理由——对我国〈民事诉讼法〉第 55 条的理解》,载《法学杂志》2013 年第 7 期。

③ 参见肖建国、黄忠顺:《环境公益诉讼基本问题研究》,载《法律适用》2014 年第 4 期。

讼,创设了减免诉讼费用、原告奖励制度、“法庭之友”等制度推动私人诉讼。我国目前严格的起诉主体资格限制,阻碍了公民接近法院、接近正义的机会。现代意义的公益诉讼的主要目的是促进“私人执法”,发挥公民社会对于法律执行和公共政策改革的积极作用。

综上,立法应当进一步打开私人执法的大门,明确有直接利害关系的消费者提起私益诉讼时,可同时提起公益诉讼,通过以私搭公的方式实现私益诉讼和公益诉讼的融合,形成更加完善的消费维权机制。我国目前的公民“缺席”的公益诉讼,无论从培塑公民意识、形成公共理性的视角观之,还是从维护稳定的视角观之,在下一轮修法中公民“缺席”的缺憾应予以弥补。① 从长远来看,适当扩大消费公益诉讼起诉主体的范围是一种必然。因此,在时机成熟时消费者有望成为适格起诉主体。

③消费者享有的公益诉讼实施权的构成要件

一是享有公益诉讼实施权的消费者仅限于个人权利被同一侵权行为侵害的消费者,即合法权益遭受了消费侵权损害或者有被损害的危险的特定消费者才享有公益诉讼实施权。

二是消费者起诉所请求保护的利益既包括其私人利益,也包括公共利益,即消费者提出的诉讼请求除了基于私人权益而提出的私益请求外,同时还提出了公共利益保护的请求。

三是消费者只能在实施私益诉讼的同时提起公益诉讼,不能单独提起公益诉讼。

四是在起诉顺位上,消费者的起诉顺位后置于消协组织和检察机关。为防止滥诉,立法应当设置消费者实施公益诉讼的前置程序。消费者提起公益诉讼前,应向有诉权的消协组织和检察机关发出督促起诉的建议函,消协组织和检察机关决定不起诉或者在规定的期限未答复的,消费者可在提起私益诉讼的同时一并提起公益诉讼。

五是消费者在公益诉讼中的诉讼请求受到一定限制,不能提起赔偿之诉。

---

① 参见韩波:《公益诉讼制度的力量组合》,载《当代法学》2013 年第 1 期。

二、消协组织与检察机关的关系视角：打造“消协起诉 + 检察支持起诉”诉讼模式

在消费民事公益诉讼中实施支持起诉，是检察机关参与社会治理、践行司法为民的重要路径。《法治中国建设规划（2020 - 2025 年）》提出，完善公益诉讼法律制度。在未来制度构建中应坚持问题导向，在公益保护法体系中找准检察机关参与公益诉讼的价值与功能，完善制度之间的衔接与主体之间的协同共进，构建“消协起诉 + 检察支持起诉”的新型消费民事公益诉讼制度，创新消费者权益保护社会共治的有效进路，打造多元共治的消费治理体系。

（一）检察机关支持起诉的制度功能

在创新社会治理和转移政府职能的语境下，公私部门合作治理摹绘出消费治理的理想模型。党的十九大报告指出，我国社会主要矛盾已经转化为人民日益增长的美好生活需要和不平衡不充分的发展之间的矛盾。社会主要矛盾的变化对社会治理方式提出了新要求，公私部门之间的良性互动即是对新要求的回应。我国消协组织诉讼能力弱，在消费公益诉讼的道路上前进并不顺利。因此，检察机关支持起诉对消费公益诉讼的发展意义重大。探究《民事诉讼法》第 58 条第 2 款之立法目的，检察机关在消费民事公益诉讼中的身份应当主要定位为支持起诉人。以此为视角，检察公益诉讼职能的行使应当以社会自治优先为理念，“消协起诉 + 检察支持起诉”应当成为消费民事公益诉讼的主流模式。

1. 微观层面：嵌入式培育消协组织的能力和动力

保护消费者权益，除了来自经营者和政府的路径外，还应当有来自社会的路径。“从制度体系的整体绩效考量，这种路径也是必要的，因为它具有政府路径和经营者路径所不具有的功能优势。”[①]在消费者保护领域，社会路径的主体主要是消协组织。但我国省级以上消协组织获得公益诉权以来，提起公益诉讼的制度效果并不理想，立法对消协组织“积极分子”的预设并未得到验证。究其原因，固然有案情复杂、诉讼成本高等原因，但我国立法没有解决消协组织“有能力去做”“有

---

① 应飞虎：《信息、权利与交易安全：消费者保护研究》，北京大学出版社 2008 年版，第 215 页。

动力去做”是更重要原因。

一方面,诉讼能力不足导致消协组织不敢诉。提起公益诉讼需要专业人才、资金等方面的保障,同时还要兼顾当地经济社会发展大局。我国消协组织官方色彩浓厚,独立性弱,内部治理机构不健全,专业人才和经费短缺,诉讼经验不足。迄今为止,提起过公益诉讼的省级以上消协组织仅有 12 家,尚有 20 家省级消协组织未提起一件公益诉讼,甚至有的消协组织接到检察建议后也未能履行第一顺位诉权。[①] 另一方面,诉讼动力不足导致消协组织不愿诉。消协组织与诉讼标的不具有直接利害关系,缺乏利害关系的直接推动。我国的消费公益诉讼制度总体上呈现出约束过多、激励不足的倾向,不重视对消协组织的激励。激励机制的缺位实际上也影响了公益诉讼的开展。[②] 根据中国消费者协会官网披露的数据,2014 年至 2021 年全国消协组织受理的消费投诉连年增长,[③]但同时期消协组织提起的公益诉讼仅 42 件,并未与消费纠纷形成正相关。巨大的消费投诉与少量的消费公益诉案件形成极大落差,反映出民事公益诉讼的渠道仍然不够畅通,消协组织缺乏诉讼动力。

当前我国消协组织总体发育不良,能力比较弱,无论是资源、规模还是诉讼经验都难以在短期内独自承担公益诉讼的重任。支持起诉在消费民事公益诉讼中担当着践行多元共治理念、提升消协组织公共利益救济能力之重任。消协组织的成长壮大是检察机关实施支持起诉的前提条件,消协组织能力与动力的缺陷恰恰说明支持起诉有现实必要性。“社团组织具有专业性强的优势,可以把个人行动转化为组织行动,能够在扩散性利益保护诉讼中发挥很好的作用。”[④]与个体消费

---

① 比如,长春市人民检察院在办理姜某玲生产销售假药案中发现公益诉讼线索,于 2016 年 10 月 19 日向吉林省消费者协会发出检察建议,建议其提起民事公益诉讼。吉林省消费者协会回函建议检察机关自行起诉。2016 年 12 月 6 日,吉林省长春市检察院依法向吉林省长春市中级人民法院提起民事公益诉讼。参见《长春市检察院对一起生产销售假药案提起民事公益诉讼》,载搜狐网,https://www.sohu.com/a/124407835_118060,最后访问日期:2022 年 4 月 6 日。

② 参见汤维建、王德良:《论公益诉讼中的支持起诉》,载《理论探索》2021 年第 2 期。

③ 根据《2014—2021 年全国消协组织受理投诉情况分析》,2014 年至 2021 年全国消协组织受理消费投诉数量分别为 619,415 件、639,324 件、653,505 件、726,840 件、762,247 件、821,377 件、982,249 件、1,044,861 件。参见《2014—2021 年全国消协组织受理投诉情况分析》,载中国消费者协会网,http://www.cca.org.cn,最后访问日期:2022 年 6 月 2 日。

④ 郭雪慧:《扩散性利益保护诉讼制度研究:比较与借鉴》,人民出版社 2017 年版,第 6 页。

者相比，消协组织能够以团体力量缩小与经营者之间的信息不对称、实力不对等，能够更好地匹配诉权配置的实效性。与检察机关、行政机关相比，消协组织在接近消费者、反映消费领域公共利益诉求方面具有行业优势。换句话说，消协组织可以通过公益诉讼，组织化促进消费者理性表达诉求，进而实现维护消费领域公共利益之目标。因而，检察机关应当通过各种路径助力消协组织尽快成长，激活消协组织在公益诉讼中的作用，推动消协组织成为消费民事公益诉讼的核心力量。

29 件有检察机关支持的司法实践案例中，检察机关在调查取证、法律适用等方面给予消协组织极大支持，以国家机关的权威性给经营者以压力，提高了消协组织的诉讼积极性，从而逐步培育消协组织参与社会自治的能力。可见，检察机关以支持起诉为助推器，对消协组织成长路径进行嵌入式干预，帮助消协组织把消费民事公益诉讼从应然转化成实然，有助于矫正我国消协组织面对消费公益损害不敢诉、不愿诉的被动局面，最大限度消除“消协组织不提起公益诉讼”的情形。

2. 中观层面：矫正消费民事公益诉讼“国家化”路径

传统上立足于公私法二元分立视阈而认为公益维护仅靠国家的观念，因公私法的现代融合，转向国家和社会齐心协力维护公益。能够交由市场和社会完成的事项，应当交由市场和社会完成，从而避免国家、政府的“利维坦化”①。20 世纪七八十年代以来，政府治理模式的变革成为一种国际性趋势，其核心是在政府和市场之间寻求更为有效提高公民普遍福利及提升国家生产力、竞争力的制度安排和创新性组织，改变政府作为社会唯一权力中心的格局，通过授权和分权，使社会组织与政府组织共同承担起社会公共事务管理的责任。② 党的十九大报告提出，“发挥社会组织作用，实现政府治理和社会调节、居民自治良性互动”。消协组织作为社会组织，与消费者、行政部门关系密切，由其作为消费民事公益诉讼的原告，有利于高效解决消费纠纷，弥补政府失灵和市场失灵，提升社会治理成效。

消协组织是消费民事公益诉讼第一顺位的起诉主体，检察机关是第二顺位的起诉主体，二者共同构成消费民事公益诉讼的起诉主体结构。从立法本意看，立

---

① ［英］安德鲁·海伍德：《政治学》（第二版），张立鹏译，中国人民大学出版社 2006 年版，第 117 页。

② 参见蔡磊：《非营利组织基本法律制度研究》，厦门大学出版社 2005 年版，第 37 页。

法者通过《民事诉讼法》第 58 条第 2 款的支持起诉制度设置了检察机关与消协组织在消费民事公益诉讼中的合作路径。这样的制度设计表明,法律虽然赋予检察机关消费民事公益诉权,但却无意预设其为主导者。有学者通过中国裁判文书网检索到 2012 年至 2020 年有 1912 件消费民事公益诉讼一审案件,统计发现仅 12 件案件的原告是消协组织,其余 1900 件案件均由检察机关充当原告。① 显然,消协组织提起消费民事公益诉讼的空间受到检察机关的挤压,实际上检察机关已经成为消费民事公益诉讼最主要的起诉主体。我国消费民事公益诉讼走上了检察主导的"国家化"路径。因此,在多元化消费公益保护主体的体系中,制度完善应着重于找准每一个主体的定位和任务,厘清主体之间的权限配置、合理顺位和互动关系。

检察机关履行公益诉讼职责,既要避免"责任总揽",也要避免"责任退让"。支持起诉是检察机关维护公共利益的方式之一,《民事诉讼法》《人民检察院组织法》《人民检察院公益诉讼办案规则》明确规定支持起诉是检察机关的法定职责。根据《民事诉讼法》第 58 条第 2 款规定,检察机关是消费民事公益诉讼唯一的支持起诉主体。《人民检察院组织法》第 2 条对检察机关的支持起诉进行概括性授权。《人民检察院公益诉讼办案规则》第 4 条规定,支持有关组织起诉是检察机关办理公益诉讼的方式之一。在公益诉讼法律框架下解读检察机关的角色定位,检察机关应当成为"支持公益诉讼的第一责任主体"②。检察机关支持公益诉讼能够统合社会力量,是多元主体以多元方法协商与合作的过程。一定意义上,检察机关支持公益诉讼的产生与兴起,"是以公共权力维护公共利益的必然选择"③。现实条件下,尤其要重视检察机关支持起诉的功能。概言之,随着消协组织不断发展成熟,消协组织将成为消费民事公益诉讼积极的推动者和实践者。这样的情况下,检察机关以支持起诉为进路与消协组织形成合作共治的良好格局,健全消费公益司法保护机制,更符合立法本意。

① 参见黄忠顺、刘宏林:《论检察机关提起惩罚性赔偿消费公益诉讼的谦抑性——基于 990 份惩罚性赔偿检察消费公益诉讼一审判决的分析》,载《河北法学》2021 年第 9 期。

② 汤维建、王德良:《论公益诉讼中的支持起诉》,载《理论探索》2021 年第 2 期。

③ 郝建臻:《我国建立行政公益代表人诉讼的法理分析》,载《政法论坛》2007 年第 6 期。

3. 宏观层面:打通司法正义的最后一公里

"对一个社会来说,足够的司法服务是维护整个社会稳定的重要保证。"①司法是社会正义的最后一道防线,是国家保护消费者的最终手段。"救济是权利实现的程序化机制。"②消费者作为分散的、不特定的多数,在权利救济中处于明显弱势地位,阻碍了接近法院、接近正义的机会,导致大多数消费者倾向于选择"搭便车"的"有限理性"行为方式。③ 消协组织作为公益性组织,在市场经济中发挥弥补"市场失灵"和"政府失灵"的重要作用,纠正政府与私人部门在促进社会和经济发展方面的制度弱点,填补两者功能上的空白,④有助于用"政府—经营者—消费者"的三元主体模式替代"规制主体—受规制主体"的二元主体模式。⑤ 消协组织通过公益诉讼拓宽消费者获得司法救济的渠道,矫正经营者的负外部性行为,将消费者的应然权利变为实际有效的社会现实,增强人民群众的司法获得感,从而实现一定程度上的实质正义和社会整合。

但消协组织在公益诉讼道路上的前进并不顺利,亟须外部支持来补强消协组织的诉讼能力。支持起诉是检察机关履行公益保护职责的体现,通过提供物质、专业、精神等多方面的帮助,检察机关支持消协组织及时救济公共利益,凝聚消协组织、司法机关等主体的公益保护合力,促进形式正义向实质正义的转换,实质上促进了弱势的消费者找到接近司法、接近正义的有效路径。

(二)"消协起诉 + 检察支持起诉"的实施机制

1. 建立法治化的协作机制

《民事诉讼法》《关于检察公益诉讼案件适用法律若干问题的解释》强调,检察机关提起民事公益诉讼应当履行诉前程序。立法一再强调诉前程序,意味着立法者对检察机关在消费民事公益诉讼中的身份主要定位为支持起诉人,期望以诉前程序形成检察机关支持消协组织作为主要起诉主体的新型公益诉讼格局。不

---

① 夏勇主编:《走向权利的时代:中国公民权利发展研究》,中国政法大学出版社 1995 年版,第 311 页。

② 程燎原、王人博:《赢得神圣:权利及其救济通论》,山东人民出版社 1993 年版,第 349 页。

③ 参见钱玉文:《消费者权利变迁的实证研究》,法律出版社 2011 年版,第 125 页。

④ 参见何增科主编:《公民社会与第三部门》,社会科学文献出版社 2000 年版,第 278 页。

⑤ 参见钱玉文:《消费者权利变迁的实证研究》,法律出版社 2011 年版,第 29 页。

过,诉前程序的落实以消协组织与检察机关的明确分工为前提。根据《民事诉讼法》第58条第1款、《消费者权益保护法》第47条,省级以上消协组织"可以"提起消费民事公益诉讼。根据《民事诉讼法》第58条第2款,检察机关"可以"用支持起诉、直接起诉的方式介入消费民事公益诉讼。"可以"的立法表达使得省级以上消协组织与检察机关在消费民事公益诉讼中的职责边界不清晰,诉前程序难落实,协作机制不畅。

为此,立法应当在进一步明晰消协组织与检察机关职责边界的基础上,建立二者之间的法治化协作机制:一是完善检察机关诉前程序;二是完善支持起诉的机制和配套措施;三是建立平台和资源的共建共享机制。

换个角度看问题,消协组织与检察机关在消费民事公益诉讼中的角色、责任承担、具体运作和转接流程、法律责任等方面都需要进一步制度化。从参与的角度而言,检察机关可以邀请消协组织的工作人员担任检察机关独立提起的公益诉讼案件的观察员,并让其参与一些辅助性工作。这样,能够直观而有效地提高消协组织的工作人员理解和运用法律的水平。从信息共享的角度而言,消协组织对基层消费纠纷的类型、数量和特点等都有着最为直接的了解,这些信息也是检察机关开展公益维权所需要的。因此,检察机关与消协组织之间应当努力实现信息共享,提高消协组织化解同类纠纷的能力。从能力培养的角度而言,检察机关应当以支持起诉实现对消协组织工作人员的培训,这种培训是针对性的、反馈式的、制度化的。从交流合作的角度而言,除了信息共享以外,检察机关与消协组织之间应当建立灵活多样、制度化的合作调研机制。

2. 打造区域性协同机制

消费侵权往往具有跨地域性,建议《消费民事公益诉讼司法解释》创设消费民事公益诉讼的区域协作机制。可借鉴江苏、河南、新疆等地方立法加强区域检察公益诉讼协作机制的做法,[①]构建区域性支持起诉制度,由涉案区域内的检察机关联合支持消协组织起诉,多主体、多区域联动发力,合力推进消费侵权的区域一体化治理,为区域高质量一体化发展提供法治保障。

---

① 例如,江苏省人民代表大会常务委员会《关于加强检察公益诉讼工作的决定》第22条、新疆维吾尔自治区人民代表大会常务委员会《关于加强检察公益诉讼工作的决定》第15条、河南省人民代表大会常务委员会《关于加强检察公益诉讼工作的决定》第6条。

3. 探索刑事附带消费民事公益诉讼中的支持起诉

(1)刑事附带民事公益诉讼的第一顺位起诉主体是消协组织

刑事附带民事诉讼是法院在审理刑事案件过程中,根据被害人等当事人的申请或者检察机关的提起,对犯罪行为所造成的直接物质损失的赔偿问题进行合并审理的诉讼活动。我国《刑事诉讼法》规定了刑事附带民事诉讼,为两种性质不同但又相互关联的法律关系通过附带的方式加以解决提供可借鉴的立法和审判经验。《关于检察公益诉讼案件适用法律若干问题的解释》第 20 条首次创设了刑事附带民事公益诉讼制度,规定检察机关对食品药品安全领域侵害众多消费者合法权益的犯罪行为提起刑事公诉时,可以向人民法院提起附带民事公益诉讼。作为公益诉讼制度创新,刑事附带民事公益诉讼能让因犯罪受损的公共利益得到应有的救济,并且能够有效地提高诉讼效率,降低对诉讼资源的消耗。

按照现行法律对消费民事公益诉讼起诉主体的规定,省级以上消协组织和检察机关都是法定起诉主体,但消协组织能否作为刑事附带民事公益诉讼的起诉主体,在理论上和实践中存在较大争议。《关于检察公益诉讼案件适用法律若干问题的解释》第 13 条对检察机关单独提起的民事公益诉讼诉前程序作了具体规定,但未明确刑事附带民事公益诉讼的诉前程序是否也适用该规定。有观点认为,应当取消检察机关提起刑事附带民事公益诉讼强制性的诉前公告,理由是检察机关事前发布督促等诉前程序实际上用处很小,反而可能因诉前程序阻碍了最佳追诉时期。[①] 2019 年 12 月 6 日起施行的最高人民法院、最高人民检察院《关于人民检察院提起刑事附带民事公益诉讼应否履行诉前公告程序问题的批复》规定:“人民检察院提起刑事附带民事公益诉讼,应履行诉前公告程序。对于未履行诉前公告程序的,人民法院应当进行释明,告知人民检察院公告后再行提起诉讼。”从正义网“公益诉讼诉前公告”的公告内容看,检察机关已经在正义网发布诉前公告,这就意味着消协组织是附带消费民事公益诉讼第一顺位的起诉主体已经在实践中达成了共识。不过,笔者通过公开渠道未检索到消协组织成为附带消费民事公益诉讼原告的案例。

笔者认为,检察机关对附带民事公益诉讼并无垄断性诉权。根据《民事诉讼

---

① 参见石晓波、梅傲寒:《检察机关提起刑事附带民事公益诉讼制度的检视与完善》,载《政法论丛》2019 年第 6 期。

法》第58条和《关于检察公益诉讼案件适用法律若干问题的解释》第13条之规定，检察机关在消费民事公益诉讼中处于补充性、后置性、兜底性的主体地位。作为公权力机关，检察机关应当遵循谦抑性原则，应先督促消协组织起诉，只有消协组织不起诉的情况下，检察机关才有权提起诉讼。因此，不能排除消协组织在附带消费民事公益诉讼中的优先序位，检察机关在提起附带消费民事公益诉讼前，同样要履行诉前程序。

综上，刑事附带消费民事公益诉讼在起诉主体、诉讼目的、诉讼请求等方面与适格主体独立提起的消费民事公益诉讼并无本质区别。刑事附带消费民事公益诉讼虽然在机制上采用搭刑事公诉“便车”的做法，但其目的仍然是维护消费领域的公共利益，其法律属性仍然是民事公益诉讼。立法应当明确规定检察机关办理刑事附带消费民事公益诉讼应履行诉前程序，落实消协组织第一顺位的法定诉权。

（2）建立检察机关在附带消费民事公益诉讼中的支持起诉制度

在附带消费民事公益诉讼中，仍然应当将“消协起诉+检察支持起诉”作为主流模式。因此，明确了消协组织在附带消费民事公益诉讼中的诉权顺位之后，还需要对检察机关的支持起诉进行探讨。考虑到刑民两类案件在侵权事实的共通性，这类案件应由承担刑事案件公诉的检察机关对消协组织提供支持起诉，且可依职权启动支持起诉。支持方式、支持阶段等程序性规则在本书第七章已有论述，本章不再赘述。

三、消协组织与消协组织的关系视角：强化系统内部的深协同

从公益诉讼的角度观察，可以将我国各级消协组织划分为享有公益诉权的消协组织和不享有公益诉权的消协组织两种类型。公益诉讼使消协组织有更多的机会参与国家和社会事务，为使消协组织在社会治理中发挥更大的作用，两类消协组织应当通过加强横向和纵向协作，共同推进消费维权事业的新发展。

（一）探索有诉权消协组织的共同起诉制度

我国立法不但不禁止多个适格起诉主体对同一侵权行为的共同起诉，而且为共同起诉提供了制度依据。《消费民事公益诉讼司法解释》第7条规定：“人民法院受理消费民事公益诉讼案件后，依法可以提起诉讼的其他机关或者社会组织，

可以在一审开庭前向人民法院申请参加诉讼。人民法院准许参加诉讼的，列为共同原告……”在42件司法实践案件中，未检索到消协组织共同起诉的情况。鉴于消费侵权往往具有跨区域性，又鉴于消协组织实力较弱，共同起诉制度可以壮大消协组织的力量，提高公益诉讼的运行实效。因此，建议立法层面完善两个以上消协组织的共同起诉制度。检察机关是第二顺位的起诉主体，不具备与消协组织联合起诉的可能性，但可以支持起诉参与到消协组织联合启动的公益诉讼中。

（二）强化有诉权消协组织与无诉权消协组织的协作机制

省级以下消协组织不享有公益诉权，但基于其公益性职责，仍应在消费公益诉讼中承担一定的职责。建议立法明确省级以下消协组织通过如下路径加强与省级以上消协组织的协作：一是为省级以上消协组织提供案件线索、调查取证等方面的协助；二是担任省级以上消协组织的公益诉讼代理人。

四、消协组织与其他消费者组织的关系视角：协同推进消费维权

根据《消费者权益保护法》第36条的规定，我国保护消费者合法权益的社会组织包括消费者协会和其他消费者组织两种类型，但《消费者权益保护法》第47条剥夺了其他消费者组织的公益诉权。我国的消协组织实际上不是真正意义上的民间组织。民间组织是为了弥补政府监管失灵而存在的，将公益诉讼的诉权交由半官方性质的消协组织来行使，这种弥补的功能也就丧失了。受特殊的社会经济环境影响，现阶段我国民间自发设立的其他消费者组织并不发达，但在社会治理创新的背景下，其他消费者组织的数量和规模必将逐渐发展，其实力也会日益增长，剥夺其公益诉讼原告资格并不具有正当性。现行立法实际上阻断了其他消费者组织通过诉讼参与消费公益维权的路径。哈耶克说，“自愿组成的联合团体通常会比国家用强迫力量来做得更好”[①]。为切实有效维护消费者的合法权益，立法应当允许其他消费者组织提起公益诉讼。如果赋予其他消协组织消费民事公益诉讼原告资格，可以使原告制度更加完善，既能够分担消协组织公益诉讼的压力，也能够壮大消费环境治理的力量。

---

① ［奥］冯·哈耶克：《个人主义与经济秩序》，贾湛、文跃然等译，北京经济学院出版社1989年版，第12页。

其他消费者组织获得公益诉权之前,其与消协组织之间仍然可以通过一定的方式协作推进消费维权事业。

(一)探索其他消费者组织与消协组织的错位发展

消费者权益保护是一项复杂的工程,民间型的社会组织能够更加敏感地捕捉到消费市场的发展变化,立法应当支持民间性社会组织的发展,包括通过赋予其公益诉权助力其发展壮大。“我国广泛存在各种不同层次的商品和行业消费会所、会员俱乐部和不同形式的基层群众自治组织。这些组织源于基层和老百姓生活,具有共同的意愿和共同的利益,它们之间沟通交流非常频繁,基本上具备了消费者组织的雏形和基础,发展空间非常广阔。政府针对这些组织如果在政策上可以提供系列优惠扶持措施,技术上对其进行专业培训指导,并根据社团登记管理条例等法律规定对其进行有效规范,这些组织将会更好地发挥维护消费者合法权益的优势。”①

为避免资源浪费和重复建设,民间型的其他消费者组织可以与消协组织实现错位发展,其他消费者组织可以尝试将业务范围限定在更精细化的产品或行业方向。比如,设立汽车消费者组织、电子产品消费者组织等。

(二)探索消协组织与其他消费者组织的协作机制

1. 探索“消协起诉 + 其他消费者组织支持起诉”的协作机制

《消费民事公益诉讼司法解释》第 1 条第 2 款规定,法律规定或者全国人大及其常委会授权的机关和社会组织提起的消费民事公益诉讼,适用本解释。虽然实践中还没有这类组织获得授权的例子,但毋庸置疑,其他消费者组织属于这种类型的组织。在获得公益诉权之前,其他消费者组织可以根据《民事诉讼法》的规定以支持起诉人的身份参与到消协组织提起的消费民事公益诉讼中。这样,其他消费者组织可以通过支持起诉实现与消协组织的法治化协作。

2. 探索“消协组织原告 + 其他消费者组织第三人”的诉讼模式

《民事诉讼法》第 59 条规定:“对当事人双方的诉讼标的,第三人认为有独立

---

① 张艳敏:《对我国消费公益诉讼制度的若干思考——以格式合同的程序控制为视角》,载《黄河科技大学学报》2015 年第 6 期。

请求权的,有权提起诉讼。”对消协组织提起的公益诉讼,其他消费者组织可以以独立请求权的第三人的身份参与诉讼。立法赋予其他消费者组织有独立请求权的第三人的法律地位,这样既避开了公益诉讼原告主体资格问题,又为其他消费者组织参与公益维权提供了法治渠道。

五、结语

人人都是消费者,消费者权益保护问题是重要的社会公共利益问题。在现代市场经济条件下,作为消费关系主体的经营者,其自发行为产生负外部性,对消费者利益的损害则是负外部性最为突出的表现形式。受市场失灵和政府失灵的双重影响,消费领域大规模侵权事件时有发生,消费投诉和群体性消费维权事件也呈现上升趋势。从数量上看,消费者处于绝对优势地位。然而,消费者分散在市场交易的各个角落,组织化弱,呈现散沙般的结构。由于损害后果的分散性,传统的私人诉讼无法与现实维权需求相匹配。另外,经营者和消费者在信息获取、经济力量等方面存在结构性的差距。因此,凭借消费者个体的力量,以传统的私人诉讼的理念和规则,根本无法实现对消费者利益的有效救济。这样的背景下,以公益诉讼为手段加强消费公益保护的呼声越来越高。权利被侵犯,却无法通过有效的法律途径实现权利救济,这是消费者给现代司法制度提出的重要课题。为弥补经营者和消费者之间的偏差,国家层面有必要赋予第三方主体行使原本应由消费者行使的权利,使该第三方主体能够把消费者的应然权利变为实然权利,最大限度缩小消费者与经营者之间的偏差。最符合上述要求的制度即是消费公益诉讼制度。可见消费公益诉讼是以调整新型社会关系为需要而产生的现代型诉讼制度。

自2013年修订的《消费者权益保护法》赋予我国消协组织公益诉权以来,消协组织在纠正市场失灵、维护市场秩序等方面发挥着重要作用。诚然,消协组织提起消费民事公益诉讼还需要不断探索完善,但是,我们必须肯定其价值功能。消费公益诉讼是消费者社会意识、利益诉求的展现形式,同时也是消费者实现自身权利、参与社会治理的重要渠道。然而,公众参与度不足严重影响了消费公益诉讼的预防功效。某种程度而言,人人都是消费者。消费公益诉讼维护的是消费者利益,消费者是公益诉讼的最终受益者。因此,无论从“公益诉讼”的“公益性”

出发,还是从“公益诉讼”的“社会性”考量,都需要社会公众积极参与公益诉讼。42 件司法实践案件共同的特征是社会公众参与严重不足。从案件线索的来源观察,1 ~3 号案的案件线索来自消费者投诉,但从总量上看,由消费者直接提供案件线索的公益诉讼案件占比很小;从诉讼过程观察,消费者在公益诉讼中没有制度化的参与渠道,甚至相当比例的公益诉讼案件通过公开渠道无法查询。换句话说,在消协组织提起消费民事公益诉讼的制度设计中,消费者没有法定的参与渠道,42 件案例也未对此予以重视。因此,如何在公益诉讼的制度安排中完善消费者的参与机制,也是消费民事公益诉讼的制度建设要解决的另一个重要课题。

党的十九届五中全会指出,我国已转向高质量发展阶段,但是“民生保障还存在短板,社会治理还有弱项”。站在社会治理的角度而言,消费纠纷化解过程本身也是社会治理过程。面对消费侵权的严峻形势,公益诉讼有利于增强社会整合,不仅是维护社会关系的调整方式,也是消费环境治理的重要手段。党的二十大报告提出了“增强消费对经济发展的基础性作用”的要求,今后立法应当致力于消费环境治理机制的融合,打破国家与社会的对立,在合作共治的语境下,强调政府规制、社会自治和公众参与的有机结合,发挥公益诉讼推动高质量发展的最大效用。